Identité et appartenance dans l'œuvre narrative de Peter Handke

47. Frankfurter Buchmesse 1995

Focal Theme: Austria

ÖSTERREICH

Thème central: l'Autriche

Schwerpunktthema Österreich

11.-16. Oktober 1995

CONTACTS

Série III – Etudes et documents
Volume 12

La Collection CONTACTS est placée
sous la direction de Jean-Marie Valentin

PETER LANG
Berne · Berlin · Francfort-s. Main · New York · Paris · Vienne

Brigitte Desbrière-Nicolas

Identité et appartenance dans l'œuvre narrative de Peter Handke

PETER LANG
Berne · Berlin · Francfort-s. Main · New York · Paris · Vienne

Die Deutsche Bibliothek – CIP - Einheitsaufnahme

Desbrière-Nicolas, Brigitte:
Identité et appartenance dans l'œuvre narrative de Peter Handke / Brigitte Desbrière-Nicolas. – Bern ; Berlin ; Frankfurt am Main ; New York ; Paris ; Wien : Lang, 1991
(Contacts: Sér. 3, Etudes et documents; Vol. 12)
Zugl.: Paris, Univ. Sorbonne, Diss., 1991
ISBN 3-261-04464-0
NE: Contacts / 03

Imprimé en Suisse par Schüler SA, Bienne

Angst, Einsamkeit, Entfremdung, Verlust der Sprache und schizophrene Wahrnehmungszustände kennzeichnen in Handkes frühen Romanen und Erzählungen die Situation der Protagonisten. Das vorliegende Buch zielt zuerst einmal darauf, anhand der neu gewonnenen Einsichten der Psychosoziologie die gesellschaftlichen und familiären Ursachen dieser Phänomene zu ergründen. Dann wird der Strategie nachgegangen, die vom gefährdeten Ich zur Überwindung der radikalen Kommunikationslosigkeit angewandt wird. An die Stelle des Bedürfnisses nach einer totalen Befreiung von der zerstörerischen Macht aller sozialen und menschlichen Bindungen und des Wunschs nach Beziehungslosigkeit tritt die leidenschaftliche Suche nach dem Zeugen, dessen Augen der längst ersehnte untrügliche Spiegel des Ich sind. Aus der Untersuchung geht hervor, daß in Peter Handkes Prosawerk – angefangen mit den *Hornissen* bis zur *Wiederholung* hin und unter Ausschluß der Tetralogie *Langsame Heimkehr* – die Suche nach Identität sich mit dem langwierigen Kampf um eine frei gewählte Zugehörigkeit vergleichen läßt. Das Zu-Sich-Finden ist von der mitteilbaren poetischen Wiederaneignung der Welt, von der Idee einer harmonischen, sozial-utopischen Kommunikationsgemeinschaft nicht zu trennen.

This study about the quest for identity in Peter Handke's narrative works makes use of the new prospects suggested by psycho-sociologists' discoveries. The first part will be devoted to an archaeological research into the social and human factors that have determined the protagonists' situations in the first novels and narratives, which situations are characterized by strangeness, wandering, a fragmented outlook and the loss of speech. Then it will attempt to show that the strategy adopted by the lonely man to overcome the radical lack of communication among individuals and to find the mirror which will reflect a true living image of himself is similar to the player's behaviour and his ambiguous position between belonging to and staying apart from the group. From this study there emerges the idea that identity, in the texts written by Peter Handke from *The Hornets* to *Repetition*. is a deliberate and permanent fight. It can exist only within the limits of a freely made choice to belong and it widens its scope to the dimensions of the poetic conquest of the forms of the world and of ideal communication with men.

à mes parents
à Michel et Gaëlle

AVANT-PROPOS

Ce livre est la version légèrement abrégée d'une thèse de doctorat (a.m. du 05.07.1984) soutenue en 1991 à l'Université de Paris IV - Sorbonne, devant un jury présidé par Monsieur G. Schneilin, assisté de Messieurs J.M. Valentin, R. Krebs, professeurs à l'Université de Paris IV et de Monsieur G. Stieg, professeur à l'Université de Paris III.

Que Monsieur le Professeur Jean-Marie Valentin reçoive l'expression de ma profonde gratitude, d'abord pour la confiance et les judicieux conseils prodigués, ensuite pour le rôle stimulant des séminaires de doctorat qu'il dirige en Sorbonne.

Je voudrais exprimer aussi ma reconnaissance à Messieurs Eugen Bovčar et Gustav Januš, grâce auxquels j'ai pu nouer des liens vivants avec l'espace culturel slovène, méconnu et fascinant.

ABREVIATIONS ET REFERENCES D'EDITION DES OEUVRES DE PETER HANDKE MENTIONNEES DANS LA PRESENTE ETUDE

H	*Die Hornissen*, Suhrkamp, "WeiBes Programm", Frankfurt/Main, [3]1983. *Les frelons.*
BA	*BegrüBung des Aufsichtsrats*, Suhrkamp Taschenbuch 654, Frankfurt/Main, 1981. *Bienvenue au conseil d'administration.*
K	*Kaspar*, Edition Suhrkamp 322, Frankfurt/Main, 1968.
IAI	*Die Innenwelt der AuBenwelt der Innenwelt*, Edition Suhrkamp 307, Frankfurt/Main, 1969. *Le monde intérieur du monde extérieur du monde intérieur.*
BE	*Ich bin ein Bewohner des Elfenbeinturms*, Suhrkamp Taschenbuch 56, Frankfurt/Main, [7]1981. *Je suis un habitant de la tour d'ivoire.*
AdT	*Die Angst des Tormanns beim Elfmeter*, Suhrkamp Taschenbuch 27, Frankfurt/Main, [2]1971. *L'angoisse du gardien de but au moment du penalty.*
kB	*Der kurze Brief zum langen Abschied*, Suhrkamp Taschenbuch 172, Frankfurt/Main, [9]1981. *La courte lettre pour un long adieu.*
WU	*Wunschloses Unglück*, Suhrkamp Taschenbuch 146, Frankfurt/Main, 1974. *Le malheur indifférent.*
Ü	*Die Unvernünftigen sterben aus*, Suhrkamp Taschenbuch 168, Frankfurt/Main, 1973. *Les gens déraisonnables sont en voie de disparition.*

AdW — *Als das Wünschen noch geholfen hat,*
Suhrkamp Taschenbuch 208, Frankfurt/Main, ^{6}1980.
Lorsque l'espérance aidait encore à vivre.

FB — *Falsche Bewegung*, Suhrkamp Taschenbuch 258,
Frankfurt/Main, ^{5}1981.
Faux mouvement.

SwE — *Die Stunde der wahren Empfindung*, Suhrkamp
Taschenbuch 452, Frankfurt/Main, 1978.
L'heure de la sensation vraie.

lF — *Die linkshändige Frau*, Suhrkamp Taschenbuch
560, Frankfurt/Main, 1981.
La femme gauchère.

GW — *Das Gewicht der Welt, ein Journal*, Suhrkamp
Taschenbuch 500, Frankfurt/Main, ^{2}1982.
Le poids du monde.

lH — *Langsame Heimkehr*, Suhrkamp, Frankfurt/Main, 1979.
Lent retour.

LSV — *Die Lehre der Sainte-Victoire*, Suhrkamp,
Frankfurt/Main, 1980.
La leçon de la Sainte-Victoire.

EF — *Das Ende des Flanierens*, Suhrkamp Taschenbuch 679,
Frankfurt/Main, ^{2}1982.
La fin de la flânerie.

Kg — *Kindergeschichte*, Suhrkamp, Frankfurt/Main, ^{2}1981.
Histoire d'enfant.

üD — *Über die Dörfer*, Suhrkamp, Frankfurt/Main, 1981.
Par les villages.

GB — *Die Geschichte des Bleistifts*, Suhrkamp
Taschenbuch 1149, Frankfurt/Main, 1985.
L'histoire du crayon.

CS — *Der Chinese des Schmerzes*, Suhrkamp, Frankfurt/Main,
^{2}1983.
Le Chinois de la douleur.

PW *Phantasien der Wiederholung*, Suhrkamp, Frankfurt/Main, 1983.
Images du recommencement.

W *Die Wiederholung*, Suhrkamp, Frankfurt/Main, [2]1986.
Le recommencement.

EDITIONS DE REFERENCE EN LANGUE FRANÇAISE

H *Les frelons*, trad. Marc de Launay, NRF Gallimard, Paris, 1983.

BA *Bienvenue au conseil d'administration,* trad. Georges-Arthur Goldschmidt, Christian Bourgois Editeur, Paris, 1980.

K *Gaspard*, trad. Thierry Garrel et Vania Vilers, L'Arche, Scène ouverte, Paris, 1971.

AdT *L'angoisse du gardien de but au moment du penalty*, trad. Anne Gaudu, Gallimard, coll. Folio, n° 1407, Paris, 1982.

kB *La courte lettre pour un long adieu*, trad. Georges-Arthur Goldschmidt, Gallimard, coll. Folio n° 1716, Paris, 1986.

WU *Le malheur indifférent*, trad. Anne Gaudu, Gallimard, coll. Folio n° 976, Paris, 1979.

Ü *Les gens déraisonnables sont en voie de disparition*, trad. Georges-Arthur Goldschmidt, L'Arche, Scène ouverte, Paris, 1978.

IAI/AdW *Le non-sens et le bonheur*, trad. Georges-Arthur Goldschmidt, Christian Bourgois, Editeur, Paris, 1983.

SwE *L'heure de la sensation vraie*, trad. Georges-Arthur Goldschmidt, Gallimard, coll. Folio, n° 1938, Paris, 1988.

lF	*La femme gauchère*, trad. Georges-Arthur Goldschmidt, Gallimard, coll. Folio n° 1192, Paris, 1980.
GW	*Le poids du monde*, trad. Georges-Arthur Goldschmidt, NRF Gallimard, Paris, 1980.
lH	*Lent retour*, trad. Georges-Arthur Goldschmidt, NRF Gallimard, Paris, 1982.
LSV	*La leçon de la Sainte-Victoire*, trad. Georges-Arthur Goldschmidt, NRF Gallimard, coll. Arcades n° 3, Paris, 1985.
Kg	*Histoire d'enfant*, trad. Georges-Arthur Goldschmidt, NRF Gallimard, Paris, 1983.
ÜD	*Par les villages*, trad. Georges-Arthur Goldschmidt, NRF Gallimard, Le manteau d'Arlequin, Théâtre français et du monde entier, Paris, 1983.
GB	*L'histoire du crayon*, trad. Georges-Arthur Goldschmidt, NRF Gallimard, Paris, 1987.
CS	*Le chinois de la douleur*, trad. Georges-Arthur Goldschmidt, NRF Gallimard, Paris, 1986.
PW	*Images du recommencement*, trad. Georges-Arthur Goldschmidt, Christian Bourgois Editeur, Paris, 1987.
W	*Le recommencement*, trad. Claude Porcell, NRF Gallimard, Paris, 1989.

Pour diverses raisons, des libertés ont parfois été prises avec les traductions proposées dans ces ouvrages. La mention "traduction légèrement modifiée" est alors portée en note.

Les indications de pages suivant les citations extraites de ces traductions renvoient à l'édition française.

INTRODUCTION

> Je suis affamé de me faire connoistre ; et ne me chaut à combien, pourveu que ce soit véritablement ; ou, pour dire mieux, je n'ay faim de rien, mais je crains mortellement d'estre pris en eschange par ceux à qui il arrive de connoistre mon nom.
>
> Michel de Montaigne (1)

1. Michel de MONTAIGNE, ***Essais***, Livre troisième, Chapitre V, ***Sur les vers de Virgile***, Oeuvres complètes, Société des belles lettres, Paris, 1948, Livre troisième, premier volume, p. 89.

DE L'HOMME A L'ACCUEIL DE L'OEUVRE

Comment étudier le thème de l'identité dans l'oeuvre narrative de Peter Handke sans se tourner d'abord vers l'auteur ? L'aperçu biographique proposé ici ne peut bien évidemment pas prétendre à l'exhaustivité. Ce n'est d'ailleurs pas son objet. Il s'inscrit dans une démarche générale visant à saisir l'oeuvre nourrie par le cheminement de l'homme. Les convulsions intérieures et les désirs se métamorphosent lorsqu'ils se projettent dans l'écriture qui est toujours miroir et pont jeté vers l'autre. Mais ce monde extérieur du monde intérieur se livre témérairement à un monde extérieur protéiforme et imprévisible. Il paraît important de mettre en relief - avec une insistance particulière sur les débuts - les moments de travail solitaires et les exaltantes et âpres confrontations avec les cercles de lecteurs, spectateurs ou critiques professionnels. Considérée sous cet angle, l'oeuvre se révèle être dans une large mesure le reflet d'une tension constante entre le regard de l'autre et une intériorité qui, dans un mouvement de flux et reflux, se cherche et ne peut tenter de se définir qu'en captant l'attention d'une altérité ressentie à la fois comme menace permanente, et impérieuse nécessité. D'un dilemme irrésolu, d'une méfiance inextinguible à l'égard de l'autre, jaillissent les innombrables et désormais légendaires malentendus qui caractérisent l'existence et la carrière de Peter Handke...

1963 - 1966 : Peter Handke à Graz

L'année 1966 marque indéniablement un tournant dans la vie de Peter Handke, homme et écrivain, par sa projection brutale au premier plan de l'actualité littéraire et théâtrale sur un air de scandale. Le printemps 1966 le voit en effet publier son premier roman *Les frelons*, aux éditions Suhrkamp, et apostropher sans ménagement les écrivains reconnus du Groupe 47 lors de leur congrès annuel à Princeton (Massachussetts, USA). Une odeur de soufre accompagne aussi la première de la pièce *Outrage au public* qui a lieu à Francfort/Main, le 8 juin. A cette époque, Peter Handke inaugure sa vie vagabonde et quitte Graz et l'Autriche pour s'installer temporairement à Düsseldorf.

La première vague des malentendus d'une ampleur exceptionnelle déferle alors, sans pour autant engloutir la gloire du nouveau-venu. Lorsque le grand public découvre Peter Handke, celui-ci n'en est pas véritablement à ses débuts, et sa réflexion sur la littérature et le langage s'est déjà engagée. S'appuyer sur les déclarations du jeune auteur qui avoue avoir senti le désir d'écrire dès sa douzième année, faire référence à la publication des premiers articles dans *Fackel*, le journal de l'internat de Tanzenberg, relève du pittoresque, voire de l'anecdote. Mais examiner le cheminement et l'activité littéraire de l'étudiant en droit à Graz, de 1961 à 1965, permet de mieux cerner le phénomène Handke.

L'étonnement, le désarroi, l'irritation et le mépris de la plupart des critiques de renom de République fédérale d'Allemagne ont promptement enfermé le jeune écrivain dans une image négative. Peter Handke ne peut être réduit à un produit judicieusement lancé sur le marché par les pratiques bien rôdées du monde de l'édition, il n'est pas l'habile calculateur et l'ingénieux provocateur qu'ont cru pouvoir démasquer sans peine les professionnels de la critique. L'année 1966 peut certes être considérée comme un fulgurant départ, mais elle constitue aussi et avant tout un aboutissement, contrairement aux affirmations réitérées dans la presse écrite. Ainsi lit-on encore dans *Der Spiegel*, n° 22 de 1970, p. 175 :

> Handke war schon berühmt, bevor auch nur eine Zeile von ihm bekanntgeworden war.Peter Handke nämlich, so erinnert sich Martin Walser, "wurde an einem Tag berühmt" - der schmächtige Twen verschaffte sich die Publicity auf der Tagung der Gruppe 47 durch einen Handkestreich, der heute schon Literaturlegende ist (2).

2."Handke était déjà célèbre (...) avant même qu'une seule ligne de lui n'ait été présentée au public. Peter Handke en effet - comme se le rappelle Martin Walser - "a été célèbre du jour au lendemain", le jeune homme fluet d'une vingtaine d'années a réussi à se faire un nom en jouant, lors du congrès du Groupe 47 à Princeton, un tour à la Handke qui, aujourd'hui déjà,

Pourquoi ne s'est-on pas plutôt demandé pour quelles raisons Peter Handke reçoit des mains de l'éditeur Siegfried Unseld (Suhrkamp) une invitation pour assister au congrès annuel du Groupe 47 (3), et pourquoi ne s'est-on pas interrogé sur les motivations qui ont conduit en 1965 la prestigieuse maison d'édition de Francfort à accepter - après des hésitations il est vrai - ***Les frelons*** (4)?

Même si son nom n'a pas franchi les frontières de l'Autriche, Peter Handke n'est pas un inconnu... à Vienne, où le manuscrit de son premier roman se trouve entre les mains de l'homme le plus influent dans la République des Belles Lettres, Wolfgang Kraus. A Graz non plus, son nom ne passe pas complètement inaperçu. Graz n'est que la modeste capitale de la province de Styrie, mais dès le début des années 60, cette ville, réputée extrêmement conservatrice, réussit à cristalliser autour d'un groupe d'hommes décidés, et dans l'enceinte d'un bâtiment désaffecté - le café du jardin public (***Stadtpark-Cafe***) - les velléités avant-gardistes d'artistes de toutes disciplines. A cette époque, ***Le groupe de Vienne*** (***Wiener Gruppe***) se désintègre par manque de soutiens financiers officiels ; le cercle carinthien du ***Tonhof*** de Maria Saal, réuni autour du compositeur et écrivain Gerhard Lampersberg, n'a qu'une existence éphémère. Graz prend alors la relève avec la fondation en janvier 1959 de l'association ***Forum Stadtpark*** et l'inauguration, le 4 novembre 1960, du centre d'exposition installé dans le ***Café du Jardin Public***, finalement rénové après de nombreuses difficultés (5). Le succès de l'entreprise doit certainement beaucoup à l'esprit d'ouverture qui règne dans ces lieux. On se propose d'accueillir et de faire connaître les modes d'expression les plus variés et les plus récents, expérimentés dans tous les domaines artistiques : littéraire, théâtral, pictural, graphique, photographique, cinématographique, architectural, musical, scientifique. Aucun programme commun, aucune idéologie, aucun style, aucune théma-

---

est devenu légendaire dans le monde littéraire".

3. Siegfried UNSELD affirme avoir cru au talent et aux potentialités de Peter Handke dès cette époque (correspondance particulière).

4. Peter Handke et Alfred Kolleritsch l'avaient déjà proposé sans succès aux éditions Luchterhand à Neuwied.

5. Lire à ce propos l'article de Manfred MIXNER, ***Ausbruch aus der Provinz, Zur Entstehung des Grazer Forum Stadtpark und der Zeitschrift manuskripte***, in : ***Wie die Grazer auszogen, die Literatur zu erobern***, Hrsg. von Peter LAEMMLE, Jörg DREWS, Ed. Text und Kritik, München, 1975, p. 13 - 28.

tique ne réunit ces novateurs qui ne partagent que l'amitié et leur attachement au projet du ***Forum Stadtpark*** et de sa revue, ***manuskripte***, dont le premier numéro paraît le 4 novembre 1960. La création de la revue, simple polycopié dans sa forme initiale, et l'organisation régulière de discussions et lectures relèvent du même souci de communication à établir entre artistes et entre artistes et public.

Que se côtoient à Graz ou dans les colonnes de ***manuskripte*** les jeunes talents issus du milieu provincial, les écrivains venus du Groupe de Vienne, comme O. Wiener, ou des personnalités de renom comme E. Canetti ou N. Sachs, témoigne du rayonnement du ***Forum Stadtpark*** qui puise sa force dans la résistance persévérante aux assauts répétés, lancés par les milieux hostiles à l'Avant-Garde.

Lorsque Peter Handke arrive à Graz en 1961, le jeune étudiant trouve donc un terrain favorable à l'échange, à l'approfondissement de sa réflexion, à l'enrichissement de ses expériences, et une tribune s'offre à lui pour vaincre l'anonymat. Il ne faut pas oublier que le jeune Carinthien a choisi, sur les conseils de son professeur de lettres, les études de juriste pour jouir du temps et de la disponibilité d'esprit nécessaires au travail d'écriture (6). Il met à profit ces opportunités pour se lancer dans la composition de brefs textes en prose et du premier roman qui, tous, portent l'empreinte des paysages et obsessions de l'enfance et de l'adolescence.

C'est au ***Forum Stadtpark***, dans ses caves, que Peter Handke dactylographie ses premiers écrits. Il s'y familiarise aussi avec la littérature expérimentale du ***Groupe de Vienne***, comme l'indique par une allusion voilée Michael Scharang, lui-même membre du ***Groupe de Graz*** et éditeur d'un recueil d'essais sur Peter Handke (7). Tandis que Jörg Drews analyse cette influence sur le recueil ***Die Innenwelt der Außenwelt der Innenwelt*** pour démontrer les manques patents de Peter Handke (8), Paul

---

6. Peter Handke songeait-il sérieusement, comme il l'a été écrit ***(Der Spiegel***, Nr 22, 1970), à embrasser, à l'image de P. Claudel, la carrière diplomatique pour pouvoir écrire plus aisément ?
7. Michael SCHARANG (Herausgeber), ***Über Peter Handke***, Suhrkamp Verlag, Frankfurt/Main, 1972, p. 10.
8. Jörg DREWS, ***Sterile Exerzitien***, in : ***Text und Kritik***, 24, Hrsg. von H.L. ARNOLD, p. 50 - 55.

Kruntorad (9) relève quant à lui, dans ce qu'il appelle la technique du double filtre esthétique, caractéristique des premiers textes en prose, les apports du Groupe de Vienne, et l'appropriation originale qu'en fait Peter Handke.

Le jeune écrivain doit par ailleurs en 1964 à la revue ***manuskripte***, dirigée par Alfred Kolleritsch, la publication de ses premiers textes. Mais l'activité de Peter Handke à Graz s'étend à un autre secteur, domaine privilégié de la parole et de la communication : la radio. L'accès lui en est permis par Alois Hergouth du ***Forum Stadtpark*** qui lui fait rencontrer Alfred Holzinger, alors responsable des émissions littéraires à Radio Styrie. Entre 1964 et 1966, il affirme de différentes manières sa présence sur les ondes régionales de la radio autrichienne (10) : quatre de ses premiers textes sont diffusés ; il assure également, pour des raisons d'indépendance financière vis-à-vis de sa famille, des chroniques et des émissions de critique littéraire, et fournit des adaptations de romans, diffusées le dimanche. L'intérêt de ces interventions répétées dépasse le cadre purement alimentaire. Elles donnent au jeune auteur l'occasion d'énoncer clairement, à propos d'un commentaire sur un livre ou un fait culturel, les principes qui sont à la base de son travail d'écriture. Elles permettent aussi de mettre en lumière la véritable personnalité de celui qu'avec précipitation on traite tantôt de champion de la publicité, tantôt d'habitant de la Tour d'ivoire. A Graz, Peter Handke se prépare avec persévérance et obstination à la carrière d'homme de lettres dont il rêve depuis si longtemps. Il ne cède pas à la tentation de l'isolement, mais participe activement à l'oeuvre émancipatrice du ***Groupe de Graz*** dont il est membre. Les années passées à Graz sont parmi celles qui comptent dans la vie de l'homme et de l'écrivain. Elles favorisent l'affranchissement et servent de passerelle vers un ailleurs et un avenir prometteurs.

La première chronique radiophonique consacrée aux Beatles, sujet choisi par Peter Handke, est à cet effet particulièrement éclairante. Handke prononce une plaidoirie passionnée non

---

9. Paul KRUNTORAD, ***Peter Handke : Der doppelte ästhetische Filter***, in : ***Kindlers Literaturgeschichte der Gegenwart, Die zeitgenössische Literatur Österreichs***, p. 257 - 258.
10. Précisions rapportées par Alfred HOLZINGER, ***Peter Handkes literarische Anfänge in Graz***, in : ***Wie die Grazer auszogen...***, *Op.cit.*, p. 183 - 198.

seulement en faveur du groupe anglais, mais aussi en faveur de tous ceux qui suivent des parcours parallèles (11).

> Partei ergriffen wird für die Beatles, und nicht nur für diese vier Jungen aus Liverpool, welche durch ihre Musik, durch ihr Gehaben, durch ihre Art, zu leben und sich zu geben, die Erde unsicher gemacht haben, sondern auch für die, welche durch die Beatles sich unsicher machen lieBen. Denn es gehört Unbeschwertheit dazu, die Fähigkeit, ausgelassen zu sein, Vorurteilslosigkeit, Aufgeschlossenheit, Unbefangenheit, Lebhaftigkeit, Unruhe ; andererseits, als Reaktionen, Widerwille gegen einen scheinbar unveränderlichen Lebenszustand, Trotz, Ungehorsam und die vielzitierte Langeweile. Viele von denen sogar, denen es angenehm ist, die Beatles zu sehen oder sie anzuhören, brauchen von ihnen nicht erst unsicher gemacht zu werden, weil sie ihrer selbst und ihrer Sache zuvor schon nicht sicher gewesen sind (12).

Le commentaire rétrospectif d'Alfred Holzinger sur cette prise de position n'est pas dépourvu de perspicacité :

---

11. Un des souvenirs évoqués par Peter Handke, en 1973 dans une interview, complète les présentes observations : "In einem Grazer Café hatte ich vorher die Platte von den Beatles ***It won't be long*** gehört. Die Musik hat mich völlig weggetragen. Zum erstenmal hatte ich so ein Gefühl, als ob ich meine idiotische Individualität, unter der ich so gelitten habe, verloren hätte", in : ***Stern, Der Twen auf dem Olymp***, Nr 42, 1973.
"J'avais auparavant entendu dans un café de Graz le disque des Beatles ***It won't be long***. La musique m'avait complètement transporté. Pour le première fois, j'éprouvais le sentiment de m'être dépouillé de ma stupide individualité qui m'a tant fait souffrir".
12. "On prend le parti des Beatles, et pas seulement celui de ces quatre garçons de Liverpool qui, par leur musique, leur allure, leur façon de vivre et de se présenter ont plongé la terre dans l'incertitude, mais on prend par là-même le parti de ceux qui, par les Beatles, se sont laissés entraîner dans l'incertitude. Car pour en arriver là, il faut de l'insouciance, il faut être capable d'exubérance, de liberté et d'ouverture d'esprit, de candeur, de dynamisme, de disponibilité ; d'autre part, l'attitude du rejet : l'aversion à l'encontre d'un état de choses apparemment immuable, la rebellion, l'indiscipline et l'ennui souvent évoqué. Et même parmi ceux qui prennent plaisir à voir ou à entendre les Beatles, nombreux sont ceux qui n'ont pas besoin des Beatles pour perdre leur certitude, car, auparavant déjà, ils n'ont eu aucune certitude quant à eux-mêmes et tout ce qui les concerne".

> Handke, der Einzelgänger, sehnte sich nach Bestätigung durch die Gruppe, er wollte sich einfügen und von sich selbst absehen können. Begeisterung, Erleichterung und die Schwerelosigkeit im Rausch der Selbstaufgabe suchte er dort (13).

Ces propos font ressortir le dilemme auquel Handke a depuis toujours été confronté et qui habite la plupart de ses oeuvres : l'écartèlement entre l'attirant et bienfaisant isolement, et l'indispensable intégration à la communauté humaine qui garantit la vie, puisqu'elle permet de puiser la force et de trouver dans le regard de l'autre la confirmation de l'existence présente.

1967 - 1970 : Le phénomène Handke

Le succès de Peter Handke est foudroyant et dépasse largement l'espace culturel germanique. En 1970, certaines de ses premières oeuvres sont déjà accessibles en traduction en Grande-Bretagne, en France, en Italie, en Suède, en Tchécoslovaquie, aux Pays-Bas et aux USA. Cette même année, ***Der Spiegel*** lui consacre un long article (14) qui restitue fidèlement l'état d'esprit de l'époque face à la nouvelle idole.

> Ja, der junge Dichter hat es weit gebracht : in knapp vier Jahren wurde Handke zum Hobby von Studienräten und zum Studienobjekt akademischer Seminare, er avancierte zum Wallfahrtsziel von Fans und zum Negativ-Fetisch der Linken, er inspirierte Handke-Parodien und geriet zur Comicstrip-Figur ; konservativen Blättern, wie der

---

13. Alfred HOLZINGER, ***Peter Handkes literarische Anfänge in Graz***, in : ***Wie die Grazer auszogen, die Literatur zu erobern***, Peter LAEMMLE, Jörg DREWS, Hrsg. Ed. Text und Kritik, München, 1975, p. 183 - 198.
"Handke, le solitaire, désirait ardemment recevoir l'approbation du groupe, il voulait pouvoir s'intégrer et se détacher de lui-même. Il recherchait là l'enthousiasme, la délivrance, la légèreté procurés par l'ivresse de l'oubli de soi".
14. ***Der Spiegel***, Nr 22, 1970, p. 174 - 190, ici, p. 174 - 175.

Welt am Sonntag, gilt er als Exponent der Kulturrevolution, und Sozialisten, wie dem Schriftsteller-Kollegen Martin Walser, als Vertreter neudeutscher Innerlichkeit. Aber allen gilt er was.

Handkes schneller Aufstieg zum Ruhm wird illuminiert von Literaturwerken aus allen Sparten ; die Zahl der inzwischen vorgelegten Titel ist, auch im inflationären Zeitalter der literarischen Kurzformen, auBergewöhnlich : Handke publicierte seit Februar 1966 zwei Romane, einen Erzählungsband, sieben Theaterstücke, zwei Lyrikbändchen, drei Hörspiele, einige Dutzend Aufsätze über Heimatfilme und StraBentheater, die CSSR-Invasion und die Studentenprozesse. Eine Art Gesamtausgabe zu Lebzeiten, den Handke-Digest *Prosa Gedichte Theaterstücke Hörspiele Aufsätze*, konnte der Suhrkamp-Verlag für kurze Zeit auf den Bestsellerlisten placieren.

Im letzen Monat beendete der inzwichen nach Paris übergesiedelte Autor sein erstes Fernsehspiel (Titel : *Chronik der laufenden Ereignisse*), das der Westdeutsche Rundfunk in diesem Herbst produzieren will, und begann mit der Arbeit an einem neuen, 'ganz groBen Erfolgsstück', dem schon länger geplanten *Ritt über den Bodensee*.

Zugleich erschien im Frankfurter Suhrkamp-Verlag Handkes bislang wohl stärkste Prosa-Arbeit *Die Angst des Tormanns beim Elfmeter* - in einer hochgemuten Startauflage von 25000 Stück, als handele es sich um den neuesten Hit von Johannes Mario Simmel. Immerhin : Das asketische, anspruchsvolle Stück Literatur tauchte in den letzten Wochen immer mal wieder unter den 10 führenden Verkaufsschlagern auf (15).

---

15. "Oui le jeune poète a réussi : en quatre ans à peine, Handke est devenu le passe-temps favori des professeurs de lycée, un sujet de recherche dans les séminaires universitaires, ses fans en ont fait un objet de vénération et la gauche sa bête noire, il a inspiré des parodies et est même apparu comme personnage de bande dessinée ; les journaux conservateurs comme ***Die Welt am Sonntag*** le considèrent comme le représentant de la révolution culturelle, et les socialistes, parmi lesquels son collègue Martin Walser,

Ces quelques lignes illustrent parfaitement la fascination exercée sur le public et la foule des lecteurs et l'incompréhension, la passion et le mépris jaloux qui se déchaînent dans les chroniques des critiques professionnels (16). En un mot : la plus grande confusion préside à la réception du phénomène Handke au début des années 70.

Non sans raison, certains se sont ouvertement demandés si la fulgurante ascension ne reposait pas davantage sur l'image ambiguë délibérément projetée par l'homme, que sur la valeur réelle de sa production littéraire. L'origine modeste de Peter Handke, ses prises de position provocatrices et brutales dans le domaine de la politique et de la justice (17) à l'heure des turbulences de l'opposition extraparlementaire, une bagarre avec les policiers autrichiens qui, par erreur, lui interdi-

---

comme le représentant de la nouvelle intériorité allemande ! Quoiqu'il en soit, il ne laisse personne indifférent.
La prompte accession à la gloire de Handke est illuminée par des oeuvres littéraires relevant de tous les genres ; le nombre des titres proposés est extraordinaire même à une époque où il y a profusion d'oeuvres brèves : depuis le printemps 1966, Handke a publié deux romans, un recueil de prose, sept pièces de théâtre, deux livrets de poésie, trois pièces radiophoniques, quelques douzaines d'essais sur les films du terroir, le théâtre de rue, l'invasion de la Tchécoslovaquie et les procès d'étudiants. La maison d'édition Suhrkamp a réussi à faire figurer quelque temps au palmarès des livres les plus vendus le titre récapitulatif de Handke, ***Prose, poésie, pièces de théâtre, pièces radiophoniques et essais***, sorte d'édition complète publiée du vivant de l'écrivain. Le mois dernier, l'auteur, qui s'est installé à Paris, a mis la dernière main à son premier téléfilm (titre : ***La chronique des événements courants***) qui doit être diffusé à l'automne par le ***Westdeutscher Rundfunk***, et il a commencé à écrire une nouvelle "grande pièce à succès", ***La chevauchée sur le lac de Constance***, depuis longtemps déjà en projet.
Simultanément, l'oeuvre en prose sans doute la plus forte jusqu'ici, ***L'angoisse du gardien de but au moment du penalty*** a paru aux éditions Suhrkamp de Francfort, allègrement tirée à 25.000 exemplaires, comme s'il s'agissait du dernier succès de Johannes Mario Simmel. Quoiqu'il en soit, cette pièce de littérature austère et exigeante a, cette fois encore, pris place ces dernières semaines, parmi les dix meilleures ventes de librairie ".

16. Le numéro de ***Text und Kritik***, 24, de 1969 entièrement consacré à Peter Handke ne contient que des articles perfides et dépourvus de critères sérieux d'évaluation esthétique, exception faite de l'essai de Hans MEYER, professeur de littérature.

17. Il prononce ainsi, lors de la réception du Prix Gerhard Hauptmann (1967), en guise de discours un violent réquisitoire contre le verdict d'acquittement prononcé à Berlin en faveur du policier qui avait tué l'étudiant Ohnesorg.

saient l'accès à la salle bondée où il devait lire des passages de ses oeuvres, ont conduit un peu hâtivement à le rattacher à la nouvelle gauche. Mais son aversion pour les stéréotypes, les analyses et la langue figée de la gauche traditionnelle a attisé la polémique (18) avec ceux qui, déçus, n'ont voulu voir en lui qu'un habile opportuniste et un adepte du narcissisme, étranger aux problèmes de son temps. Ne se déclare-t-il pas lui-même être un habitant de la Tour d'ivoire ?

Il faut reconnaître que, tout en se rebellant contre les clichés et préjugés liés à sa personne, Peter Handke se plaît à brouiller les pistes en accordant, par exemple, le plus grand soin à l'image physique qu'il présente au public des admirateurs ou des détracteurs. Depuis 1966, il a changé d'apparence, il a troqué la coiffure des Beatles contre les cheveux mi-longs et une moustache légère, et les sages lunettes d'écaille contre les montures à verres teintés qui dissimulent le regard...

Il faut certainement toute la clairvoyance d'un ami bien intentionné comme Hermann Lenz pour faire la part des choses (19) :

> Mir kam es vor, als trüge er das lange Haar, die dunkle Brille und den Schnurrbart, um sich zu verhüllen oder abzuschirmen ; und dann wahrscheinlich um sich anzugleichen, nicht aufzufallen unter Gleichaltrigen (20).

A ce stade de l'évolution du jeune écrivain autrichien, le thème de l'ambiguïté dans la relation de l'individu au groupe se manifeste dans toute son ampleur. Les désirs contradictoires de l'écrivain se mêlent et s'enchevêtrent : d'une part, l'instinctif besoin de protéger l'individualité, d'autre part, l'envie de se fondre dans la foule des semblables et, en face de tout cela, l'élan vital qui pousse le provocateur à clamer

---

18. La virulente polémique engagée par Peter HAMM dans la revue de gauche ***Konkret***, Nr 12, Juni 1969, connaîtra de multiples rebondissements et ne trouvera son épilogue qu'en...1974 avec un nouveau malentendu du chroniqueur littéraire de l'époque Michael SCHNEIDER !
19. ***Schreiben geht manchmal leichter als reden***, Begegnungen mit Peter Handke, von Hermann LENZ, in : ***Stuttgarter Zeitung***, 9. Februar 1974.
20. "J'eus l'impression qu'il portait de longs cheveux, des lunettes à verres fumés et la moustache, pour se cacher ou se protéger ; ensuite sans doute par esprit de conformité, pour passer inaperçu parmi les garçons de son âge ".

sa façon d'être et de sentir. Il est bien difficile de démêler les fils du jeu conscient de ceux des besoins existentiels et des pulsions secrètes qui s'embrouillent à souhait. L'intéressé est peut-être la seule personne autorisée à prononcer en 1970 une conclusion provisoire (21) :

> Wenn ich nicht ich wäre und nur wüßte, was über mich geschrieben worden ist, dann würde ich diese ganze Sache mit dem Handke wohl auch sehr übertrieben und sehr zweifelhaft finden (22).

1971 - 1978 : Le tournant

Le début des années 70 constitue à bien des égards un tournant dans l'existence privée et publique de Peter Handke. Sur le plan personnel d'abord, comme il le confie à Christian Linder (23), c'est la période des bouleversements radicaux entraînés par la séparation du couple (24), puis par le suicide de la mère. Il peut à première vue paraître arbitraire, en dépit de la justification chronologique, de regrouper dans une même phase des oeuvres narratives aussi différentes que ***Le malheur indifférent, La courte lettre pour un long adieu, L'heure de la sensation vraie*** et ***La femme gauchère.*** Mais le jeu des résonances de livre en livre ôte des scrupules que l'écrivain lui-même semble balayer par les propos publiés dans le journal ***Le Monde*** (25) où il souligne les liens étroits unissant les récits consacrés à la mère et à la femme gauchère. Par ailleurs, n'a-t-on pas remarqué les correspondances entre la crise traversée par Gregor Keuschnig et celle provoquée par Marianne ? Cependant, c'est surtout le changement de style dans la réflexion et le langage, adopté depuis ***L'angoisse du gardien***

21. In : ***Der Spiegel***, *Op.cit.*, p. 190.
22. "Si je n'étais pas moi et si je ne connaissais que ce qu'on a écrit sur moi, toute l'affaire Handke, je la trouverais sans doute aussi très surfaite et suspecte".
23. Christian LINDER, ***Schreiben und Leben***, Kiepenheuer & Witsch, Köln, 1974, p. 34.
24. Peter Handke a épousé la comédienne Libgart Schwarz en 1967 ; une fille, Amina, est née en 1969.
25. Peter HANDKE, ***Entrer par une porte mythique où les lois ont disparu***, propos recueillis par Yvonne BABY, in : ***Le Monde***, 18 Mai 1978.

de but, qui donne aux oeuvres en prose de cette époque leur unité. Au stade de la protestation, de la rigoureuse interrogation sur les modes d'expression succède une période où l'authenticité de l'expérience du réel fait son entrée dans une production littéraire à l'écriture renouvelée.

La conséquence en est un changement sensible dans la réception de l'oeuvre de Peter Handke, surtout après la publication du ***Malheur indifférent***. Les responsables successifs de la chronique littéraire dans la revue ***Konkret*** continuent à alimenter la polémique en vitupérant contre Peter Handke, et surtout contre les rénégats et les traîtres qui progressivement gagnent le camp adverse : le clan des admirateurs ; il est désormais évident que la force de conviction de la langue et de la pensée du jeune écrivain autrichien oblige les critiques honnêtes à dépasser les préjugés et à formuler des jugements fondés sur des critères moins superficiels. L'évolution du ton entre les deux cahiers de ***Text und Kritik*** consacrés à Peter Handke, et parus respectivement en 1969 et 1976, en témoigne nettement.

L'heure des premiers bilans de tous ordres sonne pour le jeune écrivain qui vient à peine de franchir le seuil - fatidique pour ses héros - du trentième anniversaire.

Les journalistes l'interrogent sur son passé de scandale et guettent malicieusement le reniement ou l'aveu. En vain ! Peter Handke refuse de formuler une auto-critique : le comportement passé est l'expression d'une façon de vivre et de sentir, propre à une période de la vie. Rien d'autre ! (26).

Plus féconds sont les bilans intimes dont l'écriture poétique se fait l'écho. La notion d'avenir apparaît. Le souvenir surgit encore fréquemment, mais il se mue en une réflexion nécessaire pour dessiner le futur. Les souvenirs douloureux de l'enfance et de la jeunesse ne sont plus subis, ils ne sont plus l'obsession dévorante qui forme la toile de fond des récits, romans et textes en prose de la première période, ils se décantent et se métamorphosent. Ils deviennent imperceptiblement un matériau d'édification et non plus un élément de dissolution. L'ombre de l'homme régénéré se profile au-

26. Peter HANDKE, ***Ich will mich nicht von mir distanzieren, Erinnerungen für die Zukunft***, Ein Gespräch mit dem diesjährigen Büchnerpreisträger Peter Handke, propos recueillis par Christian Schultz-Gerstein, in : ***Die Zeit***, 19.10.1973.

dessus des cendres. L'Autriche disparaît des oeuvres, l'étranger devient terre fertile.

Au cours des années 70 une image nouvelle de Peter Handke s'impose. Un peu précipitamment cette fois encore, et sur un fond de malentendu, on salue ici et là dans la critique allemande la sortie de la chrysalide du nouvel auteur classique qui a réussi à surmonter les péchés de jeunesse et à se débarrasser de l'austère fardeau de la littérature expérimentale. Sans doute n'a-t-on pas encore pris la mesure de l'engagement total et constant de Peter Handke, non pas en faveur d'une idéologie politique, mais au service de l'autre, le compagnon d'aventure et de misère, par le moyen privilégié que constitue la littérature. Pourtant il l'exprimait clairement déjà en 1967 dans un essai au titre quelque peu trompeur : ***Je suis un habitant de la tour d'ivoire***, publié seul en 1969, puis dans un recueil en 1972.

> Die Wirklichkeit der Literatur hat mich aufmerksam und kritisch für die wirkliche Wirklichkeit gemacht. Sie hat mich aufgeklärt über mich selber und über das, was um mich vorging...
> Ich erwarte von der Literatur ein Zerbrechen aller endgültig scheinenden Weltbilder. Und weil ich erkannt habe, daB ich selber mich durch die Literatur ändern konnte, bin ich auch überzeugt, durch meine Literatur andere ändern zu können...(27).

---

27. Traduction de Anne-Sophie ASTRUP, in : Revue ***ORACL***, n° 21/22, automne 1987, p. 10 - 11.
"La réalité de la littérature m'a rendu attentif et a développé mon sens critique face à la réalité réelle. Elle m'a fait prendre conscience de moi-même et de ce qui se passait autour de moi...
J'attends de la littérature une destruction de toutes les images du monde en apparence définitives. Et comme j'ai reconnu que je pouvais me changer moi-même par la littérature, je suis convaincu de pouvoir changer les autres par ma littérature " (B.E., p. 19 - 20).

De son année de voyages aux Etats-Unis et en Alaska, Peter Handke ramène un récit qui donne son nom à une tétralogie en cours d'élaboration : ***Lent retour***. Bien que les lecteurs se soient habitués à sentir dans chaque nouveau livre la volonté de dépasser l'acquis du précédent, une fraction de la critique professionnelle et une frange du public se détournent, depuis la version filmique de ***La Femme gauchère*** et le journal ***Le poids du monde***, des nouvelles oeuvres de Peter Handke. Le mouvement s'amplifie avec la ***Tétralogie*** qui inaugure un nouveau style, ressenti comme figé et emphatique. L'écrivain se démarque de la communauté d'expériences qui l'apparentait à tous les individus plus ou moins en crise latente.

Le lieu de résidence que Peter Handke choisit lors de son retour en Autriche démontre ostensiblement sa nouvelle relation vis-à-vis des hommes et du monde. Il s'installe à Salzbourg, ville-symbole du tourisme et du mercantilisme autrichien, pour laquelle il affiche à l'occasion une aversion profonde (28), ville d'histoire arrosée par la Salzach, dont les méandres dessinent l'enracinement dans le temps, et enfin, ville dominée par des montagnes, sur l'une desquelles il élit un domicile peu accessible. Si la communication n'est pas rompue avec les hommes, la distance et la hauteur sont soigneusement préservées...

Peter Handke n'est plus, comme à ses débuts, contraint d'affronter des chapelles qui déversaient sans ménagement accusations et sarcasmes, mais il devient lui-même le prétexte à la création de chapelles. Car la nouvelle voie empruntée, celle des affirmations solennelles et indiscutables, qui culmine dans le poème dramatique ***Par les villages***, ne suscite guère l'admiration que dans le cercle restreint des amis et lecteurs fidèles. Sinon, les réactions vont du désintérêt à l'ennui et à l'irritation. L'ermite du Mönchsberg entonne des hymnes démo-

---

28. Peter HANDKE, ***Als Schreibender krepiert man fast***, in : ***Profil***, 27.4.1981, p. 58 - 60. Mais ce mépris ne saurait se confondre avec les véhémentes attaques formulées par Thomas Bernhard contre Salzbourg dans son premier roman autobiographique, ***L'origine*** (***Die Ursache***), Residenz Verlag, Salzburg, 1975.

dés, proclame la vie retrouvée et le bonheur qui doit être communiqué. La bonne nouvelle du salut a été révélée au coeur de la plus insondable détresse, les illuminations caractéristiques des oeuvres de la décennie précédente cherchent à atteindre à l'éternité.

Tandis que l'on note une relative désaffection du grand public, on peut constater un intérêt soutenu des chercheurs, pour l'oeuvre de l'écrivain, prise dans sa globalité, en raison de l'implacable rigueur qui préside à son évolution, considérée sous l'angle de la continuité.

Certaines remarques de Peter Hamm, dans sa première diatribe contre Peter Handke, ne manquaient pas de pertinence, en particulier lorsqu'il relevait dans les considérations du jeune écrivain sur le langage une double attitude : celle qui vise à faire du langage le péril le plus menaçant pour l'humanité et celle qui consiste simultanément à lui accorder une valeur illimitée. A la phase initiale de critique radicale et de purification du langage succède une période où le langage devient messager de la vie.

Il est néanmoins permis de s'interroger sur l'aboutissement du ***Lent retour*** puisque de plus en plus depuis la tétralogie, Peter Handke se tourne, à la suite de Rainer Maria Rilke et de Stefan George, vers la traduction d'oeuvres contemporaines ou classiques...S'agit-il de puiser, par l'autre, le renouvellement à la source vive de la poésie ou de circonscrire le grand vide qui accompagne la paix reconquise ?

En dépit des apparences, Peter Handke est peut-être moins le poète-prophète proclamé et reconnu que le poète, homme faible, tourmenté et fragile que Franz Kafka décrivait à Gustav Janouch dans ses conversations...

> In Wirklichkeit ist der Dichter immer viel kleiner und schwächer als der gesellschaftliche Durchschnitt. Er empfindet darum die Schwere des Erdendaseins viel intensiver und stärker als die anderen Menschen. Sein Gesang ist für ihn persönlich nur ein Schreien. Die Kunst ist für den Künstler ein Leid, durch das er sich für ein neues Leid befreit (29).

29. Gustav JANOUCH, ***Gepräche mit Kafka***, Fischer Bücherei, Frankfurt/Main,

L'oeuvre de Peter Handke continue à s'élaborer, les livres de narration se succèdent, ils ont pour cadre Salzbourg ou la Slovénie profonde que le marcheur infatigable sillonne avec attention et ferveur.

Plus que jamais, l'écriture revêt une dimension existentielle, mais l'écrivain tend à s'effacer de ses textes, à se rendre anonyme et nécessaire, à l'image du traducteur qui apparaît dans ***L'après-midi d'un écrivain.*** Peut-être comme le remarque G.A. Goldschmidt (30), le choix du genre de ***L'absence***, oeuvre en prose récente qui est un conte, marque-t-elle la fin de l'écriture personnelle, "le conte (ne faisant) que transmettre le soi 'vide' par lequel s'opère la transformation poétique anonyme du réel". L'écriture n'est pas un moyen de refaire le monde, mais de l'atteindre par les mots, dans sa brillance et ses vibrations infinies.

Pourtant, de son propre aveu (31), l'écrivain se trouve actuellement face à un seuil qui ne se laisse pas franchir. L'écriture résiste, l'attente patiente est devenue nécessaire. Il y a dix ans, l'étude de la géologie s'était imposée pour partir à la conquête des formes de la terre, facteur indispensable pour nourrir les rêves et construire l'avenir. Aujourd'hui, Peter Handke voudrait puiser le renouvellement dans l'étude de l'histoire, mais l'envie s'altère, compromettant ainsi les lendemains... Le désir est toujours vivant, mais il est teinté de désespoir... Si les longues marches sur le plateau désertique du Karst accréditent la thèse que l'identité ne se veut plus que géographique, elles ne sauraient faire oublier que l'homme et le poète aiment à hanter les points de rencontres bruyants et animés que sont les cafés aux juke-boxes sonores. Par ailleurs, l'obsession de la communication authentique avec l'autre habite encore l'oeuvre, comme en témoignent le surprenant retour au théâtre avec ***Le jeu***

Hamburg, 1961, p. 19.
"Le poète est en réalité toujours beaucoup plus petit et plus faible que la moyenne de la société. C'est pourquoi il éprouve la pesanteur de l'existence terrestre beaucoup plus intensément et fortement que les autres hommes. Chanter n'est, pour lui personnellement, qu'une façon de crier. L'art est pour l'artiste une souffrance, par laquelle il se libère pour une nouvelle souffrance ." Gustav JANOUCH, ***Conversations avec Kafka***, texte français de Bernard Lortholary, Ed. Maurice Nadeau, Les lettres nouvelles, Paris, 1978.
30. G.A. GOLDSCHMIDT, ***Peter Handke***, Seuil, Paris, 1988, p. 177.
31. Peter HANDKE, ***Le bon plaisir de Peter Handke***, propos recueillis par Colette Fellous, France-Culture, 2.12.1989.

aux questions et le préalable posé à l'interview de Colette Fellous, bannir les fausses questions qui coupent le mouvement des vagues :

> Pour les vraies questions il faut l'amour et la nécessité.

Le marcheur solitaire peut-il rejoindre le monde et ses mystères, peut-il reconquérir le sens perdu de l'aventure sans échange vivant et vrai avec l'autre ? Il est permis de s'interroger, mais il serait présomptueux d'avancer une réponse...

Dès ses débuts, l'oeuvre de Peter Handke a suscité l'envie d'écrire... Les chroniques, commentaires accompagnant la publication des livres, les articles d'universitaires ne se laissent plus dénombrer. Les monographies, les recueils d'essais abondent. Depuis le début des années 80, la recherche universitaire relative à Peter Handke prend un nouveau visage qu'illustrent parfaitement le titre et le sous-titre de l'ouvrage publié à Vienne en 1984 par l'Autrichien Christoph Bartmann (32) : ***La recherche de la cohérence. L'oeuvre de Handke considérée comme processus.*** A la thèse des ruptures successives, des revirements spectaculaires, généralement avancée par ses prédécesseurs - les articles de Jean-Marie Valentin (33) et de Volker Bohn (34) font exception - il oppose celle de la continuité et de la rigueur. La présente étude s'incrit dans ce courant qui considère la phase initiale d'expérimentation sur le langage comme la mise en route d'un lent processus de libération. Malgré la diversité des filtres de lecture utilisés, tous les représentants de cette tendance (35), explorateurs patients et attentifs des eaux profondes, ont retenu dans leur filet les thèmes du regard et de la communication. Ils ont exploité leur imbrication dans un mouvement général de déconstruction et de reconstruction, et ont observé l'interaction permanente du monde intérieur et du monde extérieur. Des zones d'ombre subsistent néanmoins. Les préalables à la fragmentation du regard et à l'isolement des protagonistes qui caractérisent les premières phases de la production narrative, demeurent relativement obscurs. Cette lacune devait être comblée ; il importe de mettre au jour les facteurs constitutifs d'une situation de l'individu par ailleurs abondamment dé-

---

32. Christoph BARTMANN, ***Suche nach Zusammenhang, Handkes Werk als Prozeß***, Wilhelm Braumüller, Universitäts-Verlagsbuchhandlung, Wien, 1984.
33. Jean-Marie VALENTIN, ***Peter Handke et l'Avant-garde littéraire française des années 1950 - 1960, Deux fois l'Autriche***, tome II, Rouen, 1978, in : ***Actes du colloque de Rouen***, p. 129 - 145.
34. Volker BOHN, ***Später werde ich über alles Genaueres schreiben, Peter Handkes Erzählung Wunschloses Unglück aus literaturtheoretischer Sicht***, in :***Germanisch-romanische Monatsschrift***, Bd XXVI, 1976, p. 356 - 379.
35. Voir bibliographie : Günter RENNER, Norbert GABRIEL, A.F. BERNARD, Isabelle BERNARD-EYMARD, Michael LINSTEAD, Arlette CAMION.

crite et analysée, ainsi que de repérer les traces, de détecter l'influence exercée par ces données initiales dans toute l'oeuvre narrative.

Le souci constant du jeune Handke de brouiller l'image, de ne pas se laisser enfermer dans le carcan d'une classification, tend à prouver un refus catégorique de l'identité considérée comme conscience de la permanence de traits caractéristiques, et manifeste un appel pressant à la reconnaissance d'une individualité ouverte à toutes les potentialités.

Il apparaît donc nécessaire de répondre à ce besoin par une attitude de lecture ouverte, décidée à donner à l'oeuvre et à sa richesse une priorité absolue, et à recevoir sans préjugés les signaux émis par l'écrivain au travers d'un genre, d'une fiction, d'une écriture.

L'importance des romans et récits de jeunesse où s'inscrivent en secret, à l'abri du geste délibéré de défi ou de provocation caractérisant l'acte théâtral, les prémices de l'histoire de l'individu et du poète, est dans cette perspective déterminante. L'écrivain lui-même le souligne :

> Das meiste von dem, was man schreibt, bezieht sich auf das, was man früher einmal geschrieben hat ; man kommentiert sich immer wieder und variiert das, auch durch die Erinnerung und durch die Geschichte, die man dazu erlebt hat (36).

En dépit d'apparences qui ont conduit les commentateurs de la fin des années 60 à voir en Peter Handke exclusivement un théoricien et un expérimentateur du langage, l'écrivain affirme dès l'essai de la tour d'ivoire de 1967 ce qu'il ne cessera de répéter tout au long de sa carrière :

> Ich habe keine Themen, über die ich schreiben möchte, ich habe nur ein Thema : über mich selbst klar, klarer zu werden ..., zu lernen was ich unbedacht denke, was ich unbedacht spreche, was

---

36. Peter HANDKE, in : Manfred DURZAK, ***Gespräche über den Roman.*** Formbestimmungen und Analysen, Frankfurt/Main, 1973, p. 324.
"La plus grande partie de ce que l'on écrit se rapporte à ce que l'on a déjà écrit par le passé, ce ne sont que de nouveaux commentaires et variations dues également au souvenir et aux expériences de vie ultérieures ".

> auch andere unbedacht tun, denken, sprechen : aufmerksam zu werden und aufmerksam zu machen : sensibler, empfindlicher, genauer zu machen und zu werden, damit ich und andere auch genauer und sensibler existieren können, damit ich mich mit anderen besser verständigen und mit ihnen besser umgehen kann (BE, 26) (37).

La quête de soi est au coeur de la production de Peter Handke et implique à l'évidence la nécessité de débusquer non seulement les composantes individuelles mais aussi les facteurs de détermination d'origine socio-culturelle qui façonnent la pensée, la perception et les échanges. La recherche archéologique individuelle n'est pas un repli narcissique mais un préalable indispensable à une meilleure intégration à la communauté. "L'art n'est pas une fuite, mais un acheminement" vers soi et vers l'autre, pourrait-on ajouter à cette notice de 1983 émanant des ***Images du recommencement*** (38). L'expérience vécue nourrit la littérature qui, à son tour, a pour vocation d'enrichir la vie.

A.F. Bernard remarque que "l'oeuvre narratif et théâtral n'est en fait qu'un immense journal, camouflé sous des fictions qui sonnent souvent creux, mais où l'on ressent, par delà l'anecdote, l'authenticité et la densité du vécu". Il est selon lui, "vain de vouloir dénouer l'écheveau de la vie et de l'invention, mais il faut prendre en compte, en tout état de cause, le principe même d'un recoupement, tant les personnages semblent la copie conforme de l'auteur" (39).

---

37. "Je n'ai pas de thèmes que j'aimerais traiter, je n'ai qu'un thème : voir clair en moi, voir plus clair en moi... découvrir mes pensées irréfléchies, mes paroles irréfléchies, mes paroles automatiques, et aussi ce que les autres font, pensent, disent, sans réfléchir : devenir et rendre plus attentif, plus sensible, plus précis, pour que nous puissions, moi et les autres, exister de façon plus sensible et plus précise, pour mieux m'entendre avec les autres, pour améliorer mes relations avec eux ".
Peter HANDKE, ***Ich bin ein Bewohner des Elfenbeinturms***, Suhrkamp Taschenbuch 56, Frankfurt/Main, 71982, p. 26. Traduction : Anne-Sophie ASTRUP, in : ***ORACL***, Poitiers, 1987, p. 15 - 16. Traduction légèrement modifiée.

38. Peter HANDKE, ***Die Phantasien der Wiederholung***, Suhrkamp, Frankfurt/Main, 1983, p. 10.
"Zur Kunst gehen, ist keine Flucht, sondern ein Sich-Begeben".

39. André-François BERNARD, ***L'errance et l'expérience du retour dans les oeuvres narratives de Peter Handke*** (1963 - 1981),thèse de doctorat dactylographiée, Lille III, 1984, p. 15, (éditée :PUF, Lille, 1990).

On ne peut que souscrire à ce constat général, en ajoutant toutefois que les romans et récits compris entre ***Les frelons*** et ***La femme gauchère*** offrent un champ d'investigation plus riche que la production théâtrale. En effet, après une période d'abondance, cette dernière se raréfie pour finalement pratiquement disparaître au milieu des années 70, signalant de la sorte la fonction restreinte jouée par le théâtre dans la démarche de clarification de l'écrivain. La nécessité de circonscrire le terrain de l'étude conduit également à en exclure les oeuvres de fiction ayant pour objet essentiel une réflexion sur la forme, que ce soit sur une forme préexistante, celle du roman policier, expression de l'angoisse dans ***Le colporteur***, ou sur la conquête d'une forme nouvelle traduisant l'harmonie retrouvée dans ***Lent retour***. Bien que postérieur aux récits de crise et à la tétralogie, ***Le recommencement***, reprise distanciée des prémices de l'histoire de l'homme et du poète qui se dissimulent dans la ténébreuse confusion des ***Frelons***, sert de pierre de bornage provisoire à l'exploration du thème de l'identité.

Le mode de lecture, dont la caractéristique majeure est l'ouverture, s'apparente aux observations formulées par Helmut Heißenbüttel à propos de l'attitude du lecteur de romans policiers. Ce qui est important n'est pas tant la reconstitution du non-dit du récit que la reconstitution de la trace du non-dit laissée dans le récit (40). La connaissance préalable de la production ultérieure favorise la lecture attentive des différents livres qui y conduisent, et permet de mettre au jour les lignes de force masquées de prime abord par la diversité des genres et le foisonnement de la production. Il devient possible de relever des indices, d'enregistrer des résonances et de suivre des filières. L'élucidation *a posteriori* qui prend des libertés avec la chronologie, est d'ailleurs une pratique familière à l'écrivain qui ne se prive pas d'hommages voilés au maître du roman noir américain, Raymond Chandler (41). Ce procédé, mis en oeuvre dans ***Les frelons*** et ***Le recommencement***

---

40. Helmut HEISSENBÜTTEL, ***Spielregeln des Kriminalromans***, in : ***Über Literatur***, München, ²1972, p. 95.
41. ***Le colporteur*** porte en épigraphe une citation de Chandler, le titre ***La courte lettre pour un long adieu*** est une allusion à celui du roman de Chandler : ***The Long Good-bye***, et Peter Handke n'hésite pas à comparer Marianne, la femme gauchère au héros de Chandler, Philipp Marlowe, dans une interview accordée au ***Monde*** lors de la présentation du film au Festival de Cannes (18 mai 1978).

est le propre d'une écriture qui ne livre ses secrets qu'avec pudeur et réserve, et incite le lecteur à la participation, puisqu'il devient l'explorateur des vides et l'auditeur des silences...

Un rapprochement entre ce jeu pudique et le comportement de l'homme, caractérisé par l'avancée et le retrait, conduit à poser le problème de l'identité dans le champ d'une double question, omniprésente dans toute l'oeuvre narrative : que suis-je ? qui suis-je ? L'outil d'exploration doit ainsi simultanément prendre en compte la dimension de la subjectivité et celle de la relation sociale, comprise à la fois comme élément structurant de la personnalité et forme permanente d'échange. Le recours aux découvertes récentes de la psychosociologie qui intègre à l'étude de la psychologie les données du milieu, paraît tout indiqué pour procéder à une lecture fructueuse de l'oeuvre en prose de Peter Handke. Ce mode de décryptage est destiné à élargir l'horizon et à multiplier les perspectives. Mais il s'agit avant tout d'examiner la transcription d'une crise, ses manifestations, et les tentatives faites pour la surmonter par le moyen très spécifique de l'écriture, une écriture qui se fait tour à tour froid délire, puis clarification, distance, libération et rencontre vivante.

Les convergences ne manquent pas entre les études des psychosociologues américains sur la constitution de l'identité et les observations de l'écrivain parti à la conquête de lui-même. Elles éclairent singulièrement les étapes du cheminement de Peter Handke. La référence à E.H. Erikson (42) semble s'imposer puisque ce clinicien concentre tout son intérêt sur la façon dont la personnalité saine se développe, sur la capacité croissante de l'individu à maîtriser les dangers intérieurs et extérieurs, et même à préserver un excédent d'énergie vitale. Par ailleurs, sa conviction que le sentiment d'identité ne peut être conquis de façon définitive corrobore à l'évidence les mouvements contradictoires enregistrés dans les livres de l'écrivain autrichien. Il faut aussi mentionner Anselm L. Strauss (43) dont les travaux s'enracinent sur ceux d'Erikson

42.Erik H. ERIKSON, ***Identity and the Life Cycle,*** Psychological Issues, vol.I, n°1, International Universities Press Inc., New-York, 1959. ***Identität und Lebenszyklus,*** Drei Aufsätze, aus dem Amerikanischen von Käte Hügel, Suhrkamp Verlag, Theorie 2, Frankfurt/Main, 1966.
43. Anselm L. STRAUSS, ***Mirrors and Masks, The Search for Identity,*** The Free Press a Corporation, 1959. ***Spiegel und Masken, Die Suche nach Identität,*** aus

et montrent l'importance du langage, de la structure sociale et de l'influence réciproque que les individus exercent entre eux, sur la constitution de l'identité. On ne peut en effet ignorer que la production de jeunesse de Peter Handke souligne abondamment les répercussions de la matrice sociale sur le développement de l'individu. Un bref extrait d'entretien avec H.L. Arnold peut être cité :

> ... daB es viele Ich-Konvulsionen gibt, die über die Gesellschaft mehr aussagen als brav hergestellte Skizzen, die dann nur nachgestellt sind irgendwelchen Aussagen über die Wirklichkeit, die aber mit der Wirklichkeit nichts zu tun haben (44).

Quelle que soit la formation d'origine des psychosociologues, fussent-ils sociologues ou psychologues, tous s'attachent à examiner la teneur de l'appartenance au groupe et ses conséquences sur l'identité de l'individu ; ils invitent à réfléchir sur le phénomène de l'interaction sociale. L'interrogation de David Riesman (45) aux Etats-Unis, puis dans une période plus proche celle de Gérard Mendel (46) en France, sur la déroute des appartenances et les crises qu'elle engendre chez les individus, servent aussi d'excellents tremplins pour approfondir la réflexion sur la quête de l'identité, et mieux apprécier les métamorphoses opérées par l'écriture sur les situations de seuils et de malaises qu'elle reflète. Est-il utile de rappeler que l'oeuvre narrative dans ses débuts manifeste une rupture entre deux types de structures sociales, celle qui subsiste dans la Carinthie rurale et celle qui régit les grands centres urbains ?

---

dem Amerikanischen von Heidi Munscheid, Suhrkamp Verlag, Frankfurt/Main, 1968.

44. Peter HANDKE im Gespräch mit H.L. ARNOLD, in : ***Text und Kritik***, 24/24a, 31976, p. 35.
"... nombreuses sont les convulsions du moi qui en disent plus sur la société que des écrits fragmentaires, produits docilement, qui sont ensuite simplement accolés à quelques propos sur la réalité, mais qui n'ont rien à voir avec la réalité ".

45. David RIESMAN, ***The Lonely Crowd***, Yale University Press, 1952. ***La Foule solitaire, Anatomie de la société moderne***, traduit de l'américain par E. Morin, Arthaud, Collection Notre Temps 9, Paris, 71978.

46. Gérard MENDEL, ***54 millions d'individus sans appartenance***, essai de psychopolitique, Robert Laffont, Paris, 1983.

L'outil choisi résulte ainsi directement des lignes de force qui structurent l'oeuvre et que, dans des essais ou des entretiens (47), l'écrivain lui-même place au premier plan, à savoir : d'abord l'impérieuse nécessité d'une clarification intérieure, puis l'indispensable prise en compte de l'appartenance sociale et culturelle, et enfin l'interrogation fondamentale sur le fonctionnement de la communication intersubjective et les moyens à mettre en oeuvre pour la maîtriser dans un cadre dépassant largement celui de la simple relation entre écrivain et lecteur. L'étude du thème de l'identité se situe ainsi au carrefour des influences émanant de l'héritage culturel, de l'apprentissage social et finalement des expériences vécues par l'individu au contact d'autrui (48).

De ce fait, les critères traditionnellement adoptés pour cerner la notion d'identité ne peuvent être retenus. Il serait peu judicieux de vouloir démontrer la "persistance de la conscience de soi qu'a l'individu" (49) malgré les changements continuels, qui dans le temps, s'opèrent en lui (50). Il serait aussi infructueux de considérer que ce caractère permanent et fondamental, inscrit dans la mémoire, donne à l'homme la conscience de sa singularité, de sa différence innée par rapport aux autres, et lui confère ainsi une assise personnelle facilitant son intégration dans la société.

---

47. Dès le début de son activité littéraire, Peter Handke accorde à ses critiques de nombreux entretiens ; éclairant l'oeuvre, nourrissant les analyses, ils sont là, apparemment inséparables de l'écriture et semblent destinés à parfaire la communication avec le lecteur. Il importe à l'évidence de les distinguer nettement de la production narrative qui s'élabore dans la solitude et le silence, mais on ne saurait négliger les perspectives qu'ils ouvrent dans l'observation des phénomènes relationnels entre l'écrivain et ses lecteurs.
En dehors des nombreuses interviews publiées dans la presse internationale, on peut citer les entretiens avec Manfred DURZAK (***Gespräche über den Roman***, 1976), Heinz Ludwig ARNOLD (***Als Schriftsteller leben,*** 1979), Herbert GAMPER (***Aber ich lebe nur von den Zwischenräumen***, 1987).
48. Max Frisch, écrivain par excellence de l'interrogation contemporaine sur l'identité, souligne de son côté très nettement les rapports étroits existant entre la crise de l'identité individuelle et l'appartenance sociale et nationale (cf. Manfred JURGENSEN, ***Max Frisch, die Romane***, Francke Verlag, Bern und München, 1972 ; à propos de ***Stiller***, p. 82 - 87 et de ***Mein Name sei Gantenbein***, p. 225).
49. Article "identité" : ***Littré***, Dictionnaire de la langue française, Paris, 1964, p. 717 - 718.
50. Article "identité" : ***Trésor de la langue française***, Dictionnaire de la langue du XIXe et du XXe siècle, Editions du CNRS, Paris, 1981, p. 1083 - 1084.

La crise de l'identité que traduit l'oeuvre narrative de Peter Handke conduit à saisir l'identité dans la mouvance des liens plus ou moins contraignants, plus ou moins ténus, qui rattachent l'individu à différents groupes ou communautés et qui, par un jeu d'influences réciproques, déterminent la spécificité de la personne. La composante moderne des appartenances, appartenance psycho-familiale, appartenances sociales "spécialisées", voire non-appartenance, comme les désigne Gérard Mendel (51), fait alors son apparition.

Le développement de l'identité ne se laisse plus comparer à la croissance d'un végétal qui conduit à maturité un germe donné. Il devient une marche exploratoire et aléatoire, la résultante d'interactions successives et multiples, émanant de l'environnement social, culturel, historique, économique, humain. Les relations de dépendance ou de rejet vis-à-vis des appartenances imposées (nationalité, langue, famille), les engagements plus ou moins profonds au sein des appartenances recherchées (professionnelle, religieuse, voire conjugale) prennent l'individu dans un réseau de liens et de potentialités qu'il lui appartient de saisir, de combiner, d'organiser, ou encore de remettre en cause. De la maîtrise de ces croisements fortuits ou choisis dépend l'identité de l'individu qui ne se contente pas de subir les influences mais s'emploie aussi à les modeler.

L'identité d'une personne se projette vers les autres, elle est ce qui rend l'individu identifiable. Alors le péril surgit, car très vite elle tend à devenir un relevé simplificateur et sécurisant de caractéristiques temporaires ou superficielles. Le groupe enferme l'individu dans une image qui fige dans les actes et réactions du passé, et s'oppose obstinément au renouvellement, aux redistributions inattendues (52). A peine entrevue, l'identité est menacée et le dramatique combat pour l'imposer est relancé... Comme le répète E.H. Erikson, les crises jalonnent la difficile conquête de l'identité. Si elles réveillent les peurs latentes et engendrent de nouveaux

---

51. Gérard MENDEL, ***54 millions***, *Op.cit.*, p 12 - 13.
52. C'est l'obsession qui hante l'oeuvre de l'écrivain suisse Max Frisch : "Du sollst dir kein Bildnis machen von Gott, deinem Herrn, und nicht von den Menschen, die seine Geschöpfe sind" (***Andorra***, Bibliothek Suhrkamp, Bd 101, Frankfurt/Main, 1961, 1969, p. 65).
"Tu ne te feras pas d'image, de Dieu, ton Seigneur, ni des hommes qui sont ses créatures".

conflits, elles permettent aussi d'entrevoir de nouvelles appartenances, de saisir de nouvelles possibilités par l'extension du moi.

L'une des richesses recelées dans les romans et récits successifs de Peter Handke consiste précisément à faire partager la périlleuse et excitante aventure des seuils et des ruptures que doit surmonter l'homme tout au long de son existence. Ainsi que l'indique fort justement A.F. Bernard dans son livre, il existe chez Peter Handke une étroite correspondance entre la problématique psychologique : comment dépasser la solitude existentielle et aller vers l'autre ? et son écho sur le plan esthétique : avec quelle thématique va-t-il être possible de dépasser la relation narcissique à l'écriture ? autrement dit : comment parler de soi et s'adresser à autrui ? La présente étude se propose de montrer comment la relation médiatisée d'une histoire personnelle, confrontée aux déserts de l'errance, aux pentes arides, et conduisant finalement à la découverte salvatrice d'une appartenance renouvelée et élargie, va à la rencontre de l'homme de son temps et de ses interrogations profondes. Le lecteur reconnaît dans l'expérience du poète qui a pris forme grâce à l'association de la sensibilité, de la lucidité et du verbe, ce qui chez lui n'est que perceptions diffuses. Dans les vibrations fragiles de correspondances, il puise force et réconfort face à la perte de l'appartenance, mal sournois qui le ronge, et face à l'angoisse qui le paralyse lorsque, privé de références éprouvées, il doit affronter l'épreuve du choix dans la solitude.

Le poète parti à la recherche de son identité guide le pas hésitant du solitaire égaré, il lui raconte ses angoisses, ses révoltes, ses fantasmes, ses rêves et ses découvertes avec l'outil qui lui est propre : le langage poétique. Délivré de sa pesanteur quotidienne, le langage devient un orgue aux jeux multiples ; par les sortilèges du verbe et de ses vibrations infinies, il fait jaillir la vie des réserves cachées de l'homme qui prend le temps de l'écouter.

PREMIERE PARTIE

L'AUTRICHE OU LES FACTEURS CONSTITUTIFS DE L'IDENTITE

Du wirst gehen zurückkehren nicht
sterben im Krieg (H,5) (1).

---

1. "A la guerre tu iras, en reviendras, n'y mourras pas" (H, 9).

Les trois oeuvres en prose des débuts ayant comme toile de fond l'Autriche, pays natal de Peter Handke, sont sans aucun doute celles qui se prêtent le mieux à l'exploration des facteurs constitutifs de l'identité et des premières manifestations problématiques de la conscience de soi.

Lorsque dans un moment de crise provoqué par le suicide de la mère, Peter Handke écrit ***Le malheur indifférent***, le processus de clarification sur lui-même s'est déjà engagé, et la prise d'intervalle vis-à-vis des données initiales est un fait, sinon accompli du moins en voie d'accomplissement (2). Rien ne s'oppose donc à ce que ce récit de l'appartenance problématique soit retenu comme filtre de lecture des ***Frelons***, et qu'à son tour le roman confus et enfiévré de la non-appartenance, serve de révélateur. Le jeu des correspondances fait apparaître que le récit de la dérive, ***L'angoisse du gardien de but au moment du penalty***, a avant tout une valeur de démonstration et qu'il est la reprise, en milieu urbain, d'une perspective déjà largement développée dans ***Les frelons.***

2. En 1972 paraît ***Der kurze Brief zum langen Abschied***, rédigé pendant l'été et l'automne 1971.

CHAPITRE 1

GEOGRAPHIE, SOCIETE , CULTURE.

Les héros de Peter Handke privés de langage et d'espace, en proie à l'angoisse et voués à l'isolement, ont fait l'objet de nombreuses études. Il est cependant remarquable que les crises et les manifestations de troubles qui les accompagnent, au niveau de la perception et de l'expression, ont rarement été replacées dans leur juste contexte : ou bien elles ont été considérées dans une perspective générale d'aliénation de l'individu par la société, ou bien encore comme le symptôme d'une tendance naissante, tantôt saluée comme un retour à une nouvelle intériorité, tantôt sévèrement qualifiée de stérile repli sur soi (3).

Il s'agit de montrer que les crises ne sont que les résultantes de données complexes. Les facteurs purement extérieurs relevant de l'implantation géographique et des caractéristiques culturelles et sociales du milieu ne constituent pas seulement un décor pittoresque, mais sont une gangue qui modèle le développement de l'individu. Cette influence pesante ne s'exerce pas seulement sur le mode de socialisation immédiate de l'homme, c'est-à-dire sur la découverte de la place qu'il occupe dans le monde, mais elle se manifeste également d'une façon plus insidieuse sur les relations entre personnes au sein même de la cellule familiale. L'importance de la composante fa–

3. Rolf MICHAELIS, *Ohrfeigen für das Lieblingskind. Peter Handke und seine Kritiker*, in : *Text und Kritik, Peter Handke*, Heft 24/24a, [3]1976, p.80-95.

miliale sur l'évolution de l'écrivain et de ses personnages doit également être mise en lumière.

Si l'on exclut l'étude exhaustive récente de Norbert Gabriel (4) sur les rapports de Peter Handke à l'Autriche, l'origine autrichienne, carinthienne de Peter Handke et le cadre géographique de ses premiers romans et récits n'ont pas été très approfondis, ou même ont été souvent ignorés par les Autrichiens eux-mêmes. Deux exemples parmi d'autres en témoignent d'une façon incontestable : Christoph Bartmann (5) n'accorde qu'une place très restreinte au ***Malheur indifférent*** et, dans le domaine théâtral, la version scénique du récit, mise au point par Klaus Höring et Reinhard Urbach pour le Burgtheater de Vienne (6), gomme toute notion de milieu, pour ne représenter que le destin tragique de la femme. Dans une lettre, Reinhard Hauser, l'acteur interprétant le rôle du fils-commentateur, confirme que l'objectif visé était d'illustrer le destin caractéristique d'une femme d'Europe centrale dans sa portée générale. L'élément autrichien a été - selon lui - délibérément effacé pour échapper à la réflexion banale : "Ah un tel destin, ça ne se trouve qu'en Autriche !" (7).

Bien qu'une interrogation concernant ce parti pris puisse être féconde, il convient de laisser là les conjectures pour mener les investigations sur des bases plus solides, c'est- à-dire sur les éléments fournis par l'écrivain lui-même (8).

---

4. Norbert GABRIEL, ***Peter Handke und Oesterreich***, Bouvier Verlag, Herbert GRUNDMANN, Bonn, 1983.
5. Christoph BARTMANN, ***Suche nach Zusammenhang, Handkes Werk als Prozeß***, Braumüller, Wien, 1984.
6. La pièce à deux personnages a été donnée les 5 et 6 octobre 1985 à Paris à la Maison Heinrich Heine. La première a eu lieu à Graz au Theater Forum Stadtpark le 8 mars 1981, mise en scène de Heinz Hartwig.
7. Correspondance privée (automne 1985) entre l'acteur et l'auteur du livre.
8. Il est à noter cependant que l'ORF (österreichischer Rundfunk) a effectué en mars-avril 1974 des prises de vue à Griffen, village natal de Peter Handke, qui ont été diffusées le 23 octobre 1974 dans le cadre de l'émission ***Literatur im Bild***, consacrée à ***Wunschloses Unglück*** (FS 1). Un film aurait été tourné en 1976-77 sur les mêmes lieux par l'ORF.

1.1. LOCALISATION GEOGRAPHIQUE

D'entrée de jeu, Peter Handke fixe le cadre du ***Malheur indifférent*** puisque, en guise d'introduction, il cite textuellement un extrait de la rubrique des faits divers du ***Kärntner Volkszeitung*** qui relate succinctement le suicide de sa mère. Le destin tragique a été vécu en Carinthie, plus précisément à la limite du territoire d'expression slovène : le grand-père maternel est d'origine slovène (WU,13), la mère parle slovène à Berlin avec les Russes (WU, 38, 49), ce qui lui permet de quitter le secteur d'occupation soviétique sans trop d'encombre. La grande précision concernant la localisation du récit, voulue par l'auteur, ne peut que retenir l'attention du lecteur : ***Le malheur indifférent*** écrit en trois semaines au cours de l'hiver 1971-72, manifeste certes la douleur et l'angoisse profondes d'un fils qui s'interroge, mais aussi la mise en accusation non voilée d'un environnement qui a été également le cadre de ses premières expériences d'enfant et d'adolescent (9).

Les données géographiques sont moins immédiates dans ***Les frelons***, où elles n'apparaissent qu'au travers de la mémoire et de l'imaginaire. On peut néanmoins rappeler ce que Peter Handke confiait à ce sujet en 1975 à H.L. Arnold (10) :

> So ein Buch wie ***Die Hornissen***, in dem dauernd Bilder aus der Welt erscheinen, in der ich aufgewachsen bin, das möchte ich schon mal wieder aufnehmen, ich möchte dahin zurückkommen, zu diesem Buch (11).

---

9. Peter HANDKE, Entretien avec Didier Goldschmidt et Brigitte Salino, in : ***ORACL***, n° 21/22, automne 1987, Poitiers, p.36 ; à propos du ***Malheur indifférent*** et du ***Chinois de la Douleur*** : "dans ces deux livres, il y a quelques passages agressifs où on sent une vraie colère. Mais la colère en littérature c'est aussi une dialectique". Il paraît hasardeux de parler de la colère comme dialectique à propos du ***Malheur indifférent***, écrit sous le coup de la douleur.
10. Heinz Ludwig ARNOLD, ***Gespräch mit Peter Handke***, in : ***Text und Kritik***, *Op. cit.*, p. 19.
11. "Un livre comme ***Les frelons***, où apparaissent constamment des images du monde où j'ai grandi, j'aimerais le reprendre un jour, j'aimerais y revenir, à ce livre ".

Si l'on s'en tient strictement au roman, l'allusion à la langue slovène souvent désignée sous le terme de "dialecte étranger" (H, 21, 23, 34, 274), est claire et, comme si cela ne suffisait pas, le slovène y est présent sous la forme écrite (H, 112), à propos de l'évocation des stations du chemin de croix dans l'église (12) ! Plus qu'un symbole voulu, on peut interpréter cette trace comme un affleurement de l'imaginaire. Peter Handke explique lui-même dans la postface de sa traduction de ***L'élève Tjaž*** (***Der Zögling Tjaž***)(13) que, pour lui, contrairement à Florjan Lipuš, le slovène n'est pas sa langue maternelle, mais un souvenir, celui de la langue parlée par son grand-père à la maison et à l'église (14).

Le caractère déterminant du slovène dans la structure même du roman ***Les frelons*** est invoqué par le narrateur : un même mot désignerait dans cette langue celui qui est aveugle et celui qui est invisible (H,274)(15). Même si, renseignements pris, cette polysémie ne provient pas du slovène, ses implications dans une oeuvre qui est à la fois un retrait du monde et une quête de la reconnaissance par autrui sont évidentes.

Les éléments du paysage ne sont pas absents dans ***Les frelons***, même s'ils ne foisonnent pas. Jamais les descriptions ne constituent une fin en soi. Les paysages sont toujours "vécus" , pris dans leur relation aux hommes, relation caractérisée par les notions de souffrance et d'hostilité : la joncheraie et la récolte pénible du fourrage par le père, dans la pluie et la neige ; le torrent qui coule dans une gorge et où

12. Il est permis d'imaginer qu'il s'agit du chemin de croix de l'église du Stift Griffen, fréquentée par les habitants d'Altenmarkt, donc par la famille Handke.
13. LIPUŠ Florjan, ***Der Zögling Tjaž***, Roman, Deutsch von Peter Handke, Suhrkamp Taschenbuch 993, Frankfurt/Main, 1984, p.246.
14. Il est à noter que la religion catholique joue un rôle important dans le maintien de la langue slovène, malgré une attitude de fidélité à l'Autriche lors du référendum du 6 octobre 1920.
15. Les différentes investigations menées auprès de personnes d'expression slovène pour identifier ce mot à double signification sont restées vaines ; la question a finalement été posée directement à Peter Handke par Gustav Janus. Il ressort que ce phénomène de polysémie provient en réalité d'une autre langue, mais l'écrivain a oublié de laquelle il pouvait s'agir. Cette information est due à l'obligeance de Gustav Janus et a été communiquée dans une correspondance particulière.

Matthias se noie ; la carrière de sable où le narrateur a cherché en vain le frère disparu. André-François Bernard (16) qui , se référant au nouveau roman, considère ***Les frelons*** sous l'angle de l'adaptation moderne du genre traditionnel du roman du pays natal, note :

> Le contenu tourne le dos, d'emblée au 'réalisme', comme au 'régionalisme', pour être essentiellement psychologique et devenir, en fin de compte autistique et négatif.

C'est ce qui précisément le rend si riche : le filtre de la mémoire n'a retenu que les substances lourdes de conséquences pour la constitution de l'identité.

L'évocation des saisons porte elle aussi l'empreinte de la souffrance. On y découvre des hivers longs où la neige étouffe et morcelle le paysage et engloutit dans le même néant tout ce qui s'y trouve :

> und die weiße Ebene der Dachpappen, die weiße Ebene des Himmels und die weiße Ebene des Feldes, zerstochen nur von den Stichen der Pappeln, schieben sich scharf durch die weiße und leere Ebene der Augen und zerschneiden und zerstückeln die weiße und leere Ebene des Gehirns (H,15) (17).

L'homonymie des titres du premier roman de Peter Handke et d'un bref récit de 1963 , ***Les frelons*** (18), conduit à penser qu'il peut s'agir d'une désignation métaphorique de la neige qui s'abat sur les gens comme l'essaim de ces grosses guêpes

16. André-François BERNARD, ***Les Frelons de Peter Handke. Une adaptation moderne du genre traditionnel du "Heimatroman"*** in : ***Austriaca***, Cahiers universitaires d'information sur l'Autriche, Publication de l'Université de Haute-Normandie, n° 23, Rouen, 1986, p. 73-85.
17. "...et la surface blanche du toit de carton, la surface blanche du ciel, la surface blanche du champ que n'incisent que les piqûres des peupliers, se glissent profondément à travers la surface blanche et vide des yeux, et découpent et morcellent la surface blanche et vide du cerveau" (H,18) (Traduction partiellement modifiée).
18. ***Die Hornissen***, in : ***Begrüßung des Aufsichtsrates***, 1967, Suhrkamp Taschenbuch 654, Frankfurt/Main, 1981, p. 21-27.

aux piqûres douloureuses. La neige est en effet présentée dans le roman comme un phénomène météorologique dispensateur et multiplicateur de la souffrance (H, 257).

Par ailleurs, la neige de novembre, premier signe d'un hiver qui affecte le corps et la conscience, accompagne dans la fiction romanesque les événements dramatiques : le retour du corps de Matt, le retour du narrateur blessé qui a perdu la vue. Coïncidence tragique, elle tombe aussi lors de l'inhumation du corps de la désespérée qui a choisi au seuil de l'hiver 1971 l'évanouissement volontaire dans le sommeil définitif (WU, 97) (19). Dans le cimetière sous la neige, dans les bourrasques, face à la forêt impassible, une colère s'empare du narrateur et suscite le besoin "d'écrire quelque chose sur sa mère" (WU,98).

De la forêt, perçue par le fils comme le symbole d'une nature impitoyable et éternelle (WU, 98), la mère n'a pas reçu les bienfaits promis par les promenades recommandées par le médecin de l'âme. Plus réaliste, le vétérinaire n'en retient qu'une caractéristique : elle est sinistre (WU, 90).

Peter Handke accorde une importance certaine au climat, lorsqu'il évoque la vie de sa mère, puisqu'il lui consacre une description relativement détaillée :

> Das Klima in dieser Gegend schwankt sehr : kalte Winter und schwüle Sommer... Viel Regen ; schon Anfang September oft tagelang nasser Nebel vor den viel zu kleinen Fenstern... Wassertropfen auf den Wäscheleinen, Kröten, die vor einem im Finstern über den Weg sprangen, Mücken, Insekten, Nachtfalter sogar am Tag, unter jedem Scheit in der Holzhütte Würmer und Asseln : davon muBte man abhängig werden, anderes gab es ja nicht (WU, 19) (20).

---

19. Une remarque montre que la mère redoutait l'hiver : "Sie hatte Angst vor dem Winter, wenn sich alle im selben Raum aufhielten" (WU,75).
"Elle avait peur de l'hiver, quand tous se tenaient dans la même pièce" (WU, 88).
20. "Le climat varie beaucoup dans cette région : hivers froids et étés lourds...Beaucoup de pluie ; dès le début septembre un brouillard humide souvent à longueur de journée devant les fenêtres beaucoup trop petites...:

L'interdépendance entre les facteurs météorologiques et l'épilogue de l'existence maternelle est mise en évidence dans les dernières pages par la mention de l'omniprésence du brouillard, qui dissout l'environnement dans une substance humide et pénétrante ((WU, 88, 90, 91, 103). Il est vrai que les rigueurs du climat et leurs conséquences sur l'individu ne sont pas exclusivement considérées en elles-mêmes, mais sont mises en relation avec l'étroitesse mutilante du cadre de vie.

Dans *Les frelons*, l'été, saison torride génératrice de troubles psychiques (H, 211)(21) ou de torpeur, choisi par Handke comme toile de fond du présent, s'oppose à l'hiver, cadre du souvenir. Le contraste chaud-froid (22) est l'un des nombreux axes métaphoriques (23) autour desquels s'articule le roman, et auxquels sont attachés les grands thèmes de la fuite et de la communication.

HABITAT ET TOPONYMIE

Dans la région où se déroule le roman *Les frelons*, ou du moins le livre auquel il est fait allusion, l'habitat est dispersé (H, 272).

Le nom du village dont dépend la ferme de la famille du narrateur, Oed (désert), est suffisamment explicite pour n'être pas commenté ; le village voisin, vers lequel les pas du narrateur ne le conduiront pas, s'appelle Uebersee. La traduction par Outrelac, sans doute conforme aux données géographiques, appauvrit considérablement les perspectives liées au thème de la fuite : c'est bien Outre-mer, en Amérique, que le narrateur de *La courte lettre pour un long adieu* partira à la quête de

---

gouttes d'eau sur la corde à linge, crapauds qui sautaient au travers du chemin devant vous dans le noir, moucherons, insectes, papillons de nuit même le jour, vers et blattes sous chaque bûche dans la réserve de bois : on ne pouvait que dépendre de tout cela, il n'y avait pas autre chose" (WU, 24-25).

21. "manchmal ist es die Sonne, die ihn verwirrt und betrunken macht" (H,221) ; "parfois c'est le soleil qui le fait dérailler et le rend ivre" (H, 193).

22. Le thème est repris dans *Le Malheur indifférent*, p. 18.

23. Les contrastes eau/feu, humidité/sécheresse s'y apparentent.

lui-même. C'est aussi comme une ligne de fuite que peut être interprétée la description de la ligne à haute tension (Ueberlandleitung) (H,73-74).

La toponymie en général est fortement marquée par la langue slovène et le catholicisme.

Ainsi ***Les frelons*** et ***Le malheur indifférent*** présentent-ils une nature hostile, une région pauvre au climat violemment contrasté. Si elle n'est pas brûlée sous le soleil, elle disparaît dans le brouillard ou s'étend désolée sous la neige. Cet environnement sévère livre ceux qui l'habitent à un isolement qu'accroît encore l'expression dialectale étrangère. En outre, la Carinthie slovène, terre de frontière linguistique, terre de frontière nationale, pose d'emblée la notion de limite spatiale à laquelle l'individu est quotidiennement confronté (24).

1.2.TYPE DE SOCIETE ET INSTITUTIONS

> Und ich schreibe die Geschichte meiner Mutter, einmal weil ich von ihr und wie es zu ihrem Tod kam mehr zu wissen glaube als irgendein fremder Interviewer, der diesen interessanten Selbstmordfall mit einer religiösen, individualpsychologischen oder soziologischen Traumdeutungstabelle wahrscheinlich mühelos auflösen könnte,... und schlieBlich, weil ich diesen FREITOD geradeso wie irgendein auBenstehender Interviewer, wenn auch

24. Cette donnée peut être rapprochée de la remarque de Peter HANDKE à propos de l'internat dans l'essai autobiographique *1957*, de 1967 in : ***Ich bin ein Bewohner des Elfenbeinturms***, 1972, st 56, Frankfurt/Main, [7]1981, p. 16, où il affirme ne percevoir alors que les limites.

auf andere Weise zu einem Fall machen möchte (WU, 10-11) (25).

Dans les premières pages du récit relatif au suicide de sa mère, Peter Handke énumère quelques-unes des diverses motivations qui ont pu l'amener à cette tâche, et il précise nettement sa position : son propos n'est certes pas d'interpréter à la façon d'un expert, étranger à l'affaire qui disposerait d'un arsenal scientifique de grilles de décryptage efficaces, mais il souhaite néanmoins se tenir à distance pour pouvoir établir un réseau de relations entre l'individuel et le général. Position délicate entre toutes pour ce fils dont les dépôts sédimentaires de l'enfance et de l'adolescence sont faits d'un matériau qui a constitué la vie même de la mère. Il peut évidemment se prévaloir d'en savoir plus que bien des spécialistes compétents sur celle qui s'est arrogée le droit de dire "NON", mais en même temps, il doit veiller à garder le juste intervalle entre le poids du passé et la position délicate de l'écrivain qui se défie à la fois de la poétisation de l'existence de sa mère et de sa réduction à un cas banal illustrant des théories scientifiques. Le narrateur ne veut pas démonter les mécanismes menant à un "suicide intéressant", mais sonder l'insondable de "cette mort volontaire" exemplaire, car unique.

Le résultat de cette gageure a été diversement apprécié. Par bien des côtés, Peter Handke se livre à une analyse rigoureuse de l'environnement, digne d'un psychosociologue. Si la rigueur, la précision, la retenue d'énoncés implacables dans leur sobriété ont été saluées unanimement par la critique française, où Handke apparaît sous la plume de B. Poirot-Delpech (26) comme "le sociologue, l'ethnologue de l'existence in-

---

25. "Et j'écris l'histoire de ma mère, d'abord parce que je crois en savoir plus sur elle et sur les circonstances de sa mort que le premier interviewer étranger venu qui pourrait vraisemblablement résoudre sans peine cet intéressant cas de suicide à l'aide de grilles d'interprétation des rêves, d'ordre religieux, psychologique ou sociologique... enfin parce que tout comme n'importe quel interviewer étranger à l'affaire, je voudrais faire de cette MORT VOLONTAIRE, un cas, mais de façon différente" (WU, 15) (Traduction légèrement modifiée).

26. B. POIROT-DELPECH, ***Une mort de pauvre***, Le Malheur indifférent de Peter HANDKE, ***Le Monde***, 13 juin 1975.

existante des siens", Reich-Ranicki (27), quant à lui, ne manque pas dans *Die Zeit* de dénoncer la fadeur et le caractère schématique de la représentation de la réalité dans *Le malheur indifférent*, imputables selon lui à l'incapacité de l'écrivain Handke à dépeindre le monde réel (28).

La mise à nu systématique de la structure sociale pratiquée dans *Le malheur indifférent* est un outil précieux d'exploration des facteurs constitutifs de l'identité liés à l'environnement socio-culturel, tel qu'il apparaît dans *Les frelons*, *Le malheur indifférent*, *L'angoisse du gardien de but*...

DESCRIPTIF DE LA STRUCTURE SOCIALE

Dans *Le malheur indifférent*, le narrateur présente un ordre social caractérisé par son archaïsme, son immobilisme et la misère qu'il engendre.

> Was von der Gegend nutzbar war, gehörte der Kirche oder adligen Grundbesitzern ; ein Teil davon war an die Bevölkerung verpachtet, die vor allem aus Handwerkern und kleinen Bauern bestand. Die allgemeine Mittellosigkeit war so groB, daB Kleinbesitz an Grundstücken noch ganz selten war. Praktisch herrschten noch die Zustände von vor 1848, gerade, daB die formelle Leibeigenschaft aufgehoben war (WU, 12-13) (29).

---

27. Marcel REICH-RANICKI, ***Peter Handkes Wunschloses Unglück, Die Angst des Peter Handke beim Erzählen, Die Zeit***, 15. September 1972.
28. H. FALKENSTEIN fait le même constat, mais il en donne une interprétation positive : il inscrit la fadeur de l'évocation dans l'évolution poétique de l'auteur, in : Henning FALKENSTEIN, ***Peter Handke***, Köpfe des XX. Jahrhunderts, Colloquium Verlag, Berlin, 1974, p. 45.
29. "Tout ce qui était exploitable dans la région appartenait à l'Eglise ou à la noblesse terrienne ; une partie en était louée à la population qui se composait en majorité d'artisans et de petits paysans. Le dénuement général était si grand que la petite propriété terrienne était encore très rare. On peut dire que les conditions qui régnaient étaient celles d'avant 1848, si ce n'est que le servage officiel était aboli" (WU, 17) (Traduction légèrement modifiée).

L'évocation de cette structure sociale est plus allusive mais non moins présente dans *Les frelons* ; la joncheraie où le père s'éreinte à récolter le fourrage ne lui appartient pas, il n'en a que la jouissance grâce à un contrat de fermage passé avec l'Etat (H,20,23) : en quelques décennies, la situation n'a guère évolué. Le "propriétaire" (30), au volant de sa voiture, est mentionné à deux reprises, accompagné de sa femme et de son chien lors de la sortie de la messe et au cours de la promenade du dimanche après-midi.

Le thème de la noblesse terrienne apparaît dans *L'angoisse du gardien de but* lorsque Bloch séjourne dans un petit village frontalier. Herta, son amie, est la gérante d'une auberge qui appartient au châtelain (AdT,49). Conséquence inévitable ? elle est la maîtresse du fils de ce dernier.

Pendant l'une de ses promenades, Bloch monte au château, alors que l'aubergiste s'y trouve pour renouveler le bail. Malgré lui, il se laisse entraîner par le portier dans une visite guidée (AdT, 72-73). L'anecdote relative au renvoi d'un paysan réfractaire, extraite du livre volumineux , tenu en latin, où étaient enregistrées les parts de récolte que les paysans devaient au seigneur, exprime avec concision l'horreur de la condition paysanne :

> Er muBte den Hof verlassen... und einige Zeit darauf fand man ihn im Wald mit den FüBen an einem Ast hängen, den Kopf in einem Ameisenhaufen... ; ... die Dunkelheit in den Fichtenwäldern hatte ihn um den Verstand gebracht (AdT, 72-73) (31).

Norbert Gabriel (32) remarque que le motif du château, issu de la littérature autrichienne du XIXe siècle et fréquent dans celle de la Deuxième République où il est lié à l'idée de

30. Le terme de "Besitzer" (paysan, propriétaire terrien) est fréquemment inscrit sous le nom des défunts inhumés dans les cimetières de Carinthie.
31. "Il dut abandonner la ferme... et quelque temps après on le retrouva dans la forêt pendu par les pieds à une branche, la tête dans une fourmilière..."
"...L'obscurité des forêts de pins lui avait fait perdre la raison" (AdT, 89).
32. Norbert GABRIEL, *Op. cit.*, p. 56.

décadence et à celle de nostalgie d'un passé prestigieux, est ici certes repris, mais pour être démythifié. Une atmosphère morbide, figée, portant empreinte de folie et de mort s'en exhale.

Même si extérieurement les structures sociales antérieures à 1848 n'existent plus, ***Le malheur indifférent*** témoigne de la persistance d'une dure réalité quotidienne pour ceux qui n'ont rien ; le pauvre continue à s'humilier et à adresser des requêtes à celui qui le gouverne, fût-ce un Etat républicain, pour obtenir le minimum auquel il est en droit de prétendre (WU, 63). La dépendance, dans laquelle ceux qui sont démunis de tout se trouvent par rapport aux possédants, est également largement illustrée dans le premier roman de Franz Innerhofer, ***De si belles années*** (*Schöne Tage*) (33)(34).

L'information fournie par Ulrich Greiner dans son ouvrage ***La mort de l'été de la Saint-Martin*** (***Der Tod des Nachsommers***) (35), selon laquelle la lecture du ***Malheur indifférent*** a détourné Franz Innerhofer de l'idée du suicide, lui a donné la courage de rompre le silence et d'écrire sur lui sans retenue, met en évidence la vérité profonde de l'expérience décrite par Peter Handke.

Il serait également possible de comparer les brèves rétrospectives généalogiques évoquées par Peter Handke et Prezihov Voranc avec celle que dépeint Florjan Lipuš dans son

---

33. Franz INNERHOFER, ***Schöne Tage***, Residenz Verlag, Salzburg, 1974.
34. Dans la littérature slovène actuelle ou même plus généralement autrichienne, qui émane d'auteurs issus du prolétariat rural, il est frappant de constater une convergence totale dans la peinture du milieu social et des expériences individuelles qui s'y rattachent. Ainsi peut-on lire dans un récit de Prezihov VORANC (1893-1950), le représentant le plus important du réalisme social slovène : "Bientôt je saisis que mon père était un esclave sur les terres du comte, un outil entre les mains du régisseur sans scrupule, bref un être privé de ses droits." (***La Lutte***, in : ***Le Livre slovène***, année XIV, n° 1/2, bulletin d'information de l'Association des Ecrivains Slovènes du PEN-Club, Ljubljana, décembre 1976, p. 19-28, traduit par E. JEREB. La communication de ce cahier est dûe à l'obligeance de E. BOVČAR, lors de sa présentation des écrivains autrichiens d'expression slovène à l'Institut autrichien de Paris, le 31 mai 1988).
35. Ulrich GREINER, ***Der Tod des Nachsommers***, Aufsätze, Portraits, Kritiken zur österreichischen Gegenwartsliteratur, Carl Hanser Verlag, München, 1979, p. 101-122.

roman ***L'élève Tjaž*** (36), pour se convaincre de la communauté de destin d'une large couche de la population paysanne plongée dans la détresse, la misère, et exposée à toutes les brimades.

La multitude des enfants naturels, ou du moins de ceux nés avant que les liens du mariage ne soient contractés, constitue un des leitmotive des oeuvres citées précédemment. Le grand-père du narrateur du ***Malheur indifférent*** est l'un d'entre eux :

> Er ist slowenischer Abstammung und unehelich geboren, wie damals die meisten Kinder der kleinbäuerlichen Bewohner, die längst geschlechtsreif, zum Heiraten keine Mittel und zur Eheführung keine Räumlichkeiten hatten (WU,13) (37).

Ce témoignage lapidaire permet de mesurer le dépouillement absolu de l'individu qui est même privé de l'espace minimum nécessaire à la survie.

DETERMINATION DU TYPE DE SOCIETE

Si l'on se réfère à la classification des différents types de sociétés établie par David Riesman (38) et reprise pour l'essentiel par Gérard Mendel (39), il est permis de rattacher la structure sociale qui vient d'être décrite aux sociétés à détermination traditionnelle, caractérisées par la relative stabilité d'un cadre social qui conditionne amplement l'existence de l'individu :

> ... l'individu baigne dans une culture stable et cohérente, qui est aussi, d'une certaine manière

---

36. Florjan LIPUŠ, *Op. cit.*, p. 140, 158-159.
37. "Il est d'origine slovène et enfant naturel, comme la plupart des petits paysans de l'époque qui, bien après qu'ils fussent en état de procréer, n'avaient pas d'argent pour se marier et pas d'endroit où loger une famille" (WU, 18).
38. David RIESMAN, ***La Foule solitaire, Anatomie de la société moderne*** , traduit de l'américain par E. Morin, Arthaud, collection Notre Temps, 9, Paris, 1964, [7]1978.
39. Gérard MENDEL, ***54 millions d'individus sans appartenance, essai de psycho-politique***, Robert Laffont, Paris, 1983.

"totalitaire", dans la mesure où elle prend en charge la totalité des aspects de l'existence (religion, travail, vie sociale, vie privée, représentations imaginaires) . Cette culture ne distingue pas entre le privé et le social, et le conditionnement de l'enfance imprime tout autant les traits psychologiques intérieurs à la personnalité que des façons de se comporter à l'extérieur, dans la société, en observant strictement les habitudes et les rites de cette société (40).

Il en résulte la nécessité d'observer minutieusement les divers éléments sociaux et culturels qui fixent le modèle général proposé à l'individu, qui en assurent la transmission et qui déterminent pensée, comportement et évolution.

L'EGLISE - LA RELIGION

Sans être des éléments de premier plan, Eglise et religion sont bien présentes dans les oeuvres en prose de jeunesse. Dès les premières pages du ***Malheur indifférent*** (WU, 12), l'Eglise est directement mise en cause puisque classée du côté de ceux qui possèdent la terre. Sa responsabilité semble encore être accrue dans la mesure où elle ne fournit pas à ses membres les moyens d'affirmer leur dignité d'hommes, mais au contraire se confine dans le rôle de consolatrice des affligés, à peu de frais ; renonçant à toute dimension spirituelle, elle se contente de distribuer des formules sans consistance :

> das süBe Grab, das süBe Herz Jesu, die süBe schmerzensreiche Madonna verklärten sich zu Fetischen für die eigene, die täglichen Nöte versüBende Todessehnsucht ; vor diesen tröstlichen Fetischen verging man (WU,53) (41).

---

40. Gérard MENDEL, *Ibid.*, p. 107-108.
41. Le mot "fétiche" fait penser au perroquet de Félicité, symbole grinçant et désespéré de l'Esprit Saint, pour cette servante du XIXe siècle que FLAUBERT a immortalisée dans ***Un coeur simple***.
"le doux sépulcre, le doux coeur de Jésus, la douce et douloureuse Madone se

C'est aussi l'Eglise qui contrôle les moyens d'information, donc de comparaison, d'émancipation, d'évasion, puisque le seul document écrit dont disposent les paysans est le journal dominical. Il est publié par le diocèse, et un roman-feuilleton destiné aux femmes y est inclus.

L'emprise qu'exerce l'Eglise en tant que puissance temporelle, non seulement sur la vie quotidienne des individus, mais aussi sur la structuration même de leur existence sociale, constitue le premier point souligné par l'auteur : elle contribue largement à l'immobilisme, à la stabilité des structures existantes. Un second élément, tout aussi important de la fonction de l'Eglise concerne le domaine moral. Il concourt lui aussi au maintien de l'ordre établi puisqu'il réduit la religion à un catalogue d'interdits, et l'Eglise à un rôle de régulatrice des instincts : elle canalise les trop-pleins d'énergie. Au lieu de mettre ces derniers au service de la communauté et de l'épanouissement de ses membres, elle les culpabilise et prône une doctrine de l'effroi et de la damnation.

La transmission de la parole divine du haut de la chaire est décrite avec violence et sans équivoque : le prédicateur accable les fidèles de menaces effroyables. Le narrateur des ***Frelons*** est d'autant plus sensible aux mises en garde qu'elles l'atteignent de plein fouet ; elles semblent lui être particulièrement destinées, à lui le retardataire aveugle qui vient de prendre place au sein de la communauté :

> Mein Auge, rief soeben der Seelsorger von der Kanzel herunter, wenn es mich ärgere, solle ich ausreiBen, auf daB ich von der endlosen Finsternis geschlagen sei, wo ich, sprach er mich an, greulich heulte und mit den Zähnen knirschte, bis daB mir (...) vor Reue und Pein der Leib abscheulich werde zum Himmel stinken. Von Ewigkeit zu Ewigkeit, behauptete er (H,103-104) (42).

---

transfiguraient en fétiches où se retrouvait la nostalgie de la mort, éprouvée par chacun et qui adoucissait les malheurs quotidiens ; devant ces fétiches on s'effaçait" (WU, 62-63) (Traduction légèrement modifiée).

42. "Mon oeil, s'écriait à ce moment-là le pasteur du haut de sa chaire, s'il me gênait, je l'arracherais, que les ténèbres infinies m'enveloppent,

Mutilation, souffrance, sacrifice sont les mots clés qui résument le contenu de la religion. Ce n'est pas un hasard si la description de la dernière partie de la messe introduite par l'Agnus Dei est immédiatement précédée de la peinture d'une scène paysanne d'une brutalité banale et sanglante : celle de l'abattage du porc (43) ; le titre ***La liturgie*** recouvre à la fois la scène d'abattage du porc, celle de la communion et l'énoncé du chemin de croix en slovène (H,107-113). Le péché, la souffrance, la marche vers le châtiment sont ainsi les notions religieuses essentielles. Florjan Lipuš et Franz Innerhofer reprennent les mêmes thèmes mais les illustrent d'une façon plus directe, plus incisive encore. La métaphore de l'abattage du bétail est également associée chez Lipus à l'idée de péché, même si elle ne concerne pas le personnage central mais son amie Nini, la pécheresse (44). Quant à Holl, le "héros" dans ***De si beaux jours***, il s'arrête devant l'abattoir situé à proximité de l'école (!) pour assister à l'entrée du taureau beuglant, les yeux bandés. Dès l'arrivée à l'école, les enfants sont conduits à l'église par les maîtres pour entendre la messe et le sermon (45) : une juxtaposition d'événements qui ne manque sans doute pas de signification.

Avant d'évoquer le sacrement de pénitence auquel il est fait deux fois référence dans ***Le malheur indifférent*** (WU, 33,51), il est opportun de rappeler que les premiers actes attestant l'existence de la langue slovène ont précisément trait au péché et à la pénitence. Citons ici Eugen Bavčar :

> Nous devons aussi parler des textes écrits en Carinthie, notamment les Monuments de Brizinj (Brizinski spomeniki Freisinger Denckmaeler), où il est question de deux formules de confession générale et d'une brève homélie sur le péché et la pénitence. Il s'agit de la première traduction

---

dit-il en me regardant, et là je hurlerai abominablement et grincerai des dents, jusqu'à ce que mon corps me devienne odieux et objet d'opprobe...jusqu'à ce que je cède devant le remords et l'affliction. Dans les siècles des siècles, affirma-t-il de tout son sérieux" (H, 91).

43. Ce thème apparaît fréquemment dans la littérature autrichienne, en particulier dans le théâtre populaire de Ödön von HORVATH, in : ***Geschichten aus dem Wiener Wald***, 1931, et de Peter TURRINI, in : ***Sauschlachten***, 1974.

44. Florjan LIPUŠ, *Op. cit.*, p. 228.

45. Franz INNERHOFER, *Op. cit.*, p. 23-24.

> d'un texte latin en langue slave, où se manifestent déjà les traits caractéristiques du slovène archaïque (46).

La pénitence (WU, 33,51), pourtant censée être la seule circonstance dans laquelle l'individu est appelé à faire une démarche individuelle, est réduite à un rite parmi d'autres. Cette démarche d'humilité est rigoureusement fixée et figée dans des énoncés préétablis :

> auch in der Kirche bei der Osterbeichte, wo wenigstens einmal im Jahr etwas von einem selber zu Wort kommen konnte, wurden nur die Stichworte aus dem Katechismus hingemurmelt, in denen das Ich einem wahrhaftig fremder als ein Stück vom Mond erschien (WU, 51) (47).

Quant à l'ultime manifestation terrestre, l'enterrement, il se réduit lui aussi à un cérémonial parfaitement organisé qui annihile toute donnée personnelle, puisque le seul élément distinctif qu'on peut y introduire est le nom du défunt (WU, 97).

Dans *Les frelons* un thème fondamental dans l'étude des facteurs constitutifs de l'identité est longuement développé : celui de la célébration du dimanche comme forme sans contenu, comme simulacre.

La deuxième partie du chapitre intitulé *La liturgie*, décrit minutieusement le comportement strictement codifié de l'officiant, de ses assistants et des fidèles, de l'Agnus Dei jusqu'à la bénédiction finale et à l'envoi (H, 108,112). Le prêtre, les deux enfants de choeur et l'assemblée des fidèles sont les acteurs d'un rituel impeccablement "réglé" que le narrateur, spectateur naïf malgré un type de cécité qui reste à définir, présente à la façon d'un spectacle d'automates. La ré-

---

46. Eugène BOVČAR, *La présence slovène en Carinthie*, in : ***Austriaca***, n° 24, Rouen, juin 1987, p. 93.
47. "même à l'église, à la confession de Pâques, quand pour une fois dans l'année on pouvait dire quelque chose sur soi-même, ce n'étaient que formules du catéchisme qu'on marmottait et où le moi vous apparaissait vraiment plus étranger qu'un morceau de lune" (WU, 60).

pétition du mot collectif "peuple" (assemblée, "Volk") rend attentif à un enchaînement de mouvements privés de toutes marques individuelles spontanées, et le parfait ensemble du service des enfants de choeur est souligné par la reprise de l'expression "comme un seul homme". Pas la moindre hésitation, aucun temps mort : la mise en scène du mystère divin ne doit rien au hasard.

Le style caractérisé par l'accumulation et l'enchaînement des détails ne laisse pas la moindre place à ce qui est au-delà de la perception essentiellement visuelle. Il serait sans doute hâtif d'en conclure que la pratique suprêmement achevée du culte n'existe plus que pour elle-même, et masque difficilement un vide béant. Et pourtant c'est ce que suggère le narrateur par le jeu subtil de l'emploi successif et ambigu des verbes "sich ereignen" et "geschehen" (48), signes de relations complexes entre le monde extérieur et le monde intérieur.

Cette hypothèse s'appuie sur les définitions fournies par le ***Deutsches Universal Wörterbuch*** (49) d'une part, et le chapitre réservé dans ***Les frelons*** au verbe "geschehen" (H,128-129) d'autre part. "Sich ereignen" (p. 359), dérivé du vieux haut allemand "(ir)ougen", signifiant mettre sous les yeux, montrer, doit être, semble-t-il, traduit dans la prose des premières années par "se dérouler", verbe qui selon le ***Petit Robert*** (p. 507) associe l'idée de s'étaler sous le regard et celle de se succéder dans le temps (50). "Geschehen" (p.485), quant à lui, est apparenté à "skehan" (...) qui signifie se précipiter, courir ; il est proche du verbe français "se produire", "arriver" ; le ***Deutsches Universal Wörterbuch*** mentionne qu'il s'agit de quelque chose de remarquable qui, intervenant dans une certaine situation, a une durée et une fin. Il peut donc être rapproché du nom "événement" que le ***Petit Robert*** (p. 716) définit comme "ce qui arrive et qui a quelque importance pour l'homme". La mise en route d'un processus est annoncée par "geschehen".

---

48. Il paraît ici indispensable d'affiner la traduction proposée par Marc-B. de LAUNAY, qui utilise indifféremment dans les deux cas les verbes "se produire", "arriver","se passer".
49. Duden, ***Deutsches Universal Wörterbuch***, Mannheim, 1983, p. 359, 485.
50. ***Petit Robert, Dictionnaire de la langue française***, Paris, 1977, p. 507, 716.

Il y a là coïncidence avec la définition et les exemples d'utilisation qu'en donne Peter Handke dans *Les frelons* :

> Es geschieht. Damit es geschehe, wird ein anderes Geschehen sich ändern müssen, oder etwas, das bisher ohne Bewegung war, wird sich bewegen müssen. Wenn etwas immerfort stillsteht, wird mit ihm nichts geschehen ; entweder wird es von selbst sich bewegen, oder ein anderes wird von auBen ihm die Bewegung geben : dann wird es geschehen sein. Die Bewegung braucht ein anderer nicht zu sehen ; sie braucht nicht zu hören sein ; auch der Gedanke ist eine Bewegung, mag er auch unsichtbar sein : wenn der Gedanke entsteht, so geschieht es. Auch der Schmerz, der entsteht, ist eine Bewegung ; er entsteht in dem Körper, den einer betrachtet, ohne daB der, der den Körper betrachtet, ihn spürt ; es geschieht, da etwas, das bisher in dem Körper ohne Bewegung war, sich bewegt hat. Wenn etwas beginnt, so geschieht es ; wenn etwas sich ändert, geschieht es ; auch etwas, das endet, geschieht ; wenn aber etwas immerzu gleichbleibt, sei es im Stillstand oder in seiner Bewegung, wenn aber etwas weder von selber sich ändert noch von auBen geändert wird, so wird mit ihm nichts geschehen ; wenn etwas in der natürlichen Ordnung, die ihm gegeben ist, abläuft, ohne sich je zu verändern, so wird, mag es sich auch bewegen, mit ihm nichts geschehen.(H, 128-129) (51).

51. "Quelque chose se produit. Afin que cela se produise, un autre événement aura nécessairement dû se modifier, ou bien quelque chose qui jusque là était sans mouvement, aura nécessairement dû se mettre en mouvement... Quelqu'un d'extérieur n'a pas besoin d'observer le mouvement ; ce mouvement n'a pas besoin d'être entendu ; la pensée est bien, elle aussi, un mouvement quand bien même elle est invisible ; lorsqu'une pensée surgit, il se produit quelque chose. La douleur aussi, qui surgit, est un mouvement ; elle surgit dans un corps que quelqu'un observe, sans que celui qui observe le corps ne la devine ; il se produit alors quelque chose qui se met en mouvement, alors qu'il était jusque-là sans mouvement dans le corps. Lorsque quelque chose commence, il se produit quelque chose ; lorsque quelque chose se transforme, il se produit quelque chose ; même quelque chose qui se termine, est quelque chose qui se produit ; mais lorsque quelque chose persiste à rester iden-

L'utilisation des verbes "sich ereignen" et "geschehen" doit être placée dans le contexte de la religion et plus précisément dans la description de la dernière phase de la messe. A partir du moment où les fidèles quittent la table de communion, un changement dans le style de narration devient sensible (H, 109). En effet, si la description ne cède en rien en précision, en rigueur à ce qui précède (de l'Agnus Dei à la procession de communion), un rythme nouveau, générateur de tension, lui est conféré par l'introduction de signaux marquant l'attente du narrateur. Le premier est introduit par un verbe de la langue choisie ("sich begeben") :

> Dann hatte sich dieses begeben (H, 109) (52).

repris à trois reprises par "sich ereignen" et comme si cela ne suffisait pas à faire ressortir l'attente impatiente du narrateur, la suite du récit est ponctuée de diverses interventions de ce dernier qui tient à (se) convaincre de sa bonne foi, à montrer que sa description est bien conforme à ce qui se déroule dans l'église :

> ohne zu lügen, hatte sich dieses ereignet (H, 110) (53).
> daran ist nicht zu zweifeln ; ... sage und schreibe (H, 111) (54).

Sous les yeux du lecteur médusé qui éprouve quelques difficultés à saisir l'enjeu de tous ces artifices, la tension augmente et culmine par l'expression : quelque chose avait bien dû arriver (H, 98) (55). C'est le moment où un relatif désordre s'installe dans l'assemblée qui s'apprête à quitter l'église, alors que l'officiant s'éloigne de l'autel. Puis brutalement, c'est la chute qui surprend le lecteur : Pourtant rien n'était

---

tique, que ce soit dans l'immobilité ou dans son propre mouvement, lorsque quelque chose n'est modifié ni par soi, ni par quelque chose d'extérieur, il ne lui arrivera rien, lorsque quelque chose suit son propre cours au sein du cadre naturel qui lui a été donné, sans jamais subir de transformations, il ne lui arrivera rien, même s'il était lui-même en mouvement" (H, 113-114). (Traduction très partiellement modifiée).

52. "Puis il s'était déroulé ceci" (H, 96).
53. "sans mentir il s'était déroulé ceci" (H, 97).
54. "cela est incontestable ; ... sûr et certain" (H,97).
55. "etwas mußte geschehen sein" (H, 112).

arrivé (H, 98) (56), ce qui signifie : rien ne s'était produit pour l'individu.

Il faut attendre le chapitre consacré au verbe "geschehen" (arriver, se produire) (H, 128-129) pour risquer une interprétation. Il semble que l'auteur veuille, par un paradoxe qu'il aide lui-même à élucider ultérieurement, et qui peut également être résolu par l'étymologie, montrer le décalage profond existant entre une religion omniprésente dans le monde extérieur, dans la vie quotidienne étouffante, et l'inexistence absolue d'une influence spirituelle sur la vie intérieure des individus.

Le mode de description de la communion le confirme : une juxtaposition de détails se limitant à l'évocation de mouvements précis et coordonnés constitue le récit. Dans un même souffle, on aborde la progression des jambes de l'officiant et la distribution simultanée du pain (H, 109). La dimension spirituelle du repas partagé et de l'union au corps mystique du Christ ne filtre à aucun instant : il est question de galettes de pain réparties sur les langues, d'individus qui, tête courbée, déglutissent en regagnant leur place, et de langues recourbées léchant sur le palais les restes du pain (H, 109-110). L'exactitude glacée des détails balaie irrémédiablement une signification religieuse. Tout élément qui pourrait être porteur d'un message d'union est banni : la table de communion devient une barrière qui interdit l'accès à l'espace clos de l'autel, et les répons ne sont prononcés que par les servants "faisant office de représentants des fidèles" (H,111). Le "peuple" est tenu à l'écart (57) : il est étranger à ce qui se déroule ! La religion est devenue une écorce privée de racine. Elle est un moule dépourvu de fonction vitale. Elle est une forme qui n'engendre rien, qui a perdu toute capacité d'engager un processus vivant (58). Cette coupure radicale entre la perception

56. "es war jedoch nichts geschehen" (H,112).
57. Il est vrai que l'éloignement objectif entre l'autel où officie le prêtre dans un espace étroit, et les bancs où se trouve l'assemblée, est frappant dans une église comme celle de Stift Griffen : de longues stalles séparent les deux espaces.
58. Cette remarque peut être rapprochée de l'essai autobiographique *1957*, chapitre *Religion*, *Op. cit.*,(B.E., 12). La récitation du *Notre Père* y est citée comme remède pour tuer les images défendues qui hantent l'imagination

visuelle et sa non-signification absolue pour ce qui importe à l'individu, peut être considérée comme l'une des manifestations caractéristiques du malaise des personnages de Peter Handke dans les premières oeuvres en prose, qui sont étrangers à leur environnement. Il ne s'agit pas d'une manifestation pathologique limitée à un individu ; cette rupture entre l'individu et le monde de la religion est mise en lumière à plusieurs reprises. La hâte avec laquelle l'assemblée se précipite vers la sortie, entravant par là l'ouverture du second battant de la porte, peut être citée à titre d'exemple. Une hâte qui amplifie la portée de la réflexion du père de Gregor Benedikt (H, 101) sur le chemin de l'église, alors qu'il modère la vive allure du fils, soucieux d'éviter un retard certainement habituel, mais qui n'émeut personne (H, 103) :

> Es treibe uns übrigens nichts, dämpfte er meine Eile, indem er zu mir die Stimme erhob, wir hätten noch Zeit in Hülle...(H,101) (59).

Ainsi l'importance de l'Eglise n'est-elle pas due uniquement à sa fonction de gardien de l'ordre moral et de facteur d'adaptation au cadre social existant. Avec le phénomène religieux s'amorce l'évocation d'une fracture profonde qui se creuse entre l'homme et son environnement. Ici se manifeste la première trace d'une fragmentation de type schizophrénique qui est révélée dans toute son ampleur dans l'oeuvre de jeunesse. Il n'est pas exagéré de dire que le décalage important entre une pratique religieuse figée dont l'essentiel réside dans les apparences, et une expérience quotidienne qui s'inscrit douloureusement dans la chair et la conscience, est à l'origine d'un type de perception que partagent Gregor et Bloch aux heures de crises et qui structure l'existence de la mère dans *Le malheur indifférent* (60).

---

de l'adolescent ; en revanche, elle n'en suscite aucune autre !

59. "Rien ne nous presse, dit-il en haussant la voix afin de tempérer ma hâte,...nous avons tout le temps (H, 89) ".

60. Un rapprochement peut être risqué avec l'oeuvre de Max Frisch. Tout comme les crises que traversent les héros de l'écrivain suisse portent l'empreinte de l'appartenance nationale - ainsi la crainte des questions ouvertes, caractéristique de la société helvétique, se répercute-t-elle sur le comportement de Stiller qui, en quête d'identité se remet constamment en question pour exister - les troubles de type schizophrénique dont sont at-

L'ECOLE

La société représentée dans *Les frelons* et *Le malheur indifférent* a été définie comme une société à détermination traditionnelle, caractérisée par son environnement rural et la stabilité de ses structures. La durée de la fréquentation scolaire étant dans ce cas relativement limitée, il est permis de supposer que l'école n'aura qu'une emprise restreinte sur le développement d'un individu dont l'immersion dans le monde du travail et celui des adultes commence dès la prime enfance.

Le malheur indifférent fournit le cadre de l'étude sur l'institution scolaire en raison bien sûr de sa structure schématique mais aussi à cause de la quasi-inexistence de ce thème dans *Les frelons* (61). Un passage de *L'angoisse du gardien de but*, qui pourrait passer pour une digression, apporte un complément d'information non négligeable sur le sujet.

Dans *Les frelons*, il n'est fait allusion à l'école que dans deux contextes bien déterminés : la guerre et le chemin de l'école. L'élément souligné est celui de l'éloignement du domicile familial par rapport au bâtiment abritant l'école. Les établissements scolaires étant détruits par les bombardements successifs, les enfants se voient contraints de fréquenter les écoles des villages voisins. Aucun détail se rapportant aux condisciples, aux maîtres ou à l'enseignement ne figure dans un récit fastidieux, de style administratif, qui abonde en détails relatifs à l'implantation des différents bâtiments scolaires. Il serait tentant de conclure que l'école est perçue comme un lieu où "se déroulent" des choses, mais où il ne "se produit" rien, d'autant que le narrateur n'évoque pas dans ses souvenirs d'expériences se rapportant à sa scolarité. En revanche, le chemin de l'école joue un rôle déterminant dans le roman, même s'il n'est mentionné que très épisodiquement dans les chapitres : *L'histoire de la noyade* (H, 40-42,45) et *L'homme au*

---

teints les personnages de Handke sont la conséquence de l'influence exercée par l'environnement socio-culturel autrichien.
Max FRISCH, *Stiller*, Suhrkamp Verlag, Frankfurt/Main, 1954.
61. L'explication est peut-être donnée par l'auteur dans *Ich bin ein Bewohner des Elfenbeinturms*, 1967, où il qualifie de stupide le système éducatif ; il dénie aux éducateurs officiels toute influence sur lui, en revanche il doit tout à la littérature. *Op. cit.*, p. 19.

sac marin (H, 121). Le chemin de l'école est l'un des éléments de l'enfance qui se gravent dans la mémoire et l'imagination. Ici il est indissociable des destins tragiques ou aventureux des frères du narrateur. Il conduit de l'univers familial clos au seuil de l'inconnu, et l'important n'est pas tant la destination que la route empruntée : elle longe le ruisseau, traverse la gorge et peut déboucher, soit sur la grand'route et le camion de ramassage du lait si l'on arrive à temps, ou bien elle peut se poursuivre dans la gorge. Le chemin de l'école apparaît tantôt comme une marche vers la mort, pour Matt un soir de vagabondage buissonnier en compagnie de Hans (62), tantôt comme un départ vers un ailleurs indéfini (pour Hans).

La fonction de l'école dans la société où a grandi la mère du narrateur est brossée à grands traits dans ***Le malheur indifférent***. Deux axes d'intervention la caractérisent : d'une part, elle imprègne l'enfant d'un langage fait de formules figées et réductrices, destinées à lui permettre de s'orienter aisément dans le monde où il est placé, et d'autre part, elle habitue l'individu à donner une image de lui conforme au rôle que son milieu lui assigne, et lui apprend à devenir lui-même cette image. Les impératifs dictés par le monde extérieur tendent à envahir le monde intérieur et le processus entamé par l'éducation reçue au sein de la famille se poursuit. L'enfant reçoit à l'école une formation adaptée au rôle dévolu à son sexe. Une fille doit se contenter de la scolarité obligatoire, car pour faire l'apprentissage de la vie domestique, le lieu privilégié est la maison (WU, 18). L'enfant apprend également selon un schéma simpliste à se situer dans le système social :

> ... das Gesellschaftssystem als Stufenleiter mit Kaiser - König - Edelmann / Bürger - Bauer - Leinenweber / Tischler - Bettler - Totengräber (WU, 25) (63).

---

62. On retrouve un écolier noyé dans ***L'angoisse du gardien de but :*** suicide ou accident ? Les gendarmes concluent à l'accident. Dans le contexte littéraire autrichien : le thème du suicide des jeunes écoliers apparaît fréquemment dans l'oeuvre en prose de Thomas BERNHARD, et il constitue le sujet du roman de Florjan LIPUŠ, ***L'élève Tjaž.***
63. "le système social, une échelle graduée : empereur - roi - noble / bourgeois - paysan - tisserand / menuisier - mendiant - fossoyeur" (WU, 32).

L'instruction civique vide le mot "politique" de toute signification et il ne devient dans l'esprit des individus qu'une succession de clichés étrangers à la réalité :

> und Politik : war was ? - ein Wort, das kein Begriff war, weil es einem schon in den Schulbüchern, wie alle politischen Begriffe, ohne jede Beziehung zu etwas Handgreiflichem, Reellem, eben nur als Merkwort oder, wenn bildhaft, dann als menschloses Sinnbild eingetrichtert worden war : die Unterdrückung als Kette oder Stiefelabsatz, die Freiheit als Berggipfel...(WU, 25) (64).

L'école est avant tout une institution qui a pour mission d'assurer la stabilité de l'édifice social, en gommant toute relation vivante entre les individus, et en entravant toute participation à l'organisation de la société. Mais l'école va plus loin puisqu'elle ne se contente pas de rendre l'enfant étranger à l'organisation sociale, réduite à des mots dont la substance est absente, mais elle oeuvre de telle sorte que l'individu finit par devenir étranger à lui-même.

Plusieurs passages insistent sur l'importance accordée par l'école à la forme plutôt qu'au contenu : ainsi la mère obtient-elle des maîtres des appréciations excellentes, mais c'est surtout de sa jolie écriture que l'on fait l'éloge (WU, 18) ! La matière sur laquelle portent tous les soins des maîtres enseignant aux filles est "la présentation des travaux écrits", nous rappelle plus tard le narrateur (WU, 61). L'élément structurant les destins individuels, "le garder la face" qui jalonne les étapes de l'existence de la mère du narrateur, apparaît dans le récit ***Le malheur indifférent*** comme l'un des facteurs constitutifs de l'éducation transmise par l'institution scolaire. Le désir d'apprendre, que la mère éprouvera (WU, 20), est réduit à une manifestation marginale ;

---

64. "et la politique, alors ? - le mot n'était pas un concept parce que, comme tous les concepts politiques, les manuels scolaires vous l'avaient déjà seriné, sans aucune relation avec quelque chose de palpable, de réel, uniquement sous la forme d'un slogan ou bien, si c'était par images, sous la forme d'une allégorie loin des hommes : l'oppression était une chaîne ou un talon de botte, la liberté, un sommet montagneux..." (WU, 31).

le frère auquel est offert la possibilité de fréquenter le lycée reviendra, de nuit et à pied, à la ferme au bout de quelques jours, ne supportant pas un environnement nouveau qui le met mal à l'aise : il deviendra menuisier (WU, 15) ! L'école ne suscite rien de nouveau chez l'individu, elle pourvoit simplement à une adaptation indolore à la structure sociale existante.

L'image que donne Peter Handke de l'école dans ***L'angoisse du gardien de but*** est plus négative encore dans la mesure où elle est associée au thème général du langage. A la fin d'un après-midi de vagabondage aux environs du village frontalier, alors que ses troubles de la perception et son agitation vont croissant, Bloch passe devant l'école communale (AdT, 97-99). L'intérêt n'est pas tant que l'agencement intérieur et extérieur soit la copie conforme de toutes les écoles communales (c'est du moins l'impression dominante ressentie par Bloch), mais que le bâtiment soit déserté. Cette fois encore, l'école est coupée de toute vie. Seul le gardien est présent sur les lieux, occupé à fendre du bois dans la cour. La brève conversation qu'amorce Bloch avec lui par une question anodine à propos du nombre des salles de classe, débouche sur une tirade soudaine de l'employé concernant l'incapacité de l'école à doter les enfants d'un outil de communication satisfaisant. Les causes sont mentionnées pêle-mêle : manque d'espace (une seule classe), un apprentissage du langage fondé sur la mémorisation de signifiants n'ayant plus aucun rapport avec les signifiés. L'école est en marge de la vie : par ses méthodes et par ses résultats. Est-il exagéré de dire qu'elle tue tout ce qui est vivant? L'épisode de l'écolier noyé pourrait le suggérer : il est muet (privé d'organe de communication), et le seul indice que retrouvent ses camarades de classe partis à sa recherche est un miroir de poche brisé (AdT, 66) : il est même dépouillé de son image qui était la preuve matérielle ultime de son existence ! Les autres élèves - à en croire le concierge - ne sont pas loin de lui ressembler :

> Kein Wunder, daB die Kinder beim Schulaustritt noch nicht einmal reden gelernt hätten, sagte der Schuldiener plötzlich : nicht einmal einen einzigen eigenen Satz könnten sie zu Ende sprechen,

> sie redeten miteinander fast nur in einzelnen Wörtern, ungefragt überhaupt nicht, und was sie lernten, sei nur Merkstoff, den sie auswendig heruntersagten ; darüber hinaus seien sie zu ganzen Sätzen unfähig. 'Eigentlich sind alle mehr oder weniger sprechbehindert' sagte der Schuldiener (AdT, 99) (65).

La convergence entre les propos que Peter Handke met dans la bouche du gardien et l'analyse que donne Gérard Mendel de l'institution scolaire dans ***La révolte contre le père*** (66) est frappante. Elle met en évidence la pertinence et la finesse de la réflexion de l'écrivain :

> du langage tel qu'il est enseigné à l'école primaire, où il est réduit au jeu autarcique des divers éléments entre eux (syntaxe, grammaire, orthographe), au détriment de son aspect global, de sa véritable fonction qui est la communication, la prise sur les choses, l'action, la modification du monde. Jeu autarcique, monde de la Parole transmise, aspect quasi magique des mots considérés pour eux-mêmes, il s'agit bien là d'un repliement hors de cette réalité externe que précisément le langage a pour fonction d'aider à manipuler, à connaître et à soumettre. Là aussi, dès l'école, ce sont 'les mots sans les choses'.

L'école est donc au service exclusif de la société : elle modèle des individus qui deviennent des rouages prêts à fonctionner sans heurt. Le nom "Volk" relevé à propos de l'étude sur la religion, loin de désigner le peuple des élus, retrouve

---

65. "Pas étonnant que les enfants n'aient même pas appris à parler quand ils quittent l'école, dit soudain le gardien... : ils n'étaient même pas capables de former une seule phrase complète, entre eux ils ne se parlaient pratiquement que par mots isolés, ne disaient rien du tout si on ne les questionnait pas, et ce qu'ils apprenaient, ce n'étaient que des phrases toutes faites qu'ils ânonnaient de mémoire ; à part cela, ils étaient incapables de faire une phrase. En fait, ils souffrent tous plus ou moins de troubles de la parole dit le concierge" (AdT, 121).

66. Gérard MENDEL, ***La Révolte contre le père***. Une introduction à la sociopsychanalyse, Payot, Paris, 1968, p. 369.

ainsi la signification qu'il revêt en entomologie : il représente la société fortement structurée de certains insectes. La mission humaniste de l'institution scolaire telle que la définit Mendel, comme initiatrice de la communication et de la maîtrise de la réalité extérieure, n'est qu'un mythe. L'école assujettit l'individu au lieu de lui enseigner la façon de soumettre le monde extérieur.

L'école ne se contente pas, à la suite de l'Eglise, d'assurer une bonne adaptation de l'individu à l'environnement social. Elle n'atteint son but qu'en aggravant encore les préjudices causés par la religion : l'homme n'a pas seulement le sentiment d'être étranger au monde extérieur, mais il devient de plus en plus étranger à lui-même. Les principes éducatifs prodigués par l'école, qui ont pour objectif prioritaire "le garder la face", intensifient un mode de perception schizophrénique déjà favorisé par la pratique religieuse. Pire encore, l'école prive le langage de sa double vocation d'instrument privilégié mis au service de l'homme pour assurer sa maîtrise sur le monde et pour lui permettre la communication avec autrui. L'école n'aide pas à grandir, elle n'est pas une force de vie, elle est un facteur supplémentaire de mutilation !

LA FAMILLE : SA DIMENSION SOCIALE

Dans la société à détermination traditionnelle, la famille est l'un des piliers sur lequel repose l'édifice social. Elle assure la transmission des valeurs léguées par la religion, la tradition, et propagées par l'école. Bien avant cette dernière dont l'emprise sur l'individu est limitée dans le type de société considéré, elle accoutume l'enfant à un style de comportement qui, avec l'apprentissage du travail, lui permet de s'intégrer sans difficulté dans son milieu. A cet égard, ***Le malheur indifférent*** peut servir de référence. Il est intéressant à double titre car il expose très largement l'éducation reçue par la mère, et il ne néglige nullement la façon dont ont été élevés le narrateur et ses frères.

Entre les deux une distinction importante s'impose. Dans sa jeunesse, la génération de la mère n'avait pas à affronter des problèmes de choix fondamentalement différents de ceux rencontrés par les parents, mais cette observation ne vaut plus pour les descendants. Des facteurs multiples, inhérents tant aux personnes qu'à la mouvance de l'époque, ne manquent pas de se répercuter sur les objectifs visés par l'éducation familiale. Si le grand-père voulait faire partager à ses enfants son mode d'existence sédentaire, marqué par l'abnégation et par une appartenance sans faille à la tradition, et s'il ignorait délibérément toute éthique de la réussite individuelle, la mère du narrateur ne semble plus agir que par réflexe lorsqu'à son tour elle devient éducatrice. Dépourvue de toute vision cohérente d'un cheminement personnel tâtonnant, où elle ne fait figure que d'éternelle perdante, elle est à la fois incapable de transmettre des certitudes qui ont perdu pour elle toute signification, et d'imaginer un nouveau projet. Bien que la conviction lui fasse défaut, elle n'en reproduit pas moins les paroles et attitudes qui ont modelé son enfance. Mais une telle formation, qui n'est plus qu'un système privé de ses racines profondes, ne peut aboutir au résultat escompté. D'ailleurs, comment le pourrait-elle puisqu'il est douteux qu'un but conscient lui soit assigné? En effet, les enfants apprennent à se conduire en adulte non seulement à cause de principes ancestraux auxquels ils sont soumis, mais d'abord grâce à l'observation quotidienne des grandes personnes qui composent le cercle familial. Il est évident que le développement de l'appartenance devient dans ces conditions très problématique pour l'écrivain-narrateur. Néanmoins, il est indiscutable que l'obéissance à des règles éducatives ayant perdu de leur substance, a amplement conditionné l'évolution de Peter Handke.

Les moyens éducatifs utilisés dans la famille se révèlent essentiellement être de nature répressive, et ils s'inscrivent parfaitement dans la ligne de conduite fixée par l'Eglise et l'école. Il s'agit de refréner les besoins tant sur le plan individuel que sur le plan matériel. Tout obscur désir d'épanouissement personnel doit être contenu et figé dans l'inexorable "garder la face" et toute velléité de révolte contre la misère doit être étouffée au plus tôt. Ainsi la stabilité des structures sociales est-elle sauvegardée par la propagation d'un grand principe : la honte et son corollaire, le sens de l'économie.

"Avoir honte" est l'un des leitmotive qui parcourent le récit *Le malheur indifférent*. Il accompagne la mère tout au long de son existence. Adolescente, on l'invite sévèrement, d'un regard ou d'un mot, à éprouver un sentiment de honte parce qu'elle s'est rendue coupable, par un rire, de trop d'innocente spontanéité. Dans son comportement d'adulte (WU, 32), la censure est devenue un automatisme et la moindre trace de joie de vivre que peut trahir un frémissement du doigt par exemple, est vite réprimée (WU, 67). Le narrateur parvient en quelques mots à montrer comment la pudeur toujours prêchée se mue imperceptiblement en instinct : de mimée, la honte devient très insidieusement un sentiment éprouvé (WU, 32) (67) et s'installe définitivement comme réflexe chez l'individu (WU, 38) qui s'autocensure et répète à sa descendance les mêmes formules (WU, 74).

Dans le monde d'extrême dénuement où se déroule l'enfance des protagonistes, la pauvreté elle-même est honteuse et doit donc être dissimulée. Dans un commentaire bref et amer (WU, 62), le narrateur souligne combien le développement de cette mentalité spécieuse est habile puisqu'il empêche une prise de conscience de l'iniquité sur laquelle repose l'édifice social. Loin de se révolter, le pauvre n'a qu'une obsession : "garder la face", et le meilleur moyen d'y parvenir n'est pas de masquer l'insatisfaction des besoins élémentaires, mais de réprimer ces besoins ; c'est le souci du grand-père (WU, 15), c'est la règle de vie adoptée par sa fille.

L'efficacité des principes éducatifs destinés à faire acquérir un sens extrême de l'économie est telle que le lecteur médusé constate que ce qui pourrait être reçu comme une

---

67. Volker BOHN, ***Später werde ich über das alles Genaueres schreiben, Peter HANDKES Erzählung Wunschloses Unglück aus literaturtheoretischer Sicht***, in : ***Germanisch-romanische Monatsschrift***, Bd. XXVI, 1976, p. 356-379, ici : p. 371. Volker BOHN remarque que le même processus se retrouve chez Bloch à propos de la peur (AdT, 13) et il revêt pour Peter HAMM une importance primordiale. P. HAMM, ***Handke entdeckt sich selbst***, in : Michael SCHARANG, ***Ueber Peter Handke***, Suhrkamp Verlag, es 518, Frankfurt/Main, 1972, p. 166.

contrainte mutilante est transformé en valeurs positives. Ainsi devient-on spontanément "raisonnable" (WU, 36) et n'a-t-on pas d'autre ambition que d'être un jour un modèle pour les autres (WU, 33). Il est permis d'imaginer que ce tour de force éducatif n'est rendu possible que par l'acceptation de la succession des rôles dévolus à l'individu dans la structure sociale rigide qui se dessine dans le récit. La répression des désirs et des besoins trouve une compensation psychologique douteuse mais pourtant répandue dans l'histoire des hommes : après avoir été livré au regard sévère et accusateur des adultes, l'individu qui est parvenu au terme de sa formation est habilité, par sa conduite exemplaire, à faire naître la honte chez l'autre. La victime se fait bourreau.

L'appel à la honte n'est pas en soi un procédé éducatif exceptionnel : E.H. Erikson souligne qu'il est répandu dans le monde entier à des degrés divers (68) ; mais ce qui surprend ici, c'est sa fréquence d'utilisation et la profondeur de son ancrage dans la personne. L'abondance des mots formés à partir du radical "Scham" (honte) peut être citée comme preuve de l'envahissement du conscient et de l'inconscient du narrateur par ce concept : "sich schämen" (W, 32, 74), "Scham" (WU, 38), "beschämende Einsamkeit" (W, 41), "eine Schande" (WU, 62), "schamhaft" (W, 67), "schamlos" (WU, 77). Fort curieusement pourtant, cette idée a tendance au fil des pages, puis dans les oeuvres ultérieures de Peter Handke, à se muer en son contraire, et à être supplantée par l'impudeur qui n'est encore que fort discrète et purement pathologique dans le récit :

> Es war ein Pein zu sehen, wie schamlos sie sich nach auBen gestülpt hatte (WU, 77) (69).

Cette réflexion du fils ne se contente pas de mettre en relief l'anéantissement d'une femme irrémédiablement vaincue, mais aussi la sévérité du jugement du témoin qui, en dépit des apparences, est toujours à l'époque pris dans les rets des conventions. La remarque faite par Peter Handke à Heinz Ludwig

---

68. Erik H. ERIKSON, *Identität und Lebenszyklus, drei Aufsätze*, *Op.cit.*, p. 82.
69. "C'était un supplice de voir avec quelle impudeur elle exhibait ses entrailles" (WU, 91) (Traduction partiellement modifiée).

Arnold (70) à propos du roman ***L'heure de la sensation vraie***, selon laquelle il lui est impossible de s'engager plus loin sur la voie de l'impudique ne peut être interprétée comme un progrès sur le chemin de la libération par rapport aux contraintes de l'enfance. Il est plus juste de considérer cette impudeur comme un signe ultime de l'emprise du sentiment de honte sur le sujet. Les observations de E. H. Erikson dans son étude sur les composantes de la personnalité saine peuvent alors servir de référence pour étayer cette thèse. Il constate que loin de susciter la décence, une trop grande insistance sur le sentiment de honte peut conduire à une impudeur excessive (71). En 1975 encore, Peter Handke n'a pas su prendre définitivement ses distances vis-à-vis d'un sentiment qui, inculqué dans l'enfance, continue de menacer son développement d'adulte.

Une lecture hâtive du roman ***Les frelons*** pourrait laisser croire que le concept de honte en est banni. Il n'en est rien, mais il n'apparaît que de façon médiate. Ou bien ses conséquences sur le comportement de Grégor sont notées très fugitivement, ou bien elles ne se laissent pas déchiffrer comme telles de prime abord. Mais la confrontation entre la fiction romanesque et l'énumération dressée par E.H. Erikson (72) des troubles pathologiques résultant d'une utilisation exagérée du sentiment de honte, se révèle féconde. Ainsi peut-on mieux comprendre pourquoi Grégor, de retour à la ferme en proie à l'égarement et à la prostration, brûle du désir de se camper contre le mur pour montrer sa présence au père et à sa femme et échapper à une agression par l'arrière (H, 259). Cette seconde donnée s'éclaire singulièrement si l'on sait que l'insécurité née de la honte déclenche des troubles pathologiques se traduisant par une crainte incoercible de se voir attaqué traîtreusement par l'arrière (73).

Il est en outre tout à fait fondé de considérer que le

---

70. H.L. ARNOLD, ***Gespräch mit Peter HANDKE***, September 1975, in : ***Text und Kritik, Peter HANDKE***, Heft 24/24a, [3] 1976, p. 26. Peter HANDKE déclare : "Unverschämter als in meinem letzten Buch kann ich nicht mehr schreiben, glaube ich ".
71. E.H. ERIKSON, *Op. cit.*, p. 80.
72. *Ibid.*, p.182-183.
73. *Ibid.*, p. 182.

choix de la cécité par l'auteur comme artifice narratif, et par Gregor comme alibi, est en réalité une manifestation exemplaire du phénomène de la honte. Puisque l'individu qui est livré constamment au sentiment de honte a la pénible impression d'être perpétuellement exposé au regard critique des autres et d'être soumis à leur jugement, une envie irrésistible de se cacher ou d'être englouti par le sol s'empare de lui. Ne pouvant arracher les yeux au monde qui l'observe, il ne lui reste qu'à souhaiter une chose : être invisible ! Les points de convergence entre cette argumentation de E.H. Erikson (74) que le bon sens ne peut réfuter, et les grands thèmes structurant le roman sont manifestes : inutile de rappeler qu'un chapitre du roman intitulé ***se cacher*** (H, 199 - 200) se termine avec des considérations sur la cécité, et que la feinte, variante plus élaborée du même thème, représente avec la cécité un fil conducteur des ***Frelons***.

Vu sous cet angle, le sentiment de honte peut être considéré comme le malaise diffus mais constant dont découlent pour une large part le roman ***Les frelons***, voire l'oeuvre narrative de Peter Handke jusqu'à ***Lent retour***. Dans ce contexte, il faut également tenir compte d'un autre élément caractéristique de cette première phase de la production littéraire : le regard vers le bas. De simple signe de culpabilité et de soumission, il se mue en procédé d'exploration systématique de l'environnement, et Christoph Bartmann (75) en fait un des principes essentiels de narration du jeune Handke. Selon lui, la description du monde extérieur limitée aux objets et aux phénomènes situés au niveau du sol, dominante jusqu'à ***La courte lettre pour un long adieu***, est imputable à des expériences traumatisantes de l'enfance associées à la honte. Il analyse avec pertinence différentes scènes des ***Frelons*** où cette perspective se retrouve (H, 7, 18 , 89, 129)(76). On ne peut igno-

74. *Ibid.*, p. 182.
75. Christoph BARTMANN, *Op. cit.*, p. 67-72.
76. *Ibid.*, p. 69-70. L'interprétation du regard vers le bas, donnée ultérieurement par l'écrivain, en 1973, n'est guère convaincante :
"Heute erst weiB ich, daB dieses Wichtignehmen von Kleinigkeiten auf dem Boden nicht möglich gewesen wäre ohne den Reflex, der mich vor der Übermacht der verbauten Natur weiter weg zurückschrecken lieB. Der gesenkte Blick war nichts als eine Abwehrbewegung vor so viel menschendrängenden Anblicken" (AdW, 31).

rer par ailleurs les remarques formulées par l'écrivain en 1967, dans *l'Essai autobiographique, 1957*, en introduction au chapitre *Le sérieux de la vie* (77) :

> Ich schämte mich oft. Kaum aufgewacht, wünschte ich mir, es wäre schon wieder Abend. Ich woltte mich überallhin VERKRIECHEN (BE, 15) (78).

L'examen de la dimension sociale de la famille fait ressortir nettement une adéquation totale entre les objectifs visés par la religion et l'école et les moyens mis en oeuvre au sein de la famille pour assurer à l'enfant une intégration sans heurt dans son environnement. Les données individuelles et les relations interpersonnelles s'effacent totalement derrière des impératifs sociaux qui,étant parfaitement assimilés, ne sont jamais remis en cause. Le mécanisme de la honte qui résulte du sentiment de culpabilité prôné par la religion, et qui coïncide avec le "garder la face" inculqué par l'école, laisse des traces indélébiles et cuisantes chez l'individu. L'oeuvre en prose de jeunesse de Peter Handke peut ainsi être dans une large mesure interprétée comme la dénonciation d'abord diffuse, puis systématique, de meurtrissures provoquées par la honte, qui font peser une lourde hypothèque sur le développement de l'individu.

LES AGENTS DE L'ORDRE PUBLIC

Aucune place n'est consacrée aux organes de surveillance de l'ordre public dans *Le malheur indifférent* ; l'atmosphère générale du récit rend superflue une intervention extérieure visant au maintien de l'ordre. Le conditionnement de l'individu par son milieu social, culturel et familial est tel que toute velléité d'autonomie ou de remise en cause d'un état de fait

---

"Mais aujourd'hui je sais que je n'aurais pas pris au sérieux ces petites choses qui se trouvaient à terre si je n'avais pas eu ce réflexe de recul devant la supériorité du béton sur la nature. Le regard au sol n'était qu'un mouvement de défense devant tant d'hostilité..." (AdW, 31).

77. Peter HANDKE, *Ich bin ein Bewohner des Elfenbeinturms*, *Op. cit.*, p. 15.

78. "J'avais souvent honte. A peine éveillé, je souhaitais que ce fût à nouveau le soir. Je voulais partout me TERRER" (BE, 15).

n'atteint jamais, ou rarement, le seuil de la conscience. Un extrait des *Frelons* serait propre à caractériser cette situation. Il s'agit d'un des rares souvenirs se rapportant à la mère, qui affleure à un moment où l'angoisse du protagoniste frôle le délire (H, 243-244). Le narrateur, alors enfant, transforme une perception fugitive en vision : la paysanne enceinte qui, pour une raison inconnue, se fige soudain sur le chemin avec sa corbeille chargée d'herbes, se métamorphose en une femme dont l'image pétrifiée se détache du monde environnant (79). Ces lignes mettent certes en évidence le rôle fondamental occupé par la mère dans les premières oeuvres en prose, mais ce qui importe présentement est la description apparemment stéréotypée et pseudo-idyllique de l'époque où l'événement, une révélation funeste selon l'enfant, est censé s'être produit :

> Die Zeit damals wird im groBen und ganzen als eine Friedenszeit beschrieben, wiewohl die Menschen, wie man oft sagt, einander um ein Stück Brot beneidet haben, da sie oft ohne Arbeit waren ; trotzdem, so wird berichtet, lebten sie fast ohne Gesetze und Richter so halbwegs gut miteinander ; manche nährten sich von dem Honig, der aus der Steineiche träufte (H, 244) (80) (81).

Ainsi s'achève avec une intonation de froid désespoir la peinture amère et ironique d'une époque qui, bien que misé-

79. Peut-être peut-on trouver l'origine de cette transfiguration figée dans l'imagerie religieuse consacrée à Marie.
80. "A ce moment-là, l'époque était dans l'ensemble considérée comme une époque de paix bien que les hommes s'y battissent, comme on dit, pour une bouchée de pain, car ils étaient souvent au chômage ; malgré tout ils vivaient, à ce qu'on rapporte, en assez bonne entente les uns avec les autres, et, presque sans lois ni juges ; beaucoup se nourrissaient du miel qui sourdait des rouvres" (H, 211 - 212).
81. La référence à Virgile (*Quatrième bucolique*) est évidente et le passage peut être rapproché de la vision de saint Jean dans *l'Apocalypse* (12, 1-6). Rappelons que saint Augustin voyait en Virgile un poète inspiré par le Dieu des chrétiens et annonciateur du Messie (quatrième églogue). Toutes ces remarques permettent d'appréhender le réseau délicat des correspondances sous-jacent à l'oeuvre de jeunesse : image religieuse, culture latine et thème du frère - dont la naissance est ici annoncée - se mêlent étroitement dans cette scène qui, à première vue, peut être considérée comme une digression.

rable, n'était tout compte fait pas si dramatique. Un faux-semblant d'harmonie entre des hommes empreints d'une certaine sagesse d'une part, et entre les hommes et la nature d'autre part en constitue la toile de fond. Ce passage est extrait de la version remaniée par Peter Handke pour l'édition de poche des ***Frelons*** (82) qui a été traduite par M.B. de Launay. Le texte initial - celui de l'ouvrage cité en référence - se termine par une autre image empruntée à l'âge d'or (83), détournée elle aussi à des fins polémiques :

> die Flüsse flossen von der Milch der ertrunkenen Frauen (H, 244) (84).

Rien ne menace l'ordre public, les malheurs de la destinée se résolvent entre pauvres, et les inadapté(e)s sanctionnent eux-mêmes l'incongruité de leur état mélancolique. La discrétion des représentants de la force publique s'explique donc . Discrétion, mais pas absence, puisque ***Les frelons*** et ***L'angoisse du gardien de but*** mettent en scène - dans des conditions bien particulières - gendarmes et douaniers.

Gendarmes en poste à la campagne et agents de police travaillant en milieu urbain sont représentés dans ***Les frelons*** et dans ***L'angoisse du gardien de but***, mais les seconds ne jouent souvent qu'un rôle annexe et ne se distinguent pas foncièrement des gendarmes.

Les gendarmes apparaissent, au sein du roman et du récit, dans des circonstances analogues : lors de la disparition et de la noyade d'un enfant. Mais une place beaucoup plus importante est réservée au représentant de l'ordre public dans ***Les frelons***, où il accompagne les paysans qui, ayant découvert le cadavre de Matt, le conduisent à la ferme familiale (H, 20-21,

---

82. Peter HANDKE, ***Die Hornissen*** , Suhrkamp Taschenbuch 416, Frankfurt/Main, 1978.
83. On peut également évoquer le pays de Canaan (***Deutéronome***, 8, 7 - 10).
84. "dans les fleuves coulait le lait des femmes noyées" (H, 244).
Dans cette phrase laconique, l'allusion au personnage mythique d'Ophélie ne peut être ignorée. A noter que les réminiscences de l'Ophélie de Rimbaud ne sont pas rares dans la poésie de langue allemande, en particulier à l'époque de l'expressionnisme où l'on peut citer Heym, Brecht, Benn, Trakl. Plus récemment, en 1969, Peter Huchel, poète est-allemand célèbre une Ophélie, tuée par balles en traversant un ruisseau séparant les deux Allemagnes.

26-36). Fonction et apparence du gendarme sont définies simultanément dans les premières lignes du chapitre ***Les paroles du gendarme***.

> Der Gendarm besorgt die Vollziehung der Gesetze auf dem Land ; hier ist ihm ein Teil der Staatsgewalt übertragen. Er behilft sich auch von auBen in diese Gewalt, indem er, wo er auch geht, mit gewaltigem, festem Schuhwerk geht und bei schlechter Witterung hinter sich auf der Schulter den mächtigen Mantel herschleppt ; die eine Hand legt er an die Schnalle über dem Kragen, die andre hebt er zu dem GruB, der sich der Staatsform fügt wie die Uniform (H, 26) (85).

La mise en évidence du pouvoir par des marques extérieures, vestimentaires ou gestuelles, est remarquable dans un contexte où tout ce qui ne se perçoit pas est censé être privé d'existence.

L'agent de la force publique pourvoit au respect du règlement (86). Rien de ce qui est en marge n'échappe à sa surveillance ; il ne se contente pas de constater le manquement ou le désordre, la recherche du fauteur de trouble lui incombe. La fenêtre de la gendarmerie, d'où l'on peut d'un seul regard embrasser tout le village et ses abords (H, 191-192), symbolise nettement cette caractéristique de la fonction. C'est ainsi que la disparition d'un individu au village implique nécessairement l'intervention du gendarme, à double titre. Une disparition signifie avant tout un dérangement dans l'ordre établi, elle manifeste un certain jeu dans les rouages et, par ailleurs, elle

---

85. "Le gendarme veille à l'exécution des lois dans le pays ; ici, une part du pouvoir de l'Etat lui a été transmise. Il mobilise une aide extérieure pour exercer son pouvoir, car, où qu'il aille, il marche au moyen de fortes et solides chaussures, et, par mauvais temps, il traîne sur ses épaules un puissant manteau ; il pose une main sur la patte de col, et il lève l'autre pour le salut, complément de la force étatique, comme l'uniforme" (H, 27).
86. La proclamation des réglements a sa place dans le roman, mais c'est un représentant de l'administration qui en assure la diffusion lors du rassemblement de la population villageoise, à la sortie de la messe dominicale. L'espace d'un instant, la vie semble suspendue aux lèvres de l'appariteur (H, 117-119). A l'indifférence de l'assemblée dans l'église s'opposent ostensiblement les regards curieux qui convergent vers l'appariteur.

peut déclencher la recherche d'un coupable. Ainsi, dans ***Les frelons***, le gendarme s'irrite-t-il violemment de ce que l'absence des deux frères ne lui ait pas été dûment signalée (H, 30). Dans ***L'angoisse du gardien de but***, quelques scènes dispersées dans le récit se rapportent aux recherches des gendarmes : d'une part en direction de la victime, l'écolier muet, et d'autre part en direction du coupable éventuel. Il n'est pas étonnant de constater, qu'ici comme ailleurs, la fonction de gendarme ou de l'agent de police urbain s'exerce essentiellement sous la forme de la vérification d'identité (AdT, 27) ou de l'interrogatoire : des Bohémiens (AdT, 61), des paysans qui ont découvert le corps de Matt (H, 21), du frère du noyé (H, 28). Mais ce qui est frappant, c'est l'inaptitude à voir qui caractérise le gendarme dans la prose de Peter Handke. Dans le récit, aucun indice concernant l'écolier muet n'est trouvé par la police accompagnée de chiens : Bloch découvre le vélo, et les enfants de l'école le miroir brisé (87) ; dans ***Les frelons***, des paysans au retour du travail aperçoivent le cadavre de Matt et réveillent le gendarme pour l'identification. A l'opposé, dans la recherche des suspects, le préjugé sévit : un Bohémien disparu est le coupable désigné et là , les gendarmes sont efficaces, ils le retrouvent sans délai pour finalement l'innocenter.

Rien de bien original jusqu'ici dans la mise en scène des gendarmes par Peter Handke si ce n'est cette évidente particularité : l'inaptitude à trouver des indices dont la portée dépasse ce qui est immédiatement appréhensible. Tout ce qui est au-delà des apparences leur est fondamentalement étranger.

Norbert Gabriel (88) formule quant à lui une autre observation intéressante ; interprétant un détail extérieur (uniforme en désordre après une longue marche, H, 207), il décèle un décalage entre l'homme portant l'uniforme et la fonction représentée par l'uniforme. Il explique que le gendarme n'est pas à l'abri du doute en ce qui concerne sa capacité à rétablir l'ordre. Gabriel cite à cet effet l'interrogatoire mécanique

---

87. Le vélo et le miroir sont des objets dont la valeur symbolique est développée tout au long du roman ***Les Frelons***.
88. Norbert GABRIEL, *Op.cit.*, p. 51.

des deux enfants, seuls membres de la famille présents lors de l'arrivée du corps de Matt. En outre, l'accès de colère provoqué par son ignorance de la disparition, et qui fait suite à l'interrogatoire, met en lumière un malaise du gendarme vis-à-vis d'une fonction dont il ne perçoit plus que l'aspect gestuel et rituel. D'autres détails étayent cette thèse. Ainsi ce même gendarme, conscient de l'incongruité de l'attitude imposée par sa fonction, s'efforce-t-il en vain lors de son entrée dans la ferme d'atténuer le claquement de ses bottes (H, 26-27) qui, pourtant, devraient être le signe même de son pouvoir (89). L'embarras du gendarme est à son comble, quand, soucieux de jouer son rôle, de garder la face, il tance les paysans qui ne peuvent dissimuler leur émotion en relatant l'instant de leur macabre découverte. Il les réduit au silence par une formule creuse (H, 34), dont il tente ensuite d'atténuer la rigueur par un énoncé tout aussi général (H, 34 - 35).

Avec une relative efficacité, le gendarme garantit la sauvegarde des apparences, mais son assurance n'est pas à l'abri des fissures, la faille là-aussi s'amorce : les formules commodes ne suffisent pas toujours à masquer l'existence d'abîmes que l'oeil n'a pas appris à découvrir.

Ce n'est pas un hasard si d'autres agents de surveillance, les douaniers, ont un sens de la perception visuelle plus affiné. On les rencontre essentiellement dans ***L'angoisse du gardien de but***. Leur seule fonction les prédestine, grâce à l'acuité de leur regard, à détecter ce qui transgresse les frontières, les cadres fixés, ce qui est étranger. La vue est leur arme privilégiée contrairement à leurs collègues qui usent surtout d'un sens perverti, celui de la parole (interrogatoire). Non seulement ils scrutent afin de trouver les choses, mais leur champ d'observation essentiel est l'individu, pas uniquement l'individu physique, mais avant tout l'invisible dans l'individu. Le fait qu'un douanier, et non un gendarme, retrouve le corps de l'écolier noyé - que Bloch avait été le premier à apercevoir - donne matière à réflexion : le douanier

89. D'autre part, la scène imaginaire entre l'homme au sac marin et le policier, dans la salle d'attente de la gare, montre le policier "soulagé" d'avoir réussi à déloger le gêneur qui s'apprêtait à y passer la nuit (H, 90).

sait repérer ceux qui dépassent les seuils admis. Un tel détail invite à se pencher sur les propos qu'échange le douanier avec Bloch, la nuit, sous un parapluie prêté par l'aubergiste (AdT, 111-115). Il explique en quoi consiste son métier : observer, donner une signification au signe perçu dans sa complexité. En présence d'un contrebandier l'observation se poursuit : il s'agit de le maîtriser après avoir interprété les signes émanant des yeux et des jambes et avoir déjoué les feintes. Mais "il n'y a pas de règle" (H, 113), reconnaît-il ; autrement dit : chaque individu est un cas. Un énoncé singulier dans le contexte étudié jusqu'ici ! Chaque interlocuteur est unique : le douanier semble être le seul à en être conscient et à en tenir compte (à une échelle limitée il est vrai, celle de la répression des fraudes).

La difficulté de la "rencontre réussie" entre deux individus est ici représentée d'une façon certes métaphorique mais évidente ; rencontrer l'autre signifie observer, percevoir, interpréter les signes, anticiper les réactions, adapter son comportement. La perspective du douanier n'est pas dans la prose des débuts de Peter Handke un fait isolé. Elle constitue l'une des attitudes essentielles dans ***Les Frelons***, et elle peut être assimilée à la perspective du gardien de but ; elle a, on le sait, fourni un titre au récit publié en 1970 ! La rencontre avec l'autre est dès les années 60 au coeur des oeuvres de l'écrivain autrichien. Trouver la voie qui conduit à l'autre n'est pas aisé, si l'on en croit le douanier, elle est remise en cause perpétuellement. Non seulement chaque cas est différent, mais si la fonction d'observation, d'interprétation, d'anticipation, de réaction, d'adaptation ne s'exerce pas, la capacité s'émousse inéluctablement. Ainsi le douanier déplore-t-il la disparition du trafic de contrebande depuis que la frontière est minée :

> So läßt die Angespanntheit nach, man wird müde und kann sich nicht mehr konzentrieren. Und wenn doch einmal etwas passiert, reagiert man nicht einmal (AdT, 112) (90).

90. "La tension se relâche, on s'amollit et on n'arrive plus à se concentrer. Et s'il arrive malgré tout quelque chose, on ne réagit même pas" (AdT,

Vigilance et rigueur doivent être de tous les instants ; négligence et lassitude compromettent inévitablement les chances de réussite (91). Peter Handke expose ainsi dès ses débuts, sous forme de métaphore, la nécessité existentielle d'une tension extrême dans l'observation, pas seulement de l'environnement comme dans *Les frelons*, mais aussi de l'autre.

L'observation est une nécessité pour la survie dans des situations d'extrême contrainte, Peter Handke s'attache abondamment à le démontrer et à le répéter. Une décennie plus tard, lorsque la Deuxième République autrichienne fêtera ses vingt ans d'existence, il dénoncera encore avec virulence ce qu'il nomme les "forces d'occupation de l'intérieur" (92), qui ont écrasé ses années d'enfance et d'adolescence et qui sont : la détresse matérielle, la religion glacée, les traditions étouffantes, la brutalité et l'affectation des agents du pouvoir. Dans *Les frelons* et *Le malheur indifférent*, les notations relatives à ces facteurs d'asservissement sont précises et abondantes. Les oeuvres en prose de jeunesse sont l'illustration de ce que remarque Bruno Bettelheim lorsqu'il évoque les possibilités d'accéder à l'autonomie dans un milieu d'anonymat et de contrainte extrême :

> Etre capable d'observer par soi-même et d'en tirer ses propres conclusions est le début de l'indépendance. Ne pas observer quand c'est crucial est destructeur pour la personnalité (93).

Peter Handke en a eu très tôt l'intuition.

Curieusement Peter Handke ne tire pas parti de la peinture des agents chargés de la surveillance de l'ordre public pour aiguiser sa critique à l'encontre d'un édifice social qu'il ne

---

137) (Traduction partiellement modifiée).
91. Ainsi le douanier ne reconnaît-il pas tout de suite le cadavre de l'enfant. Il pense d'abord qu'il s'agit d'un matelas (AdT, 86).
92. *Persönliche Bemerkungen zum Jubiläum der Republik*, 15. Mai 1975, in : *Das Ende des Flanierens*, Suhrkamp Taschenbuch 679, Frankfurt/Main, [2]1982, p. 56.
93. Bruno BETTELHEIM, *The Informed Heart*, The Free Press, New-York, 1960. *Le coeur conscient*, traduit de l'américain par Laure Casseau, Robert Laffont, Paris, 1972, p. 176-177.

cesse d'attaquer avec virulence et méthode dans la première phase de sa production narrative. Au contraire, il accorde à ces personnages le privilège discret mais réel de ne pas se confondre avec les divers facteurs répressifs considérés précédemment. Leur fonction d'observation leur permet même d'acquérir une certaine distance - ne serait-ce que sous la forme du doute - par rapport à un système qui envahit l'espace et modèle les individus. Paradoxalement, il leur incombe de laisser filtrer un rai d'humanité dans un univers qui en est dépourvu. Si la perspective décrite par le douanier, c'est-à-dire celle du gardien de but, se révèle être une terrible cause d'inertie pour Gregor, et une source de troubles pour Bloch, il n'en demeure pas moins qu'elle annonce une analyse des phénomènes de communication fondée sur l'observation d'autrui, c'est-à-dire sur l'attention portée à l'autre, laissant entrevoir la possibilité d'une lointaine rencontre salvatrice .

1.3. LA SOCIETE A DETERMINATION TRADITIONNELLE : TYPE D'EXISTENCE DES INDIVIDUS

De longs développements concernant le parcours d'un individu vivant dans une société qui a été désignée comme "société à détermination traditionnelle" paraissent superflus, en raison de la précision et de la concision des formules dont ***Le malheur indifférent*** abonde. Deux axes d'exploration peuvent être néanmoins dégagés : 1. la vie quotidienne laborieuse fondée sur la routine 2. l'existence individuelle, une succession immuable de faits, d'états, de rôles.

> Heute war gestern, gestern war alles beim alten. Wieder ein Tag geschafft, schon wieder eine Woche vorbei, ein schönes neues Jahr (WU, 65) (94).

Le roman ***Les frelons*** est émaillé de scènes et situations où le narrateur insiste sur l'aspect répétitif des faits et gestes. Il n'y a pas que les tableaux de la vie paysanne comme l'abattage du porc (H, 107-108) qui soient ordonnés à la façon d'une cérémonie. Ainsi en est-il de la journée de la soeur adolescente qui commence immanquablement par l'allumage du feu, la cuisson de la nourriture pour les animaux (H, 18), et s'achève par le service des hommes à table (H, 37).

Le rituel du balayage de la cour le samedi matin est tellement ancré qu'il est mentionné dans ***Les frelons*** (H, 252) et ***Le malheur indifférent*** (WU, 15) ; il n'est pas étonnant qu'à chaque fois, il soit associé au motif du retour à la maison. Le rituel est une entrave à la fuite : la force (mutilante) de l'habitude !

Une place est réservée au dimanche où le repos est strictement codifié : la matinée se termine invariablement par la messe dominicale, suivie de la proclamation des avis municipaux ; l'après-midi est partagé selon la coutume entre la sieste, la promenade et le sempiternel jeu de cartes.

Le malaise de Gregor face au rituel est suggéré par les nombreuses questions insipides posées au père (95) sur le chemin de l'église, relatives aux horaires de passage de l'omnibus et de la collecte du lait (H, 100). Il interrompt ainsi les salutations traditionnelles des passants. Il semble vivre de l'espoir de l'imprévisible changement libérateur qui ne survient jamais ; formuler une interrogation ouvre peut-être la porte à un impossible bouleversement . Mais tout se déroule normalement, rien ne se produit !

---

94. "Aujourd'hui était hier, hier était comme avant. Une journée de finie, encore une semaine de passée, une belle année à venir" (WU, 77).
95. Le questionnement se rattache bien évidemment aussi au motif du frère et de la fuite.

Ce qui vaut pour la journée et pour la semaine, vaut également pour le fil des années. Les fêtes civiles et surtout religieuses énumérées dans ***Le malheur indifférent*** (WU, 51-52) rythment l'année. Jours, mois, années sont marqués par la répétition qui assure la continuité. Le déroulement de l'existence de l'individu est un cycle sur lequel il n'a aucune prise. Tout étant déterminé, l'initiative est exclue. S'appuyant sur les études du sociologue et théoricien de l'identité Lothar Krappmann (96), Volker Bohn (97) désigne du terme "institution totale" cette société fondée sur les rites, les formes et les rôles infranchissables. Normes, interprétations et besoins se recouvrent presque totalement, et aucune place n'est laissée à la découverte et à l'expression de conceptions échappant au stéréotype. C'est la société du "ON", du pro-nom indéfini qui se substitue au "JE".

Si les routines de la vie quotidienne laborieuse ont leur origine dans la nécessité de survivre, la succession des rites annuels répond à un impératif que le narrateur énonce très clairement dans ***Le malheur indifférent*** . Elle a pour fonction de mettre en forme les émergences épisodiques inévitables du monde intérieur. Elle permet de canaliser les manifestations individuelles susceptibles de nuire à la stabilité de l'édifice social.

> Der schmerzensreiche Rosenkranz ; der glorreiche Rosenkranz ; das Erntedankfest ; die Volksabstimmungsfeier ; die Totenwache ; der SilvesterkuB : - in diesen Formen veräuBerlichten privater Kummer, Mitteilungsdrang, Unternehmungslust, Einmaligkeitsgefühl, Fernweh, Geschlechtstrieb, überhaupt jedes Gedankenspiel mit einer verkehrten Welt, in der alle Rollen vertauscht wären, und man war sich selber kein Problem (WU, 51-52) (98).

---

96. Lothar KRAPPMANN, ***Soziologische Dimensionen der Identität***, Strukturelle Bedingungen für Teilnahme an Interaktionsprozessen, Ernst Klett Verlag, Stuttgart, 1969.
97. Volker BOHN, *Op. cit.*, p. 374-376.
98. "Les mystères douloureux ; les mystères glorieux ; la fête de la moisson ; la fête du plébiscite ; la soirée réservée aux dames ; le verre de

La présentation des traditions et rites ancestraux comme exutoire révèle la rupture définitive existant entre la littérature folklorique, qui chante avec enthousiasme et émotion les bienfaits d'un profond attachement aux valeurs du passé, et les oeuvres des jeunes auteurs iconoclastes apparus sur la scène littéraire autrichienne depuis la fin des années soixante : les peintures s'effritent, les mécanismes impitoyables de dépersonnalisation se dessinent au grand jour.

LE DEROULEMENT D'UNE EXISTENCE INDIVIDUELLE

> He not busy beeing born, is busy dying (99)

Cette citation en langue anglaise mise en épigraphe au récit ***Le malheur indifférent***, sans autre indication de source que le nom de l'auteur Bob Dylan, stigmatise, selon Cecile C. Zorach (100) la vacuité de la période située entre la naissance d'un être humain et sa mort. Cecile C. Zorach précise la signification de "busy" dans le contexte présent : être tenu prisonnier d'une routine qui échappe au contrôle de l'individu. On ne peut alors s'empêcher de songer à la dénomination de "cercle vicieux" (101) utilisée par la mère, dans l'une des dernières lettres adressée au narrateur (WU, 89). L'attention du lecteur est ainsi orientée, dès la première ligne, sur l'effet destructeur d'une routine absurde.

---

l'amitié ; les farces à date fixe ; la veillée funèbre ; le baiser du Premier de l'An ; problèmes personnels, soif de communication, goût de l'entreprise, sens de l'unique, nostalgie des lointains, appétit sexuel extériorisaient sous ces formes toutes les différentes visions d'un monde retourné dans lequel tous les rôles auraient été inversés, et on n'était plus un problème pour soi-même" (WU, 61).

99. "Qui ne renaît pas chaque jour à la vie, meurt chaque jour davantage". Henning FALKENSTEIN, *Op. cit.*, p. 44, utilise une formule plus générale :" si la vie est dépourvue d'un constant recommencement, elle cesse".

100. Cecile Cazort ZORACH, ***Freedom and Remembrance :*** The language of biography in Peter Handke's Wunschloses Unglück, in : ***German Quarterly***, 1979, p. 486-502, ici : p. 489.

101. "unendlicher Teufelskreis" (WU, 89).

Une référence aussi évidente au folk-song américain (102), complétée par l'allusion aux compositions musicales de Paul Simon (WU, 103) souligne la volonté de l'écrivain d'attribuer au destin exemplaire de sa mère une valeur générale . Christoph Bartmann (103) constate que cette forme américaine de narration, proche du style de Handke par sa simplicité, efface toute frontière entre histoire individuelle et collective, en raison de son aptitude à intégrer l'expérience de l'individu dans le mode d'expression du groupe. Une illustration de ce procédé est fournie dans le récit ; les phases d'une vie y sont marquées par les étapes d'un jeu de fillettes qui, émanant de la mémoire collective, s'ancre dans l'imaginaire individuel :

> Müde / Matt / Krank / Schwerkrank / Tot" (WU, 17) (104).

Ce jeu reflète "l'enchaînement" inéluctable régnant dans la société où sont situés roman et récit. Il estompe chez les individus toute ombre d'interrogation relative à ce qui est ressenti comme la marche inévitable des choses, de la naissance à la mort.

La naissance, elle, est obscure et représentée comme un fardeau, conséquence d'une pulsion sexuelle exacerbée par les tabous, et dont l'épanouissement est entravé par les conditions misérables d'existence (WU, 13) . La naissance n'est jamais évoquée comme un signe d'harmonie amoureuse, mais comme la manifestation ultime d'une violence ; dans ***Le malheur indifférent***, le grand-père ne considère le père, un valet de ferme, que dans sa fonction de procréation (WU, 13), et dans ***Les frelons***, une formule brutale décrit la relation entre Gregor et le père :

> Der unter auf dem Bett lag, wurde, weil er sich einst ohne Bedenken in meine Mutter entleert hatte, mein Vater genannt (H, 221) (105).

---

102. C.C. ZORACH, *Ibid.*, p. 496, indique l'origine de la citation : ***It's Alright, Ma, I'm Only Bleeding.***
103. Christoph BARTMANN, *Op. cit.*, p. 86-88.
104. "Fatigue / Epuisement / Maladie / Maladie grave / Mort" (WU, 23).
105. "Celui qui, dans la chambre en dessous, est allongé sur le lit, a été appelé mon père, parce que jadis il s'était soulagé sans scrupule dans ma

Cette phrase inattendue sur laquelle s'achève le chapitre *Le rêve*, dans la première version des ***Frelons***, a disparu dans l'édition de poche remaniée de 1978, indiquant ainsi que le processus de clarification de l'écrivain sur lui-même et son environnement est amorcé ; il tempère l'agressivité et la rancoeur accumulées au cours de l'adolescence à l'encontre du géniteur responsable de tous les maux.

Les émois amoureux de la jeune fille n'occupent qu'une bien maigre place dans l'énumération impitoyable des états se succèdant dans l'existence de la femme.

> Keine Möglichkeit, alles schon vorgesehen : kleine Schäkereien, ein Kichern, eine kurze Fassungslosigkeit, dann zum ersten Mal die fremde, gefaBte Miene, mit der man schon abzuhausen begann, die ersten Kinder, ein biBchen noch Dabeisein nach dem Hantieren in der Küche, (...), dann schlecht auf den Beinen, Krampfadern, (...) Unterleibkrebs, und mit dem Tod ist die Vorsehung schlieBlich erfüllt (WU, 17) (106).

La vie n'est donc qu'une soumission totale à un ordre des choses et une marche inéluctable vers la mort. Une remarque brève met en évidence l'acceptation par les individus des rôles qui leur sont assignés ; ainsi la reconnaissance par les autres du passage dans le statut ultérieur peut-elle être reçue comme gratifiante :

> Anders als in der Stadt war sie hier stolz, daB sie Kinder hatte, und zeigte sich auch mit ihnen (WU, 49) (107).

---

mère" (H, 221).

106. "Aucune possibilité, tout prévu d'avance : de petites agaceries, un rire étouffé, une brève perte de contenance, et pour la première fois l'expression résignée et lointaine avec laquelle on s'occupait à nouveau de ménage, les premiers enfants, s'attarder un peu une fois le travail terminé à la cuisine, ... puis les jambes qui flanchent, varices, ... cancer de l'utérus, et la mort vient remplir les décrets de la Providence" (WU, 22 - 23).

107. "Ce n'était plus comme à la ville, elle était fière ici d'avoir des enfants, et elle se montrait avec eux" (WU, 58).

La justesse et la finesse d'une telle observation manifeste la convergence existant entre l'oeuvre littéraire de Peter Handke et les résultats des travaux des psychosociologues concernant la succession des rôles. La reconnaissance par le groupe du passage d'un statut à un autre est nécessaire pour assurer à l'individu un sentiment d'identité. Sentiment bien fugitif dans *Le malheur indifférent* !

La mort, aboutissement de toute existence humaine, est décrite de façon fort différente dans le roman et le récit. La mort volontaire de la mère dans *Le malheur indifférent* est marquée par le "garder la face" qui est l'un des éléments structurant du récit. *Les frelons* décrivent le retour du cadavre de Matt et les derniers instants de la mère. Dans ces deux cas, la mort est caractérisée par la souillure, à laquelle la mère dans *Le malheur indifférent* a voulu échapper par une certaine "mise en scène", sauvegardant une dignité si souvent bafouée au cours de sa vie, et qui est alors délibérément affirmée ; un geste ultime que nul ne peut balayer d'un regard ou d'un haussement d'épaules. Le contraste est grand entre la mort volontaire apprêtée et l'horrible agonie décrite par la soeur de Gregor ! (H, 124-126). Elle y montre une femme à plat ventre au milieu de vomissures sur les planches du balcon. L'agonisante semble se tendre dans une ultime perception visuelle et auditive du monde étouffant et étroit où s'est déroulée son existence. Un monde que symbolisent peut-être l'agitation grégaire et la curiosité des poules caquetantes. Et pourtant, la mère louche d'un oeil éteint sur le roman qui gît à ses côtés ; le rêve n'est jamais resté que lettre morte. La mort n'entraîne pas ici l'individu vers la plénitude de l'éternité ; elle l'écrase dans sa condition, le plaque au sol conformément à l'imaginaire collectif slovène qui exprime la mort par la périphrase : "il est étendu, les dents vers le bas" (108).

La peinture de cette irruption de la mort fait ressortir nettement, s'il en était besoin, ce qui distingue le narrateur des autres personnages mis en scène. Bien avant le récit et son contexte autobiographique, le narrateur se présente comme

---

108. Florjan LIPUŠ, *Op.cit.*, p. 246, post-face de Peter HANDKE à propos de sa traduction.

quelqu'un qui ne partage que de loin l'existence des individus vivant dans une société à détermination traditionnelle. Il se révèle être avant tout un homme capable de prendre ses distances pour observer. Rapprocher l'agonie de la mère d'une évocation stéréotypée délibérée, semblable au récit de "seconde main" de la scène de la noyade (H, 45), comme le suggère Manfred Durzak (109), est une interprétation mutilante ; bien sûr, ce chapitre introduit le thème du mensonge : "Gregor Benedikt est un menteur" (H, 126) ; mais le mensonge dépasse le cadre de la fiction romanesque, de la réécriture de la réalité. Il est l'expression d'un thème qui sillonne toute l'oeuvre de jeunesse, celui de la fracture entre le monde intérieur et le monde extérieur. La soeur décrit ce qui s'est déroulé sous ses yeux ; elle a vu la mère, elle a vu le jeune frère, elle s'est vue elle-même en train d'agir. Quant à Gregor, il refuse obstinément de se souvenir, en dépit des efforts déployés par la soeur pour raviver sa mémoire. Le narrateur s'interroge alors faussement sur les rapports existant entre cet événement et l'histoire. La réponse ne tarde pas. Le chapitre sur le verbe "geschehen" (H, 122), qui fait suite à une scène relative au "mensonge", l'explicite. La mort, il ne veut pas se la remémorer comme un simple enchaînement de gestes ; contrairement à la soeur, il perçoit la mort comme un événement qui se "produit" et déclenche un processus chez l'individu qui y assiste.

Cette narration est un moyen pour Gregor d'affirmer sa marginalité, de montrer ce qui le différencie des autres. Elle est l'affirmation d'un autre mode de perception. Elle esquisse une fuite hors d'un environnement qui anéantit tous ceux qui s'y meuvent sans savoir observer. Naître dans l'anonymat et la résignation, vivre en figurant, et mourir dans la souillure (le visage de Matt est maculé de boue et enfoui dans un vieux sac de toile salie), tel est le type d'existence que représentent ***Les frelons*** et ***Le malheur indifférent***, où la communauté humaine est assimilée aux peuples d'insectes.

Déjà dans les années 60, Peter HANDKE ne se contente pas de montrer l'aspect destructeur du monde de son enfance sclé-

---

109. Manfred DURZAK, ***Peter HANDKE und die deutsche Gegenwartsliteratur***, Kohlhammer, Stuttgart, Berlin, Köln, Mainz, 1982, p. 61.

rosé et sclérosant, ni de se livrer à un réquisitoire plus ou moins voilé contre l'absurdité d'une vie dont la seule perspective raisonnable est la mort. Transformer la mort en événement, en interrogation pour celui qui en est spectateur, revient à montrer discrètement les prémices d'une identité qui se cherche sous les couleurs de la fiction littéraire.

1.4. LE MONDE DONNE ET SA TRANSCRIPTION POETIQUE

MONDE DONNE ET MONDE VECU

Avant de poursuivre l'exploration précise des facteurs constitutifs de l'identité, il est opportun de faire le point sur les éléments relevés et interprétés jusqu'à présent.

La rigidité des investigations systématiques ne doit nullement donner à penser que cette analyse, à coloration sociologique, est celle d'un milieu ayant une réalité objective. Il importe de distinguer la Carinthie, province autrichienne au tracé géographique défini en 1920 après des luttes sanglantes, de la Carinthie vécue par l'écrivain Peter Handke et reflétée dans la fiction poétique. Face à l'empreinte autobiographique indéniable, à la froideur du style distancié, au caractère schématique de l'exposition des faits dans ***Le malheur indifférent***, la tentation pourrait être grande de considérer les oeuvres en prose de la jeunesse comme un réquisitoire sans équivoque contre un environnement objectif donné (110).

Certains éléments ne peuvent être contestés : on décèle d'une façon évidente des traits caractéristiques des sociétés

---

110. Dans une conférence intitulée ***Jugend auf dem Land***, tenue à St Pölten en 1975 (Literaturtagung des Instituts für Oesterreichkunde), Klaus HEYDEMANN constate à propos de ***Schöne Tage*** de Franz INNERHOFER que la littérature autrichienne contemporaine substitue à l'idylle villageoise discréditée par le cinéma et l'idéologie nazis, une évocation du monde rural proche du cauchemar qui, à son tour, tend à devenir un stéréotype, in : ***Sprachkunst***, Jahrgang IX, Wien, 1978, p. 156.

européennes à détermination traditionnelle. Le marcheur sillonnant la campagne carinthienne retrouve ainsi, à chaque pas, l'omniprésence de la religion catholique : aux croisées des chemins avec les oratoires, sur les portes des habitations avec les inscriptions religieuses C+M+B (111), près des fontaines ornées de statues de saints, et dans la toponymie. Par ailleurs, les mentions portées sur les pierres tombales révèlent une structure sociale cloisonnée, et l'abondance des monuments élevés, des rives de la Drave à la frontière yougoslave, en l'honneur des loyalistes germanophones victimes de la résistance slovène en 1919-1920, témoigne de l'acuité des affrontements entre communautés linguistiques. Il faut admettre que, dans ***Le malheur indifférent***, la description de l'emprise totale des phénomènes sociaux et culturels, ne trahit guère la réalité objectivement perceptible par celui qui la regarde avec les yeux de l'étranger.

Mais la dimension psychologique ne peut être niée. Le regard de Peter Handke sur le monde où a vécu sa mère, et où il a grandi lui-même, est celui de la sensibilité et de la distanciation du poète. La mise à nu impitoyable des mécanismes de conditionnement, d'oppression, qui réduisent l'individu à un rôle de figurant dans un grand jeu aux règles obscures, peut être interprétée, ainsi que le suggère le narrateur de ***La courte lettre pour un long adieu*** (kB, 124) (112), comme la conséquence d'une enfance et d'une adolescence passées dans un environnement caractérisé par les contraintes et les interdits. L'observation systématique de toute expérience vécue est née de l'habitude de la classification mutilante qui, paradoxalement, est aussi à l'origine d'une activité libératrice de l'imagination. Peter Handke a le regard perçant de celui qui a su conquérir l'intervalle et acquérir un mode d'expression personnel.

La peinture du milieu où se déroulent ***Les frelons*** ne saurait donc être considérée sans réserves ; il s'agit d'un paysage à la fois altéré par la subjectivité et fortement rehaussé d'éléments tirés d'une expérience directe de la réalité. Il est

---

111. Christus + Möge + Beschützen.
112. Voir aussi Norbert GABRIEL, *Op. cit.*, p. 63.

ainsi relativement aisé de localiser avec précision dans le village natal de l'auteur différents épisodes des ***Frelons*** (113) : cinéma, arrêt de bus, église ; mais, dans ce premier roman, la place prise par l'expérience subjective de la réalité, par l'imaginaire est prépondérante. Elle est particulièrement sensible dans tout ce qui contribue à l'évocation de l'isolement. L'auteur y présente un habitat excessivement dispersé (114), des distances importantes entre les lieux, des gorges profondes et des forêts obscures qui contrastent singulièrement avec le paysage relativement ouvert et peu austère des alentours de Griffen. Les pitons rocheux, la forêt ne sont pas, il est vrai, très éloignés, mais ils ne confèrent pas à l'environnement le caractère sinistre et étouffant que reflètent ***Les frelons***. Le monde extérieur décrit dans ***Les frelons*** est la projection d'un monde intérieur marqué par la peur, la solitude et la démesure des souvenirs de l'enfance.

Plusieurs passages de ***La courte lettre*** (écrite au cours de l'été et de l'automne 1971) se rapportent à la jeunesse du narrateur à la campagne et fournissent un complément fructueux d'information qui en dit long sur les relations que celui-ci entretenait avec la nature (kB, 50-51). La nature est la propriété des autres ; on y travaille dur et on y souffre des interdits ; elle n'est pas un refuge, mais un espace où l'on éprouve malaise et terreurs ! L'image du sous-bois obscur qui s'impose soudain au narrateur assis dans un snack-bar américain et qui est associée à l'effroi et à l'idée de la mort, en témoigne (kB, 20). En outre, la monotonie des jours et la pauvreté des expériences sont soulignées à plusieurs reprises. D'abord le narrateur, critiquant sa prose antérieure, y détecte

---

113. Voir à ce propos l'article de Hans WIDRICH, ***Die Hornissen - auch ein Mosaik aus Unterkärnten***, in : ***Peter HANDKE***, herausgegeben von Raimund FELLINGER, st 2004, Frankfurt/Main, 1985, p. 25-35.

114. Il ne fait pas de doute que le nom de certains villages de la région contribue à donner cette impression, ainsi : Einöd, Bösenort. Mais on peut également rapprocher ce parti pris d'une remarque de l'essai autobiographique ***1957***, figurant sous la rubrique ***Die Geographie***, in : ***Ich bin ein Bewohner des Elfenbeinturms***, *Op. cit.*, p. 12, où l'on peut lire : "Wenig besiedelte Gebiete waren auf den Karten fast weiB eingezeichnet : dort wollte ich sein ".
"Les zones faiblement peuplées étaient laissées presqu'en blanc sur les cartes : c'est là que je voulais être".

l'origine de sa tendance à morceller, à décrire avec précision les moindres faits et gestes et à leur accorder une importance exagérée (kB, 35). Plus tard, la vue du calendrier autrichien accroché dans la cabane du frère, bûcheron dans le grand nord américain, lui rappelle l'impatience avec laquelle était attendue la visite annuelle de l'assureur, porteur d'une immense richesse : l'image nouvelle (kB, 175-176) (115).

Le dépouillement absolu, le vide d'une existence, dont les seules manifestations de vie sont la souffrance et l'effroi, permettent de mieux cerner le monde intérieur, miroir déformant de la réalité extérieure qui apparaît dans *Les frelons*.

Les relations complexes entretenues entre réalité extérieure et réalité intérieure peuvent être déchiffrées grâce au récit légèrement antérieur au ***Malheur indifférent*** , ***La courte lettre pour un long adieu***. Avant même le suicide de la mère, le procédé de schématisation trouve sa justification psychologique. Le cadre de vie, géographique et social, est réfléchi par une subjectivité, une sensibilité et un système sensoriel fortement modelés par les contraintes qui en émanent, de sorte que l'image renvoyée dans l'oeuvre est à la fois sélective et grossissante.

LA RESISTANCE AU MONDE EXTERIEUR

La confrontation entre le monde donné, perçu par le regard de l'étranger, et le monde vécu, décrit dans les premières oeuvres en prose, peut encore s'enrichir d'un apport supplémentaire. En effet, la transcription poétique de la réalité environnante ne doit pas être vue comme un simple reflet, elle exprime constamment un violent mouvement de réaction d'une subjectivité qui refuse le risque de l'anéantissement et de la dissolution. Un éclairage nouveau sur la dynamique de rejet par rapport au cadre où "se sont produites", et non pas "déroulées", l'enfance et l'adolescence de l'écrivain, est donné par

---

115. La pauvreté en images du monde de l'enfance est notée à plusieurs reprises : ***Das Ende des Flanierens***, *Op.cit.*, p. 16 et ***Die Lehre der Sainte-Victoire***, *Op.cit.*, p. 16.

les propos tenus par Peter Handke au cours d'entretiens largement postérieurs. Là encore, la distance prise dans le temps et l'espace n'est pas dépourvue d'intérêt. La forme de l'entretien peut contribuer à approfondir la réflexion sur la détection des prémices de l'identité. Si l'échange verbal direct avec un interviewer n'exclut pas nécessairement la pose, il présente un aspect de relative spontanéité qui se démarque de la forme élaborée d'un discours destiné à un interlocuteur ardemment désiré, mais caractérisé par le mutisme, l'invisibilité et l'absence de regard. Les propos confiés lors d'une conversation permettent, non seulement une meilleure approche des facteurs étudiés jusqu'ici, mais surtout, ils font ressortir les partis pris et les motivations profondes masqués par le foisonnement de la prose des ***Frelons***. A l'étouffement de l'environnement géographique et social s'oppose de toute sa force le poids du monde intérieur qui, en dépit de l'emprise de l'angoisse, résiste désespérément. ***Les frelons*** livrent davantage la description d'un combat, que celle d'un écrasement (116).

En 1978, Peter Handke confiait à Nicole Casanova à propos de son pays natal (117) :

> Tout ce que l'on voit à travers les journaux et la télévision est d'une trivialité meurtrière. Les gens sont tués charnellement par la bêtise des journaux et de la télévision. Dans le milieu où je suis né, il n'y avait pas d'éducation, pas de culture. La prétendue culture, c'étaient les journaux et la radio. On était très dépendant de cela. C'était vraiment un meurtre tranquille. Cela m'a laissé du dégoût, également envers moi-même, parce que moi aussi j'étais dépendant des journaux. C'est peut-être à cause de cela que j'ai eu le désir profond de me traverser, de trouver un autre moi.

116. C'est ainsi que peut se comprendre cette phrase qui sert d'épigraphe au roman : "A la guerre tu iras, en reviendras, n'y mourras pas" (H, 5).
117. Entretien publié dans ***Les Nouvelles littéraires***, 1978, repris dans la revue ***ORACL***, *Op.cit.*, p. 23-28, ici p. 27.

Comment ne pas considérer ***Les frelons*** comme le roman du sursaut de dégoût, où le narrateur, en proie à l'angoisse et à l'obsession de se situer face aux choses et aux hommes, se réfugie dans l'observation exacerbée de ses perceptions immédiates dont sont bannis tous messages de seconde main, qu'ils soient émis par la radio, les journaux et même par les cantiques religieux de la messe dominicale. La seule authenticité reconnue est celle des signaux émis sans intermédiaire d'objet à sujet ou de sujet à sujet.

On mesure la distance parcourue par Peter Handke, sur la route de la quête de soi, entre son premier roman et ses propos publiés en 1983, à la lecture de ces quelques lignes :

> Parfois je retourne en Carinthie. J'aime bien mon pays. Là-bas, c'est vrai, les couleurs sont l'être (118).

Rien en effet n'est plus rare dans ***Les frelons*** et ***Le malheur indifférent*** que les notations de couleurs (119). La grisaille règne en maître incontesté, le noir et le blanc dominent : couleurs de neige et de nuit, couleurs des images du rêve, couleurs de l'univers affadi d'un écrivain qui n'a pas manqué de souligner son inaptitude à discerner les couleurs (chromatopsie réelle ou feinte ?).

La mise en parallèle d'extraits de l'oeuvre de jeunesse en prose et d'affirmations ultérieures révèle à l'évidence des décalages importants, pour ne pas dire des contradictions qui soulignent les progrès faits par l'individu dans sa lutte contre l'écrasement. Ils invitent à s'interroger sur l'évolution des souvenirs, donc sur le mode de fonctionnement de la mémoire.

---

118. Entretien avec Didier GOLDSCHMIDT et Brigitte SALINO, publié dans ***Les Nouvelles littéraires***, 12-18 et 19-25 octobre 1983, repris dans la revue ***ORACL***, *Op.cit.*, p. 33-48, ici : p. 36.
119. Christoph BARTMANN, *Op.cit.*, p. 68. L'utilisation de verbes traduisant l'éclat, la brillance et la lumière (d'intensités diverses) est par contre fréquente, *Ibid*, p. 157, note 132.

EXPERIENCE VECUE ET MEMOIRE

La phrase lapidaire, sur laquelle se termine ***Le malheur indifférent*** :

> Später werde ich über das alles Genaueres schreiben (WU, 105) (120),

a suscité bien des commentaires (121). Elle peut être rapprochée des remarques formulées par Gaston Bachelard (122), relatives à la fixation et au rappel du souvenir :

> Le souvenir est un ouvrage souvent difficile, ce n'est pas une donnée. Ce n'est pas un bien disponible. On ne peut le réaliser qu'à partir d'une intention présente.

Puis, citant Pierre Janet :

> Le problème de la remémoration est avant tout un problème de déclenchement et de stimulation. Pourquoi donc notre individu qui a différé l'acte, va-t-il cesser de le différer ? Le mérite et le miracle de la mémoire, c'est d'avoir construit un acte qui se déclenche à propos de quelque chose qui n'est pas précis, qui n'est pas encore arrivé. C'est une préparation à obéir à un autre signal que les signaux ordinaires. C'est un engrenage qui attend son déclic d'une coïncidence future.

Cette réflexion éclaire singulièrement les décalages, voire les divergences constatés dans les représentations de la jeunesse, et confirme l'hypothèse avancée précédemment. Se sou-

---

120. "Plus tard j'écrirai sur tout cela en étant plus précis" (WU, 122).
121. Walter WEISS, ***Peter HANDKE 'Wunschloses Unglück' oder Formalismus oder Realismus in der Literatur der Gegenwart***, in : ***Austriaca***, Festschrift für Heinz POLITZER zum 65. Geburtstag, Tübingen, 1975, p. 442-459, ici, p. 448.
Rolf Günter RENNER, ***Peter HANDKE***, Sammlung Metzler, Bd.218, Stuttgart, 1985, p. 93.
Volker BOHN, *Op. cit.*, p. 377-379.
122. Gaston BACHELARD, ***La Dialectique de la Durée***, PUF, Bibliothèque de philosophie contemporaine, Paris, [2]1963, p. 50-51.

venir, faire le récit des peurs, de la souffrance, de l'écrasement de l'enfance et de l'adolescence, est le signe d'une résistance naissante de l'individu aux facteurs d'oppression ; c'est la mise en marche d'un processus lent et hasardeux de conquête de l'identité. Il est inutile de s'attarder sur les circonstances qui ont conduit au récit sur la vie de la mère, elles sont assez claires, mais il est important de s'arrêter sur la schématisation des facteurs d'annihilation de l'individu, qui structure le récit. On peut, elle aussi, l'interprétér en se référant à l'étude de Bachelard. La schématisation est rendue nécessaire par le mode de fonctionnement de la mémoire :

> Les faits tiennent dans la mémoire grâce à des axes intellectuels... les événements ne se déposent... pas le long d'une durée comme des grains directs et naturels. Ils ont besoin d'être ordonnés dans un système artificiel - système rationnel ou social - qui leur donne un sens et une date (123).

La prise en compte par Bachelard de la dimension du futur dans le mécanisme de rappel des souvenirs est une piste fructueuse de réflexion. Un souvenir qui évolue est l'expression d'un individu en évolution. Toute la densité et la dimension existentielle du roman ***Les frelons***, matrice des oeuvres en prose ultérieures, peuvent être appréciées en fonction de ce critère (124). Une citation extraite du discours prononcé par Peter Handke lors de l'attribution du Prix Kafka en 1979 autorise à affirmer que, dès ***Les frelons***, le processus de clarification et d'affirmation de soi s'esquisse. Le combat

---

123. Gaston BACHELARD, *Op. cit.*, p. 49-50.

124. Des affirmations de Peter Handke postérieures à la tétralogie paraissent faire peu de cas de cet aspect primordial du premier roman. L'intégration totale des ***Frelons*** dans l'oeuvre de "sauvetage des choses en danger" ne saurait vraiment convaincre. Il déclare en effet : "Ce que j'ai voulu faire, c'est raconter l'histoire des gens de la région, faire aussi une description de choses qui n'existent plus à la campagne, les objets, les champs, les rivières. Tout cela est écrit sur une espèce de seuil, où, dans les campagnes, notre époque a commencé. Maintenant, vingt ans après, je ne peux presque plus me souvenir de ces objets et du cours des rivières, qui ont changé ou disparu, même les petits lacs ont disparu, et la manière dont on allait à l'église le dimanche". ***Art Press***, n° 69, avril 1983, p. 27.

s'engage ; non seulement le but est défini, mais il existe un chemin pour l'atteindre. Peter Handke déclare à propos de l'oeuvre de Kafka prise dans sa totalité :

> ... dieses zeigt die Welt als eine bösartige Übermacht, die mit dem sogenannten Lebenslauf jedes einzelnen Katz und Maus spielt, während mir Nachgeborenem die Schöpfung zuweilen doch schon wieder als eine Herausforderung erscheint, die ich vielleicht sogar auf (meine) Dauer bestehen kann (EF, 157) (125).

Le monde, "provocation" à laquelle est confronté l'individu, ne se compose pas que de paysages plus ou moins austères, de forces plus ou moins aveugles et de règles sociales rigides (126). Il est aussi fait d'expériences à visages humains qui se rapportent d'abord à l'horizon familial vers lequel il convient désormais de se tourner.

---

125. "... celle-ci présente le monde comme une force toute puissante et mauvaise, qui joue au chat et à la souris avec ce que l'on appelle le cours de la vie de chaque individu, tandis que la création m'apparaît à moi, le cadet, malgré tout parfois comme une provocation à laquelle peut-être, à la longue, peut-être même dans le temps qui est le mien, je peux faire face" (EF, 157).
126. Christoph **BARTMANN** établit une distinction entre Gewalt et Macht, *Op. cit.*, p. 26 note 3.

CHAPITRE 2

LES DONNEES FAMILIALES

2.1.LE POIDS DES EXPERIENCES DE L'ENFANCE

La période de l'enfance n'a pas fait l'objet d'un examen systématique dans les études consacrées à Peter Handke. Ce sont surtout les expériences de la peur et l'influence déterminante des années passées à l'internat de Tanzenberg (de 1954 à 1959) sur les débuts littéraires de Peter Handke, qui ont retenu l'attention. Les remarques relatives à l'enfance sont brèves et se détachent nettement de la fiction dans ***La courte lettre*** ; elles concordent parfaitement avec d'autres passages des ***Frelons***, du ***Malheur indifférent*** ou même d'entretiens ultérieurs. Il y a une coïncidence notoire entre les expériences de l'enfance et celles vécues à l'internat (1). Norbert Gabriel regroupe ces différentes observations lorsqu'il analyse l'image de l'Autriche dans l'oeuvre de Peter Handke. Il fait ressortir les grandes lignes qui façonnent la perception de l'enfant et de l'adolescent : d'abord la situation de l'individu vivant à l'écart de la diversité et de la richesse d'une réalité extérieure où il se sent étranger ; elle est symbolisée par l'anecdote du calendrier (kB, 175). Vient ensuite la coupure du monde extérieur, manifestée à l'internat par le froid et

---

1. Sur l'internat : *1957*, *Op. cit.*, BE, 11-16 ; kB, 124.

l'obscurité qui règnent dans la chapelle. Enfin, Norbert Gabriel mentionne dans ce double contexte l'omniprésence des interdits et des limites imposées par la pauvreté et la rigidité de la structure sociale. Peter Handke souligne à plusieurs reprises le sentiment de dénuement : que ce soit dans la nature où le moindre arbre fruitier était la propriété d'autrui (kB, 51), ou dans le village, où le manque d'argent interdisait l'accès aux différents biens et services (kB, 70).

Le constat de correspondances entre les expériences de l'enfance passée à la campagne, et celles vécues à Tanzenberg doit être complété. A l'internat, la perception de l'isolement et des contraintes se fait plus vive. Peut-être l'internat a-t-il la fonction d'un verre grossissant qui permet une prise de conscience plus aiguë et une analyse plus rigoureuse des données initiales? Christoph Bartmann insiste particulièrement sur le pouvoir exercé par le langage dans cette école religieuse (2). Le langage, outil de domination, sujet essentiel de la pièce *Kaspar*, et thème fondamental dans l'oeuvre de Peter Handke, a fait l'objet de minitieuses et érudites études. Il suffit de noter simplement que dans ce domaine aussi, l'écrivain ressent un sentiment de cruel dénuement : le langage appartient aux autres. Cependant un tournant s'esquisse alors dans l'existence de l'adolescent. En dépit de sa défiance à leur égard, les mots tendent à devenir par le jeu expérimental un premier mode d'évasion, et la lecture d'oeuvres littéraires laisse entrevoir la possibilité d'une libération. Une telle évolution résulte de l'insignifiance de la vie quotidienne et de la manifestation extrême de l'incommunicabilité, comme le montre Christoph Bartmann (3).

Inutile de s'arrêter longuement sur les années d'internat, puisqu'elles n'apparaissent pas dans les oeuvres de jeunesse. Il faut pourtant insister sur leur influence, dans la mesure où elles signifient le premier éloignement par rapport à l'environnement humain de l'enfance. Grâce à la distance prise et à la froide rigueur des nouvelles conditions de vie, l'internat peut être considéré comme un révélateur, comme le lieu où se sont cristallisées toutes les impressions éprouvées confusément dans l'enfance.

---

2. Christoph BARTMANN, *Op. cit.*, p. 31.
3. *Ibid.*, p. 31-33.

L'observation de la phase de l'enfance doit être approfondie, non pas tant au travers des "confidences" plus ou moins manifestes, mais en recensant les "blancs" et les "silences". La fiction littéraire, en particulier ***Les frelons***, doit être décryptée en sondant tout ce qui se rattache à la représentation de la cellule familiale.

2.2 LES DONNEES FAMILIALES : ORIENTATIONS GENERALES

Parler des données familiales, c'est mettre l'individu au premier plan, c'est le camper devant le décor étudié précédemment. Sans considérer comme les psychanalystes que les expériences de l'enfance dans le milieu familial constituent *le* facteur qui détermine tout le cours de la vie d'un individu, il est souhaitable de leur accorder une place importante.

L'oeuvre en prose du jeune Peter Handke y conduit tout naturellement et il faut bien admettre que, d'une façon générale, les premières confrontations de l'enfant avec le monde extérieur se produisent au sein de la famille. Les premiers face-à-face avec l'univers des objets et les premières rencontres avec l'autre se jouent à l'ombre protectrice ou menaçante du personnage maternel. Ils tracent des sillons profonds dans la mémoire et façonnent l'imaginaire. Par ailleurs, la relation que le jeune individu entretient avec le monde où il doit trouver sa place, dépend considérablement de la personne du père. Cependant, la lecture des ***Frelons*** invite à ne pas limiter le groupe familial aux seuls parents (ou à leurs substituts), mais à y inclure nécessairement frères et soeurs. Les thèmes indissociables de la communication et de l'identité sont, dans ***Les frelons***, étroitement liés au personnage du frère (des frères).

2.3 *LES FRELONS* : UN ROMAN

Les frelons sont délibérément présentés comme un "roman", une forme qui selon l'auteur fut choisie par nécessité (4). Pourquoi ? Cette dénomination est-elle imputable à la seule habitude de classification systématique imposée par l'éducation reçue ? Sans doute pas ! On peut imaginer que la grande liberté du genre romanesque n'est pas étrangère à ce choix mais qu'elle ne saurait le justifier totalement. Les réflexions de Marthe Robert sur le roman, genre indéfini "au caractère foisonnant, insaisissable, anarchique" (5) permettent peut-être de répondre à cette interrogation. Elle observe (6) :

> Il est certain que le roman se distingue de tous les autres genres littéraires, et peut-être de tous les autres arts, par son aptitude non pas à reproduire la réalité, comme il est reçu de le penser, mais à remuer la vie pour lui recréer sans cesse de nouvelles conditions et en redistribuer les éléments.

La démarche de Peter Handke dans ***Les frelons*** s'apparente à ce qui est décrit ici. Lorsqu'il travaille à son premier roman, il veut secouer la gangue étouffante formée par les expériences de l'enfance et de l'adolescence. Il procède à une redistribution plus féconde des cartes, y compris de celles qui sont liées au milieu familial. Là encore, il faut se tourner vers Marthe Robert qui fonde son analyse du phénomène romanesque sur un texte de Freud, ***Le roman familial des névrosés*** (7).

Le roman familial est défini par elle comme une expérience normale et universelle de la vie infantile, il ne devient pathologique que chez l'adulte qui continue d'y croire et d'y travailler. L'imagination a recours à cet expédient lorsque, en grandissant, l'enfant découvre le visage trop humain de parents jusque-là idéalisés et tenus à l'écart de toute comparaison.

---

4. Peter HANDKE, Gespräch mit H.L. Arnold, in : ***Text und Kritik***, 1976, *Op. cit.*, p. 25.
5. Marthe ROBERT, ***Roman des origines et origine du roman***, Gallimard, Collection Tel, Paris, 1976, p. 25.
6. *Ibid.*, p. 37-38.
7. *Ibid.*, p. 43-78.

Pour surmonter la déception et la crise qui menace, l'enfant, trahi et humilié, en vient par besoin, par jeu et goût du mensonge à se raconter une histoire qui est un arrangement tendancieux de la sienne. Dans ce récit fabuleux et mensonger, il se plaint, se console et se venge : ou bien il est un enfant trouvé d'origine noble, ou bien encore, prenant conscience de la différence (sexuelle) entre le père et la mère, il se complaît dans le rôle du bâtard. Privilège exclusif, la bâtardise le rend intéressant et l'élève au-dessus des autres. Il n'est pas - rappelle Marthe Robert (8) - de héros mythique ou de prophète qui n'ait pas eu une naissance anormale (obscure ou miraculeuse), ni de personnage prédestiné qui vive ses années d'enfance auprès de ses deux parents (9).

Impossible de ne pas songer aux faux couples parentaux dans le roman ***Les frelons*** et ***Le malheur indifférent.*** La coïncidence entre la fiction romanesque et le récit "autobiographique" est dans cette optique frappante, et éclaire l'observation minutieuse des personnages du père et de la mère, et le cheminement de Gregor, le narrateur du roman. Prendre comme outil de recherche la thèse de Marthe Robert, selon laquelle le roman est "l'épigone d'un genre non écrit intimement lié aux étapes de l'existence" (10) doit permettre de mesurer toute la dimension existentielle des ***Frelons.*** La désignation "roman", voulue par l'auteur, ne doit pas être sous-estimée, elle ne tient pas du hasard, elle est un signe dont toute la portée doit être appréciée.

Les frelons - trop souvent lus comme un exercice littéraire sacrifiant à une mode - doivent être reçus, non seulement comme l'expression d'une crise grave qui menace l'existence même de l'individu, mais aussi comme "l'expédient" qui assure la survie. Partageant une caractéristique du roman en général (11), ***Les frelons*** manifestent (par le thème de la cécité) le souhait de se retrancher de la réalité qui déçoit et qui blesse, mais aussi la tentative douloureuse de capter les richesses qu'elle recèle.

---

8. *Ibid.*, p. 52, note.
9. A rapprocher de la remarque de Klaus HEYDEMANN sur le motif de l'enfant abandonné et ses variantes, in : ***Jugend auf dem Land***, *Op. cit.*, p. 142-143.
10. Marthe ROBERT, *Op. cit.*, p. 68.
11. *Ibid.*, p. 66.

2.4. LE COUPLE DES PARENTS

Avant d'examiner successivement les évocations de la mère et du père dans les premières oeuvres en prose, il est nécessaire de prendre en compte la complexité de la représentation du couple des parents.

Que révèle à cet égard ***Le malheur indifférent***, récit fondé sur les éléments autobiographiques? La constellation parentale se compose en fait de quatre personnes : la mère, le père réel (le géniteur), le père nourricier (le mari de la mère) et le grand-père qui, pour la seconde génération, incarne toujours l'autorité du père (12).

Autour de la mère gravitent trois hommes : ils ont structuré sa vie et ils déterminent celle de l'enfant. Une image double accompagne le père réel. La mère l'idéalise. Il est unique dans son rôle d'amant (WU,27,28,29) et il est associé à une période où elle a cru trouver un sens à sa vie (WU,23). En tant que sous-officier de la Wehrmacht, il est à la fois le représentant d'un ailleurs et celui d'un ordre nouveau. Enfin, la brièveté de la rencontre permet de sauvegarder les couleurs d'un rêve, dont la médiocrité est entrevue par la mère elle-même (WU, 28). Le fils, quant à lui, ne retient de ce père que la petitesse, la mesquinerie, voire le ridicule ; la profession d'employé de la caisse d'épargne et le coup de soleil sur le nez, consciencieusement protégé, revêtent à coup sûr une valeur symbolique. Et si cet homme se présente comme le père (13), c'est uniquement pour se prémunir contre les interprétations malveillantes (WU, 30).

Le père nourricier est avant tout le mari de la mère ; lui aussi est étranger, et rien de profond ne l'a jamais uni à sa femme. Elle ne le choisit pas, elle est enceinte et cède aux pressions sociales : elle doit donner un père à son enfant (WU, 30). D'ailleurs, elle l'oublie vite (WU, 31) et espère que dans

12. Dans les oeuvres autobiographiques de Thomas Bernhard, compatriote de Peter Handke, un rôle primordial est accordé au grand-père, seul éducateur crédible.
Thomas BERNHARD : ***Die Ursache*** (1975), ***Der Keller*** (1976), ***Der Atem*** (1978), ***Die Kälte*** (1981), ***Ein Kind*** (1982), Residenz Verlag, Salzburg.
13. Pendant les vacances passées avec son fils à l'hôtel, où ils partagent la même chambre.

cette période troublée qui fait et défait les rencontres, il disparaîtra. Lui, il l'épouse par jeu et par veulerie (il en avait fait le pari (14) (WU, 30)), l'oublie à son tour dans la guerre, puis sans grande résistance se laisse convaincre de reprendre la vie commune. Il est alcoolique et l'image du couple que garde l'enfant est celle de l'affrontement douloureux et de la violence (WU, 57, 58 ; H, 27 - 28) (15).

Le grand-père, caractérisé par son acharnement au travail, son âpreté au gain et la rigidité de son système de valeurs hérité de la société traditionnelle, est essentiellement décrit dans ***Le malheur indifférent*** comme le père de la mère (WU, 13, 14), mais la désignation "mon grand-père" ne peut être ignorée. On découvre plus précisément les rapports étroits qui existent entre l'auteur et son grand-père à la lecture de récits, romans et déclarations ultérieurs. En particulier l'idée d'appartenance (16) est attachée à sa personne. Sa dimension de père pour la seconde génération est révélée discrètement dans les traits des "pères" de la fiction romanesque (17).

Il ressort de la biographie de l'écrivain Peter Handke une impression de fragmentation non seulement à l'intérieur du couple des parents, mais aussi et surtout dans la perception du personnage paternel, une perception qui est dominée par les notions d'absence et de faiblesse.

Le couple de la fiction littéraire, c'est-à-dire dans ***Les frelons***, témoigne lui aussi d'une complexité certaine et offre une relation inversée. Trois personnes le composent. En face de l'élément masculin fort et unique, sont campées deux femmes. L'une bien dessinée, présente, "la femme du père" en secondes noces, une étrangère (H, 273), ne fait pas oublier au narrateur

---

14. Le thème du pari, est repris fréquemment dans ***Les Frelons*** (H, 45 - 46, 135).
15. Peter HANDKE évoque le caractère déterminant de ces scènes de violence vécues dans l'enfance dans un entretien avec Christian LINDER. Elles pourraient être interprétées comme une sorte de "choc primitif" ayant eu des répercussions sur son développement psychologique et sa perception de la réalité. Christian LINDER : ***Die Ausbeutung des Bewußtseins. Gespräch mit Peter HANDKE***, in : ***Frankfurter Allgemeine Zeitung***, Nr 11, 13.1.1973.
16. Son appartenance slovène est soulignée dans ***Die Lehre der Sainte-Victoire***, Suhrkamp, Frankfurt/Main, 1980, p. 87.
17. L'influence du grand-père sur l'éducation des petits-enfants est par ailleurs soulignée prosaïquement par la soeur de l'auteur, Monika HANDKE, dans une interview publiée dans le ***Kärntner Tageszeitung*** du 23.2.1986.

l'autre, l'absente, la mère défunte qui émerge des images du souvenir très épisodiquement, mais à des moments cruciaux (18).

Un nouveau couple parental, différent, est mis en scène dans ***Le recommencement***, oeuvre de la maturité qui peut être considérée comme la réplique des ***Frelons.*** La structure dualiste le distingue des cas précédents, mais il reflète des constantes que le jeu de la fiction romanesque combine à sa guise. On y retrouve un partenaire fort et d'origine étrangère, c'est la mère, le père, quant à lui, se fait plus nuancé, plus dense.

Toutes ces remarques soulignent l'importance du couple dans l'histoire de l'écrivain, mais aussi dans sa production littéraire, et justifient s'il en était besoin la nécessité d'un examen détaillé.

2.5.L'ELEMENT FEMININ DU COUPLE

LA MERE

Avant de devenir un personnage central dans ***Le malheur indifférent***, la mère n'apparaît que dans des notations éparses qui pourtant retiennent l'attention, en raison de la nature de leur contexte.

Ainsi l'essai autobiographique, ***1957*** (19), où Peter Handke rappelle qu'adolescent, il avait fait le voeu de devenir prêtre si la mère survivait à sa nouvelle grossesse, met en relief le profond attachement qui le lie à elle et montre combien le sentiment de peur et la notion de menace émanant de l'homme sont associés à la mère.

---

18. ***Die Hornissen***, 27-28 (retour du frère noyé), 37-40 (veillée funèbre), 124-126 (introduction du thème du mensonge), 221 (en conclusion au rêve du retour du frère mourant), 243 (crise du dimanche après-midi lors du retour à la maison).
19. ***Ich bin ein Bewohner des Elfenbeinturms***, *Op. cit.*, p. 11.

La strophe intitulée *1948* du poème *Les nouvelles expériences* (20) mérite elle aussi d'être citée en introduction au thème de la mère :

In Oesterreich/
später/
"Wann ?"/
Ich weiß nicht/
"Unter welchen Umständen ?"/
Als ich einmal aufschaute/
und die Mutter erblickte/
die in einiger Entfernung/
"In welcher Entfernung?"/
In Entfernung von mir/
am Tisch stand/
und bügelte/
überkam mich/
weil ich sie dort/
ERBLICKTE/
zum ersten Mal/
SCHAM/
so daß der Abstand/
zum Tisch/
ein Schamabstand wurde. (IAI, 9) (21).

---

20. Peter HANDKE, *Die neuen Erfahrungen*, in : *Die Innenwelt der Außenwelt der Innenwelt*, edition Suhrkamp 307, Frankfurt/Main, 1969, p. 9.

21. En Autriche/
plus tard/
"Quand ?"
Je ne sais pas/
"Dans quelles circonstances ?"/
Lorsqu'un jour je levai les yeux,/
et aperçus ma mère/
qui à quelque distance/
"A quelle distance ?"/
à quelque distance de moi/
était debout près de la table/
et repassait,/
pour la première fois/
LA HONTE/
m'envahit/
parce que je l'APERÇUS/
là-bas/
de sorte que la distance/

Pour interpréter cette strophe délicate, il ne suffit pas de retenir les deux termes notés en lettres capitales qui expriment la teneur de la nouvelle expérience et sa cause, mais il faut également considérer le vis-à-vis du JE, c'est-à-dire la mère, et la distance qui sépare les deux individus. L'enfant de six ans, qui lève les yeux vers l'adulte affairée, prend subitement conscience, en dépit d'une apparente proximité spatiale, de l'existence autonome de la mère. Le sentiment de l'unité brisée s'impose à lui par la vision brutale d'une silhouette aux contours nettement découpés qui s'occupe ailleurs. Mais l'expérience première relatée ici n'est pas celle de l'effroi, comme on pourrait le supposer, mais celle de la honte. S'agit-il de la honte née de la perception de l'insignifiance du sujet, un petit enfant, par rapport à l'adulte, debout (22), ou bien s'agit-il de l'expérience plus douloureuse et plus insidieuse de l'enfant qui comprend qu'il n'est pas au centre de l'univers maternel ?

La primauté du regard qui surprend, qui coupe, qui démasque doit être soulignée et ce passage peut être rapproché de l'épisode des ***Frelons***, où le narrateur, jeune enfant accroupi sur le balcon, surprend les réactions de sa mère enceinte qui soudain s'immobilise sur le chemin (H, 243 - 244). Là aussi l'enfant est un observateur inobservé, il scrute froidement les gestes de la mère et s'interroge en vain sur le mystère qui l'auréole. Mais dans le roman, la réaction du narrateur est médiatisée. La distance qui sépare de la mère n'est plus comme dans le poème un choc physique ; à la honte brûlante s'est substituée l'interrogation qui prend les dimensions d'une vision cosmique glacée, au centre de laquelle la mère semble figée par la révélation d'un malheur.

Le regard, agent de connaissance, donc d'autonomie potentielle, est reçu dans le poème essentiellement comme un facteur de perception douloureuse. La strophe ***1948*** illustre en quelque sorte la première crise grave de l'être humain que décrivent abondamment psychologues et psychosociologues. La mère initia-

---

me séparant de la table/
devint une distance de honte. (IAI, 13) (Traduction légèrement modifiée).

22. On peut rapprocher cette expérience de celle du héros de Franz KAFKA, Georg Bendemann, dans ***Le verdict*** (***Das Urteil***), 1913 : "Mon père est encore un géant". In : ***Franz KAFKA, Erzählungen***, herausgegeben von Max BROD, 1935, S. Fischer Verlag, Frankfurt/Main, 1967, p. 59.

lement ressentie sur le mode irrationnel et fusionnel, c'est-à-dire sans que s'établisse une distinction précise entre le sujet et l'objet, devient brusquement un individu étranger. Le sentiment de confiance absolue que E.H. Erikson considère comme la pierre angulaire de toute personnalité saine (23) est ébranlé. Les impressions de déception, de séparation, d'abandon chassent le sentiment de sécurité, de confiance totale dans l'autre, et compromettent le développement de la confiance en soi.

La lecture des oeuvres de jeunesse de Peter Handke contraint cependant à nuancer ces données générales. La seule mention concernant un nourrisson dans ***Les frelons*** n'apparaît qu'à titre d'élément de comparaison dans un moment intense de crise, et exprime un état diamétralement opposé à celui de la félicité du premier âge :

> jetzt aber ergreifen ihn diese Dinge von selber und ergeben sich ihm, so daB er, wiewohl er sie überwältigt, sich ihrer wie ein neu Geborener noch nicht erwehren kann (H,241) (24).

Ce passage met en relief deux éléments fondamentaux. D'une part, il suggère la solitude du nouveau-né, qui, abandonné par sa mère, est loin du sentiment de plénitude et de plaisir fusionnel décrit précédemment. D'autre part, il montre l'angoisse qui envahit le nourrisson dont le regard précoce établit confusément une distinction entre sa présence et celle des objets qui l'agressent. De l'absence de la mère, de celle qui devrait être le garant du sentiment de confiance absolue, découle le sentiment de menace émanant de l'environnement.

Ce constat lapidaire corrobore parfaitement les observations de E.H. Erikson (25) pour lequel le sentiment de l'identité, c'est-à-dire celui "d'être en ordre", repose sur la qualité du lien unissant à la mère. La défaillance de la mère entraîne pour l'individu des troubles profonds dans sa relation au monde et aux êtres aimés.

---

23. E.H. ERIKSON, *Op. cit.*, p. 62.
24. "mais maintenant ces choses s'emparent de lui d'elles-mêmes et capitulent devant lui de sorte que, bien qu'il les maîtrise, il n'est, comme un nourrisson, pas encore à même de se défendre" (H, 209).
25. E.H. ERIKSON, *Ibid.*, p. 72.

La situation de l'individu dans le monde avant la socialisation par le langage qui est décrite dans la pièce ***Kaspar*** (26), peut, en dépit de son contexte particulier, être rapprochée de la situation du nourrisson évoquée ici. De la solitude, de la relation complexe entre soi et les objets extérieurs naissent la souffrance, une perception morcelée de la personne physique et le sentiment d'être étranger à tout. La "venue au monde" que Kaspar situe au moment de l'acquisition du langage (27) est ressentie comme une chute douloureuse que l'individu doit affronter seul. Kaspar se flatte d'avoir, grâce aux mots, réussi à vaincre l'effroi qui l'envahissait à la vue d'une armoire vide. L'armoire aux portes béantes, omniprésente sur la scène tout au long de la pièce, pourrait bien être le symbole du sein maternel dont la seule fonction a été d'expulser un corps étranger.

Dans ***Les frelons***, l'idée de la mère est étroitement associée à l'évocation de l'armoire située dans la chambre de la soeur (H, 37- 40). Pendant la veillée funèbre du frère noyé, la soeur du narrateur est seule face à l'armoire ouverte, dont elle fixe la profondeur infinie et les ténèbres. Le vertige s'empare d'elle. Pour échapper à l'engloutissement, elle s'efforce d'articuler des mots, elle referme l'armoire et s'éloigne pour se contempler dans le miroir. De l'armoire, elle a tiré les vêtements de deuil de la mère défunte et les a revêtus. Dans cette scène aussi, isolement, égarement et absence absolue de la mère sont liés. Là encore, le sein maternel n'est pas dispensateur de chaleur et de réconfort, mais il se pare des couleurs de la mort et de celles de l'abandon, suggéré par la mite qui hante cet abime déserté.

Dans ***L'angoisse du gardien de but***, Bloch observe attentivement les relations qu'entretient Hertha, son ancienne amie, avec sa fille. De courtes notations, des scènes brèves présentent une jeune enfant d'âge scolaire souvent laissée aux soins de la serveuse de l'auberge. La plupart des propos adressés par les deux femmes à l'enfant sont des invitations à s'éloigner :

---

26. Peter HANDKE, ***Kaspar***, Edition Suhrkamp 322, Frankfurt/Main, 1968, p. 66-69.

27. Jean-Marie VALENTIN, ***Reine Theatralität und dramatische Sprache***, in : ***Peter HANDKE***, herausgegeben von Raimund FELLINGER, Suhrkamp Taschenbuch 2004, Frankfurt/Main, 1985, explique que dans la pièce ***Kaspar***, la naissance de l'individu se produit au moment où il accède au domaine des mots et coïncide en fait avec une perte du Moi, p. 62.

pour aller s'essuyer les pieds et fermer la porte (AdT, 36), pour sortir chercher du bois de chauffage (AdT, 38), alors que la petite fille vient s'appuyer au dossier de la chaise où est assise sa mère en conversation avec Bloch. Il s'agit aussi de prendre le pain déposé sur l'escalier par le boulanger (AdT, 51), ou bien encore de jouer dehors pour échapper aux réflexions déplacées de Bloch (AdT, 52). En raison du manque de disponibilité de la mère, accaparée par le travail, la clientèle et les occupations personnelles, la petite fille est souvent seule : pour manger à la cuisine, pour faire ses devoirs et se distraire dans la salle de l'auberge, et pour s'endormir. Il est remarquable que l'enfant attend le retour de sa mère, avant se coucher (AdT, 75) et l'appelle dans son sommeil (AdT, 108). Même si Herta ne néglige pas à proprement parler son enfant, il ne semble pourtant pas que des liens affectifs subtils l'unissent à sa fille. Cela est particulièrement sensible dans l'épisode où Bloch perçoit un bruit de chute dans la chambre de la gérante de l'auberge. Contrairement à Bloch qui s'interroge, celle-ci ne s'inquiète pas. En fait, l'enfant est tombée dans son sommeil, elle s'est égarée et gémit. Non seulement l'intuition maternelle fait défaut à cette femme très à l'aise dans les choses de la réalité extérieure, mais aussi la chaleur consolatrice : elle place des objets dans la main de l'enfant apeurée pour l'aider à se calmer. La scène illustre sans équivoque que le sein maternel n'est pas un appui privilégié, aidant à vaincre les terreurs de l'enfance. De plus, une réflexion de Herta ne manque pas d'étonner et permet d'apprécier dans toute son ampleur le sentiment de "honte" exprimé dans le poème ***Les nouvelles expériences.*** Alors que Bloch, Herta et l'enfant se trouvent dans la cuisine dont la porte est close, Herta soucieuse de faciliter les confidences, précise à Bloch incrédule qu'ils sont bien seuls, et que l'enfant, "ça ne compte pas" (AdT,52) ! Une formulation maladroite, sans doute banale, mais qui ne peut rester sans résonance (28).

La mère du narrateur dans ***Les frelons***, la morte, n'est jamais décrite elle non plus dans une relation intime avec ses enfants. Elle n'existe que dans le souvenir visuel de Gregor et de sa soeur. Ou bien elle agonise, l'oeil fixé sur la cour de

---

28. Il est à noter que Claire, l'amie américaine du narrateur de ***La courte lettre***, explique la tendance de Henri le Vert à assister en spectateur à tout ce qui se passe, en invoquant les expériences malheureuses d'exclusion faites pendant l'enfance (kB, 98).

la ferme, ou bien elle est figée dans une réalité qui reste un mystère pour le jeune observateur, ou bien encore elle n'échappe à la disparition absolue que par quelques vêtements de deuil mités. Les regards des enfants ont convergé vers elle, mais son regard maternel est resté vide, il n'a jamais fait rayonner l'amour.

L'étude de la relation mère-fils dans ***Le malheur indifférent*** nécessite, quant à elle, une approche prudente. Les écrivains s'expriment souvent dans les oeuvres de fiction d'une façon moins voilée que dans les écrits plus proches des données autobiographiques. Au-delà de l'exposition rigide du cas, il convient de rechercher dans ***Le malheur indifférent*** les détails vécus qui révèlent, presque à leur insu, les traces laissées par l'expérience de la relation mère-fils dans la mémoire et l'imaginaire de l'auteur.

La mère du narrateur est le type même de la mère de famille dont le souci premier est de satisfaire les besoins élémentaires des enfants. Les anecdotes éparses de la fin du récit (WU,101,102), quelques réflexions rapportées ici et là au discours direct (WU,59,66) la présentent comme la mère nourricière, consciente de ses devoirs. Uniquement dans des situations d'extrême détresse, après une scène violente avec son mari ou quelques semaines avant sa mort, elle ne pourvoit pas à l'alimentation des enfants (WU,57,78,79). Mais il est frappant de constater qu'en dehors de l'exercice exemplaire de cette fonction, très peu d'éléments du récit expriment la tendresse maternelle. Elle est révélée discrètement par la barre de chocolat ramenée du cinéma (WU, 56), ou par quelques mots d'encouragement adressés aux enfants (WU, 35). Les seules effusions mentionnées se rapportent à la petite enfance (WU,31), mais leur intensité est telle que le bébé se met à pleurer, et le contexte tragique de la guerre et des deuils conduit à penser qu'il s'agit davantage d'une quête de réconfort de la part de la mère que d'une marque d'affection éperdue prodiguée au petit enfant (29). Il faut attendre les notations brèves de la fin du récit pour relever un signe d'échange intime entre le narrateur et sa mère :

---

29. Pour Keuschnig aussi, l'effusion marque l'absence d'attention réelle portée à l'enfant et traduit la détresse personnelle (SwE, 117).

> Sie drückte mir dort einmal lange die Hand (WU,101) (30).

Les souvenirs d'enfance égrenés dans le récit font ressortir d'autres caractéristiques dans la perception que l'enfant a eu des liens l'unissant à la mère. Dans bien des cas rien ne distingue la relation qu'entretient la mère avec le monde des objets et celle qui existe entre elle et son mari, entre elle et ses enfants. On imagine aisément les répercussions d'une telle expérience sur le développement de l'enfant. Le style distancié ne peut masquer totalement ce qu'il doit en coûter au narrateur lorsqu'il décrit la vie difficile de la jeune femme dans le Berlin de l'après-guerre :

> ...und lernte auch selber das Einteilen, an Leuten und Gegenständen, obwohl daran kaum etwas zu lernen war : die Leute, nicht ansprechbarer Ehemann und noch nicht ansprechbare Kinder, zählten kaum, und die Gegenstände standen ohnehin fast nur in den allerkleinsten Einheiten zur Verfügung - so muBte sie kleinlich und haushälterisch werden... (WU, 36 - 37) (31).

Le même motif, repris quelques pages plus loin montre la trace profonde laissée dans la mémoire du narrateur par ce sentiment de relative inexistence par rapport à la mère. Il étaie l'hypothèse avancée lors de l'interprétation de la strophe ***1948*** du poème, ***Les nouvelles expériences*** :

> ...aber schon schleppte man sich durch das Zimmer, vom Mann zum Kind, vom Kind zum Mann, von einer Sache zur andern (WU, 43) (32).

La mère traite de la même façon les enfants et le mari, dont elle se sent profondément étrangère ; c'est du moins ce

---

30. "Là-bas (à l'hôpital), un jour, elle me pressa longuement la main" (WU, 117 - 118).
31. "... et apprit elle-même le partage, avec les personnes, avec les objets, et pourtant ce partage ne lui apportait pas grand-chose : les personnes, un mari à qui on ne pouvait pas parler et des enfants à qui on ne pouvait pas encore parler, ne comptaient guère, les objets n'étaient disponibles que par unités minimes - et elle eut à devenir mesquine et économe" (WU, 44).
32. "... mais déjà on se traînait à travers la pièce, du mari à l'enfant, de l'enfant au mari, d'une chose à l'autre" (WU, 51).

que le narrateur ne peut s'empêcher de remarquer. Un éclat de rire moqueur anéantit les rêves confiés par l'adulte et les désirs avoués par les petits (WU,49,50). De même, vers la fin de sa vie, prodigue-t-elle à tous, indistinctement, la même indulgence acquise à la lecture d'oeuvres littéraires.

Il en résulte épisodiquement, aux heures de crise, d'une façon logique mais aussi paradoxale à bien des égards, une conjuration momentanée de haine à l'encontre de la mère. Alors que meurtrie dans son corps et blessée dans sa dignité, elle est inabordable, elle devient aux yeux des siens "la sorcière" (WU,57).

L'image de "la mère mauvaise", telle que la définissent les psychosociologues (33) s'impose alors au narrateur dans toute sa démesure et sa puissance magique. De "la mère bonne" image complémentaire à laquelle sont associées dans la perception de l'enfant les notions de plaisir et de fusion, il ne subsiste rien dans le récit. Le seul appui que la mère soit susceptible de proposer à l'enfant est une vieille cicatrice au doigt à laquelle il s'accroche en promenade (WU, 36). Les rares souvenirs d'enfance présentent la mère comme "l'éternelle perdante" (WU, 43), celle qui est battue, celle qui sanglote brièvement dans les toilettes.

Une accumulation de mots exprimant la peur, la terreur, l'effroi, l'angoisse viennent encore sous la plume de l'écrivain lorsqu'il parle du suicide de sa mère (WU, 47 - 48) ; pourtant, un tournant s'esquisse nettement dans les relations mère-fils lorsqu'il atteint l'âge adulte.

Il n'est peut-être pas exagéré de parler d'un renversement du lien biologique. D'abord le fils devient en quelque sorte "le nourricier" ; non seulement il assure une relative émancipation matérielle à la mère en lui offrant par exemple une voiture d'occasion, mais surtout il lui fait découvrir la littérature. La lecture commune de romans réalistes rend possible les échanges verbaux et fait naître une intimité croissante : le fils découvre alors dans la mère un être vivant. Néanmoins, il est trop tard pour qu'un changement décisif intervienne dans leurs rapports. Par deux fois, le fils s'éloigne de la mère à des moments cruciaux. Déjà, quand le dernier été il la découvre

33. Gérard MENDEL, ***54 millions d'individus sans appartenance***, *Op. cit.*, p. 62 et 90-91, note 4.

sur le lit, décomposée par la souffrance, il quitte précipitamment la pièce "terrifié et exaspéré" par le regard de la malade qui semble voir en lui "son coeur écorché" (WU, 77 - 78). Puis quelque temps plus tard, c'est la séparation définitive après plusieurs semaines d'échanges harmonieux. Le prétexte invoqué par le narrateur - il mène depuis trop longtemps une vie indépendante - donne matière à réflexion. Alors qu'il avoue n'avoir vraiment perçu sa mère dans sa dimension vivante qu'à cette époque, il l'abandonne, négligeant la crise qu'elle traverse. Craint-il lui aussi d'être englouti dans l'océan de détresse et d'attente que reflète le regard qu'elle pose sur lui ? L'ombre diffuse de "la mère mauvaise", à la toute-puissance magique, pèse-t-elle dans la décision ? En fuyant, il prend le parti de mettre à profit l'indépendance précoce à laquelle il a dû s'accoutumer malgré lui dans l'enfance.

L'état d'âme du narrateur dans les heures qui suivent le suicide de la mère est, dans cette optique, révélateur. Pendant le voyage qui le conduit en Autriche, le sentiment de fierté s'empare de lui et il baigne dans une certaine euphorie (WU, 93 - 94). La mère a été capable, dans un geste irrévocable de refus, de donner un sens à une existence qui en paraissait dépourvue. Elle, l'éternelle perdante, n'a pas subi la crise ultime, elle a su y mettre un terme, elle a fait face à la menace de dissolution. A cette pensée, le coeur du fils se gonfle d'orgueil. Pourtant le malaise, l'effroi succèdent bien vite à l'interprétation confortable de la mort volontaire. Dès qu'il est seul en présence de la dépouille de sa mère, les sentiments du narrateur évoluent :

> Noch der tote Körper kam mir entsetzlich verlassen und liebebedürftig vor (WU,96) (34).

N'est-ce pas déjà à ce moment précis, et non au cimetière sous la neige, que surgit l'incoercible désir d'écrire quelque chose sur la mère ? L'impossible retour en arrière, le regret teinté de reproche d'avoir manqué la rencontre avec la mère sont un appel à revenir sur une oeuvre qui n'a pas été menée à bien. Mais le récit s'achève sur un constat inévitable qui apparaît en filigrane : il est vain de vouloir tisser après la

---

34. "Même ce corps mort me semblait effroyablement abandonné et avide d'amour" (WU, 111).

mort des liens qui n'ont pas eu ou qui n'ont eu que fugitivement une existence réelle.

> Sie läßt sich nicht einkapseln, bleibt unfaßlich, die Sätze stürzen in etwas Dunklem ab und liegen durcheinander auf dem Papier (WU,47) (35).

Cette remarque n'illustre pas uniquement la difficulté d'écrire sur la mère, mais témoigne avant tout de l'incommunicabilité fondamentale avec la mère qui, au-delà des apparences, peut être considérée comme le thème principal du récit ***Le malheur indifférent*** (36).

LA FEMME DU PERE

Un personnage complète celui de la mère dans ***Les frelons***, la femme du père. Le roman qui redistribue à sa guise les données familiales substitue au "mari de la mère" de l'autobiographie son pendant féminin.

La femme du père est d'abord une ménagère, elle est caractérisée par son calme, sa lenteur dans l'accomplissement des tâches quotidiennes. La fatigue se lit dans son regard vide, son visage est sans expression. Pourtant, le narrateur aveugle perçoit avant tout sa qualité de femme. Chacune de ses apparitions dans la première partie du roman est accompagnée de l'évocation de la robe, voire de son bruit (H, 72, 98, 106, 107), et le narrateur entend le "cri de sa peau" (H, 94) alors que, descendant l'escalier la robe relevée, sa main glisse sur la rampe. Immédiatement,elle est présentée comme un élément perturbateur dans la relation père-fils. Lorsqu'elle entre en scène la première fois, le père et le fils sont seuls dans la cuisine. Son arrivée est ressentie comme un dérangement (H, 72). Dans un autre chapitre, le pas de la femme dans l'escalier (H, 98) interrompt le père dans son récit. Enfin, elle vient se placer entre le père et le fils pour se rendre à l'église.

---

35. "Elle (la mère) ne se laisse pas emprisonner, reste insaisissable, les phrases culbutent dans le noir et s'enchevêtrent sur le papier" (WU, 56).
36. Wolfram MAUSER, ***Wunschloses Unglück - erwünschtes Unglück*** ? in : ***Deutschunterricht***, Jahrgang 34,5,1982, p. 73-89. L'article de W. MAUSER démontre qu'à partir d'éléments biographiques maternels, l'auteur parle de lui, de ses conflits irrésolus par l'intermédiaire d'un narrateur avec lequel il ne se confond pas.

La place de la femme du père dans l'univers familial s'inscrit dans une relation triangulaire complexe. Dans un premier temps, les échanges verbaux directs sont bannis entre la femme du père et le fils ; toute communication, même la plus banale, s'effectue par l'intermédiaire du père. Systématiquement, les questions et les réponses lui sont adressées et il les retransmet (H, 73, 92). Mais cette maîtrise absolue des rapports entre sa femme et son fils se révèle être bien fragile. En l'absence du père, la relation quotidienne se fait sur un mode naturel (H, 80 - 81). Si, à première vue, la femme est l'intruse dans les rapports triangulaires familiaux, il ne fait pas de doute que l'exclu est en réalité le père. L'aide épisodique de Gregor dans les tâches ménagères implique déjà une certaine coopération (H,160), mais les moments de crise du dimanche étalent au grand jour une véritable complicité qui s'établit aux dépends du père.

Le thème de la clé et le motif complémentaire de la canne donnent au roman ***Les frelons*** un éclairage particulier, lui confèrent toute sa dimension de "roman familial", tel que le définit Marthe Robert. L'examen détaillé des différentes phases de l'épisode de la clé le confirme.

Au départ, un fait banal. Au retour de la messe, la femme qui, en maîtresse de logis, avait fermé la porte, constate qu'elle a égaré la clé. L'impatience du père, qui se mue en véritable colère quand le fils apporte son soutien timide mais résolu aux arguments de la femme, n'impressionne nullement cette dernière. Le père est finalement contraint de recourir à la solution qu'il avait d'abord repoussée ; il ouvre la porte avec sa propre clé conservée au fond de sa poche. La violence de son courroux et le souvenir de malédiction proférée à l'égard des fils en d'autres circonstances, montre que l'enjeu de la scène dépasse le fait divers banal, et que l'homme se sent réellement menacé dans sa dignité (H, 129, 132).

Jusqu'à la sieste, la tension est extrême entre le père et le reste de la famille. Loin d'être intimidée, la femme adopte même une attitude nettement provocatrice à son égard lorsque, sans ménagement, elle le bouscule pour mettre le couvert et servir le repas. Une seconde fois il capitule, il renonce à la lecture feinte et obstinée du journal et commence à manger (H, 155). Il finit même, ne supportant plus d'être seul aves ses bruits de déglutition, par engager la conversation (H, 157). Il faut attendre le chapitre ***Le retour à la maison*** pour que le thème de la clé resurgisse (H, 251). La clé n'a pas été égarée par la femme, mais délibérément confiée au fils qui la conserve dans la poche du pantalon. Mais le fils se retient de la saisir à l'approche de la maison (H, 251). La crainte de toucher l'objet défendu est telle que la clé semble s'être dissoute d'elle-même. La poche est vide ! (H, 256). Gregor, dont le malaise est à son paroxysme rentre dans sa chambre par la porte étroite, c'est-à-dire la fenêtre ouverte. Il est évident que la clé symbolise le pouvoir et les droits du père et qu'une grande partie du roman évoque de façon à peine voilée le conflit irrésolu avec le père. Dans la version des faits proposée par le narrateur, un rôle déterminant est joué par la femme du père ; elle se fait l'alliée du fils et l'aide dans sa longue marche pour capter les pouvoirs du père. Que ce soit la femme qui propose la canne à l'aveugle avant le départ pour l'église (H, 99) et qu'elle la lui tende à la fin de l'office ne relève pas du hasard (H, 116). Elle est celle qui procure un appui au jeune homme et assure sa progression. Face à la toute-puissance démoniaque du père, illustrée par sa colère et ses paroles de malédiction, elle fait figure d'intercesseur calme et résolu.

On peut rapprocher la situation décrite dans le roman de façon imagée et l'analyse que Mendel fait du rôle du père dans ***La révolte contre le père*** (37). Toutefois, un correctif est nécessaire puisque le couple parental de la fiction romanesque est inversé par rapport aux données autobiographiques connues ; à l'absence du père se substitue celle de la mère. La même inversion se retrouve par rapport à l'étude de Mendel, ce qui ne saurait surprendre. Dans ***Les frelons*** la menace n'émane pas de la mère mais du père et la femme du père joue le rôle "libérateur" que Mendel attribue au père. Toute la densité et l'extrême complexité des données familiales sont révélées ici et le drame initial de l'écrivain se noue alors.

Mendel explique en effet (38) :

> Le pouvoir de la mère... est une toute-puissance de nature magique s'exerçant arbitrairement et sans limitation aucune sur le sujet, que ce soit dans un sens favorable ou défavorable. L'imago

---

37. G. MENDEL, *Op. cit.*, p. 95-98.
38. *Ibid.*, p. 96.

paternelle "bonne"... est celle d'un père juste, fort, libre et bienveillant. Juste, c'est-à-dire n'outrepassant pas les limites de ses droits : nul arbitraire. Fort, c'est-à-dire disposant d'un pouvoir sur les choses et les êtres, mais non la toute-puissance. Libre, essentiellement par rapport à la mère : c'est-à-dire non soumis à sa puissance.

En dépit des glissements intervenant dans les rôles des personnages, inhérents à la fiction romanesque, la situation dépeinte dans ***Les frelons*** reflète par ailleurs très fidèlement la configuration classique observée par les psychologues. Ainsi Marthe Robert (39) montre-t-elle à propos du héros de la fable du Bâtard qu'il arrive socialement par la mère, la femme disputée au père. Le thème de la clé, le motif de la canne en sont l'illustration.

Il est désormais opportun de parler simplement de "la femme" comme y engagent les chapitres ***La séduction*** (H, 168 - 174), ***Les guêpes*** (H, 175 - 179) et ***La femme*** (H, 179 - 183), relatifs à la sieste du dimanche après-midi. Ostensiblement, le narrateur établit une distinction entre le personnage de la mère et celui de la femme du père. Il ne fait guère de doute que "mère" et "femme du père" désignent les deux facettes d'un même individu. Mais Gregor s'efforce soigneusement d'éviter toute confusion, que ce soit par respect pour la mère ou par gêne devant l'inceste. Ainsi note-t-on que la belle-mère du narrateur occupe la chambre de la soeur et que les portes de l'armoire ne sont pas ouvertes quand elle s'y installe pour se reposer. Le narrateur se place donc délibérement - en apparence du moins - en dehors de la relation mère-fils. Pourtant, comme le rappelle Marthe Robert (40) qui fait allusion au conflit oedipien, le jeune homme convoite doublement la femme du père-époux, comme partenaire sexuelle et comme instrument de triomphe social. L'épisode de la sieste évoque la tentative de conquête des pouvoirs du père sur la femme.

Même si la peinture hyperréaliste du personnage féminin (H, 176) fait ressortir sa condition de ménagère et de paysanne, ce sont des éléments caractéristiques de la féminité qui

---

39. M. ROBERT, *Op. cit.*, p. 57-58.
40. *Ibid.*, p. 58.

prévalent : la séduction brutale devant l'évier (H, 173, 174), la feinte, la dissimulation (H, 176) qui cachent mal un désir ardent. La description précise de la montée irrésistible du désir à la fois imagée et teintée de réalisme excessif, est constamment relativisée par les multiples hypothèses qui l'accompagnent, et par l'introduction du souvenir d'un récit initiatique du frère. Cela laisse à penser que la montée de la fièvre amoureuse chez la femme est en fait la projection d'un délire du narrateur. Une observation minutieuse de la scène appelle plusieurs remarques.

Le narrateur a d'abord recours à une citation du roman qu'il est censé avoir lu un jour, pour exprimer les sentiments qui s'emparent de lui lorsqu'il reçoit les avances d'une femme : il est frappé de terreur (H, 174). C'est dans la fuite vers le village que Gregor trouve le salut après s'être laissé aller aux ivresses imaginaires projetées sur le vis-à-vis féminin (H, 182 - 183).

Un autre élément retient également l'attention. A l'exposition de la laideur qui caractérise la femme agitée et offerte, dont les lèvres sont gercées et sèches et dont les cheveux dégagent une odeur d'eau de vaisselle (H, 176, 177), succèdent les images de décomposition et d'agonie quand le désir atteint son paroxysme (H, 178). Les affres de la mort sont en réalité au centre de la scène. Le gouffre obscur de l'armoire, attaché à l'évocation de la mère, a cédé la place aux brûlures ardentes d'un soleil, omniprésent dans la chambre, et qui accélère les putréfactions. Le soleil, mais aussi la présence constante du bourdonnement des guêpes et la notation de leur piqûre à la fin du récit présumé du frère (H, 179), complètent ce tableau de souffrance et de mort. Le parallèle existant entre l'agonie de la guêpe (H, 139) et le lent glissement de la femme vers l'anéantissement (H, 178) mérite d'être relevé.

La guêpe :

> Sie streckt sich und betastet kribbelnd die Haut meines Fingers. Das Bein zittert. Der Leib zittert. Die Wespe wird aufgebogen. Sie hebt den Flügel zitternd zum Flug. Sie wird von innen geschüttelt. Der Schmerz oder was immer rüttelt sie arg. Sie liegt hier. Sie schränkt die Beine

über dem Leib : sie ballt und krümmt sich zusammen. (...) Sie atmet den Leib an sich. (...) Sie jammert. Sie schleudert den Leib von sich. Sie streckt sich. Sie dehnt sich und (H,139) (41)

La femme :

...(es gilt) ihr mit Bedacht zuzuschauen, wie sie mit den Ellbogen sich von den Schultern an aufstemmt, wie nicht viel daran fehlt, daB sie aufkommt, wie sie indessen kraftlos zurückfällt und über sich mit den zittrigen Fingern nach Luft schnappt, während die Fersen (...) die Decken des Bettes aufreiben, (...) wie der Leib also aufspringt (...) und noch in der Luft von einem ungestümen platzenden Beben gerüttelt wird, das auch nicht nachläBt, als der Schwarm der Wespen sirrend den Vorhang aufbuchtet, das vielmehr sich steigert und ansteigt, während der Schwarm sich dicht auf die flüssige, dunstende Haut häuft und heiB und prächtig die Stacheln ins Fleisch schlägt..." (H, 178 - 179) (42).

Le cheminement de l'imagination romanesque est rendu perceptible grâce à la référence à un récit du frère, que l'on peut identifier comme un récit de seconde main, puisque la version initiale des *Frelons*, à la différence du texte de

---

41. "Elle s'étire et tâtonne sur la peau de mes doigts en me démangeant. Sa patte tremble. Le corps tremble. La guêpe se cambre. Elle élève, tremblante, ses ailes pour voler. Elle est agitée d'un soubresaut intérieur. La douleur ou quoi que ce soit d'autre la secoue brutalement. Elle est allongée là sur le dos. Elle croise les pattes au-dessus de son corps. Elle se recroqueville et se recourbe sur elle-même...Elle semble aspirer à soi son propre corps.(...) Elle se lamente. Elle projette son corps. Elle s'étire. Elle se détend et" (H, 122)

42. "... (il s'agit...) de l'observer soigneusement lorsqu'en s'appuyant sur ses coudes elle arrive à décoller ses épaules, et il s'en faut alors de peu qu'elle ne parvienne à se dégager, bien qu'elle retombe en arrière sans force, et cherche à reprendre son souffle, ses doigts tremblant tandis que ses orteils (...) grattent le dessus de lit (...), d'observer comment son corps est agité de soubresauts (...), et comment lorsqu'il est en l'air un violent tremblement se déchaine qui le secoue sans décroître au moment où l'essaim de guêpes débouche en bourdonnant sur les rideaux, tremblement qui au contraire augmente et s'enfle tandis que l'essaim se regroupe sur la peau liquide et fumante, et enfonce parfaitement ses dards brûlants dans la chair..." (H, 156).

l'édition de poche, conclut le chapitre par la mention :

> Denn er war niemandem zugetan (H, 179) (43).

La reconstitution suivante pourrait être proposée. Par un après-midi torride, alors que chacun de son côté s'adonne à la sieste, l'imagination enfiévrée de l'aveugle, stimulée par le bourdonnement des guêpes, se débride et mêle fantasmes et souvenirs. Le résultat en est une sorte de cauchemar dont Gregor ne se purifie qu'en prenant la route du village sous le soleil de la canicule. Mais les démons ne se laissent pas exorciser si facilement et, sur la route, une autre vision cauchemardesque, composée de lambeaux de souvenirs, l'assaille. La nouvelle représentation allégorique de l'acte sexuel, écrite dans un style prophétique, exprime une fois encore la violence, la souffrance :

> Der Vogel, den ich sah, schlug mit dem Schatten, die gespreizten Blätter der Bananenschale ; wiewohl sie dort wehrlos im Staub lagen, bäumten und streckten sie sich unter den heftigen Schlägen des Schattens (H, 183 - 184) (44).

Dans ce nouveau contexte, la perspective change et traduit une gradation ; l'accent est mis sur l'agression, sur l'acharnement impitoyable et destructeur du busard-guêpier, qui déchiquette de son bec acéré et de ses serres une proie sans défense (H, 185), mais de toute façon vouée à la putréfaction, puisqu'il s'agit d'une épluchure de fruit. L'utilisation d'éléments triviaux associée à la volonté de donner à la scène une dimension symbolique fait mesurer au lecteur le dégoût qu'inspire au narrateur l'acte sexuel.

Dans le roman, des images purement négatives sont attachées à la femme. Si la menace d'engloutissement dans un néant vertigineux, c'est-à-dire la mort par inexistence, est associée au personnage de la mère, la femme, elle, n'inspire qu'effroi et répulsion ; elle aussi fait peser la menace de la mort, mais d'une mort qui désagrège, qui dégrade. Pourtant, une attente

---

43. "Car il n'était épris de personne" (H, 156).
44. "L'oiseau que je vis frappa de son ombre les pelures éparses de la peau de banane ; bien qu'elles fussent sans défense, par terre, dans la poussière, elles se dressèrent et se détendirent sous les coups violents de l'ombre" (H,161).

muette, mais lancinante est liée au personnage de la femme ; elle peut prendre la main et aider à trouver l'issue, comme elle le fait avec l'aveugle qui cherche à fuir la maison pour échapper à ses délires (H, 183) :

> Unvermutet steht sie vor ihm und führt ohne ein Wort ihn hinaus, eng an der Mauer unter dem Dachfirst entlang, fürsorglich, indem sie seine vorschnellen Schritte verlangsamt, über die knackende Stiege hinunter, durch den Flur an dem Vater vorbei, der dort drinnen zornig im Schlaf schmatzt, und durch das Haustor... (H, 183) (45).

L'impression dominante qui se dégage de l'étude consacrée à l'élément féminin du couple est celle d'une complexité extrême. La position ambiguë du narrateur dans ***Les frelons*** porte l'empreinte des expériences vécues par le fils-narrateur du récit ***Le malheur indifférent.*** Le fils a fait sienne la répulsion éprouvée par la mère de l'autobiographie à l'égard de la sexualité, mais l'essentiel n'est pas là. Le sentiment d'incommunicabilité, d'inexistence par rapport aux gens et aux choses, est indissociable des souvenirs de l'enfance concernant les relations à la mère réelle. Eternelle perdante, elle n'a pas pu transmettre une confiance qui lui faisait défaut. Pourtant, l'attente d'un appui pour partir à la conquête du monde et de soi reste fortement liée au personnage féminin. La faiblesse de la mère, restée une étrangère, n'a pas réussi à anéantir chez Peter Handke "le rêve étrange et pénétrant d'une femme" qui aime et qui comprend, et qui serait "l'avenir de l'homme", comme l'ont chanté les poètes.

---

45. "L'air de rien elle se tient devant lui et, sans un mot, le conduit hors de la pièce, le long du mur, sous le faîte du toit, attentive puisqu'elle ralentit ses pas trop rapides, elle le conduit jusqu'au bas de l'escalier qui craque, à travers le corridor, en passant devant le père qui là-bas, dans la pièce, furieux dans son sommeil, fait des bruits de bouche, elle le mène par la porte d'entrée..." (H, 160).

2.6.LE PERE

La représentation paternelle dans ***Le malheur indifférent*** ne cède rien en complexité à celle de la mère ; les images du père, du mari de la mère et du grand-père se superposent.

S'il existe une coïncidence quasi totale entre la perception qu'ont la mère et le fils du mari, leurs jugements divergent sensiblement en ce qui concerne le père du narrateur. Alors que la mère et le fils s'accordent à reconnaître la veulerie, la pitoyable faiblesse, l'alcoolisme du père nourricier et souffrent de ses accès de violence épisodiques, le narrateur prend nettement ses distances par rapport à la vision idéalisatrice de la mère à propos du père réel dont il ne fait la connaissance qu'au seuil de l'âge adulte : il le considère comme un être médiocre. Le personnage du grand-père, quant à lui, est plus schématique et concentre les caractéristiques d'un milieu, d'une mentalité, d'une époque.

En revanche, le récit se distingue du roman de jeunesse puisque, dans ***Les frelons***, la silhouette paternelle n'est pas fragmentée ; elle est dense, bien dessinée, dans des scènes de factures diverses tantôt réalistes, tantôt oniriques.

Le père, personnage central du roman, est d'abord un homme de la campagne qui mène une vie rude. Il brave la nuit et les intempéries, s'éreinte à récolter le fourrage sur des terres affermées (H, 21 - 24, 31 - 36) ; en d'autres temps, il affronte, baigné de sueur, les assauts des insectes voraces qui, sur le chemin cahoteux, harcèlent homme et bête (H, 42 - 49, 51). Ses yeux ternes sont enfoncés dans un visage usé qu'un climat contrasté et un travail harassant ont modelé (H, 51, 94 - 96). La première partie du roman offre ainsi au lecteur dans la personne du père un portrait classique et réaliste du paysan d'antan pour lequel le grand-père de l'écrivain aurait pu servir de modèle.

Comme les gens de son milieu, le père s'exprime d'une façon rudimentaire, caractérisée par les jurons et les gestes (H, 256). Cette communication souvent limitée dans le travail au regard ou au signe est communément répandue parmi les siens, et elle est notée à plusieurs reprises dans le roman (H, 22, 28, 108, 160 - 161).

Le tableau de la condition paysanne est complété par une évocation du père, villageois endimanché. Troquant ses habits de travail contre le costume, il s'intègre parfaitement dans la mise en scène dominicale et devient un homme qui observe les convenances en usage dans son groupe social. Au bras de sa femme, il échange ici et là des civilités et se montre particulièrement affable avec des dames (H, 100 - 101). Le narrateur cède ici à une utilisation facile du stéréotype. Le recours à ce style de description ne traduit pas une idéalisation hâtive du père, mais il est davantage destiné à montrer le décalage entre la réalité vécue et les apparences à sauvegarder. Cela ne saurait faire oublier la brutalité des relations qu'il entretient comme époux au sein du couple.

Quelques lignes écrites entre parenthèses manifestent la violence témoignée par le père à l'égard de sa première femme, la mère de Gregor. Les traces laissées dans la mémoire du narrateur sont telles que chaque fois que des circonstances dramatiques le plongent dans l'effroi (ici le retour du frère noyé), le souvenir d'une scène horrible de l'enfance où la mère était battue, resurgit et le paralyse (H, 27 - 28). Une violence qui n'est plus que verbale, s'exerce à l'encontre de la seconde femme quand la colère envahit l'homme vieillissant.

Ce double aspect marquant les relations conjugales trouve sa réplique dans les liens unissant le père et ses fils : d'une part, la toute-puissance paternelle et, de l'autre, les tentatives des enfants pour s'affranchir de ce pouvoir.

La paternité, Monsieur Benedikt la tient de son premier mariage qui lui a donné trois fils et une fille. On n'apprend que peu de choses sur les rapports existant entre le père et la fille. Il est permis de penser que "femme du père" et fille, bien que soumises dans le domaine des tâches domestiques, entretiennent toutes deux une certaine distance intérieure à l'égard du père. Plusieurs détails le suggèrent ; n'occupent-elles pas successivement la même chambre (H, 175)? La jeune fille - le service à table terminé - ne s'échappe-t-elle pas régulièrement dans sa chambre en attendant d'être rappelée (H, 37)? Enfin n'affirme-t-elle pas, devenue adulte, son autonomie en tenant une auberge ?

Par conséquent, la peinture du père dans ***Les frelons*** se limite essentiellement à la perspective partiale du fils-narrateur puisque les autres membres de la fratrie ont disparu dans la mort ou sur les chemins de l'errance.

De l'homme, Gregor retient les rôles qu'il assume comme paysan et villageois. Du mari, il présente des façons d'être qui structurent également son comportement de père. Les différentes scènes qui s'y rapportent peuvent être classeés selon une chronologie inversée. Les descriptions faites par Gregor adulte dans le présent du roman permettent une exploration systématique des souvenirs de l'enfance, et un examen détaillé des évocations allégoriques.

Quoique frappé de cécité, Gregor s'attache, très paradoxalement, à décrire avec précision non seulement les gestes du père mais surtout son visage. Le chapitre complet consacré au visage (H, 94 - 96) est précédé d'un tête-à-tête entre Gregor et son père dans la cuisine (H, 68 - 73).

Le retour du père, qui revient des champs, est essentiellement dépeint par les notations acoustiques, comme l'on peut s'y attendre de la part d'un aveugle. Mais le vocabulaire utilisé traduit plus une perception psychologique que réaliste : la première botte vient "claquer sourdement" contre la cloison et la seconde, qui est projetée contre le mur, "explose". Puis le père surgit dans la cuisine en soufflant bruyamment et en se dirigeant immédiatement vers le robinet pour apaiser sa soif. D'emblée, sa relation au fils est présentée sous le signe de l'eau. Il n'a pas fini de boire que déjà il s'adresse à Gregor pour l'interroger sur son emploi du temps. Le court échange verbal qui s'ensuit est mené par le père, mais le père ne s'y engage pas totalement puisqu'il est accaparé par la préparation, puis par la consommation du repas du soir. En revanche, le fils concentre toute son attention sur le père, non seulement pour le décrire, mais aussi et surtout pour soutenir une conversation reçue comme un interrogatoire. Ainsi Gregor explique-t-il qu'il regarde son interlocuteur droit dans les yeux et parle d'une voix assurée (H, 70 - 71). Par ailleurs, il reformule ses réponses ou les maintient. Les similitudes avec la représentation du gendarme donnée au début du roman sont frappantes.

Mais cette allusion au pouvoir du père est accompagnée de l'expression d'un mépris profond. Il ne se manifeste pas directement, mais au travers d'une succession de détails apparemment insignifiants; on peut citer la façon de boire du père, de s'essuyer les lèvres, de se gratter, de refermer le tiroir... Tout juge qu'il soit, le père n'en est pas moins un rustre méprisable,dont le fils a besoin de se démarquer. Le signe le plus visible de cette prise de distance est la transcription systématique des propos du père dans une langue noble, ampoulée, voire artificielle (H, 73) ! Plusieurs passages du roman renforcent cette impression, en particulier le chapitre ***Le rêve*** qui le dépeint comme un vieil homme usé, négligé, un minable aux yeux des autres.

Le visage du père souillé par la sueur, marqué par le travail pénible des champs, et agressé par les insectes, fait l'objet de deux descriptions minutieuses (H, 94 - 96, 163 - 164). Ce qui frappe dans les deux cas, c'est le reflet de la lumière sur la face du père qui se fige en raison d'une perturbation extérieure (H, 94 - 96, 163 - 164). L'interprétation de Christoph Bartmann (46) concernant les notations de brillance et d'éclat ne manque pas d'intérêt. Elles manifestent selon lui la perspective de l'artiste qui donne ainsi à l'objet décrit une dimension esthétique, ce qui, selon Georg Jappe, traduit par ailleurs l'influence de la prise de vue cinématographique, en particulier celle des effets lumineux sur les gros plans (47). Mais la pratique répétée du portrait va au-delà des remarques générales. Bien qu'en guise d'introduction ***Le visage du père*** soit présenté selon un mode stéréotypé, c'est-à-dire qu'il soit qualifié de "doux", on est frappé par la phrase qui suit immédiatement et qui se rapporte au fils :

> Mein Kopf ist seitwärts gewandt, damit er in das Ohr sprechen kann (H, 94) (48).

En effet, le narrateur profite d'un tête-à-tête au cours duquel le père lui fait le récit banal de sa matinée de travail, pour le décrire. Curieusement, le fils détourne la tête pour mieux entendre ; il sonde donc plus sa mémoire qu'il ne

---

46. Christoph BARTMANN, *Op.cit.*, p. 157, note 132.
47. Georg JAPPE, ***Ende der Avantgarde ? Nein, danke***, in : ***Merkur*** 35, 1981, p. 345-356.
48. "Ma tête est tournée de côté afin qu'il puisse me parler dans l'oreille" (H, 83).

scrute les traits du père. La bouche joue un rôle essentiel, et tous les éléments de la tête sont à son écoute. Une fois encore, l'image de l'eau est associée au père, à la bouche du père, mais elle est dénaturée par une comparaison triviale : ses paroles coulent comme de l'urine (H, 94 - 95). La bouche du père n'est pas une source féconde, messagère de vie et d'espérance.

L'atmosphère du roman incite à penser que le fils, auditeur attentif, redoute surtout que la bouche paternelle ne crache des déluges de feu, qu'elle n'écume de rage et profère des paroles de malédiction. Cette hypothèse s'appuie sur différentes remarques. On observe ainsi que le visage du père est figé lorsqu'il s'exprime et que les évocations de couleurs trahissent elles aussi une perspective bien particulière. Le visage, qui repose sur les poings relevés, est "éclairé" par eux et le simple reflet du soleil sur le mur le fait "rougoyer". Plus tard, dans l'épisode des fourmis, les pommettes luisent aussi, mais elles sont "pâles comme les maisons avant l'orage" (H, 142) (49). Par ce détail le narrateur ne jette-t-il pas le masque, et n'explique-t-il pas clairement que la relation au père est fortement empreinte de crainte, la crainte d'être anéanti par ses foudres ?

La bouche du père, qui retient toute l'attention du fils, est l'organe de la communication verbale, mais aussi un outil d'exercice du pouvoir. Pourtant, elle n'est pas le seul élément qui caractérise le type de relation existant entre Gregor et son père. Le narrateur fait aussi une expérience spatiale de la domination du père. Un simple détail d'abord fait allusion à cet aspect du père, mangeur d'espace. Ainsi, pendant son récit, étend-il ses jambes jusque sous la place qu'occupe le fils sur le banc (H, 96), mais c'est surtout dans un souvenir de la partie de cartes dominicale que cette particularité prend toute son ampleur (H, 193 - 198). En dépit d'apparences anodines, la partie de cartes prend souvent dans les oeuvres littéraires une dimension tragique (50). Les destins se nouent et se dénouent alors. La partie de cartes des ***Frelons*** n'échappe pas à la

---

49. "Die Knochen leuchten mit der fahlen Farbe der Häuser vor dem Gewitter" (H,163).

50. La nouvelle d'Arthur SCHNITZLER intitulée ***Les dernières cartes*** (***Spiel im Morgengrauen***) et la scène grandiose du jeu de cartes lors de la prise de la poste de Dantzig décrite par Günter GRASS dans ***Le Tambour*** (***Die Blechtrommel***) - pour ne citer que ces deux exemples - l'illustrent au mieux.

règle. Gregor enfant s'est endormi sous la table de jeu et, à son réveil, il découvre les barreaux de sa prison, les jambes des quatre joueurs, et il se cogne au tiroir. Pas plus à ce moment où les couverts cliquettent que plus tard, quand il frôle ostensiblement les mollets des joueurs ou envoie le tiroir dans l'estomac du père, nul ne lui accorde la moindre attention. Tous les signes destinés à manifester sa présence passent inaperçus. Quant aux diverses tentatives d'évasion, elles échouent, soit à cause de la lenteur du fils à profiter des occasions favorables, soit en raison des réactions imprévisibles du père. Toute la scène se joue à deux niveaux : sur la table le jeu banal et ses rebondissements, sous la table un véritable drame où il s'agit pour l'enfant d'affirmer son existence. Il est difficile de ne voir ici qu'un délicieux récit pittoresque comme le fait Hans Widrich dans son étude sur la valeur documentaire du roman ***Les frelons*** (51). Les tentatives de l'enfant pour sortir de son cachot souillé et renaître au monde des adultes se soldent par des échecs. Son cou est d'abord longuement enfermé dans l'étau des genoux du père qui, par la suite, n'entrave d'ailleurs pas sa régression à l'état initial de repli sur soi ; puis les mouvements désordonnés des pieds du père le privent de toute issue. Ensuite, la colère du père met un terme à une nouvelle entreprise. Une colère qui ne manque pas d'ambiguïté. Est-elle due par pure coïncidence à une péripétie du jeu ou est-elle provoquée par le geste de l'enfant qui, dans un effort pour appeler à l'aide, manipule ses pieds (H, 196)? En tout cas, le père s'irrite de voir contester son autorité de maître de maison. Enfin, dans un acte d'une violence désespérée, où la peur et la souffrance déchirent son corps, le fils tente la libération absolue en faisant trembler sur ses assises le domaine où règne le père, c'est-à-dire la table du jeu. Mais là encore, il n'est pas reconnu dans son besoin d'exister et d'être libre. Un simple cliquetis de la monnaie répond à la révolte ultime, dépeinte comme une oeuvre de Titan qui s'achève pitoyablement dans l'indifférence générale. Dans cette scène cauchemardesque, le père a les traits d'un tyran qui étouffe le fils dans ses besoins vitaux, et même lui refuse la venue au monde (52).

---

51. Hans WIDRICH, ***Die Hornissen - auch ein Mosaik aus Unterkärnten***, in : ***Peter HANDKE***, herausgegeben von Raimund FELLINGER, *Op. cit.*, p. 35.
52. Cette appropriation originale de l'image mythologique de la révolte des Titans se lançant à l'assaut de l'Olympe, est un excellent exemple de l'écriture de Peter Handke, caractérisée par le phénomène d'intertextualité.

Cependant le roman révèle parfois, d'une façon discrète, la présence de sentiments paternels.

Monsieur Benedikt accueille en silence les nouvelles tragiques concernant ses fils. Muet, il poursuit sa route lorsque sa fille venue à sa rencontre lui apprend que Matthias s'est noyé (H, 36) ; sans prononcer un seul mot, il pénètre dans la maison accompagné de Hans le fugitif et de Gregor qui vient de perdre la vue (H, 258). Pourtant cette rudesse ne peut être interprétée comme un signe d'indifférence résignée. Il arrive que le père se laisse aller à parler de lui, mais uniquement dans des circonstances bien particulières qui font tomber les conventions et les barrières entre les individus, c'est-à-dire quand il est ivre (53). Les propos qu'il tient en ces instants privilégiés de confidence n'ont plus rien de commun avec les récits stéréotypés évoqués précédemment. Lorsque l'alcool lui délie la langue, il parle de ses sentiments à sa façon de paysan. Ainsi montre-t-il sa douleur lorsqu'il a aperçu le convoi militaire qui amène le fils blessé, en décrivant les manifestations physiques qu'elle provoque à la gorge et à l'estomac (H, 256). Signe suprême du désespoir, il se met à mordre une poignée de neige. Sa vive souffrance ne peut rester cachée et elle s'exprime aussi, comme le rapporte le narrateur, dans le cri sauvage que l'homme écorché lance au cheval qui urine alors bruyamment et longuement dans l'écurie. Quelques secondes d'abandon dont l'homme ne tarde pas à avoir honte ; bien vite il se ressaisit et s'enferme dans le silence (H, 257 - 258).

Sans l'ivresse, l'amour paternel resterait insoupçonné et seul l'absolutisme des pouvoirs serait perçu. Même le récit des rêves devient possible dans ces moments où l'homme se libère de ses entraves. L'affection toute particulière vouée à Matthias apparaît dans une scène banale de jeux de garçons vécue en rêve par le père, quelques jours avant l'accident mortel. Des trois, c'est Matt qui urine le plus loin et qui est le vainqueur. La nécessité qu'éprouve le père de raconter le rêve, et l'intégration par le narrateur de cette anecdote dans le roman au moment où le père apprend la mort de Matthias, souligne l'importance que revêt la chose pour Monsieur Benedikt et pour Gregor. N'est-ce pas un moyen détourné, destiné à mettre en évidence que Matthias est le fils préféré ? A la manière des

53. Le même procédé a été utilisé par Bertolt BRECHT dans la pièce ***Maître Puntila et son valet Matti*** (***Herr Puntila und sein Knecht Matti***).

psychologues, il serait tentant d'interpréter la mort par noyade comme le signe d'une régression totale au stade originel et d'un effacement absolu devant le père. Comment ne pas songer à la nouvelle de Kafka ***Le verdict*** (***Das Urteil***) où Georg Bendemann se voit arbitrairement condamné par son père à la noyade ?

Les colères du père et les scènes où il maudit sa descendance pèsent lourdement sur le destin des fils. L'épisode de la perte de la clé est une transcription parfaite du conflit oedipien considéré dans l'optique du père. Se sentant menacé dans son existence même, il réduit à l'état de poussière ceux qui mettent en péril son pouvoir. Le regard fulminant du père qui, du haut de l'escalier ouvre brutalement la porte, fait surgir dans la mémoire du narrateur le souvenir de heurts violents :

> Meiner Treu, hatte sich der Mann mit gleichen Worten vor den Söhnen aufgeplustert, wir würden den heutigen Tag nicht so bald vergessen !...wir unterstünden uns, stocherte er in seinem Zorn, ihm unter die Augen zu treten ? Das werde uns noch reuen ! schürte er fort. Ihr vermaledeites Gesindel ! verkehrte er den eigenen Namen !... Ob wir wüBten, was wir seien ? fragte er. Schurken und Bösewichter ! gab er sich selber die Antwort, Tagediebe, Strauchräuber und Wegelagerer ! Nachtmahre ! widersprach er sich : Mischlinge, Bastarde !... Kein Stein, verkündete er, werde auf dem andern bleiben !... Als er hineinschritt, vernahmen die Söhne, zerhöhlt und gedehnt durch die Länge des Flurs, noch das heisere Knurren seines unendlichen Fluches. Still folgten wir dem Vater ins Haus (H, 131 - 132) (54).

---

54. "Par ma foi, l'homme s'était gonflé des mêmes mots devant ses fils, nous n'oublierions pas de sitôt ce jour-ci !... Nous osions, dit-il en attisant sa colère, nous montrer à ses yeux ? Nous allions le regretter ! continua-t-il en s'excitant. Maudite canaille ! dit-il en injuriant son propre nom... Est-ce que nous savions ce que nous étions ? demanda-t-il. Des gredins et des malandrins ! dit-il en se répondant à lui-même, fainéants, vauriens, brigands ! cauchemars ! Il continua en s'attaquant lui-même : avortons, bâtards !... Il allait nous montrer. Il n'était pas une pierre qui ne serait renversée, prophétisa-t-il... Et lorsqu'il entra, les fils perçurent encore, assourdi et atténué par la longueur du couloir, le grondement rauque de ses jurons qui n'en finissaient pas. En silence, nous suivîmes le père dans la maison" (H, 115 - 116) (Traduction partiellement modifiée).

Malgré les différents procédés de distanciation utilisés : les commentaires ironiques du narrateur par exemple, ou bien la juxtaposition d'expressions archaïques ou péjoratives et de la langue prophétique, ce n'est pas le ridicule du personnage qui frappe le lecteur, mais l'écho infini de l'anathème. Il ne se contente pas de se propager dans le long couloir de la maison familiale. Comme une boule de feu, il envahit l'imaginaire. Deux épisodes étranges du roman, quelques pages plus loin, ***L'inondation*** (H, 140 - 145) et son prolongement ***L'homme au sac marin*** (H, 145 - 148), se rattachent directement à la malédiction proférée par le père.

L'inondation présente deux enfants, Gregor l'aveugle et son frère. Cette scène déroutante revêt une importance toute particulière pour l'auteur puisqu'une version déjà très élaborée, mais légèrement différente, datée de 1963 est publiée au Residenz Verlag en 1967 (55). On y retrouve les deux enfants, dont l'un est aveugle. Le voyant, dans la première publication prend la fonction du narrateur, c'est-à-dire qu'il s'exprime à la première personne, mais la distribution des rôles reste la même. Dans les deux cas, les enfants s'entretiennent, sur la rive, d'un homme qui paraît se dresser au milieu du lit du fleuve, mais l'aspect fictif et ludique de ces histoires que les enfants aiment à inventer et à se raconter est d'abord gommé dans le roman. Ainsi le lecteur prête-t-il une attention soutenue et durable à la silhouette et aux caractéristiques de l'homme que, par un effet d'optique particulier, les deux garçons ont imaginé au milieu du fleuve. La perspective de l'enfant a, dans un premier temps, déformé les données objectives et a accordé à l'adulte une place qu'en fait il n'occupait pas ; elle a accru la distance qui les sépare (56). L'intérêt du constat augmente encore si l'on considère que l'intervalle infime, quelques mètres seulement, ne permet pas la communication. Dans les deux versions, l'homme ne perçoit

---

55. Peter HANDKE, ***Die Ueberschwemmung***, 1963 in : ***Aufforderung zum Mißtrauen***, Literatur, Bildende Kunst, Musik in Oesterreich seit 1945, herausgegeben von Otto BREICHA und Gerhard FRITSCH, Residenz Verlag, Salzburg, 1967 ; cette version diffère légèrement de celle parue dans : ***Begrüßung des Aufsichtsrats***, Suhrkamp Taschenbuch 654, 1981, p. 41. La première édition remonte à 1964, in : ***manuskripte***, 10. Heft.

56. Cette remarque peut être rapprochée de l'exclamation horrifiée de Marianne lorsqu'elle découvre la photographie que son fils vient de tirer de son polaroïd et qui la représente le regard baissé, vue d'en dessous sur un fond de ciel. "Alors, c'est ainsi que les enfants voient les adultes !" ("So sehen die Kinder also die Erwachsenen !") (lF, 108).

pas la présence des deux enfants, bien qu'en toute logique il dût les entendre ! Le tableau du roman renforce cette impression dans la mesure où Gregor précise que si leur voix atteint sa conscience, elle ne se distingue en rien du bruit que fait le remous de l'eau autour d'une branche (H, 140). Les enfants ont ainsi le net sentiment que, pour l'adulte, ils font partie intégrante du monde des objets. L'étude sur les relations à la mère aboutissait déjà à une conclusion analogue.

L'homme, que l'imagination des enfants a placé au milieu de l'élément liquide, fait songer au père. D'abord, les deux textes intitulés ***L'inondation*** évoquent un visage éclairé, voire scintillant dans le soleil. Ensuite, l'ombre projetée par la silhouette provoque un tel refroidissement que les enfants frissonnent. Ce contexte aussi conduit paradoxalement au personnage de la mère. Il rappelle la vision de l'enfant accroupi sur le balcon qui voit soudain la mère s'immobiliser dans un paysage glacé (H, 243 - 244). Un parallèle peut être tracé avec l'attitude figée de l'homme qui émerge à la fois de l'imaginaire des enfants et du fleuve ; son regard immobile contemple un objet inconnu autour duquel l'eau claire devient glace. En dépit de l'ardent désir du narrateur de connaître dans ces deux cas l'objet du regard de l'adulte, le mystère demeure. Gregor enfant n'appelle pas la mère, et les deux garçonnets font disparaître la silhouette masculine du champ de leur jeu de fiction avant de l'avoir rejointe pour l'interroger (H, 142). Comment mieux exprimer la froideur de l'adulte inaccessible ?

Il est remarquable que le nouvel élément imaginaire qui efface du paysage ce qui peut être reçu comme une représentation du père, correspond à une montée subite des eaux qui s'achève dans les grondements d'un cataclysme (H, 144 - 145). Le thème de la noyade lié au personnage paternel réapparaît alors. Par son attitude insolite, l'homme - juge absolu du ***Verdict*** ou magicien funeste du conte populaire ? - a attiré les enfants sur le rocher au milieu du fleuve où l'onde montante devenue flux océanique va les engloutir. Par un bond de l'imagination propre aux histoires enfantines, les deux prisonniers des flots se transforment momentanément en deux minuscules fourmis menacées sur un caillou du torrent, pour redevenir bientôt deux enfants sinistrés observés d'avion. La combinaison savante d'éléments ludiques et réalistes ne doit pas faire oublier que la scène se termine sur des images de mort, de décomposition à l'échelle du monde. Le garçon qui, fasciné par la vue d'un cadavre de porc dérivant à la surface de l'eau au milieu des débris de maisons, lèche le sang qui suinte de son nez, est l'incarnation insoutenable du tragique de l'existence de l'enfant. Il est le spectateur muet d'un monde cauchemardesque qu'il ne comprend pas et où éléments humains et objets le blessent et l'entraînent vers des abîmes insondables.

L'épisode (H, 145 - 148) qui, après une brève transition, fait suite à ***L'inondation***, ne met plus en scène qu'un seul personnage, ***L'homme au sac marin,*** Hans, le voyageur, le frère du narrateur. Toute la séquence, purement imaginaire, prend appui sur un détail objectif : les vibrations de l'air qui, dans la torpeur de midi, font songer à une eau frémissante, à l'eau frémissante du chaudron où se prépare le repas dominical. La marche du frère sous le soleil de la canicule devient le symbole de la condition humaine. Porté par un flot bouillant, et calciné par le soleil, l'homme errant est condamné à poursuivre son voyage en subissant les épreuves du feu et de l'eau qui l'anéantissent impitoyablement. Sa dernière protection, les images du souvenir se muent par fusion en aveuglement (H, 147) et son cerveau est dévoré par les flammes. La chute du tableau est aussi inattendue que brutale :

> Mit dem Schatten schrumpfen auch die Gedanken zusammen. Das letzte Sprichwort hat der Vater auf dem Weg durch den Flur in seine Flüche gemischt (H,148) (57).

L'intervention surprenante du personnage paternel dans la conclusion invite à considérer la scène comme l'évocation imagée d'un supplice infligé par le père, divinité toute-puissante et ombrageuse. Il punit le fils qui a choisi d'échapper à sa domination en cherchant sa voie sur les routes du vaste monde.

Jamais dans le roman, le père n'est un soutien auquel les fils peuvent avoir recours dans les situations extrêmes. ***Le rêve*** (H, 218 - 221) décrit un homme hébété par l'âge et le sommeil qui, ne se distinguant en rien du cercle des spectateurs indifférents constitués par les voisins, reste sourd aux appels à l'aide du narrateur. Gregor l'exhorte en vain à venir porter

57. "En même temps que les ombres, les pensées rétrécissent. En rentrant dans le corridor, le père a mêlé le proverbe à ses jurons" (H, 130).

secours au fils "prodigue" qui, de retour, agonise dans le hangar (58). L'image du père est à nouveau associée à une expérience de la souffrance, d'une souffrance qui se dilate à l'infini et qui fait percevoir au narrateur "la plainte inextinguible et incessante" des choses (H, 193) (59).

La colère, la rancoeur contre le géniteur font naître cet instant de révolte et surgir le rêve de l'absence du père, de son impuissance, de son incapacité à se mettre debout et à marcher à la rencontre de l'autre. Cependant la représentation dominante du père reste celle du dieu lointain et vengeur, qui n'est pas sans rappeler les images bibliques attachées à Dieu le Père.

Maints éléments soulignent la parenté étroite entre la mise en scène romanesque du personnage paternel et le Dieu de l'Ancien Testament. De la nuée lumineuse, signe de la présence de Yahvé, le narrateur des ***Frelons*** n'a retenu que l'ombre qu'elle projette sur les créatures humaines dans le Nouveau Testament. L'évangéliste Luc en particulier la mentionne lors de l'Annonciation et de la Transfiguration (60), c'est-à-dire quand Dieu donne vie (humaine) à son fils, quand il affirme sa paternité et confirme publiquement la mission de Jésus. Utilisant un procédé déjà mentionné, l'image est intégrée dans un contexte qui la dénature. La nuée lumineuse s'est muée en une ombre épaisse et funeste. Si la menace n'est que suggérée dans ***L'inondation*** où l'ombre de l'homme s'interpose entre le soleil et les enfants et les fait frissonner, l'ombre projetée sur la façade de la ferme dans ***Le retour*** (H, 252 - 255) prend les allures du cauchemar. Dans une séquence grandiose, dessinée par un regard de cinéaste, le narrateur décrit un face-à-face particulier dans la nuit. Dans la maison, c'est la veillée funèbre, le père rentre du village où il a bu ; du chemin, il découvre à la faveur des phares du véhicule militaire qui ramène le fils blessé, la silhouette de Hans qui, après deux jours de fugue, balaie la neige dans la cour. D'emblée, le narrateur, déjà aveugle, précise qu'il s'agit d'une reconstitution imaginaire de la rencontre. Elle allie des interrogations psychologiques à de froides remarques techniques concernant l'éclairage

---

58. Peut-être faut-il voir ici une allusion à la vie de saint Alexis qui, selon la légende, passa les dix dernières années de sa vie comme mendiant, sous l'escalier de la maison paternelle, sans être reconnu par les siens.
59. "... der unausrottbare, unaufhörliche Jammer dieser Dinge..." (H,221).
60. Luc,1,35, et 9,34.

ou ce que l'on peut considérer comme la mise au point de l'objectif d'une caméra. Les éléments réalistes du départ - des phares éclairant le mur d'une maison, dans l'intervalle un arbre, un homme et un enfant - prennent avec l'intensité lumineuse croissante une dimension symbolique saisissante ; la projection diffuse des branches de l'arbre se transforme en une gigantesque toile d'araignée sur le fond de laquelle surgit l'image de l'homme, tandis que l'ombre de Hans debout devant le mur se rétrécit en tremblant jusqu'à être dévorée par la lumière. L'enfant reste là, écrasé contre le mur, privé d'ombre. Les questions qui agitent le narrateur témoignent de la portée symbolique du fragment. Hans, ébloui, ne peut reconnaître le père, alors que le père prétend avoir immédiatement identifié son fils. Par ailleurs, une distance tellement infranchissable semble les séparer, que le narrateur ne peut imaginer la rencontre de leurs regards, et malgré son émotion, le père est incapable de communiquer de quelque façon que ce soit avec lui. Cette vision originale stigmatise là encore l'impossible échange avec le père et sa domination écrasante.

Dans *Les frelons*, le personnage paternel résulte d'un savant assemblage de stéréotypes. L'idée conventionnelle du paysan fruste et laborieux, chef de famille redouté, s'habille de représentations nourries elles aussi de la tradition, qu'elle soit littéraire, mythologique ou biblique. L'expérience du manque de contact avec le père se traduit à deux niveaux. D'une part, elle est illustrée sur le plan des personnages de la fiction romanesque, et d'autre part elle se manifeste sensiblement dans la relation qu'entretient l'écrivain-narrateur avec la réalité paternelle en général. L'association à la figure paternelle d'éléments relatifs au contexte maternel a déjà été soulignée. Le constat peut être étendu, et prenant appui sur les données autobiographiques, on peut avancer l'hypothèse que l'expérience de vie avec la mère, seul membre du couple parental qui accompagne l'écrivain de la petite enfance à l'adolescence, façonne durablement non seulement les rapports à un père fictif, mais aussi à l'autre. Les impressions ressenties avec la mère modèlent celles éprouvées en présence des adultes en général. A ce propos, on peut rappeler le sentiment d'inexistence de l'enfant vis-à-vis des adultes inaccessibles, lié au thème fondamental de l'incommunicabilité. Faute d'expérience directe du père, Peter Handke s'approprie celles transmises par la tradition littéraire et les transforme en visions personnelles impressionnantes.

Mais ni la mère, ni la littérature ne déterminent en fin de compte la représentation paternelle. A l'arrière-plan se profile le Dieu de l'Ancien Testament, le Père à dimension cosmique. Maints détails étayant cette thèse ont déjà été relevés. Ils doivent être complétés. La coïncidence quasi parfaite entre la peinture des colères du père, de son visage et les prophéties d'Isaïe, pour ne citer qu'un exemple, est frappante :

> Ses lèvres débordent de fureur, sa langue est comme un feu dévorant. Son souffle est comme un torrent débordant. (Isaïe, 8, 7).

L'alliance du feu et de l'eau, constante dans la fiction romanesque, reflète un leitmotiv des Psaumes, où les eaux symbolisent toujours des périls mortels pour ceux qui se détournent de Dieu ou qui l'affrontent. Peut-être pourrait-on voir dans le Psaume 18, ***Te Deum royal*** de David, où se mêlent les motifs des flots, de l'appel, du tremblement de terre et du feu, un point de départ possible de l'épisode de ***L'inondation*** ; le Psaume 69, ***Lamentations***, ne manque pas quant à lui de similitudes avec la scène de ***L'homme au sac marin***. L'intérêt de ce rapprochement avec les métaphores des Psaumes dépasse le cadre anecdotique. Il permet un approfondissement de la réflexion concernant le personnage du père. Si les Psaumes expriment souvent la fureur de Dieu et sa toute-puissance, ils sont souvent des appels angoissés, des cris que l'homme en détresse fait monter vers Dieu pour implorer aide et délivrance (61).

Si l'on retient cette hypothèse, ***Les frelons*** ne doivent pas être lus comme un roman de la révolte contre le père, mais au contraire comme un roman écrit pour bannir l'absence du père imposée par la mère, ou par le destin. Conventions, stéréotypes et traditions ne sont là que pour masquer un vide béant. A la souffrance lancinante du manque répondent les scènes fantasmatiques. Une longue attente, un appel nostalgique et infini du père résonnent au fil des pages de ce premier roman de jeunesse qui, prenant appui sur une expérience personnelle, aborde avec originalité l'un des thèmes majeurs des écrivains autrichiens de la génération de Peter Handke, la recherche du père (62).

---

61. Les psaumes 42 & 88 peuvent être cités dans ce contexte.
62. Si pour Thomas Bernhard l'absence du père est aussi une donnée autobiographique qui est source d'angoisse et d'interrogation (cf. ***Le froid***, ***Die Kälte***, Rezidenz Verlag, Salzburg, 1981) on ne peut ignorer que la question

2.7. LES FRERES.

L'examen du couple des parents a mis en relief la situation douloureuse de l'enfant dans le monde des adultes. Un sentiment d'inexistence, un constat d'incommunicabilité s'en dégagent. Cela établi, on comprend aisément l'importance que revêtent les relations avec les frères, compagnons d'expérience.

Le roman s'ouvre sur des propos tenus par le frère, et s'achève sur une vision de ce dernier, s'éloignant sur un champ glacé, recouvert de neige. Ce personnage n'encadre pas seulement le roman, il en assure la cohérence. Le frère envahit l'espace, celui du souvenir, souvenirs de lecture ou souvenirs d'enfance, et celui du rêve, éveillé ou non. Il n'est pas une pensée de Gregor, pas un déplacement dans l'espace réel ou imaginaire qui ne lui soit associé.

Il doit être distingué du motif du "double" courant dans la tradition littéraire et thème favori du romantisme (63) et qui apparaît plus tardivement dans l'oeuvre de Peter Handke. Dans *Les frelons*, contrairement à la figure paternelle, le personnage du frère acquiert une dimension qui va bien au-delà d'un montage de stéréotypes, il prend la densité de l'expérience vécue.

Les axes du temps peuvent être choisis comme éléments structurant l'examen du personnage du frère. Bien qu'il soit déterminant, le souvenir occupe une place moins importante que le présent manifesté par le rêve et le fantasme. L'avenir, qui

---

brûlante de la recherche du père dépasse amplement le cadre anecdotique personnel. Elle est la conséquence de l'environnement historique et politique, elle est le signe de la dépression qui s'est emparée de la jeunesse aux lendemains de l'effondrement de 1945. Ou les pères réels avaient été emportés dans la tourmente, ou bien ils s'étaient à jamais discrédités par le soutien apporté au fascisme. La mention fugitive de la visite électorale du chancelier Kreisky dans ***Le malheur indifférent*** (WU, 88), personnalité qui a représenté pour toute une génération la figure du père retrouvé, prend dans ce contexte une signification particulière.

63. ***Le double*** est le titre d'un des contes d'E.T.A. HOFFMANN et celui d'un roman du jeune DOSTOIEVSKI. E. POE utilise ce motif dans l'une de ses ***Histoires extraordinaires*** : ***William Wilson***, et Heinrich HEINE dans le poème ***Morphine***. La littérature française retient surtout le visiteur étrange de MUSSET dans la ***Nuit de décembre***, qui est "l'hôte assidu de toutes les douleurs" et qui déclare : "Ami, je suis la solitude".

est pourtant l'enjeu du roman, n'est souvent que suggéré. Parmi les souvenirs, une distinction doit être établie entre les souvenirs de l'enfance en général, enregistrés par la mémoire dans la rubrique "passé", et le souvenir "majeur" qui ne cesse de nourrir le présent : la disparition du frère.

Le frère dans l'enfance, le complice, n'est mentionné qu'épisodiquement dans *Les frelons*. La communauté qui existe entre les enfants est essentiellement celle de la curiosité et du regard dirigé vers un animal, un oiseau (H, 184) ou un insecte, qui est observé ou torturé (H, 53 - 54) dans une froide indifférence face à la souffrance.

Les frères partagent aussi les expériences de la vie quotidienne ; mais le narrateur ne s'attarde guère que sur l'épisode du chemin de l'école qui prend les dimensions de l'aventure, avec les motifs du camion de ramassage du lait sur la grand route, et celui de la gorge qui mène à la mort.

Le jeu, qui réunit les frères, remplit une fonction précise dans le roman *Les frelons*. Il n'est jamais un passe-temps anodin, l'idée du danger et du défi l'accompagne toujours. Une seule fois, dans le chapitre *L'inondation*, il prend la forme de l'invention verbale destinée à susciter ces frissons de peur à la fois délicieuse et horrible qu'affectionnent les enfants (H, 140 - 145). Le plus souvent, le jeu naît de la provocation.

Ainsi en est-il de l'histoire *Le nid de guêpes*, récit à deux voix, (H, 135 - 139) greffé sur un souvenir de lecture. Gregor et Hans relatent la périlleuse entreprise qui consiste à décrocher du haut d'une échelle un nid de guêpes fixé au toit du hangar. L'épreuve est destinée à prouver à l'autre sa témérité. Elle s'achève sans histoire puisque le nid est abandonné, mais la minutie de la description met nettement en évidence le danger encouru.

L'autre défi, le saut au-dessus du torrent dans la gorge, évoqué à la façon d'un scénario de film, s'achève par la mort de Matt (H, 45 - 47). La présentation de l'accident délibérément distanciée par le style qui parodie les films d'aventure (64) et par la phrase qui introduit le récit :

---

64. Manfred DURZAK, *Peter Handke und die deutsche Gegenwartsliteratur*, *Op. cit.*, p. 61.

> Ich beende nun aus zweiter Hand die Erzählung (H, 45) (65),

donne un relief particulier à la scène. La description pseudo-naïve des mécanismes psychologiques de la provocation invite à aller au-delà du comportement stéréotypé, et à s'interroger sur les causes de l'utilisation du cliché.

Le nid de guêpes et *L'histoire de la noyade* sont, selon toute vraisemblance, destinés à montrer le rôle joué par le frère dans l'évolution personnelle. Le récit à deux voix de l'expédition des enfants pour quérir le nid de guêpes, prend ainsi toute sa valeur. L'action téméraire n'est intéressante que dans la mesure où elle a été observée par l'autre. Cet autre, c'est le témoin de l'équipée audacieuse qui devient alors une action reconnue. Mais le regard du frère n'est pas entièrement celui de l'autre, de l'étranger. Il embrasse dans une même observation les gestes des deux acteurs. En réalité, c'est surtout l'aventure commune qui se reflète dans les yeux des enfants. Le regard de l'autre n'est pas le miroir de l'exploit individuel qui pourtant était à l'origine du jeu. Dans les deux récits le narrateur peint des gestes, des regards, des comportements. Souvent il est aisé d'en déduire des sentiments, mais à aucun moment les mouvements intérieurs ne sont saisis par les mots, décrits directement. Toute l'attention est captée par ce qui se déroule (sich ereignen) sous les yeux des acteurs. Le frère, s'il donne le sentiment d'appartenance à une communauté restreinte, celle de l'expérience et celle du regard, n'est pas cet autre désiré qui, placé à une distance suffisante, sait reconnaître l'individu dans son unicité.

Le frère exerce à plusieurs reprises dans les souvenirs une fonction particulière qui peut être interprétée comme une façon de suppléer une défaillance du père. Il devient le maître, l'initiateur, le guide. Le rôle de guide est montré très concrètement, d'abord dans une brève citation du roman lu jadis, relative à l'ascension d'un clocher par des frères (H, 104), ensuite dans *L'inondation* (H, 141).

Mais le frère n'est pas seulement celui sur lequel on peut s'appuyer en toute confiance, il détient aussi un certain sa-

---

65. "Je finis de raconter en m'inspirant d'un récit de seconde main" (H, 42).

voir. Les descriptions de la guêpe agonisante et de la femme qui s'abandonne (H, 139 et H, 178 - 179) témoignent de son rôle d'initiateur. Sa connaissance repose avant tout sur son aptitude à observer et sur sa capacité à interpréter les signes perçus par le regard. Ainsi dans le chapitre intitulé ***L'évier***, le frère décrit-il devant l'écoulement qui exhale des odeurs fétides, la grimace habituelle du dégoût (H, 133) dont il guette l'apparition sur le visage impassible de Gregor. Pourtant la scène illustre avant tout la complexité des relations entre Gregor et son cadet, et non des liens univoques de maître à disciple. Elle permet de marquer le passage entre deux phases distinctes dans les souvenirs de l'enfance. Au stade de la non-conscience (66), c'est-à-dire au moment où les enfants adhèrent pleinement à tout ce qui se déroule (sich ereignen), dans leurs sensations, leurs actes et leurs impressions, succède la période d'une prise de conscience, celle de l'existence d'une réalité qui échappe à l'oeil, organe privilégié de la perception du monde extérieur. Mais à ce moment-là, Gregor reprend son rôle d'aîné et affirme une supériorité. Gregor se veut différent, et pour manifester cette différence, il suscite l'interrogation et le malaise chez son interlocuteur, ici le frère (67), en adoptant une attitude de refus. Maîtrisant l'expression de son visage, il nie devant son frère médusé la perception des odeurs nauséabondes.

Cette distinction entre le narrateur et ses frères est déjà sensible dans l'écho que trouvent chez Gregor les scènes de violence entre le père et la mère. Son comportement s'oppose à la perception naïve et superficielle des frères, et il dénote chez Gregor enfant une prédominance du monde intérieur. Tandis que les frères miment les parents et échangent des coups en riant, il se paralyse et n'entend plus que le sang qui cogne dans ses veines (H, 28).

L'analyse des rapports entre le narrateur et Hans révèle les penchants contradictoires de sa personnalité. On y discerne d'une part l'envie d'affirmer le caractère unique de sa personne par le recours à la feinte et au mensonge, et d'autre part le besoin d'échapper à l'isolement et de trouver chez l'autre un appui potentiel.

---

66. Le narrateur de ***La courte lettre*** évoque cet état de pesante solitude commune à tous les enfants à propos de Bénédictine, l'enfant de Claire (kB, 103 - 104).
67. Gregor prend une attitude analogue avec sa soeur (H, 124 - 126).

Non seulement le chapitre ***Le réveil***, mais le roman tout entier, laissent à penser que le besoin du frère l'emporte chez Gregor, de ce frère, dont l'expérience sécurise et ouvre des voies nouvelles (68). A l'heure cruciale du réveil (69) où l'individu est livré à toutes les incertitudes, Gregor invoque le souvenir apaisant du frère qui savait échapper aux menaces diffuses, car il était capable de décrire ses sensations et les conjurait par le langage. Pourtant, tout porte à croire que les propos rapportés par Gregor relèvent davantage du fantasme que du souvenir, puisque le personnage du frère (***L'homme au sac marin***) est la plupart du temps caractérisé par son mutisme (H, 121 - 123) et son indifférence aux autres (H, 104), qui contrastent singulièrement avec le climat d'intimité et l'aisance verbale exprimés par les sentences qui lui sont attribuées (H, 54 - 58).

Le temps du regard naïf et scrutateur que les enfants posent ensemble sur le monde environnant est bref, il cède soudainement la place à celui de la crise que traverse l'individu quand il prend conscience de son inexistence par rapport aux choses et aux gens. De l'un à l'autre, le passage est brutal ; l'individu s'éveille un matin, démuni, sans défense, privé de tous ses repères. Il a perdu complices, témoins et interlocuteurs,les frères ont disparu. L'un a été emporté dans la non-conscience de l'enfance, l'autre, désorienté, est sur le chemin de l'errance.

La mort de Matthias, la disparition temporaire de Hans, prélude à une longue désertion, font naître Gregor à une nouvelle réalité, celle de l'abandon, de la solitude. Par un soir de novembre, plus rien ne se déroule (sich ereignen) sous les yeux curieux de l'enfant, un événement effroyable se produit, quelque chose arrive (geschehen) ; il est seul, dépossédé de son reflet ; un regard s'est éteint, un autre se dérobe. En ces heures d'angoisse, privé d'image, il n'a plus d'existence présente, il ne vit plus que dans le souvenir. La cécité, qui survient d'une façon concomitante, lui permet de s'y plonger tout entier. Mais sonder la mémoire, c'est faire une lecture sélec-

---

68. Le personnage du frère est le moteur de l'oeuvre de la maturité, ***Le recommencement***.
69. On ne peut s'empêcher d'évoquer les personnages de Franz KAFKA qui, au réveil, sont livrés à des forces obscures dans ***Préparatifs de noces à la campagne*** (***Hochzeitsvorbereitungen auf dem Land***) et ***La métamorphose*** (***Die Verwandlung***).

tive du passé, c'est partir à la recherche de son histoire, c'est en mettre au jour les fondements...

Les frelons s'ouvrent sur une image du narrateur. Il est assis au réveil, dans sa chambre, au bord du lit, les yeux rivés sur le feu.Dans la nuit de novembre, la neige tombe (70). Ses deux frères ont disparu, la guerre ne l'a pas encore privé de la vue, mais il a déjà "le regard de l'aveugle" (H, 9, 11). C'est du moins ainsi qu'il se reflète dans les yeux et les propos ultérieurs de Hans qui, alors juché sur le tas de bois (71), l'observe avidement au travers des carreaux de la fenêtre close. Deux points importants de cette scène méritent d'être relevés. D'abord, le thème de l'image brouillée du frère perçue dans le miroir particulier que forment les vitres de la fenêtre et, ensuite, celui de la communication difficile.

Dès les premières pages, le roman présente la difficulté des échanges entre Gregor et son frère. Gregor enfermé dans sa chambre, le dos tourné à la fenêtre, se révèle incapable de capter la tension extrême et l'angoisse mortelle de Hans qui, à la recherche de Matthias, émerge du monde extérieur, le visage collé à la vitre. Il reste sourd à son appel discret et pressant et fait preuve d'un aveuglement incroyable lorsque, ne pouvant discerner Hans à travers les carreaux, il suit ses sens engourdis par la douleur et le sommeil et s'achemine vers la porte, s'enfonçant à l'intérieur de la maison à la poursuite de rêves chimériques (H, 11). Un fossé apparemment infranchissable sépare irrémédiablement Hans et Gregor : d'un côté, l'appel désespéré et vain, de l'autre, l'attitude autiste.

La mort de Matthias a placé un écran entre les deux frères, deux plaques de verre transparent rendent désormais la perception visuelle de l'autre pratiquement impossible. Les ombres mobiles des flammes se jouent de Hans qui, de

70. Ce passage est peut-être un exemple représentatif du phénomène d'intertextualité, caractéristique de l'oeuvre de Peter Handke. Il est en effet possible de rapprocher la situation du narrateur des ***Frelons*** (une nuit d'hiver, de neige, assis face à la cheminée) de celle du poète évoqué par Mallarmé dans le sonnet ***Mes bouquins refermés sur le nom de Paphos*** (1887), si l'on tient en outre compte du texte introductif aux ***Frelons***, rédigé par l'auteur et figurant sur la jaquette du livre ; il y est question d'un livre lu jadis qui servirait de départ au roman, oeuvre de mémoire et de fiction.
71. Le grand tas de bûches empilées traverse les livres de Peter Handke "comme l'image d'un ordre des choses, fragile et fascinant" (A. CAMION, *Op.cit.*, p. 365) cf. LSV, 70, 138.

l'extérieur, tente de sonder la pièce (H, 8), et le rougeoiement de la braise trop longtemps fixé par Gregor, efface le visage de Hans avant qu'il ait été nettement discerné (H, 13). Le feu, symbole de la souffrance, s'interpose entre les deux enfants blessés. Gregor, dans une attitude de repli, les bras croisés sur la poitrine, incruste dans sa chair les ongles de ses mains souillées par la boue qui a été fouillée à la recherche des frères, et Hans s'est écorché le visage aux barbelés des prairies franchies fébrilement pour retrouver les traces de Matthias.

La communication fugitive mais intense ne s'établit que grâce à la présence du chat. L'animal, nature non problématique qui perçoit et réagit, recrée pour un instant les conditions de la rencontre intense entre les deux garçons. Finalement, ce n'est pas le seul organe visuel qui permet l'identification de l'autre, mais la connaissance intime, celle de l'expérience partagée, celle de l'histoire commune. Le frère perçoit le frère non pas par l'image objective qu'il offre à tous, mais par le rayonnement mystérieux de son existence propre :

> weil er mich kannte, erkannte er mich (H, 9) ;... und weil ich ihn kannte, erkannte ich ihn (H, 13) (72).

L'échange muet conduisant au constat de la mort de Matthias, sur lequel s'achève la scène d'exposition, contribue incontestablement à renforcer cette idée de communication absolue en deçà du langage. Il est remarquable qu'au même instant il devient impossible à Hans de percevoir l'appel de Gregor qui crie son nom ; ce son articulé a pour Gregor aussi perdu toute signification (H, 11).

La fulgurante et douloureuse rencontre est placée sous le signe de la brisure. Le monde de la non-conscience enfantine s'écroule avec la disparition de l'un des trois, un cordon s'est déchiré et l'heure tragique de la séparation définitive est arrivée avec la mort de Matthias. La méprise de Gregor qui confond le grattement de l'ongle de Hans sur la vitre avec le bruit du déplacement d'une armoire dans la chambre de la soeur, et qui interprète ce bruit comme un signe de retour des frères, est révélatrice. Sur un mode imagé, elle montre que la rupture

72. "Parce qu'il me connaissait, il me reconnut" (H, 13) et "parce que je le connaissais, je le reconnus" (H, 16).

qui fait naître Gregor à lui-même, à sa solitude, ne se produit pas au moment de l'expulsion du ventre maternel symbolisé par l'armoire, mais à l'heure de l'éclatement de la fratrie. "Naître à soi" ne signifie pas devenir et grandir, mais d'abord prendre conscience de son existence propre, c'est-à-dire de sa solitude face aux choses et aux autres.

La communication éphémère qui s'instaure, si authentique qu'elle soit, n'est pas de celle sur laquelle se construit l'avenir. Elle est intuitive, elle est une dernière émergence de la non-conscience enfantine et animale qui rend tout signe superflu. Dans la mémoire de l'adulte, elle laisse à la fois un goût de nostalgie amère et un sentiment profond d'insuffisance.

Les variations sur le même thème qui jalonnent le roman font ressortir plus nettement les carences dans le mode de fonctionnement des échanges entre les frères. Ainsi la scène du jeu de cartes, gravée entre toutes dans la mémoire de Gregor, manifeste non seulement la révolte contre le père mais aussi et surtout la souffrance provoquée par le constat de l'indifférence du frère. Car à y regarder de plus près, ce n'est pas uniquement contre l'autorité paternelle écrasante et étouffante que le narrateur enfant bande tous ses muscles dans un sursaut ultime de désespoir. C'est tout un monde, tout un ordre établi qu'il veut renverser, tout un désordre dans les relations humaines qu'il veut secouer après s'être heurté à l'apathie du frère hébété de sommeil, et avoir vu toutes les tentatives pour solliciter son aide se solder par un échec sans appel (H, 196 - 198). La détresse face à la pauvreté des relations avec le frère est stigmatisée ici de façon saisissante.

D'autres passages éclairent ce thème. Après un long et douloureux retour à la maison, alors que Gregor se tord sur le lit de sa chambre regagnée en gravissant le tas de bois - comme Hans jadis -, alors qu'il est en proie au délire et que l'angoisse le tenaille, l'image de la rencontre manquée avec le frère l'obsède (H, 262 - 264).

L'impossible rencontre est également au centre de l'épisode relatif à la sortie de l'église (H, 113 - 116) ; la foule dense se dresse en rempart infranchissable entre Gregor et le (messager du ?) frère. Les brefs sifflements (H, 119 - 120), signes spontanés et réussis de reconnaissance entre deux passants, qui perturbent la proclamation des ordonnances quelques instants plus tard, contrastent singulièrement avec le désir brûlant insatisfait de la scène précédente, et font mesurer toute l'intensité de l'attente déçue.

Néanmoins, la composante qui prévaut dans la figure du frère n'est pas celle de l'inaccessible échange, bien qu'elle encadre le roman, mais celle qui reprend deux aspects déjà soulignés à propos des souvenirs de la non-conscience enfantine et de l'heure de la rupture. Le frère est d'une part, la silhouette fantasmatique de l'homme en marche, sans bagage ou presque, et d'autre part, il est celui qui connaît l'individu dans son être propre, qui le reconnaît dans ce qu'il est vraiment.

Le présent du roman, la journée du dimanche, rythmée par les habitudes et la tradition villageoise, porte l'empreinte des deux grandes obsessions de Gregor. Tout le champ de sa conscience est accaparé par le désir fou d'être reconnu, par la nécessité d'affirmer son identité propre. Mais en même temps, il est déchiré par le besoin incoercible d'être pris par la main et guidé. Le frère remplit l'impossible mission de cet autre privilégié qui, miroir muet et attentif, aide par sa connaissance intuitive des tréfonds de l'individu, à naître, à n'être que soi.

Quand l'aveugle, à l'approche de la ferme familiale après la messe, se joue la scène imaginaire du retour de Hans, toute la violence du désir éclate dans l'appel de son nom lancé par un frère qui contiendrait mal son impatience de la rencontre :

> ... wird er schon, heftig den Sack um den Kopf schwingend, den Weg herauf keuchend uns folgen und meinen Namen geschrien haben (H, 124) (73).

Mais la chute dans le réel est brutale et immédiate : le camion de lait qui, dans le scénario imaginé par Gregor est censé avoir transporté Hans, ne circule pas le dimanche...

Toute une série de motifs, attachés à la personne du frère, sont repris dans une séquence étrange intitulée ***Les portes*** (H, 164 - 168). Elle s'intercale d'une façon apparemment arbitraire entre les péripéties de la fin de la matinée (colère

---

73. "... balançant violemment son sac sur ses épaules, il sera déjà sur le chemin, derrière nous, haletant, et il aura crié mon nom" (H, 109).

du père, repas) et les diverses divagations de l'après-midi (sieste et promenade). Le lieu de l'action de ce qu'on pourrait considérer comme un court métrage, étonne lui aussi, il s'agit d'un centre de séjour pour non-voyants, en périphérie urbaine. Fortuitement, des rapports muets s'engagent sur le seuil entre le narrateur qui regagne son gîte et un visiteur de la campagne. Peu à peu les relations de pure forme évoluent et un climat de connivence et d'estime s'installe. Fortement remaniée, détournée de son objet, la situation des héros de Kafka buttant sur des seuils imaginaires, ou s'égarant dans des dédales de couloirs, plane sur le récit. Pourtant cette réminiscence n'a rien de cauchemardesque, elle ouvre une voie. Elle conduit certes vers la chambre de l'aveugle, mais c'est sur le dynamisme du cheminement et sur l'espoir qui l'éclaire que se concentre l'attention.

Des liens complexes et mouvants se tissent entre le visiteur, l'étranger, et le pensionnaire de l'institution pour aveugles, le narrateur. ***Les portes*** sont une parabole où les craintes, les attentes, les feintes et les désirs du narrateur vis-à-vis de l'inconnu sont la transposition de son attitude complexe à l'égard du frère, lui-même cristallisant dans sa personne tous les appels lancés à l'autre, et toutes les réticences éprouvées à son encontre. La feinte est d'abord utilisée par l'aveugle pour échapper au malaise provoqué par l'incursion possible de l'autre dans sa progression (il fait mine de s'arrêter pour laisser le champ libre), puis s'ensuit une sorte de jeu de gestes muet. En alternance, l'un précède l'autre ou lui emboîte le pas, et une tension croissante s'empare de l'aveugle. Au manque d'assurance de l'infirme qui, dans un premier temps prend confiance en s'accrochant à l'ourlet de sa veste, succèdent des phases d'affirmation puérile de sa supériorité. Familier des lieux, il ne se laisse pas dérouter par les portes à va-et-vient et il s'enorgueillit de ne pas appartenir au corps des aveugles sans tact (74). Pourtant cette supériorité par rapport à l'étranger, et par rapport aux autres personnes se révèle très insignifiante. Le visiteur, bien que décrit comme un paysan (75), déjoue par sa patience, sa prévenance, son aisance et son calme tous les obs-

---

74. Ils ne sont pas sans rappeler les "mannequins, vaguement ridicules", "les somnambules" de Ch. BAUDELAIRE, in : ***Les aveugles***, dans ***Les fleurs du mal.***
75. Le personnage principal de la nouvelle de F. KAFKA, ***Devant la loi*** (***Vor dem Gesetz***) est aussi un homme de la campagne.

tacles et provoque ainsi un renversement de situation. La défiance, l'attitude de rejet initiale du narrateur se dissipent au long des couloirs et se muent en une attente tranquille, une sympathie naissante, pour ne pas dire une confiance totale. Si l'autre le connaît, il saura le conduire à l'endroit qui est le sien ; finalement, l'aveugle le suit en toute sérénité... L'épilogue heureux, mais assorti d'une fin ouverte, contraste avec le climat de crise et de délire de la suite du roman.

La place déterminante occupée par le frère dans ***Les Frelons*** prend après cet épisode un éclairage nouveau. Avec le passage de l'enfance à l'adolescence, avec le passage des souvenirs au rêve éveillé et au fantasme, le personnage du frère se dilate. De membre de la fratrie, donc interlocuteur privilégié, il devient l'incarnation du désir de l'autre, de celui qui aide à naître et à grandir. La même attente est aussi liée au personnage de la femme du père. Ce n'est pas un hasard s'il existe des correspondances indéniables dans les situations : que ce soit dans le fantasme de l'appel par le nom, dans le chapitre ***La fatigue*** où Gregor somnolent croit entendre la voix de la femme l'appeler par son prénom pour le repas (H, 150), ou bien que ce soit dans le geste de la canne tendue ou de la main qui guide...

De page en page dans le roman, l'appel de l'autre, l'appel à l'aide se fait toujours plus pressant...

Si la figure du frère envahit tout l'espace du roman ***Les frelons***, il n'en est pas de même dans les récits portant une empreinte autobiographique incontestable. Presque accidentellement, ***Le malheur indifférent*** mentionne l'existence des frères de la mère. Toujours, ils servent de points de repère destinés à mettre en évidence un décalage, soit entre les générations (du grand-père et des oncles) (WU, 16), soit entre les façons d'être de la mère et des frères (WU, 15 - 16, 71). Des liens affectifs ténus entre les membres de la famille ne sont suggérés qu'à propos de la correspondance échangée pendant la guerre (WU, 27) où périront les deux jeunes soldats (WU, 16, 31). Jamais l'idée d'une communauté de destins entre frères et soeurs ne s'impose, et dans le présent du récit, le frère n'est que l'un des nombreux employeurs du mari. La même impression persiste si l'on examine les rapports qu'entretient le narrateur avec ses demi-frères qui, au demeurant, sont toujours désignés comme étant "les fils" de la mère (WU, 74, 78, 92).

L'expérience déterminante de l'angoisse paralysante qui s'empare du narrateur enfant lors des scènes de violences physiques entre la mère et son mari forme une exception. Alors que dans la fiction romanesque, Gregor est le seul à sentir dans sa chair les meurtrissures durables de cette épreuve cruciale (H, 27 - 28), le fils-narrateur du récit partage les instants d'angoisse avec les autres enfants tous blottis sous la couverture, le coeur battant (WU, 57 - 58). La seule intimité avouée fugitivement est donc celle de l'expérience de la terreur provoquée par la violence d'adultes qui, aux heures de crises, les rejettent dans une solitude absolue.

De la communauté de vie avec les collatéraux ne subsiste, en dehors du sentiment d'angoisse, que le souvenir de la promiscuité. Elle fige le regard posé sur l'autre, sclérose attitudes et réactions, et finalement tue l'épanouissement de toute vie au sein de la fratrie. Le voyage dans le nord de l'Orégon entrepris par le narrateur de ***La courte lettre pour un long adieu*** (kB, 174 - 179) pour rendre visite au frère bûcheron (kB, 170), s'achève sur la brève incursion dans la chambre misérable et déserte que Gregor occupe dans un baraquement, et sur la vision du frère qui défèque dans la neige... Le voyageur décide de poursuivre son voyage sans rencontrer Gregor, mû par une répugnance profonde à retrouver dans le frère et son environnement les contraintes et les limites du mode de vie mutilant de l'enfance. La vue du calendrier autrichien au coeur de la forêt nord-américaine qui fait resurgir la pauvreté d'antan, la découverte du mouchoir marqué qui rappelle le douloureux passage à l'internat, contribuent entre autres à faire naître le désir de la fuite... Lorsque les deux frères sont à portée de regard ou de voix, l'image de la promiscuité remplit l'espace... La rencontre était possible, elle n'a pas lieu. Gregor le bûcheron ne discerne pas le présence du frère, et ce dernier a l'impression de n'avoir plus rien à espérer, si ce n'est une confrontation avec un passé qui enchaîne...

Avec le personnage du frère, Peter Handke procède dans ***Les frelons*** à une redistribution des cartes. ***Les frelons*** sont bien un roman familial. L'écrivain y remanie les données autobiographiques, les bouleversent dans un jeu qui n'a rien de gratuit. Malgré une quasi-absence de façade, la mère se révèle être la figure principale qui structure et modèle la perception du monde et de l'autre. Les personnages forts, le père et le frère, dans lesquels souvenirs de lecture, culture religieuse et observations réalistes se fondent, sont avant tout les incarnations des besoins et des désirs existentiels criants d'un individu qui se cherche. La fiction romanesque sert d'exutoire à une crise qui menace l'individu de dissolution. La vocation salvatrice de l'écriture s'esquisse, elle clame les besoins en les dissimulant :

Gregor Benedikt ist ein Lügner (H, 126) (76).

L'écriture dit les souffrances provoquées par les désordres du monde, les pesanteurs intérieures et le sentiment croissant d'étrangeté. Ouverture vers un autre indéfini dont la seule présence imaginée donne sens à ce qui en était dépourvu, l'écriture est une mise en forme clarificatrice d'observations désespérées, d'attentes confuses ; elle est le signe d'un intervalle rédempteur qui a pu être conquis grâce à la littérature qui reçoit et transmet les expériences. ***Les frelons*** trouvent certainement leur origine dans le souvenir d'un livre lu jadis, ainsi que l'affirme l'écrivain, mais le roman est essentiellement la narration d'une longue et douloureuse délivrance. Comme pour Thomas Bernhard, autre figure centrale de la littérature autrichienne contemporaine, la lecture est la recherche nostalgique de traces montrant des chemins (77) qui, par l'écriture qu'elles suscitent, transforment une plainte lancinante et inextinguible en une interrogation féconde sur l'existence.

---

76. "Gregor Benedikt est un menteur !" (H, 111).
77. Thomas BERNHARD, ***Die Kälte***, Residenz Verlag, Salzburg, 1981. L'écrivain parle de l'influence décisive exercée sur lui par "l'oeuvre furieuse et grande" de Dostoïevski, ***Les possédés***.

DEUXIEME PARTIE

MISE EN CAUSE
DE L'APPARTENANCE
ETUDE COMPARATIVE
DES REACTIONS INDIVIDUELLES
AUX DONNEES GENERALES

Les composantes sociales et culturelles de la formation de l'individu, décrites dans *Les frelons* et *Le malheur indifférent*, visent dans une cohérence parfaite à assurer à l'homme une intégration sans heurt à l'environnement où il est né. L'adéquation entre les moyens et les buts est telle qu'il n'est pas exagéré de parler d'appartenance totale de l'individu à son milieu. Pourtant, le sentiment qui domine chez les personnages évoluant dans ces oeuvres, est celui d'être étranger à tout. Il ne suffit pas d'invoquer la structure psychologique propre à l'écrivain, résultante de conditions familiales particulières, pour expliquer cette caractéristique. L'expérience personnelle de l'enfance ne peut être exclusivement considérée comme négative et génératrice de troubles ; elle fournit aussi un instrument privilégié d'observation. L'élucidation du paradoxe passe donc par la nécessité d'avancer d'autres hypothèses, et il faut s'interroger sur le dysfonctionnement de la matrice sociale dont sont issus les acteurs plus ou moins fictifs des récits et romans et sur les causes réelles du détachement radical de l'individu par rapport à ce qui entoure et nourrit son existence.

Une approche méthodique du problème passe d'abord par l'examen de la notion d'appartenance dans l'oeuvre narrative de jeunesse et par la prise en considération ultérieure des crises nombreuses qui y sont liées, afin de mieux appréhender l'importance capitale qu'elle revêt pour la conscience que l'homme moderne a de sa place dans le monde.

CHAPITRE 1

LES FONDEMENTS DE L'ERRANCE DE L'HOMME MODERNE : L'HISTOIRE DE LA MERE

> Il arrive quelquefois que le temps, les événements ou l'effort individuel et solitaire des intelligences finissent par ébranler ou par détruire peu à peu une croyance, sans qu'il en paraisse rien au dehors. On ne la combat point ouvertement. On ne se réunit point pour lui faire la guerre. Les sectateurs la quittent un à un sans bruit ; mais chaque jour quelques-uns l'abandonnent, jusqu'à ce qu'enfin elle ne soit plus partagée que par le petit nombre.
> En cet état, elle règne encore.
>
> Alexis de Tocqueville,
> *De la Démocratie en Amérique*, 1835 (1)

---

1. Alexis de TOCQUEVILLE, *De la démocratie en Amérique*, oeuvres complètes, Calmann Lévy, Editeur, Paris, [17]1888, Tome 3, p. 441.

1.1 APPROCHE DE LA NOTION D'APPARTENANCE DANS L'OEUVRE DE JEUNESSE

Dans *Le malheur indifférent*, et d'une façon indirecte dans *Les frelons*, Peter Handke s'attache avant tout à montrer deux aspects de l'appartenance : son emprise absolue sur les hommes et l'absence de signification profonde pour ceux qui y sont livrés.

Dans la Carinthie autrichienne de Peter Handke, religion, traditions et institutions enracinent chez l'individu des comportements et des réactions immuables, règlent les relations avec les autres et déterminent le déroulement de l'existence. La part laissée à l'initiative individuelle est tellement insignifiante, que bien rares sont ceux qui la perçoivent et en font usage. L'impression première est celle d'une société qui, à l'image de celle des abeilles, fonctionne comme une machine bien rôdée où chacun s'acquitte mécaniquement des tâches qui lui sont attribuées. Curieusement, ce sont les scènes de deuil qui, bien que marquées par le rituel, suggèrent l'existence d'une vie communautaire (H, 39, 151 et WU, 95). Les membres d'un groupe social ne sont solidaires que lors de l'épreuve ultime, et les femmes le sont parfois aussi face à la souffrance quotidienne silencieuse (WU, 65).

Le narrateur ne retient de l'appartenance à la société relevant de la détermination traditionnelle que l'acception première du verbe appartenir, qui exprime la relation de dépendance totale (2). Jamais il ne songe à évoquer l'éventualité des contreparties positives de l'appartenance ancestrale à un même peuple, comme la résolution collective de crises personnelles ou le sentiment sécurisant d'être protégé par l'expérience du groupe. Ainsi tout au long des oeuvres narratives de jeunesse, Peter Handke néglige-t-il le sens second d'appartenir qui recouvre la notion moderne de l'appartenance, selon laquelle l'individu n'est pas seulement le produit d'un groupe, mais aussi l'élément constitutif d'un ensemble. Il en résulte une condamnation sans appel de tout le réseau subtil de contraintes que tisse l'environnement social et culturel.

2. *Le ROBERT*, Dictionnaire alphabétique et analogique de la langue française, Paris, 1970, tome 1, p. 186.

L'indignation de l'écrivain confronté à la misère et à l'intolérable carcan qui retient prisonnières la génération de la mère et celles qui l'ont précédée, se cristallise dans le terme "XIXe siècle" qui figure à deux reprises dans ***Le malheur indifférent*** (WU, 13,58). Pour percer le mystère du détachement profond qu'éprouve la population de Carinthie à l'égard du monde environnant, il faut déterminer ce que recèle l'idée de "XIXe siècle" dans les premiers livres de Peter Handke.

"XIXe SIECLE" REEL ET SURVIVANCE

Peter Handke évoque le XIXe siècle dans ***La courte lettre pour un long adieu*** (kB, 142) à propos du héros de G. Keller, Henri le Vert, puis dans la pièce de théâtre ***Les gens déraisonnables sont en voie de disparition*** (U, 53 - 54) (3) en faisant référence à A. Stifter; dans les deux cas, les notations sont empreintes d'une profonde nostalgie. Le narrateur de ***La courte lettre*** regrette à la lecture du roman de formation le temps révolu où l'on "croyait encore qu'on allait changer peu à peu et que le monde s'ouvrait tout entier à chacun" (4).

Quant à l'industriel Quitt, il se laisse émouvoir à la pensée d'un siècle où le souvenir d'un monde harmonieux subsistait, et où il était par conséquent possible de feindre d'y croire encore. Dans ces deux oeuvres, presque contemporaines du ***Malheur indifférent***, perce, derrière le regret mélancolique d'une espérance révolue, la conviction intime que l'esquisse du paradis perdu relève davantage de la rêverie poétique que de considérations réalistes et lucides. "L'époque où faire des voeux aidait encore à vivre" (5) a bel et bien disparu et le XIXe siècle du ***Malheur indifférent*** se résume du point de vue social à la formule : "la situation d'avant 1848" (WU, 13). Cependant, le XIXe siècle du récit relatif au suicide de la mère prend également une dimension littéraire, puisque

---

3. Peter HANDKE, ***Die Unvernünftigen sterben aus***, Suhrkamp Taschenbuch 168, Frankfurt/Main, 1974.
4. "(...Vorstellungen aus einer anderen Zeit,) in der man noch glaubte, daß aus einem nach und nach ein andrer werden müsse und daß jedem einzelnen die Welt offenstehe" (kB, 142).
5. Peter HANDKE a donné ce titre tiré d'un conte des frères GRIMM, ***Le roi des grenouilles***, à un recueil de poèmes et d'essais ***Als das Wünschen noch geholfen hat***, Suhrkamp, Frankfurt/Main, 1974.

l'auteur, prévenant les objections, explique que le style néoréaliste utilisé est le mieux adapté pour décrire la détresse morale où était plongée la famille au lendemain des scènes de violence entre les parents (WU, 58). En réalité, Rosmarie Zeller le démontre (6), il ne s'agit nullement d'un retour de Peter Handke à des formes traditionnelles de narration comme des critiques pressés ont pu d'abord l'imaginer.

A l'évidence Peter Handke use à la légère et par esprit provocateur de la notion de XIXe siècle, ce qui conduit à s'interroger sur les points de convergence et de divergence existant entre l'ordre des choses décrit dans le récit, et le point de référence choisi par l'écrivain. Ce dernier invite d'ailleurs le lecteur curieux à s'engager sur cette voie ; il affirme sans ambages à Manfred Durzak en 1973 :

> das ist kein Schicksal aus dem 19. Jahrhundert (7)

En suivant les repères discrets, laissés par Peter Handke dans ses récits ultérieurs et interviews diverses, on découvre l'élément de référence nécessaire à l'établissement d'une comparaison féconde. L'écrivain révèle ainsi dans un entretien accordé au journal ***Le Monde*** (8), que les deux récits consacrés à un personnage féminin, ***Le malheur indifférent*** et ***La femme gauchère*** (9) sont étroitement liés. Cette remarque n'a pas été jusqu'à présent véritablement exploitée, bien qu'elle ouvre des perspectives nouvelles ; elle conduit presque directement à la peinture d'un destin exemplaire de femme du XIXe siècle, brossée par un écrivain illustre, Gustave Flaubert. Si le nom de

---

6. Rosmarie ZELLER, ***Die Infragestellung der Geschichte und der neue Realismus in Handkes Erzählungen***, in : ***Sprachkunst***, Jahrgang 1978, 1. Halbband, Wien, 1978, p.115 - 140.
7. Manfred DURZAK, ***Gespräche über den Roman. Formbestimmungen und Analysen***, Suhrkamp, Frankfurt/Main, 1973, p. 322, "Ce n'est pas un destin du XIXe siècle !".
8. Peter HANDKE, ***Entrer par une porte mythique où les lois ont disparu***, propos recueillis par Yvonne BABY, in : ***Le Monde***, 18 Mai 1978.
9. "J'avais besoin de faire vivre, et survivre, cette femme rêvée. Un besoin fondé sur mes propres certitudes, ma propre culpabilité. A la mort d'un proche, je crois qu'on se sent toujours métaphysiquement coupable, je veux parler de cette culpabilité éternelle qui donne envie d'esquisser un monde meilleur que le monde vécu".

Flaubert n'est mentionné ni parmi les auteurs lus par le narrateur et sa mère (WU) ni dans *La femme gauchère*, Félicité, l'héroïne du conte de G. Flaubert, accompagne Marianne, la femme gauchère de la version filmée, dans sa recherche d'un nouvel équilibre (10). Le passage d'un roman contemporain, relatant la vie d'une femme, que Marianne dans le récit doit traduire pour assurer sa subsistance, a été mystérieusement remplacé dans le film par une citation extraite du chef d'oeuvre de G. Flaubert *Un coeur simple* ! (11). Ce jeu de correspondances autorise, sans trahir l'auteur, à prendre le conte français comme élément crédible de comparaison.

FELICITE, UN DESTIN DE FEMME DU XIXe SIECLE

Félicité est le personnage central d'un conte composé par Flaubert en 1876 (12), à une époque de solitude croissante, endeuillée par la mort de sa mère et la perte d'amis chers. Il l'écrit sur les conseils de George Sand après qu'elle lui eut reproché la misanthropie de ses romans. Le récit qui s'enracine dans les souvenirs d'enfance de l'écrivain épouse la durée de la vie d'une servante modèle, pieuse et simple, laborieuse et économe. Il repose sur le principe de l'alternance. Entre les périodes où Félicité, après une enfance difficile d'orpheline et la désillusion du premier amour, peut épancher son besoin d'aimer, s'intercalent les moments d'épreuves. Ils sont nombreux. Elle est successivement dépossédée des êtres qu'elle chérit, la fille de sa maîtresse, un neveu, puis un perroquet, qu'elle fait empailler et qu'à l'heure de l'agonie elle confond avec le Saint Esprit.

L'intérêt majeur du conte, dans le cadre de la présente étude, réside dans le fait que la perspective adoptée est es-

---

10. Dès la fin des années 60, on enregistre en Allemagne, en Autriche et en Suisse, un regain d'intérêt pour l'oeuvre de Gustave Flaubert dont témoigne l'édition des ***Lettres*** dans une traduction de Helmut Scheffel, chez Diogenes, Zürich,1977.
11. Jérôme PRIEUR, ***Peter Handke*** : ***La Femme gauchère***, in : ***La Nouvelle Revue Française***, novembre 1978, n'hésite pas à établir un parallèle entre l'histoire simple de Marianne, "très simple, donc obscure et limpide" et "celle contée si vite et si patiemment par Flaubert dans ***Un Coeur simple***", p. 128.
12. Gustave FLAUBERT, ***Trois contes***, G.F. Flammarion, Paris, 1965, ***Un coeur simple*** (Cs), p. 27 - 83.

sentiellement celle de la servante, sans aucun parti-pris ironique de la part de l'écrivain (13).

Félicité, elle a d'abord un nom, et elle se définit par son état de servante. Durant toute son existence sédentaire, elle sert fidèlement sa maîtresse, une bourgeoise souvent désagréable, avec un dévouement sans faille. Même les épreuves douloureuses ne la détournent jamais des humbles devoirs de sa profession. Elle ignore la révolte, et la dureté de Madame Saint-Aubain ne suscite en elle que d'éphémères sursauts d'indignation (Cs, 33, 57). Son bonheur est fait de l'exécution des tâches qui lui sont dévolues par sa condition, et de l'accomplissement d'actes que lui dicte son coeur tendre et charitable. C'est sa façon de communiquer avec le prochain. Elle parle peu, tait ses souffrances (Cs, 53) et ne dialogue guère qu'avec son perroquet.

Toutefois, sa vie n'est pas constituée que des gestes machinaux de la servante ; toujours la tendresse l'éclaire et les certitudes prévalent sur le doute, que les peines répétées pourraient faire jaillir. Son coeur assoiffé, auquel la vie n'a rien donné à aimer, se forge des objets d'amour et se nourrit d'une foi inébranlable. La religion, d'abord pratiquée d'une manière automatique, se mue en une foi vivante le jour de la communion de Virginie, l'enfant chéri de sa maîtresse. Pour Félicité, l'amour de Dieu reste indissociable de celui du prochain, même aux heures dernières où l'aspect fétichiste se développe. L'existence de Félicité n'est pas un simulacre de vie. Elle accepte sa condition, et son besoin inassouvi de tendresse lui donne les moyens d'aller vers l'autre, de faire de son passage terrestre un cheminement personnel dont l'initiative n'est pas exclue. La religion lui permet aussi de considérer avec émerveillement son environnement familier, la nature, les travaux des champs que Jésus, pauvre parmi les pauvres, a aimés (Cs, 45 - 46). Une acceptation totale de son statut de femme et de domestique, une adhésion absolue au monde qui est une création divine, des mains tendues vers l'autre caractérisent la vie de cette servante du XIXe siècle qui s'achève sur l'image pitoyable et grandiose d'un vieux perroquet empaillé, accueillant la bienheureuse au seuil du royaume éternel.

13. Gustave FLAUBERT, Lettre à Madame Roger des Genettes, 19 juin 1976, *La Pléiade*, tome 2, p. 579 : "Cela n'est nullement ironique comme vous le supposerez, mais au contraire très sérieux et très triste. Je veux apitoyer, faire pleurer les âmes sensibles, en étant une moi-même".

Si un personnage du ***Malheur indifférent*** doit présenter des similitudes avec le destin dépeint par Flaubert, il ne peut s'agir que du grand-père du narrateur. Il partage avec Félicité une naissance obscure, une vie austère, dont la seule distraction est le jeu de cartes dominical (WU, 16), un sens profond de l'abnégation et une acceptation totale de l'ordre des choses. Comme la servante, il poursuit avec une étonnante obstination le but qu'il s'est fixé. La même résistance inébranlable aux déceptions et dépossessions anime l'un et l'autre. La mort peut ravir à Félicité tous ses objets d'amour, sa foi reste intacte ; les crises économiques répétées peuvent ruiner le vieil homme, il continue à épargner avec le même acharnement (WU, 14 - 16). La primauté du travail et de l'économie, l'enracinement dans une terre, le respect des traditions et le goût des joies simples sont les piliers sur lesquels s'édifie l'existence courageuse de ces campagnards du siècle dernier. C'est sans doute le constat de ces certitudes inattaquables qui fait dire au narrateur du ***Malheur indifférent*** :

> Im Sommer war ich einmal im Zimmer meines GroBvaters und schaute zum Fenster hinaus. Es war nicht viel zu sehen (...). Es war ein SONNTAGNACHMITTAG, und der Weg war LEER. Auf einmal hatte ich ein bitterliches Gefühl für den Bewohner des Zimmers, und daB er bald sterben würde. Aber dieses Gefühl wurde dadurch gelindert, daB ich wuBte, sein Tod würde ein ganz natürlicher sein (WU, 104 - 105) (14).

En effet, les années ont passé, la double-monarchie s'est effondrée, entraînant troubles et crises, la république fragile a été emportée, la guerre a tué ses fils, une nouvelle république a vu le jour et l'homme est resté debout, impassible, le regard fixé sur la terre qui l'a vu naître. La même force intérieure qui met l'individu à l'abri des cataclysmes de son temps

---

14. "Un jour d'été j'étais dans la chambre de mon grand-père et je regardais par la fenêtre. Il n'y avait pas grand-chose à voir... C'était un DIMANCHE APRES-MIDI, le chemin était VIDE. Je fus tout à coup pris d'un sentiment douloureux pour l'occupant de cette chambre, il mourrait bientôt. Mais ce sentiment était adouci du fait que je savais que sa mort serait une mort naturelle" (WU, 121 - 122) (Traduction légèrement modifiée).

habite Félicité (15), et déjà elle étonnait les contemporains de Flaubert. Ainsi Drumont écrivait-il dans *La Liberté*, le 23 Mai 1877 :

> C'est l'histoire d'un être qui n'a point d'histoire, d'une servante de province qui est entrée à seize ans dans la maison d'une honnête bourgeoise, qu'elle n'a quittée que pour le cimetière... soixante années pendant lesquelles deux ou trois trônes se sont écroulés, ont passé sur cette douce créature sans l'agiter davantage que quelque tempête effroyable ne trouble le polype en sa tranquillité profonde.

Mais ces rocs, dressés dans la tempête et qui résistent aux mouvances du temps, ont été engloutis, ils n'émergent plus que dans les mémoires ou l'imaginaire des peuples, tels des figures hiératiques.

Face à ces colosses tranquilles et faussement transparents, la mère, à la recherche de laquelle le narrateur s'engage, n'est qu'une ombre insaisissable. La servante au coeur simple du XIXe siècle a cédé la place à la silhouette de la femme-énigme.

Déjà la perspective du récit est différente. Au conteur à la fois omniscient et discret s'est substitué un observateur-narrateur qui mêle à la relation du suicide des considérations diverses concernant les écueils de l'écriture et le difficile processus de clarification sur soi et sur l'autre (WU, 44 - 46). Le narrateur justifie la référence au XIXe siècle lorsqu'il affirme que le travail d'écriture repose sur l'observation des convergences et des divergences existant entre la vie de sa mère et les biographies traditionnelles de femmes (WU, 45). De nombreuses similitudes laissent à penser qu'*Un coeur simple* a joué dans ce travail de création un rôle prépondérant. On peut citer la structure de l'oeuvre où se retrouve l'alternance entre les phases de conquête et celles, toujours plus dramatiques, du repli ; on relève aussi l'intégration au style direct de quelques réflexions brèves

15. L'indifférence des femmes pour la politique, très répandue au siècle dernier, ne suffit pas à expliquer son comportement.

destinées à caractériser avec concision le personnage central (16), la reprise presque littérale d'expressions (17), l'insistance particulière sur la fonction consolatrice des fétiches qui devient inopérante pour la mère (18), et même l'Annexion de 1938, si funeste pour le destin de la jeune femme, trouve son pendant dans la Révolution de Juillet qui fera entrer le perroquet salvateur dans l'existence de Félicité. Enfin, on ne peut taire la correspondance frappante entre l'enfermement croissant de la servante, inhérent à la surdité et au vieillissement (19), et les troubles pathologiques de la mère qui provoquent son détachement progressif de l'environnement. Quant à la peinture de la mort des deux femmes, elle fait ressortir un décalage essentiel dans leurs relations au monde des choses et des hommes. Alors que la mort de Félicité est une apothéose, puisque sa folie mystique lui procure la sérénité à l'heure du glissement vers l'éternité, et que la Fête-Dieu célébrée par la communauté villageoise dans la cour attenante atteint son paroxysme au moment précis où elle expire, la mort volontaire de la mère n'exprime que la solitude fondamentale de l'homme moderne. Les dernières images de la vie reçues par la mère sont celles de la grisaille d'un écran de télévision. L'heure dernière est conforme à ce qu'a été son existence. Toute sa vie, elle aura regardé se succéder les images d'un monde où elle est demeurée une figurante, étrangère à l'histoire qui s'y déroule.

Ainsi l'évocation du XIXe siècle apparaît-elle davantage comme un artifice utilisé par l'écrivain pour éclairer les causes de l'échec de sa mère, que comme un raccourci commode

16. *Un coeur simple, Op.cit.*, p. 31, 37, 38, 49, 56,68 - 69, 79, 81.
Le malheur indifférent, Op cit., p. 21, 23, 27, 31, 39, 41, 59, 71, 75, 81 ; les extraits de lettres 86 - 92.

17. *Un coeur simple*, p. 62, "Puis des années s'écoulèrent, toutes pareilles et sans autres épisodes que le retour des grandes fêtes : Pâques, l'Assomption, la Toussaint".
Le Malheur indifférent, p. 65, "Heute war gestern, gestern war alles beim alten. Wieder ein Tag geschafft, schon wieder eine Woche vorbei, ein schönes neues Jahr".("Aujourd'hui était hier, hier était comme avant. Une journée de finie, déjà une semaine de passée, une belle année à venir").

18. "Meine Mutter hatte ein neugieriges Wesen und kannte keine Trostfetische" (WU, 53).("La nature de ma mère était une nature curieuse et ma mère ne connaissait pas de fétiche consolateur").

19. *Un coeur simple*, p. 74 : "Ne communiquant avec personne, elle vivait dans une torpeur de somnambule".

destiné à stigmatiser l'archaïsme et l'immobilisme de la société où elle évolue.

Vouloir faire de la mort volontaire de la mère un cas (WU, 11) ne signifie pas exclusivement se livrer à la mise à nu systématique et impitoyable d'un environnement étouffant comme pourrait le laisser croire une lecture hâtive du récit. Peter Handke dépasse ce premier stade d'analyse pour élever sa mère au rang de figure symbolique, représentative du déracinement fondamental de l'homme au XXe siècle.

L'APPARTENANCE, UNE DOUBLE RELATION DE L'INDIVIDU AU MONDE

La comparaison, à la suite de Peter Handke, de l'existence de la mère avec la destinée typique d'une paysanne du XIXe siècle met en lumière un certain nombre de divergences, mais ne renseigne que très insuffisamment sur la nature de la crise traversée par l'héroïne du récit autrichien. Il est donc nécessaire de revenir avec plus de précision sur la notion d'appartenance et il est indispensable de l'inscrire dans le système de perception et de pensée de l'écrivain.

Même si dans l'oeuvre de jeunesse, il n'est jamais expressément question d'appartenance, on peut affirmer qu'elle est indissociable du thème majeur du jeune poète : la confrontation entre le monde extérieur complexe et le monde intérieur tourmenté. L'appartenance est caractérisée par une double relation entre le monde extérieur limité à l'environnement socio-culturel, et le monde intérieur de chaque être humain. Le schéma simplificateur suivant peut être choisi comme outil exploratoire des crises d'identité reflétées dans ***Le malheur indifférent***, ***Les frelons*** et ***L'angoisse du gardien de but***.

Monde extérieur ----------------➜ Monde intérieur
Environnement socio-culturel ←----------- Individu

Le monde extérieur affecte l'individu dans un premier temps, en lui fournissant une assise (modèles, système des valeurs), des perspectives et des moyens d'intégration et de développement (projets, buts). L'examen des facteurs géographiques, sociaux et culturels a montré l'insistance avec laquelle Peter Handke dénonce leur pouvoir total et destructeur.

Si l'homme est un sujet, il ne l'est que comme être assujetti, privé d'individualité.

La seconde relation qui présente des mondes intérieurs affectant la réalité extérieure est en apparence tout à fait exclue de l'oeuvre de jeunesse. Un sujet fort et unique, qui se manifesterait par des initiatives et des actes susceptibles d'engager un processus d'aménagement, d'enrichissement du monde extérieur en est à première vue absent. Pourtant, un mouvement pendulaire entre monde extérieur et monde intérieur, qui n'est interrompu que par la mort volontaire, structure ***Le malheur indifférent.*** Il doit être déchiffré afin que soient mises au jour les failles multiples justifiant l'échec.

1.2.L'HISTOIRE DE LA MERE

> Vielleicht hat er das alles auch nur zu wenig gesucht und es sich bloB gewünscht.
>
> F. LIPUŠ, ***Der Zögling Tjaž*** (20).

LA NOTION D'HISTOIRE

Dès les premières pages du ***Malheur indifférent***, le narrateur présente ce nouvel ouvrage, intitulé "récit", comme étant "l'histoire" de sa mère (WU, 10) et le résultat d'un travail de mémoire et d'écriture. L'effort constant pour échapper au double écueil du simple rapport relatif à une succession de faits, et de la poétisation abusive, se fait l'écho des développements théoriques concernant le concept d'"histoire" en littérature qui sont l'une des composantes importantes de l'essai de 1967 ***Je suis un habitant de la tour d'ivoire*** (21). L'écrivain ne renie en rien sa condamnation antérieure de l'"histoire", fable ou fiction, mais au contraire il respecte

---

20. F. Lipuš, ***L'élève Tjaž***, *Op.cit.*, p. 188 : "Tout cela, peut-être ne l'a-t-il aussi que trop peu cherché et s'est-il contenté de le souhaiter".
21. Peter HANDKE, ***Ich bin ein Bewohner des Elfenbeinturms***, *Op. cit.*, p. 23-26.

parfaitement les conditions dans lesquelles cette notion peut être acceptée. Elle doit nécessairement être un récit, donc un acte de communication, ne détourner ni de soi, ni de la réalité (BE, 23) et l'invention doit céder le pas à la transmission d'expériences vécues (BE, 24). La profession de foi de l'habitant de la tour d'ivoire correspond point par point au projet général du fils-narrateur : voir clair en soi, se mieux connaître, devenir et rendre attentif, devenir et rendre plus exact et sensible "afin que moi et d'autres aussi puissent exister d'une façon plus exacte et plus sensible" (BE, 26)(22). La tâche n'est pas aisée et la difficulté de trouver le fragile équilibre est soulignée. Tantôt c'est le regret de ne pouvoir écrire une histoire achevée (WU, 48), tantôt c'est la peur de laisser l'histoire se raconter d'elle-même (WU, 91). Il est cependant permis de se demander si, en dépit des craintes et des doutes exprimés, le récit ne tombe pas parfois dans le piège classique des biographies, qui organisent le déroulement des histoires individuelles en fonction de la connaissance préalable de l'épilogue, et ne retiennent en conséquence que les données qui concourent à démontrer l'évolution cohérente, le cours inéluctable des existences. Mais il est probablement impossible à l'homme d'échapper à ce qui est une conséquence inévitable de cette violente nostalgie de possession du monde qui est le propre de la nature humaine et qu'Albert Camus a décrit dans *L'homme révolté* (23).

Quoiqu'il en soit, l'impression d'insatisfaction en face du récit terminé prévaut chez le fils-narrateur et il en expose lui-même les causes. Elles sont simples. A défaut d'être un observateur impartial, il est et ne peut être qu'un observateur extérieur, réduit à n'interpréter que les comportements, les gestes, les paroles, les signes manifestant les élans et les convulsions qui agitèrent le monde intérieur de la mère.

---

22. ..."damit ich und andere auch genauer und sensibler existieren können"...(BE, 26).

23. Albert CAMUS, *L'homme révolté*, Gallimard, Collection Folio/Essais, Paris, 1985, chapitre IV, *Révolte et Art*, p. 326.
"Apercevant ces existences du dehors, on leur prête une cohérence et une unité qu'elles ne peuvent avoir, en vérité, mais qui paraissent évidentes à l'observateur. Il ne voit que la ligne de faîte de ces vies, sans prendre conscience du détail qui les ronge. Nous faisons alors de l'art sur ces existences".

De la manière classique d'écrire une histoire, il subsiste la succession chronologique, mais elle n'est qu'un artifice de présentation, et le mode de narration se distingue par de nombreux aspects du genre de l'histoire biographique. La schématisation dans la peinture du milieu, le parti-pris de camper un personnage à la fois anonyme et représentatif, et le style métonymique (24) - pour n'énumérer que ces trois points complémentaires - témoignent de l'originalité de l'entreprise. La juxtaposition de souvenirs d'ordre visuel ou acoustique, le recours aux photographies, aux extraits de lettres forment la charpente d'un récit où la découverte du personnage maternel bannit toute fiction et repose essentiellement sur l'exploitation d'indices.

Le malheur indifférent se démarque déjà des biographies traditionnelles par l'anonymat total de la mère dont le prénom n'est jamais cité (25). Elle est toujours appelée "ma mère", une formule qui, à la fois réductrice et chargée d'affectivité, privilégie la seule attache qui ait sans doute existé dans sa vie, celle l'unissant au fils premier-né, l'élu, fruit de quelques rares semaines de bonheur. L'absence de nom a une double fonction. D'une part, elle renforce l'utilisation du pronom indéfini "on" jusqu'à la période de la crise ultime, et manifeste l'intention déclarée du narrateur de faire un cas de cette mort volontaire qui l'affecte. D'autre part, elle introduit le thème de la non-appartenance. Délibérément, cette femme est privée de nom, c'est-à-dire du signe le plus simple qui marque le début de son histoire et indique l'appartenance à une famille. Ainsi le fils suggère-t-il avec netteté la situation de celle qui a révélé - sans doute presque à son insu - la caducité du modèle transmis par le père. Paraphrasant Gerhard Roth (26), l'on pourrait résumer la teneur du changement survenu en disant que si, pour l'aïeul, la survie matérielle

24. Rosmarie ZELLER, ***Die Infragestellung der Geschichte und der neue Realismus in Handkes Erzählungen***, in : ***Sprachkunst***, Jahrgang IX, Wien, 1978, p. 135-136.
25. La mère de Handke se prénommait Maria. Il est à noter que sa vie s'achève également dans l'anonymat le plus absolu puisque l'entrefilet du journal local qui relate son suicide la désigne comme "ménagère" (WU, 7).
26. Gerhard ROTH, auteur autrichien né en 1942 à Graz, traite de cette crise dans le roman ***Voyage d'hiver*** (***Winterreise***), S. Fischer Verlag GmbH, Frankfurt/Main, 1978, p. 16.

constituait le sens de l'existence, le sens est devenu pour le narrateur une question de survie. Mais si radical que soit le changement, comme tous les changements il n'éclate au grand jour que tardivement. Son avancée est insidieuse, presque imperceptible et n'apparaît guère que sous la forme de malaise diffus (27). Seuls quelques individus dotés d'une sensibilité particulière parmi lesquels on pourrait compter l'héroïne du ***Malheur indifférent***, l'enregistrent et s'y brisent. Tout au long du récit, le narrateur s'applique à montrer par différents moyens la relation d'appartenance problématique de la mère à son environnement.

Le recours épisodique aux photographies est très significatif. Ouvrir l'album de photos après la disparition d'un proche est une attitude courante qui apaise momentanément l'angoisse et le remords suscités par la mort ; mais le fils-narrateur qui utilise quelques photographies pour parler de sa mère ne fait pas un simple geste machinal destiné à certifier le vécu et à montrer l'inexorable réalité du vieillissement. Le regard posé sur les photographies s'intègre parfaitement dans le mode de narration et reflète la difficulté de capter le monde intérieur de l'autre.

Les photographies apparaissent à cinq reprises dans le récit (WU, 18, 20, 25, 90, 96), et la présentation de la première coïncide avec le "deuxième" début de l'histoire de la mère. Si pour l'état civil la vie commence avec la naissance - et le narrateur se conforme à cette donnée objective (WU, 12) - l'histoire proprement dite de la mère commence pour le fils avec l'éveil du désir d'apprendre (WU, 20) qui est introduit par un cliché familial (WU, 18). Le procédé sera repris ultérieurement, et chaque tournant de la vie réelle trouve une illustration photographique : la décision de partir travailler dans l'hôtellerie, l'illusion de l'épanouissement lors de l'Annexion, puis la dérive pathologique à quelques mois du suicide, et enfin le lit de mort. Exception faite de l'ultime do-

---

27. La citation de Goethe, extraite des ***Affinités électives*** sur laquelle s'achève ***La femme gauchère*** (version récit) révèle au grand jour ce thème : "So setzen alle zusammen, jeder auf seine Weise, das tägliche Leben fort, mit und ohne Nachdenken ; alles scheint seinen gewöhnlichen Gang zu gehen, wie man auch in ungeheuren Fällen, wo alles auf dem Spiele steht, noch immer so fortlebt, als wenn von nichts die Rede wäre". Johann Wolfgang von GOETHE, ***Die Wahlverwandtschaften***, 1809, Goethes Werke, Hamburger Ausgabe in 14 Bänden, Bd VI, ^{7}1968, p. 332.

cument où la mère, objet solitaire, est livrée au choix de l'angle de vue du photographe, il s'agit toujours d'images de "groupe avec dame". Deux aspects retiennent l'attention. Premièrement, l'intention affichée par celle qui s'offre à l'objectif, et deuxièmement l'interprétation qu'en fait le narrateur. Il n'est pas toujours aisé de distinguer avec exactitude l'une de l'autre, car, comme le remarque Susan Sontag dans son essai ***Sur la photographie***, le passage du temps fait dériver le fragment "vers un passé abstrait et mou, ouvert à n'importe quel type de lecture (ou d'association avec d'autres photos)" (28). D'ailleurs le narrateur qui ne se réfère qu'exceptionnellement à un seul cliché, et propose souvent une synthèse, en est parfaitement conscient :

> Die Fiktion, daß Fotos so etwas überhaupt "sagen" können : aber ist nicht ohnehin jedes Formulieren, auch von etwas tatsächlich Passiertem, mehr oder weniger fiktiv ? (WU, 25 - 26) (29).

L'intégration de photographies dans la narration a plusieurs fonctions. D'abord, elle traduit le malaise de celui qui, malgré son besoin et son désir de déchiffrer la destinée de la mère, constate son impuissance à sortir de son rôle d'observateur et à participer au mystère de l'individualité de celle qui lui a donné le jour (30). Les photos deviennent alors un mode de substitution. A défaut de faire partager les expériences, elles permettent de collectionner les informations, et à ce propos, on peut citer l'analyse pénétrante de Susan Sontag : "les photos sont une façon d'emprisonner une réalité conçue comme récalcitrante, inaccessible" (31). L'utilisation au style direct de brefs propos attribués à la mère relève

---

"C'est ainsi qu'ils poursuivent tous ensemble, chacun à sa manière, leur vie quotidienne, avec et sans réflexion ; tout semble suivre son cours ordinaire : de même que dans des situations effroyables, où tout est en jeu, on continue à vivre comme si de rien n'était". J.W. GOETHE, ***Les affinités électives***, traduction et notes de Pierre du COLOMBIER, Gallimard, 1954, Collection Folio, 1980, Paris, p. 135.

28. Susan SONTAG, ***Sur la Photographie***, Editions du Seuil, 10-18, Paris, 1983, p. 93-94.

29. "Cette fiction que les photos puissent vraiment 'dire' ce genre de choses : mais toute mise en formules n'est-elle pas plus ou moins fictive après tout, même s'il s'agit d'un fait réel?" (WU, 32).

30. "Sie läßt sich nicht einkapseln, bleibt unfaßlich" (WU, 47)."Elle ne se laisse pas emprisonner, reste insaisissable" (WU, 56).

31. Susan SONTAG, *Op. cit.*, p. 192.

vraisemblablement du même embarras, impression que renforce encore l'association d'une citation d'Anzengruber à la seconde photo représentant la jeune fille sereine et sûre d'elle-même avec le personnel de l'hôtel où elle est engagée comme cuisinière (WU, 20) : "Rien ne peut plus m'arriver" (32)(33). Cette méthode ressortit au style de narration adopté par l'auteur et montre qu'une telle existence n'est qu'une succession de poses. La photographie et les principes sur lesquels repose le travail d'écriture de Peter Handke présentent de nombreux points de convergence.

Le caractère de fragment de la photographie, qui est un morceau de réalité, correspond dans une large mesure au regard que jette le jeune Handke sur le monde dont il ne perçoit que le morcellement, et sur les hommes dont il peint la solitude absolue. Les observations que formule Susan Sontag sur la photographie pourraient servir à caractériser ce regard :

> (Par l'intermédiaire des photographies) le monde se transforme en une suite de particules libres, sans liens entre elles ; et l'histoire, passée et présente, devient un ensemble d'anecdotes et de faits divers... (L'appareil photo) atomise la réalité... C'est une conception du monde qui lui dénie l'interdépendance de ses éléments, la continuité, mais qui confère à chacun de ses moments le caractère d'un mystère (34).

La parfaite cohérence entre les écrits théoriques et le style du récit d'une part, et entre le style et l'objet de la narration d'autre part, est indéniable. L'histoire individuelle et l'histoire comme genre littéraire n'existent guère que comme une succession d'instantanés, qu'on ne doit pas rattacher plus ou moins arbitrairement les uns aux autres par la fiction, mais qu'il faut observer avec la plus grande attention.

---

32. "Mir kann nichts mehr passieren" (WU, 20).
33. Ce procédé peut être rapproché de la technique utilisée par le photographe américain Bob ADELMAN en 1972 pour la réalisation d'un album brossant le portrait d'un comté rural pauvre d'Alabama, intitulé ***Down Home*** où les photos des autochtones sont accompagnées de déclarations de ceux-ci. In : Susan SONTAG, *Ibid.* p. 94.
34. Susan SONTAG, *Ibid.*, p. 37.

Aucune des photos sur lesquelles figure la mère n'est à proprement parler un instantané. Dans chaque cas il s'agit d'un tableau apprêté, destiné à fixer le souvenir sur le papier, ce qui implique nécessairement le choix d'une pose pour les membres du groupe. Une impression s'en dégage : la mère se détache toujours de son environnement humain, elle est la seule actrice au milieu d'un ensemble de figurants. Photographiée adolescente au sein de la famille à l'occasion de l'achat du premier poste de radio, elle présente une allure décidée et un visage obstinément rieur (WU, 18 - 19). Cette caractéristique vaut encore pour la seconde photographie (WU, 20 - 21) : la jeune fille contraste avec la fadeur et le sérieux des autres employées de l'hôtel, qui forment un support où s'enracine une assurance conquérante. L'ensemble n'est cependant pas dépourvu d'ambiguïté ; si l'attitude générale traduit une volonté de se distinguer de la masse anonyme, il n'en demeure pas moins que le geste (une main sur l'épaule ou le bras qui enlace), semble traduire la nécessité d'une appartenance. La singularité ne se fonde que sur la communauté.

Une évolution se précise avec le troisième cliché qui manifeste l'explosion de la jeunesse (WU, 25). Il représente essentiellement un couple, mais l'élément masculin n'est là que pour révéler la nouvelle façon d'être de la jeune fille. Celle-ci concentre en effet tout son intérêt sur l'image qu'elle veut offrir à l'objectif :

> während sie nur selbstvergnügt in die Kamera lachte (WU, 25) (35).

Un glissement notoire dans les perspectives s'effectue alors, puisque l'individualité prend désormais appui sur soi et sur l'image présentée à l'autre. La confrontation impulsive avec le monde extérieur de la première période se mue imperceptiblement en une réduction des élans intérieurs aux deux dimensions d'une image destinée aux regards extérieurs. L'album de famille ne fournira pas d'indices sur le déroulement de la vie de la femme mariée ; seules quelques photos éparses que la mère n'a plus le goût de classer (WU, 75) réapparaîtront aux heures de la crise ultime, quand elle s'abandonnera aux débordements intérieurs et à la dissolution. La pellicule témoignera alors

35. "tandis que, tout à fait satisfaite d'elle, elle regardait l'appareil en riant" (WU, 32).

de l'impossibilité totale d'affronter le regard des autres (WU, 90).

La succession irrégulière des photographies dans ***Le malheur indifférent*** dessine à grands traits les étapes d'une existence que l'on peut considérer comme l'évolution par paliers des relations entretenues par un individu avec son environnement.

L'ADOLESCENCE OU L'AFFRONTEMENT INITIAL ENTRE MONDE INTERIEUR ET MONDE EXTERIEUR. LES PROLONGEMENTS

La période de l'appartenance sans heurts, la prime jeunesse, ne fait pas aux yeux du narrateur véritablement partie de l'histoire du personnage maternel. Celle-ci ne commence que lorsqu'il peut discerner - ou imaginer - des expériences individuelles. Elle débute par l'expression d'un voeu (36), celui de pouvoir apprendre, donc d'influer sur le cours de sa destinée. Si l'on tient compte des données socio-culturelles de l'époque, il est évident que le souhait modeste traduit bel et bien le désir d'échapper au projet de la communauté à l'égard des filles. Certes, il n'est pas dû à une longue réflexion, mais à une impulsion de jeunesse qui n'attend pas la plénitude de la rencontre amoureuse, comme c'était vraisemblablement le cas général, mais de l'enrichissement intérieur. Se sentir exister (WU, 20) signifie accéder à des données nouvelles, partir à la conquête de l'inconnu. Bien que - ou puisque - cette émergence du monde intérieur ne trouve pas d'écho dans la cellule familiale, elle s'affermit, devient une décision promptement transformée en acte "irrévocable". C'est la fuite et le placement comme cuisinière dans un hôtel de la région, puis les échelons gravis, et même le départ pour l'étranger. La jeune fille volontaire a réussi à donner vie à son voeu le plus cher et à le faire reconnaître. Mais le succès est fragile. Malgré un bonheur apparent et un dynamisme affiché, le retour volontaire dans la province natale ne tarde pas, imputable selon le narrateur à l'emprise d'une appartenance sociale aliénante :

36. Il en va de même dans "l'histoire" de la jeune femme gauchère : son aventure est aussi la conséquence de la formulation d'un voeu.

Das Heimweh derer, die sich nichts leisten können (WU, 21) (37).

La seconde phase d'épanouissement, l'acquisition de l'autonomie (WU, 25) au seuil de l'âge adulte, trahit déjà une soumission inconditionnelle et naïve aux séductions du monde extérieur. Elle coïncide avec l'époque de l'Annexion de l'Autriche. La confusion entre les désirs individuels latents de libération, de conquête du sens, d'expansion et l'ambiance d'une époque qui glorifie la fusion de l'individu dans la communauté et l'associe à la réalisation d'un projet exaltant dont les dimensions dépassent les rêves les plus fous, mine les fondements d'une individualité qui se cherche. La jeune femme, engloutie dans l'excitation générale, est incapable d'établir une distinction entre histoire individuelle et histoire collective, et elle s'abandonne à l'influence funeste d'une propagande bien orchestrée. La fierté naturelle, le sentiment d'exister qui l'habitent (WU, 24) ne sont jamais démasqués par elle comme étant l'émanation insidieuse d'une idéologie malsaine (38). Il faut bien admettre que ce détournement du trop-plein d'énergie juvénile est inévitable, puisqu'il a germé et pris racine dans une appartenance avec laquelle la jeune fille n'a jamais rompu, malgré une prise de distance temporaire. Toute l'ossature de l'ancienne appartenance se retrouve dans la nouvelle idéologie : l'effacement de l'individu, l'acharnement au travail, un cycle de vie programmé, la soumission au destin, une langue stéréotypée ; mais elle est transcendée par le souffle de l'esprit qui l'anime, les gestes les plus quotidiens prennent un sens et s'inscrivent dans un projet grandiose, le bonheur n'est plus relégué dans l'au-delà, et le monde est à conquérir. L'abolition des frontières géographiques ne fait qu'annoncer la disparition des barrières entre les hommes qui s'amorce (WU, 26 - 27), et l'individu cesse d'être étranger à lui-même dans un monde sans Dieu et sans effroi. L'illusion d'une appartenance idéale élargie et sécurisante est telle que la jeune fille, oubliant les exigences initiales de son monde intérieur, lie à jamais son destin à deux hommes venus d'ailleurs, symboles éphémères du renouveau.

---

37. "Le mal du pays de ceux qui ne peuvent rien s'offrir" (WU, 27).
38. La peinture de l'expérience vécue par la mère qui se dépouille de toute individualité, en imaginant acquérir une plus grande personnalité par une appartenance élargie, rejoint l'analyse que propose Gérard MENDEL de la propagande nazie dans ***La révolte contre le père***, *Op.cit.*, p. 259. Hitler avait d'ailleurs décrit le phénomène avec lucidité dans ***Mon Combat*** (***Mein Kampf***).

L'histoire de la mère ne s'arrête pas à ce stade de confusion totale entre réalités intérieure et extérieure. Si l'étape suivante, la plus longue dans le temps, est caractérisée par un rôle prépondérant du monde extérieur, les affrontements entre les deux pôles resurgissent d'une façon épisodique dans la vie de la femme et de la mère, et font d'elle un être en marge. Sa première fugue est suivie d'autres départs, vers la capitale du Reich après la naissance de son enfant, puis à nouveau vers le Berlin morcelé et défait de l'après-guerre ; mais eux aussi sont suivis de retours à la maison natale. Les promesses de la jeunesse demeurent lettre morte et jamais la rupture avec le carcan de l'enfance ne devient réalité. Mais la défaite ne sera définitive qu'à l'heure de la décision ultime et de la mort volontaire. Les sursauts d'un monde intérieur qui ne se laisse pas emprisonner émaillent le récit.

La fierté du fils-narrateur est perceptible, malgré la sobriété et la concision du récit, lorsqu'il évoque ce qui différencie la mère des autres femmes de sa génération. Mais il insiste moins sur les traits de caractères novateurs et constructifs, comme sa curiosité naturelle par exemple qui suscite désirs et départs, que sur les attitudes de rejet des facteurs d'aliénation et des épreuves du destin. Elle n'accepte pas au fond d'elle-même la résignation (WU, 36) et refuse d'accorder au travail et à la religion, qui sont pourtant les piliers de la structure sociale à laquelle elle appartient, les premières places dans l'échelle des valeurs (WU, 53, 62). A défaut de trouver le bonheur, elle s'efforce sa vie durant, avec des chances de réussite très improbables, de mettre en oeuvre divers mécanismes d'autopréservation qui, plutôt dictés par une mentalité imposée par l'éducation que choisis avec discernement, ne font qu'accélérer le processus de l'effondrement inéluctable (WU, 24, 39 - 41, 67). Les rires de la mère peuvent être rangés parmi les signes de résistance illusoire aux attaques du monde extérieur.

Au rire gauche de la jeune fille des photographies qui, faute de moyens d'expression appropriés, montre ainsi sa vitalité et ses attentes (WU, 18), succèdent les brefs éclats de rire spontanés promptement étouffés par le sentiment de honte (WU, 32,39). Mais le rire qui caractérise la majeure partie de l'existence maternelle est celui de la moquerie. Sans doute peut-il être interprété comme une façon élégante de pleurer lorsqu'il ponctue les scènes de violence avec le mari (WU, 58), comme une échappatoire commode quand il disperse les souhaits irréalisables des enfants (WU, 50), ou bien encore comme une nécessité de survie lorsque, impitoyable et méprisant, il accueille les aveux de tendresse ou de rêve du mari (WU, 35, 49) ou les lamentations des proches et voisins (WU, 89). Moyen de subversion potentielle, il n'est qu'amertume et sanglot étouffé. Il devient même grimace douloureuse quand la maladie sévit dans les derniers mois (WU, 77). Ultime dérision, le souvenir qui se grave dans la mémoire du fils dernier-né, est celui du rire sonore de la défunte (WU, 73)...

Les affrontements avec l'environnement humain et social, les offensives d'affirmation de soi ont la brièveté du rire, et leur intensité s'amenuise avec les années. Seule la secousse initiale, inhérente au bouillonnement fiévreux de l'adolescence qui suscite dans un même élan les décisions et les actes, aurait pu porter une atteinte irréversible au cours des choses. Les échappées ultérieures ne sont plus placées sous le signe de la percée, mais sous celui de l'arrangement avec une réalité extérieure prépondérante. L'aptitude à prendre des décisions s'émousse et le passage aux actes n'est pas seulement différé, mais rejeté dans un futur improbable (WU, 59) : elle envisage certes de partir, mais quand les enfants seront grands... et entre-temps d'autres seront conçus...

La belle assurance de la jeunesse, illustrée par la citation qui accompagne la deuxième photo : "Rien ne peut plus m'arriver" (WU, 20), est peut-être moins une émergence de la force intérieure, comme on pourrait le supposer d'abord, qu'une attitude superficielle destinée aux autres. Si la formule fait d'abord songer à un talisman et à une devise, symbole de la résistance individuelle aux pressions extérieures, elle se révèle bientôt être un mirage funeste qui traduit non seulement la fragilité (39), mais aussi une sorte de malédiction. Elle recèle dans la perspective du narrateur tous les germes de l'échec.

L'existence réelle de la mère commence avec l'envie diffuse de se sentir exister, d'échapper aux gestes machinaux et

---

39. La citation d'ANZENGRUBER apparaît dans ***L'heure de la sensation vraie***, p. 114, alors que l'orage qui éclate après une nuit de cauchemars plonge Keuchnig dans des images de l'enfance à la campagne et dans une réflexion sur lui et son sentiment du monde.
L'image du paratonnerre dans ***L'angoisse du gardien de but*** s'y apparente.

rituels, aux mécanismes de la détermination. Son audace pour se dégager des contraintes relève essentiellemnt de la pulsion et non de la réflexion. L'élan de l'adolescente ne peut se confondre avec un comportement de révolte. Le recul de l'âge, les éléments de comparaison pour pouvoir remettre sérieusement en cause l'ordre établi, font défaut à la jeune fille, et un manque dramatique, relevant directement de sa personnalité, aggrave le péché de jeunesse : elle ignore la peur. Etrangère à ce sentiment, elle ne peut prendre conscience des périls, et reste nécessairement désarmée devant les épreuves. Car la peur, chez Peter Handke, est ambivalente. Elle peut paralyser et conduire à la dissolution, mais elle est aussi un moyen d'accéder à la connaissance, et permet d'avoir prise sur le monde. Le narrateur attire discrètement l'attention sur le mal qui ronge la mère et l'empêche de mener à bien ses projets, lorsqu'il parle de ses expériences propres de jeune enfant grandissant dans l'angoisse d'un monde fracturé, ébranlé par la guerre. Il a six ans et quitte avec sa famille Berlin-Pankow à l'aube pour rentrer en Autriche :

> Für das Kind ab damals eine Dreiheit von Morgendämmerung, Flüstern und Gefahr... (WU, 49) (40).

Un détail qui se fait l'écho d'une remarque générale, exprimée quelques pages plus tôt, à propos de la mère et de sa réaction naïve face à la guerre et à la politique hitlérienne expansionniste :

> Es war für meine Mutter kein die zukünftige Empfindungswelt mitbestimmendes Angstgespenst der frühen Kinderjahre gewesen, wie es für mich dann sein sollte, sondern zunächst nur das Erlebnis einer sagenhaften Welt... (WU, 26 - 27) (41).

Faute de connaître la peur, la mère reste - dans la logique de Peter Handke - emprisonnée dans une sorte de non-conscience enfantine. Elle laisse défiler les images sans être capable d'observer les phénomènes, de les identifier, donc de

---

40. "... dès lors pour l'enfant une triade : jour naissant, chuchotements, danger" (WU, 58) (Traduction partiellement modifiée).
41. "Cela n'avait pas été pour ma mère ce spectacle d'angoisse de la petite enfance déterminant en partie la sensibilité future, comme cela devait l'être pour moi, mais avant tout l'expérience d'un monde fabuleux..." (WU, 33).

les nommer et de les dominer. Donner un nom aux choses quand la dissolution menace l'individu est un motif largement développé dans ***Les frelons***, et repris dans ***Le malheur indifférent***, à propos du soulagement que procurent à la mère ses visites chez le neurologue qui est à même d'intégrer les symptômes dont elle souffre dans un système de classification (WU, 82). On peut rapprocher ce constat des bienfaits retirés par la femme vieillissante des livres lus avec le fils ; ils ouvrent la voie à la dénomination, à la comparaison, à la prise de conscience, puis à la communication. Mais la clarification est tardive, les épreuves successives que traverse la mère l'attaquent de plein fouet, et l'étonnement douloureux des premiers temps (WU, 32) est suivi de défaites plus cuisantes, génératrices de désordres croissants débouchant sur un égarement total.

Le parcours de la mère n'est pas une progression rectiligne. Le déferlement du monde intérieur ne succède pas directement aux affrontements épisodiques du monde intérieur avec la réalité extérieure. Les initiatives pour secouer le joug de l'appartenance mutilante démontrent l'impossibilité d'échapper aux entraves insidieuses de l'appartenance.

L'EMPRISE DE L'APPARTENANCE

Si on se réfère au schéma général des relations entre mondes intérieur et extérieur constitutives de l'appartenance, le cheminement de la mère décrit jusqu'ici est une suite de bonds désordonnés, ne s'éloignant jamais beaucoup du monde intérieur qui leur donne l'élan. Ils demeurent des actes isolés et ils ne parviennent guère à s'inscrire dans un projet cohérent. Leur seule assise est un individu qui ne puise la force qu'en lui-même, et ne cherche pas à la communiquer. Jamais le sujet n'affecte véritablement son milieu. A ne rien attendre des autres et à rester aveugle à leurs attentes, la vie a tendance à se priver de sève, à s'étioler et à devenir un mécanisme qui s'use lentement à force de tourner à vide...(42).

42. L'intérêt tardif et superficiel de la mère pour la politique cache mal une indifférence profonde pour la chose publique et relève du même comportement :
"Sie glaubte aber nie, daß die Politik ihr auch persönlich helfen könnte.(...) Was sie wirklich betraf, war nicht politisch. Natürlich war da ein Denkfehler - aber wo ?" (WU, 71-72).

Pourtant le monde extérieur est au coeur de l'existence de la jeune femme, non seulement au travers des événements historiques qui ont infléchi le cours de sa destinée, mais dans sa préoccupation constante de présenter au monde une image conforme à sa personnalité, et dans sa tendance maladive à remplacer les actes par des mises en scène dont, plus ou moins consciemment, elle attend le salut. Mais une telle attitude ne trahit-elle pas l'espoir nostalgique de trouver dans l'intégration à un système sécurisant le remède miracle à tous les maux de l'existence ?

Les traces les plus évidentes de la rupture impossible avec l'ancienne appartenance sont marquées par les retours successifs, non seulement au pays natal, mais dans la maison familiale elle-même. Ils sont la seule issue, le résultat d'un besoin psychologique, et le plus souvent matériel. Aussi les habitudes de travail domestique et agricole sont-elles reprises sans délai, et la conformité aux réactions du groupe devient naturelle. Le besoin de faire reconnaître son nouveau statut de mère (WU, 49) est même source de satisfaction. Il n'est cependant pas possible de parler purement et simplement de rétablissement d'une situation antérieure. L'intervalle temporel et la prise de distance spatiale n'habillent pas ces retours des couleurs de l'échec ; d'une façon un peu naïve, la mère veut susciter la reconnaissance des acquis qui la différencient des autres membres de la communauté (WU, 62). Elle refuse un constat réaliste de sa place dans l'échelle sociale (WU, 71) et feint de mener l'existence d'une petite bourgeoise émancipée, par ses bonnes relations avec les notables locaux (WU, 54) et sa consommation modeste mais ostentatoire de tabac (WU, 54) et d'alcool. Elle ne s'exprime plus en dialecte que par jeu (WU, 50), et son seul projet de vie est le déclassement vers le haut au sein de l'ancienne appartenance, dénoncé avec virulence comme leurre tragique par la critique est-allemande (43). Il est jugé sans indulgence par le fils qui le considère comme une impasse (WU, 34) ; il accuse même la mère "de singer servile-

---

"Cependant elle ne crut jamais que la politique pourrait l'aider personnellement. (...) Ce qui la concernait vraiment n'était pas politique. C'était là une erreur de jugement, évidemment - mais laquelle ?" (WU, 84).

43. ***Le malheur indifférent*** est d'ailleurs la seule oeuvre de Peter Handke analysée par le : ***Romanführer A - Z, 20. Jahrhundert, Der österreichische und schweizerische Roman, Roman der BRD,*** von einem Autorenkollektiv unter Leitung von Wolfgang SPIEWOK, Volk und Wissen, Volkseigener Verlag, Berlin, ^{3}1983, p. 180-181.

ment un mode de vie inaccessible" (WU, 66) (44). Cette attitude puérile, émanation directe du "garder la face" prôné par toutes les instances éducatives dans l'enfance, n'est pas un phénomène caractéristique des années passées dans le village natal. Ce comportement, poussé à l'extrême, est également adopté pendant le séjour à Berlin, après la guerre ; privé de racines, il n'en est que plus inopérant. Le fils-narrateur l'examine avec une grande sévérité et une extrême lucidité (WU, 39 - 44).

L'évolution physique de la mère qui devient une jeune femme élégante dans les décombres de Pankow, ses efforts pour correspondre au type de la citadine évoluée d'après-guerre (WU, 34) extériorisent certes une ferme volonté de conjurer le malheur conjugal et de sauvegarder l'intégrité de son intériorité ; mais bien vite la vanité de la provocation se révèle au grand jour. Le masque ne protège pas l'individu des agressions, il indique au contraire un effacement total du monde intérieur devant les impératifs extérieurs. La mère ne maîtrise pas le processus de dissimulation et tend à devenir une marionnette dont la manipulation lui échappe (WU, 37).

Ayant choisi un mode de vie stéréotypé qui n'a plus qu'une réalité extérieure, elle se fait l'artisan de sa disparition comme individu. Si les circonstances de sa naissance l'ont "frustrée de sa propre histoire et de ses propres sentiments" (WU, 61) (45), elle-même met un terme à ce qui était promesse d'existence unique, en fondant l'individuel dans le typique. Ce qui au départ est un réflexe d'auto-défense, se mue imperceptiblement en une fuite devant sa propre conscience d'exister. L'évanouissement de la personne dans son unicité au profit du stéréotype est même perçu comme un bienfait libérateur :

> In einer solchen Beschreibung als Typ fühlte man sich auch von seiner eigenen Geschichte befreit, weil man auch sich selber nur noch erlebte wie unter dem ersten Blick eines erotisch taxierenden Fremden (WU, 40 - 41) (46).

44. "aber es war nur das sklavenhafte Nachäffen einer unerreichbaren Lebensart" (WU, 56).
45. "um eine eigene Geschichte und eigene Gefühle betrogen" (WU, 52).
46. "Une telle description qui était celle d'un type permettait aussi de se sentir libéré de sa propre histoire, parce que la sensation de soi-même ne correspondait plus qu'au coup d'oeil rapide d'un étranger qui vous jauge en objet érotique" (WU, 49).

Le culte de la façade qui entraîne un vide intérieur funeste, n'est pas sans rappeler la segmentation de type schizophrénique du regard modelé par l'éducation reçue. Croyant surmonter les prémisses de son histoire, la mère succombe à leur emprise mortelle. Dans ce paradoxe se manifeste l'un des traits caractéristiques du cheminement de la jeune femme. Elle se montre plus avide de sentiments éphémères et superficiels de bien-être (47) qu'éprise du désir profond d'un épanouissement authentique. Le narrateur la dépeint comme un être en marche vers la situation que les "éducateurs" de Kaspar présentent comme l'idéal à atteindre : la conformité absolue conduisant à une perte totale de l'individualité.

> Du selber bist in Ordnung, wenn du von dir selber keine Geschichte mehr zu erzählen brauchst : du bist in Ordnung, wenn sich deine Geschichte von keiner andern Geschichte mehr unterscheidet... (K, 26, Szene 20) (48).

La notion d'"histoire" jalonne toute l'oeuvre de jeunesse. Elle est bannie comme fiction dans les considérations littéraires théoriques, mais elle se charge d'une valeur positive lorsqu'il s'agit de l'individu et de ses expériences. La richesse de l'individu, c'est l'histoire unique de ses expériences dont toute la structure sociale tente de le dépouiller, en particulier par l'apprentissage du langage. La mentalité, qui voit le salut de l'être humain dans l'anonymat absolu, est tellement ancrée chez la mère que, constamment, elle s'efforce de surmonter les difficultés de tous ordres en cherchant à échapper au poids de son histoire, à éluder tous les problèmes d'identité. Par différents exemples, Volker Bohn (49) montre l'incapacité à assumer l'individualité, et le désir de chercher refuge dans l'image de conformité donnée de soi. Ainsi peut-on citer le "jeu" de la quinquagénaire qui, après avoir surmonté une première crise de dépression, feint toujours la maladie, ne supportant pas de ne plus être intégrée dans un système de classification apaisant (WU, 83). La dissimulation derrière une pseudo-identité, lorsqu'elle se réjouit d'être restée pour son

47. Le thème "se sentir (bien)" revient fréquemment dans le récit (WU, 20, 24, 33, 67).
48. "Toi-même tu es en ordre, quand tu n'as plus besoin de raconter d'histoire : tu es en ordre, quand ton histoire ne se distingue plus d'aucune autre histoire..."(K, scène 20).
49. Volker BOHN, *Op. cit.*, p. 372.

mari un mystère (WU, 71), relève du même phénomène (50) et contribue selon Volker Bohn à mettre en péril la survie physique. Un tel comportement n'est pas une stratégie, un renoncement à extérioriser sa personnalité, il n'est qu'un subterfuge pour trouver l'apaisement, une façon de se duper soi-même. Mais ce second exemple, situé au début du processus de dissolution définitive de la mère, s'inscrit dans le contexte particulier de la découverte de la littérature, et de la prise de conscience d'une amorce de communication possible avec le fils. Le visage offert aux regards des autres n'est plus le masque qui dissimule un vide, il est la projection d'une expérience dont la fierté et le bien-être ne sont pas exempts, et qui requiert la reconnaissance d'autrui. Mais la mère ne saura lui survivre...

LA RUPTURE MORTELLE AVEC L'APPARTENANCE

Après les errements et les tentatives désordonnées pour affirmer un moi qui, au fond de lui-même, ne redoute rien tant que de se distinguer des autres, un tournant s'amorce dans la vie de la mère avec la découverte de la littérature. C'est le début d'une nouvelle histoire, peut-être de la seule véritable histoire de la mère, celle d'une décision qui aboutit à la mort volontaire.

L'expérience de la lecture ne peut aucunement être assimilée à l'un des nombreux expédients auxquels l'héroïne du ***Malheur indifférent*** a régulièrement recours. Elle est véritablement novatrice.

D'abord, elle ne procède pas du réflexe d'auto-préservation comme la plupart des autres moyens mis en oeuvre ; au contraire, elle est due à une expérience tout à fait nouvelle, celle de la relation positive à l'autre ; c'est le fils qui lui procure cette chance (WU, 67). Pour la première fois, elle prend conscience qu'être avec l'autre ne signifie pas exclusivement une menace pour l'individu, comme elle le redoutait d'une aventure amoureuse (WU, 38), ou comme sa vie de fille, d'épouse et de mère avait pu l'en convaincre. La lecture commune avec le fils, répétant celle éphémère et radieuse de ro-

50. Volker BOHN, *Ibid.*, p. 376.

mans roses avec l'amant (WU, 28), lui permet d'éprouver un sentiment bienfaisant de protection reçue, dont elle avoue à la veille de sa mort s'être toujours languie (51).

Mais surtout, le contact avec les livres ne suscite pas seulement la perception d'un bien-être qui avait jusqu'alors été l'ambition de son existence, il dote la lectrice d'éléments de comparaison qui lui ont toujours fait défaut. Le recul par rapport au vécu individuel devenant possible, le processus du souvenir se déclenche et la conscience d'avoir une histoire se révèle. Mesurer son expérience à celle des autres permet de naître à soi, de passer de la confusion à la clarification. Lire la destinée des autres, c'est apprendre à se lire soi-même. Même si la mère n'avance sur cette voie qu'avec hésitation et s'arrête en chemin, puisque jamais le travail de la mémoire ne crée de lien avec le futur, elle y puise la vie : "Cela me redonne une jeunesse" (WU, 80) (52), avoue-t-elle au narrateur, son compagnon d'aventure.

La reconnaissance de l'autre comme interlocuteur représente le troisième élément déterminant de la confrontation avec la littérature. La découverte par l'individu de l'histoire qui lui est propre n'appartient pas au domaine des sensations vagues, elle est une réalité qui ne prend corps que s'il est des mots pour la décrire et un partenaire pour les entendre :

lernte von *sich* zu reden" (WU, 67) (53).

Une situation privilégiée s'offre à elle. La vie machinale, obscure, absurde se fait récit, et quelqu'un est là pour l'écouter. Le fils adulte, attentif à l'exploration du passé, entrevoit alors l'histoire de la mère, et le regard posé sur elle devient lui aussi vivant.

Mais la découverte décisive n'entraîne pas une lente métamorphose comme il serait permis de l'imaginer. Elle est happée par l'engrenage des réactions habituelles et n'est qu'un prélude à la dissolution totale de l'individu.

---

51. "Immer habe ich stark sein müssen, dabei wollte ich am liebsten nur schwach sein" (WU, 75).
"J'ai toujours été obligée d'être forte, moi qui aurais tant aimé être faible" (WU, 87).
52. "Ich werde noch einmal jung dabei" (WU, 68).
53. "(elle) apprenait à parler de *soi*" (WU, 79).

La hâte avec laquelle la mère adapte son comportement à l'expérience nouvelle peut expliquer l'échec. La conscience naissante d'avoir une histoire unique, d'être cette histoire, n'a pas le temps d'être approfondie ni de devenir un enrichissement réel du monde intérieur ; immédiatement elle doit être manifestée au monde extérieur par une évolution de l'image offerte aux autres. Avant même que la mère ne commence à voir clair en elle, avant même qu'elle ne puisse nommer le processus engagé, elle désire le voir reconnu par les autres. Il en résulte un lent affaiblissement de la portée de l'expérience intérieure au profit de sa projection, et le spectre du masque se profile. La raison en est-elle l'appréhension devant la nouveauté accaparante, ou bien l'incapacité à mener à terme un projet qui transforme la richesse entrevue en un visage nouveau ? L'acquis est réduit à un comportement qui affiche une supériorité, traduite par une indulgence et une compassion subites et excessives vis-à-vis des proches (WU, 68 - 69). Une perception nouvelle, celle de la communauté familiale au sein de laquelle la mère se sent responsable, n'a pas de conséquences déterminantes sur la vie du groupe, mais elle débouche pour elle sur un sens accru de la culpabilité qui mine l'assurance proclamée au dehors, et conduit à l'affirmation illusoire d'être un mystère.

La précipitation dans le jugement et le bannissement hâtif de la peur devant l'inconnu, avant qu'elle n'atteigne le seuil de la conscience, caractérisent l'existence de la mère. Après avoir des années durant fait preuve d'un manque de discernement patent en attribuant à la malchance (WU, 54) les causes de ses échecs répétés, elle-même finit par désigner le mal qui a rongé toute son existence. Alors qu'elle s'achemine avec hésitation vers le suicide, elle écrit dans une lettre de novembre 1971 :

> Ich bin nicht konsequent genug, alles zu Ende zu denken... (WU, 88) (54).

Si parfois la transformation rapide d'une décision en acte est gage de succès, cela ne s'applique que rarement au personnage maternel. Ses actes ne sont jamais véritablement la résul-

54. "Je ne suis pas assez conséquente pour aller au bout de mes idées" (WU, 103) (Traduction partiellement modifiée).

tante d'une réflexion longuement mûrie, mais la conséquence d'un élan (55). Le cadre rigide de l'éducation reçue d'une part, qui repose sur la honte et qui dénie à chacun le droit à l'initiative, d'autre part l'effacement de la notion de temps pris comme durée, phénomène inhérent à la succession des rites et des gestes machinaux, expliquent dans une grande mesure l'aspect inopérant des mécanismes d'auto-préservation mis en oeuvre.

Le narrateur peut bien feindre de croire qu'il aurait suffi de peu de chose pour que la mère s'engage sur la bonne voie (WU, 62), il ne semble pas, que du vivant de la mère, il ait voulu ou pu la guider vers le salut. Rien ne laisse entrevoir une attitude positive lors des lectures communes, si ce n'est celle de l'auditeur attentif mais passif (WU, 67). Il abandonne la mère à ses troubles à la fin de l'été 71 et s'enfuit devant le regard intense de la malade qui cède aux débordements, fractures et blessures de son intériorité, symbolisés par l'image de la mise à nu impudique des entrailles (WU, 77) (56). La référence au roman de Kafka, ***L'Amérique***, pour décrire le regard de la mère, exprime la violence des attentes et le désespoir résigné qui l'accompagne. Le fils peut certes comprendre, le fils peut certes être un intercesseur, mais il est impuissant à changer le cours des choses (57). La solitude de l'individu pris dans les rets de la détermination est absolue.

Si le manque d'intervalle temporel entre l'expérience nouvelle et ses répercussions sur la façon d'être et de paraître compromet toute chance de renouveau, il est tout aussi exact d'affirmer que la prise de distance impossible entre l'expérience nouvelle et le contexte quotidien, banal et aliénant, nuit à l'éventualité d'un recommencement. Réussir à changer dans un milieu figé relève de la gageure. Se sentir diffé-

---

55. Le déroulement de l'existence de la mère s'adapte parfaitement aux remarques de Gaston BACHELARD sur l'importance du commencement : "En s'élançant on croit s'accrocher à une durée toute faite ; en réalité, on manque à commander à la durée. L'élan apporte d'une manière paradoxale la passivité à l'action. On peut en être sûr : qui s'élance se fourvoie" in : ***La dialectique de la durée***, *Op. cit.*, p. 42.
56. Des images similaires qui trouvent sans doute leur origine chez Kafka, accompagnent l'évocation des crises auxquelles sont exposés Bloch (AdT) et Keuschnig (SwE).
57. Walter WEISS donne une intéressante interprétation de cette scène in : ***Peter Handke "Wunschloses Unglück" oder Formalismus oder Realismus in der Literatur der Gegenwart***, *Op. cit.*, p. 451-452.

rent ne suffit pas à modifier l'image perçue par les autres, et à influer sur les relations entretenues. C'est une tâche longue et hasardeuse qui requiert patience et persévérance, c'est-à-dire des qualités dont la mère n'est pas dotée. Malgré les allégations répétées du narrateur qui attribue à la mère un rôle de révélateur pour les femmes de son milieu (WU, 78, 95), on constate que le seul facteur capable de la tirer de l'anonymat est précisément le récit du fils. Comment assumer un changement en restant prisonnière d'une médiocrité ambiante qui devient de ce fait encore plus intolérable, comme il l'est suggéré à propos du mépris éprouvé pour le mari (WU, 70). Oublier les gestes machinaux, l'esprit d'ordre inculqué depuis toujours, n'est qu'un rêve inaccessible ; l'emprise de l'appartenance est telle que la maîtrise du corps échappe à l'individu :

> Sie versuchte, unordentlich zu werden, aber dazu hatten sich die täglichen Handgriffe schon zu sehr verselbständigt (WU, 74) (58).

Sans la décontextualisation, dont la nécessité avait été perçue confusément par l'adolescente et la jeune femme qui, par trois fois quitte le village natal, la naissance de l'individu à lui-même n'est qu'un leurre. Peter Handke s'applique à le montrer tout au long du récit. Prenant l'exemple du langage, Cecile C. Zorach (59) a mis avec finesse en évidence qu'il s'agit là d'un des axes prioritaires de l'oeuvre. Le choix de l'exergue - deux citations en langue originale de Bob Dylan et de Patricia Highsmith -, souligne selon elle le rôle attribué aux cultures étrangères, tant pour la protagoniste que pour le narrateur. Sorti de son contexte, le langage se métamorphose, s'épanouit, se dégage des formules creuses et ancestrales, il peut se mettre au service de l'individu et devenir un mode d'expression personnel. Les voyages à l'étranger de la mère, en Allemagne et en Yougoslavie, produisent un allègement immédiat ou symbolique. Les bribes de slovène, parlé sans contrainte avec les Russes à Pankow pour le plaisir, la "libèrent" (WU, 38), et d'une façon plus imagée, le pouvoir de la langue étrangère se manifeste quand la famille quitte le secteur oriental de Berlin, à l'aube, en 1948 : tel un mot de passe magique, la réponse en langue slovène assure le retour en Autriche. Les va-

---

58. "Elle essaya de devenir désordonnée mais les gestes quotidiens avaient déjà acquis trop d'autonomie" (WU, 87).
59. Cecile Cazort ZORACH, ***Freedom and Remembrance***, *Op.cit.*, p. 486 - 502, ici 492 - 498.

cances thérapeutiques en Yougoslavie ont elles aussi des conséquences bénéfiques dans le domaine de la communication ; les nombreuses lettres adressées aux proches et amis et la conversation spontanée au retour en témoignent (WU, 84). Cecile C. Zorach relève un autre élément intéressant, l'"éducation" par la littérature ne se produit que par le truchement d'écrivains étrangers parmi lesquels un seul, Fallada, appartient à l'espace linguistique germanique.

Certes, la mère ne prend jamais directement conscience de l'influence qu'exerce le langage transmis par la culture et l'éducation ; mais lorsqu'elle est livrée aux crises les plus violentes, elle a l'intuition de la nécessité de se l'approprier pour survivre, en créant des liens de communication. Le narrateur mentionne son impérieux besoin d'écrire lorsqu'elle craint de perdre la raison (WU, 81), puis la rédaction de mots d'adieu quelques heures avant l'ultime décision (WU, 91). Sans doute ces lettres doivent-elles être davantage interprétées - pour reprendre une image utilisée par le narrateur - comme une nécessité respiratoire, comme un impératif vital, que comme une incitation réfléchie à l'échange. La mère use du langage - en écrivant ou en racontant - moins pour susciter une réaction de l'autre et par suite favoriser une progression de la pensée, que comme moyen pour s'entendre elle-même et être entendue. L'absence funeste d'attentes précises à l'encontre de l'interlocuteur est révélée une fois encore.

Si le récit du suicide de la mère est une illustration de la conviction intime de Peter Handke que la libération de l'individu passe obligatoirement par un langage régénéré, dépouillé de sa gangue sclérosante, il n'en demeure pas moins que *Le malheur indifférent* met tout aussi clairement en évidence l'impossibilité dans laquelle se trouve la mère de se libérer par ce moyen. Kaspar réussit partiellement à se jouer des "éducateurs" par une utilisation détournée de l'instrument de son asservissement, mais la mère ne parvient pas à surmonter les obstacles surgis du nouveau langage acquis à la lecture d'oeuvres littéraires, qui lui permet de se percevoir comme individu et non plus comme type (WU, 67), une transformation que reflète le passage du "ON" au "ELLE" dans le récit. On peut même discerner dans cet enrichissement la cause de la fracture irrémédiable avec l'environnement, qui s'achève sur les incontrôlables débordements de l'intériorité. Cecile C. Zorach (60) analyse les raisons de cet échec avec perspicacité. Désormais incapable d'utiliser spontanément le mode d'expression en usage dans son groupe social, la mère voit les bases de la communication se détériorer. Ou bien l'activité de la mémoire déclenchée par les lectures charge chaque mot du poids de souvenirs insoutenables qui la torturent et l'étranglent (WU, 81), ou bien "elle prend tout à la lettre" (WU, 98) (61), et se trouve dans l'incapacité de poursuivre une conversation. Peu avant son suicide, elle confie à son fils :

> Ich rede mit mir selber, weil ich sonst keinem Menschen mehr etwas sagen kann (WU, 88) (62).

La tragique destinée de la mère conduit de l'adoption inconsciente d'un langage codifié, inapte à faire naître une communication véritable, à la découverte d'une fonction du langage qui donne à l'individu un moyen de parler de lui-même, de posséder une histoire, donc une existence, mais qui, dans la situation de la mère, ne provoque pas une ouverture sur l'autre, entravant ainsi la poursuite de l'édification de l'histoire personnelle.

La découverte de la littérature entraîne d'une façon discrète, mais radicale, une rupture décisive avec l'appartenance. L'absence de communication entre membres du groupe social, résultat d'une situation socio-culturelle de contrainte, pèse lourdement sur le devenir de la mère. Elle s'y soumet sans jamais en prendre véritablement conscience, mais ce qui brise sa résistance constante quoique superficielle à cet état des choses, c'est le constat de l'impasse dans laquelle la plonge le langage nouveau. Seule avec un mode d'expression inadapté à son environnement, n'ayant plus prise ni sur le monde, ni sur les hommes, elle est exposée au risque de la dissolution.

La perte de l'orientation dans l'espace, l'incapacité à éviter les obstacles et à retenir les objets (WU, 79) symboli-

---

60. *Ibid.*, p. 493 - 498.
61. "SIE NAHM ALLES WÖRTLICH" (WU, 83).
62. "Je me parle à moi-même parce que sinon je ne peux plus rien dire à personne" (WU, 103).
Manfred DURZAK, ***Peter Handke und die Gegenwartsliteratur***, *Op. cit.*, p. 122, montre que Peter Handke illustre l'éveil de la mère à un nouveau langage en émaillant la dernière partie du récit d'extraits de lettres.

sent la coupure radicale entre le monde intérieur et le monde extérieur. La réalité se dérobe chaque jour davantage, et il devient impossible d'imposer une image de soi. Le vide laissé est alors envahi par une intériorité que plus rien ne peut contenir. Si l'appartenance a entravé la vie de la mère, la rupture avec l'appartenance provoque la mort.

Il est évident que la rupture avec l'appartenance n'est pas en soi mortelle, mais elle risque de le devenir si l'individu est incapable d'en prévoir l'ampleur et d'en assumer les conséquences. L'éducation reçue n'était pas de nature à préparer la mère à cette chute brutale dans l'inconnu ; la curiosité et la fierté qui l'habitent ne sont pas des qualités adaptées pour affronter la grande épreuve du vide. La maîtrise de la révélation requiert le sens de l'observation, la patience et la confiance, or la mère en est privée. La découverte brutale d'une réalité nouvelle la prend au dépourvu... Mais à qui imputer la responsabilité de ce qui aurait pu être une chance et qui en fait n'est qu'un facteur de déséquilibre ? Le rôle du fils pourrait être invoqué puisque ses propositions de lecture ont engagé le processus mortel, mais ce serait s'arrêter aux apparences. Une cause plus générale doit être recherchée ; sans doute peut-elle être trouvée dans les grandes mutations de l'environnement social qui se dessinent alors.

La société à détermination traditionnelle garantit à l'individu un cheminement sans heurt de la naissance à la mort. Le langage, les principes éducatifs assurent une cohérence parfaite entre les désirs, les besoins et les normes en vigueur. Les trop-pleins d'énergie sont canalisés par les rites et la religion. L'individu ainsi "libéré" de la nécessité d'une réflexion personnelle est bien adapté à la vie de dur labeur qui l'absorbe tout entier. Mais la machine ne peut fonctionner que dans un environnement qui bannit l'imprévu et la nouveauté. Or les conditions d'existence commencent à changer, même dans les villages les plus reculés de Carinthie. Le narrateur ne s'attarde pas à les décrire longuement, il les mentionne discrètement. L'énumération des appareils électro-ménagers acquis successivement, quelques citations de la mère, au discours direct, exprimant son émerveillement devant le fer électrique (WU, 66), suffisent à révéler la teneur des changements qui s'amorcent. Le travail devient moins pénible, il est exécuté plus promptement, le temps libre devient réalité, mais il laisse la mère désemparée (WU, 66). La joie n'envahit pas l'individu affranchi des servitudes quotidiennes, au contraire un sentiment de vide s'installe. L'ancrage dans les habitudes paralysantes et sécurisantes cède la pace à une sorte de flottement auquel il est difficile de faire face par manque de préparation. Le temps de la surprise passé, le jeu pris par les rouages d'un mécanisme jusqu'alors bien rôdé suscite la montée d'élans inconnus, de désirs, de besoins qui échappent aux normes admises.

Une fissure se dessine dans la structure sociale figée, une brèche s'ouvre dans des individus inadaptés aux mutations. Le monde extérieur n'est plus un cadre allant de soi, décor d'activités machinales, il devient un lieu où l'individu s'égare, à la recherche d'une nouvelle façon d'être. C'est précisément à ce moment que le narrateur situe la découverte de la littérature pour l'héroïne du récit. La simultanéité des expériences - la perte de la maîtrise de l'environnement et de soi, provoquée par les mouvances du temps, et la perception des possibilités insoupçonnées d'un langage dont l'évidence se dérobe - précipite la mère dans une situation de détachement absolu.

La mort choisie est révélatrice du cheminement de celle que le fils-narrateur s'efforce de présenter comme destinée unique et cas exemplaire. La femme vieillissante n'a pas la nostalgie d'un retour à un stade initial de confort psychique ou du moins de recommencement symbolique comme pourrait le signifier un suicide par noyade. Elle ne cède pas non plus au vertige devant les abîmes de la nouveauté, et ne s'évanouit pas dans l'attraction exercée par l'inconnu en se précipitant dans le vide. Elle préfère l'engourdissement définitif de la conscience. L'ingestion massive de somnifères et tranquillisants, dans la maison familiale, doit être interprétée comme le refus ultime d'assumer les aléas de l'histoire individuelle. La mère n'accepte pas la remise en cause totale de tous les liens d'appartenance, la force lui manque pour affronter la périlleuse aventure entrevue dès l'adolescence. La fuite délibérément choisie consiste à fermer les yeux devant les richesses offertes pour s'abandonner au néant anonyme auquel son appartenance originelle l'a destinée. La mise en scène parfaitement réglée du suicide est une ultime soumission au principe du "garder la face" qui a modelé son existence.

DU VOEU A LA VOLONTE, L'INFRANCHISSABLE ABIME

Le titre original du récit (63) - nécessairement mutilé par la traduction puisqu'il n'est pas aisé, comme le fait l'écrivain autrichien, de jouer avec l'adage populaire évoquant un bonheur sans mélange pour exprimer en français la plénitude du malheur - semble accorder d'une façon générale une valeur positive à la capacité d'émettre un souhait. Ainsi le malheur est-il à son paroxysme lorsqu'il a tué dans l'individu le moindre germe de désir. Mais la signification de "Wunsch", qui est issu en droite ligne de l'univers du conte, et qui figure aussi dans le titre d'un recueil de poésies et textes publié en 1974 (64), doit être nuancée. Compris comme un désir, il illustre la capacité de l'être humain à aspirer au changement, au renouvellement, donc à la vie véritable ; mais le déroulement du récit fait songer davantage à sa définition première qui le présente comme un souhait dont la réalisation tient davantage au monde de la magie qu'à la volonté obstinée de celui qui l'exprime. Le voeu dans le conte manifeste l'inespéré, le merveilleux qui échoit au pauvre hère au détour du chemin. Il est un choix des dieux. Croire à la possibilité de son émergence aide alors à vivre ou à survivre dans des circonstances difficiles. Mais l'époque où l'espoir aidait à vivre est révolue. L'obscur désir qui habite la mère, tout au long de son existence, se révèle purement négatif. Il est une illusion qui détourne l'individu de lui-même, des exigences profondes de sa réalité intérieure pour le précipiter dans un monde extérieur qu'il n'a pas pris le temps de déchiffrer. Il serait plus juste de qualifier le principe de vie de la mère d'aspiration, d'attente confuse, que de le désigner comme étant un désir, si l'on se réfère à l'acception première du terme selon le ***Petit Robert*** (65) : "prise de conscience d'une tendance vers un objet connu ou imaginé". Car le drame de la mère se noue à ce niveau précis où l'élan qui provoque les actes et comportements n'atteint jamais le seuil de la conscience. Il est une poussée qui ne laisse jamais à l'héroïne du récit le temps de

63. Rolf Günter RENNER, *Op.cit.*, 90, insiste dans son interprétation du titre sur l'incapacité de la protagoniste à formuler des souhaits ou à les satisfaire. La mort est le seul voeu à la réalisation duquel la mère a pu pourvoir elle-même.

64. Peter HANDKE, ***Als das Wünschen noch geholfen hat***, Suhrkamp Taschenbuch 208, 1974. L'exergue, constitué des premières lignes du conte de Grimm ***Der Froschkönig***, indique l'origine du titre.

65. Le ***PETIT ROBERT***, *Op.cit.*, p. 516.

s'interroger sur les motivations et attentes, sur le but à atteindre et les moyens à mettre en oeuvre. Le désir est calculateur, déterminé, il résiste aux obstacles et fait exploser les conventions. Quand son objet est vaste et ambitieux, il peut, envie lancinante et volonté obstinée, engager un processus de clarification salutaire.

Habituée aux limites imposées par sa classe sociale et son environnement culturel, accoutumée par des principes religieux archaïques à voir dans l'individu d'ici-bas un être méprisable, la mère n'a pas su se dégager d'une attitude de refus superficiel. Certes, le narrateur prononce un réquisitoire impitoyable contre un milieu qu'il était vain pour une femme de vouloir affronter (WU, 17), bien sûr il tente constamment d'élever la femme qui l'a fait naître au rang de précurseur qui a ressenti les secousses d'un monde en mutation, mais il ne réussit pas vraiment à masquer les insuffisances de la femme. Le lecteur les soupçonne, même si à aucun moment elles ne sont clairement nommées. L'insistance avec laquelle le fils-narrateur se met en scène - ce qui représente environ un cinquième du récit - sous le prétexte tout à fait justifié de montrer la difficulté d'écrire, contribue à projeter derrière le parcours de la mère la silhouette d'un fils qui, lui, a réussi à se mettre en chemin et à partir à la conquête de l'intervalle et du verbe. Il serait peut-être exagéré de prétendre que le récit sur l'existence de la mère a pour fonction essentielle de mettre une nouvelle fois en écriture le lent cheminement de Peter Handke vers lui-même, mais il est indéniable que le processus du souvenir déclenché par la mort volontaire de la mère provoque un retour de l'écrivain sur les données de l'enfance. Ecrire l'histoire de la mère revient à mettre au jour les fondements de la sienne. Il met à profit l'occasion qui lui est fournie pour établir une comparaison discrète mais omniprésente entre les facteurs ayant déterminé les deux générations, et pour mettre indirectement en parallèle les modes de réaction des deux protagonistes du récit aux données initiales.

Tant R.G. Renner (66) que V. Bohn (67), pour ne citer qu'eux, ont mis en évidence le parallélisme existant entre les difficultés rencontrées par la mère tout au long de sa vie, et celles auxquelles se heurte le fils-narrateur dans son travail

---

66. R.G. **RENNER**, *Op.cit.*, p. 90.
67. V. **BOHN**, *Op.cit.*, p. 368.

d'écriture pour les représenter. Ni l'un ni l'autre ne réussisse à créer l'intervalle entre l'individu et une réalité jamais maîtrisée, et leurs tentatives respectives s'achèvent sur un constat d'échec. Le récit achevé, l'angoisse mortelle que le narrateur voulait conjurer par l'écriture, s'empare toujours de lui (WU, 99), et l'effroi le plonge dans un état d'abandon aux maléfices extérieurs (WU, 99), tout à fait comparable à celui de décomposition où la mère exhibait ses entrailles (WU, 77). Cependant, la prise en compte de la dernière phrase du récit :

> Später werde ich über das alles Genaueres schreiben (WU, 105) (68),

contraint à relativiser la notion d'échec en ce qui concerne le narrateur. S'il y a échec, il ne peut être définitif (69) puisqu'il inclut la dimension de l'avenir, qui est toujours restée inaccessible à la mère (WU, 68). Le futur ne doit pas être compris pour le fils comme l'éventualité d'une lecture plus approfondie des faits en raison d'un recul objectif dans le temps, mais comme la possibilité d'établir une relation différente entre le vécu donné et un individu en évolution. Cette interprétation s'apparente à celle de W. Weiss (70) qui rapproche la conclusion du ***Malheur indifférent*** de celle de l'***Hyperion*** de Hölderlin où il s'agit là aussi d'engager par l'écriture un processus de clarification sur l'existence (71). Wolfram Mauser (72), qui s'appuie d'une manière systématique sur les acquis de la psychanalyse et examine ***Le malheur indifférent*** sous l'angle d'un conflit mère-fils irrésolu, insiste davantage encore sur l'importance du récit pour le narrateur, personnage fictif mis en place par l'écrivain pour exorciser les démons entravant son cheminement personnel. Le regard porté sur la mère devient un moyen de voir clair en soi, de créer des conditions favorables permettant un nouveau départ, ou du moins la poursuite de la marche sur la route qui conduit l'individu à lui-même. Les motifs centraux attachés au personnage maternel :

---

68. "Plus tard, j'écrirai sur tout cela d'une façon plus précise" (WU, 122).
69. V. BOHN, *Ibid*, p. 377.
70. W. WEISS, *Op.cit.*, p. 448.
71. Johann-Christian-Friedrich HOELDERLIN, ***Hyperion oder der Eremit in Griechenland***, in : ***Sämtliche Werke***, Dritter Band, Kohlhammer Verlag, Stuttgart, 1958, p. 166."So dacht ich. Nächstens mehr."
J.C. HOELDERLIN, ***Hyperion*** ou l'Ermite de Grèce, précédé du fragment ***Thalia***, traduction de Philippe JACOTTET, N.R.F., Gallimard, Paris, 1973. "Ainsi pensai-je. J'en dirai plus une autre fois".
72. W. MAUSER, *Op.cit.*, p. 85 - 89.

le manque de confiance en soi et l'inaptitude à communiquer, résultant de l'expérience fondamentale du "ne jamais être entendu" (WU, 17), reflètent en réalité les préoccupations majeures du fils, et sont à l'origine même de son ardent désir et de son irrépressible besoin d'écrire.

La mort de la mère n'est pas en fin de compte la manifestation d'un échec total puisqu'un jour son monde intérieur a su, l'espace d'un instant, se muer en un cri de révolte mettant un terme au phénomène de laminage exercé par la réalité extérieure. Mais surtout, ce qui donne toute sa valeur à l'épisode ultime de l'histoire de la mère, c'est qu'il a provoqué chez le fils écrivain un choc qui a aiguisé sa conscience, et lui a fait percevoir les expériences premières qui l'ont amené, dès l'adolescence, à travailler à l'édification de son histoire propre par l'écriture, acte de communication suprême, initiateur d'une appartenance élargie.

CHAPITRE 2

L'APPARTENANCE REFUSEE : GREGOR.

> ... er reckt sich auf und brüllt den lautlosen Schrei... (H, 248) (1).
>
> Wer, oh wer unter uns erträgt die stummen Schreie der Toten ? Nur der Schnee hält das aus, der eisige. Und die Sonne. Unsere liebe Sonne.
>
> Wolfgang BORCHERT, ***Mein bleicher Bruder*** (2).

L'analyse des données familiales, et l'étude des réactions de la mère à l'appartenance, permettent de dresser un rapide inventaire des manques relevés par le fils. Enfant et adolescent, il occupe la position privilégiée de l'observateur inobservé. La mère est, dans la chronologie et l'importance, la première personne qui s'offre au regard d'abord vide de

---

1."...il se redresse et hurle le cri silencieux..." (H, 214) (Traduction légèrement modifiée).

2. Qui parmi nous supporte les cris silencieux des morts ? Seule la neige le supporte, la neige glacée. Et le soleil. Notre cher soleil."
W. Borchert, ***Mon frère blême***, in : ***Draußen vor der Tür und ausgewählte Erzählungen***, 1947, Rowohlt Taschenbuch, Hamburg, [23]1964, p. 68.

conscience, puis avide et douloureux. Si elle est "l'éternelle perdante" (WU, 43), ce n'est pas uniquement à cause du poids d'une appartenance mutilante, mais aussi en raison d'un aveuglement total vis-à-vis de soi et du monde. On le sait, le narrateur discerne le mal, mais il évite de le nommer. La seule perception que la mère a d'elle-même est une image, non pas celle que renvoie le miroir à celui qui le scrute pour y puiser la force et la confiance en soi (3), non pas celle que se forgent les membres de la communauté en comparant leurs attentes légitimes au comportement adopté par l'individu considéré, mais celle, éphémère et gratuite, que l'étranger se fait du passant rencontré par hasard au détour d'une rue (WU, 40 - 41). L'incapacité à regarder avec distance et lucidité le monde donné et les expériences vécues s'accompagne d'une inaptitude de la mémoire à fixer les souvenirs et à les rappeler, c'est-à-dire à maîtriser l'intervalle temporel. Mais le déficit le plus patent recensé par le narrateur est avant tout l'impossibilité absolue d'engager des relations d'échange avec les autres.

Ainsi est-il tentant d'adopter comme hypothèse que *Les frelons*, roman familial, sont la transcription dans le monde imaginaire des expériences et des observations liées au personnage maternel et à ses manques. Il n'est pas besoin d'attendre la rédaction de *La courte lettre pour un long adieu* pour que, dans l'oeuvre de Peter Handke, se dessine obscurément une voie menant du souvenir passif des souffrances de l'enfance à l'histoire d'un désir générateur de perpectives nouvelles (4).

Le premier roman peut être conçu comme un soulèvement titanesque destiné à secouer les désordres du monde incarnés par la mère, prise dans sa double dimension sociale et individuelle.

---

3. Ce sera l'interprétation des scènes de miroirs dans *La femme gauchère*.
4. R.G. RENNER, *Peter Handke*, *Op.cit.*, p. 76 - 79 étudie le passage du souvenir douloureux et passif à la mémoire active, dans *La courte lettre pour un long adieu*.

2.1. STRUCTURE DU ROMAN.

Hétérogénéité, confusion, complexité sont les impressions qui prévalent lors d'une première lecture du roman de jeunesse. Encore sous le choc de l'"outrage" aux écrivains du Groupe 47, les critiques se sont précipités sur *Les frelons* pour confronter les déclarations théoriques à l'oeuvre produite ; le cahier de ***Text und Kritik***, édité trois ans plus tard, rend compte de la virulence des propos, de la sévérité des jugements et du désarroi de leurs auteurs. Sans être aussi excessives que la remarque de Klaus Stiller (5) qui va jusqu'à prétendre que la prose des *Frelons* est restée incompréhensible aux lecteurs de la maison Suhrkamp eux-mêmes, des analyses largement postérieures comme celles de M. Mixner (6), de R. Nägele/ R. Voris (7) et de M. Durzak (8) insistent encore sur la difficulté de la lecture. Elle est imputable au mode particulier de perception et de description, à la monotonie qui s'en dégage, au type de langage expérimental et à la complexité des imbrications spatiales et temporelles (9). L'habillage du produit de librairie, le texte d'introduction figurant sur la jaquette du volume publié chez Suhrkamp (10), sert souvent de seul tremplin pour trouver un accès au roman. L'oeuvre et l'auteur subissent ainsi un traitement analogue, puisque le "costume" du premier rôle de Princeton a souvent tenu lui aussi une place démesurée dans les chroniques littéraires de la presse allemande. On peut par ailleurs retenir une concordance partielle entre les recensions des premières heures et les remarques formulées par Peter Handke sur *Les frelons*, quelques années plus tard. Il déplore

---

5. Klaus STILLER, *Op.cit.*, p. 46.
6. Manfred MIXNER, ***Peter Handke***, Athenäum Taschenbücher, Kronberg, 1977, p. 1 - 26.
7. Rainer NAEGELE / Renate VORIS, ***Peter Handke***, Autorenbücher, Verlag C.H. Beck, München, 1978, p. 36 - 41.
8. Manfred DURZAK, ***Peter Handke und die deutsche Gegenwartsliteratur***, Stuttgart, Berlin, Köln, Mainz, 1982, p. 49 - 64.
9. Une intéressante analyse des ***Frelons*** est proposée par Mireille TABAH, in : ***Vermittlung und Unmittelbarkeit, Die Eigenart von Peter Handkes fiktionalem Frühwerk (1966 - 1970)***, Europäische Hochschulschriften, Peter Lang, Frankfurt/Main, 1970, p. 77 - 111.
10. Le texte est de Peter Handke : cf. Interview de Peter Handke, in : Manfred DURZAK, ***Peter Handke***, p. 49.

les archaïsmes et le style ampoulé qui nuisent à la lisibilité ; il se déclare convaincu qu'en dépit du nombre élevé des acheteurs, surtout de la version de poche (11), peu de gens ont lu ***Les frelons***, et que personne ne les lira plus... Cela ne l'empêche pas de dire souvent son attachement à cette oeuvre de jeunesse, portant le sceau de l'authenticité, et l'empreinte du monde magique de l'enfance et des expériences vécues alors (12).

L'on peut indiscutablement reprocher à la critique des années 60 de s'être laissé abuser par les apparences, de n'avoir voulu à toute fin considérer le roman qu'au travers de l'image déformée et déformante de son auteur et, par suite, de l'avoir rangée précipitamment dans la littérature à la mode, promue par les pratiques commerciales douteuses du monde de l'édition. Il faut admettre que les mécanismes psychologiques déclencheurs d'écriture sont bien dissimulés derrière les discours théoriques sur les rapports du langage au réel, et qu'il n'est pas aisé de soupçonner leur ampleur (13). La mise au jour d'une structure n'est rendue possible que par la connaissance de l'évolution ultérieure de l'oeuvre et de l'homme. L'intervalle temporel est indispensable pour tenir ***Les frelons*** à distance de l'homme devenu célèbre qui les a écrits dans la fièvre et le rigorisme excessif de l'adolescence, et pour les isoler des courants littéraires de l'époque. Il est nécessaire de rompre avec les entraves de l'appartenance temporelle pour déceler les liens d'échange unissant l'individu à l'oeuvre, et révéler comment homme et roman se sont mutuellement donnés vie. On ne peut plus souscrire entièrement à l'analyse de M. Mixner qui analyse ***Les frelons*** sous l'angle exclusif du langage et de ses implications sociales, et relègue l'interprétation des éléments psy-

---

11. Peter HANDKE, in : M. DURZAK, *Ibid.*, p. 51.
12. Peter HANDKE, in : Manfred DURZAK, ***Gespräche über den Roman***, *Op.cit.*, p. 327.
13. Werner THUSWALDNER souligne dans un article de 1985 l'importance souvent négligée des ***Frelons*** pour la compréhension de l'oeuvre de Peter Handke. Il établit une brève comparaison entre ce roman et celui de Franz INNERHOFER, ***De si belles années.*** Alors qu'il s'agit pour ce dernier de se débarrasser de son histoire, de transmettre un contenu, Peter Handke s'applique lui, à mettre au point une stratégie de la dissimulation, in : ***Die Arbeit am Glück***, P.Handke., hrsg. von G. MELZER und J. TÜRKEL, Athenäum, Königstein, 1985, p. 31 - 44.

chologiques à une place tout à fait secondaire. On ne peut davantage se satisfaire des remarques qui en découlent, et faire relever de l'arbitraire la classification dans le genre romanesque de ce jeu sur le langage (14). Peter Handke décrit une crise dans *Les frelons*, qui ne se laisse pas réduire à une contribution plus ou moins originale à un vaste débat théorique sur le langage ; héritée d'un passé individuel, la crise secoue la personne, non seulement dans sa relation aux choses et aux mots, mais elle met avant tout en cause sa situation face à l'autre, face aux autres. Il n'est pas dans *Les frelons* de fiction romanesque au sens banal du terme ; une histoire à l'enjeu existentiel, qui est la transcription d'expériences vécues dans une période déterminée, y est relatée. L'argumentation de Heinz Plavius, pour lequel *Les frelons* ne seraient que "la description d'une description", et à ce titre ne sauraient être classés qu'avec réserve dans la catégorie roman (15), ne peut pas davantage être acceptée sans restriction, bien que Plavius place la question de l'identité au premier rang des problèmes abordés. Dans cet essai encore, le critique ne part pas de l'oeuvre dans sa globalité - une globalité bien réelle en dépit de son morcellement -, mais la mesure à l'aune des théories en vogue, à celle de la dépersonnalisation dans la société industrielle de masse, et la confronte aux caractéristiques des romans contemporains de la nouvelle tendance : absence de héros, histoire ouverte, adoption de rôles ("effet Gantenbein"), pour conclure à l'insuffisance patente.

La structure du roman, l'auteur la désigne dans le grandiose chapitre du *Retour à la maison* (H, 231 - 264). C'est une boucle (H, 258), semblable à celle - symbole du souvenir - que décrivit dans la cour de la ferme la charrette à bras ramenant la dépouille de Matthias, et à celle du présent que décrit Grégor avec le vélo du frère pour regagner sa chambre ; elle est semblable aussi, pourrait-on ajouter, à celle que décrit le soleil au cours d'une journée (le récit se déroule de l'aube au crépuscule), semblable enfin à la poussée de l'imaginaire qui,

---

14. M. MIXNER, *Op.cit.*, p. 22.
15. Heinz PLAVIUS, ***Wie tief stechen die Hornissen***, in : ***Ueber Peter Handke***, herausgegeben von Michael Scharang, Suhrkamp, Edition Suhrkamp, Frankfurt/Main, 518, 1972, p. 31 - 37.

empêtré dans les souffrances du passé, tente de les circonscrire, pour finalement risquer une échappée timide vers un avenir incertain. Il est plus juste de parler d'amorce de spirale plutôt que de cercle, dans la mesure où le dernier chapitre suggère le départ. La courbe ne rejoint pas véritablement le point initial, elle s'écarte légèrement du centre, quittant la sphère du souvenir pour celle du rêve. Si le mouvement du retour est omniprésent, dans l'exergue, dans l'attente angoissée de novembre, dans celle fébrile et imaginaire de l'été, et dans la longue marche de Grégor, il est considérablement tempéré par l'évocation constante de la brisure qui rend impossible le rétablissement de la réalité antérieure. L'exergue ne laisse pas de doute, le retour de la guerre ne peut signifier qu'un recommencement fondé sur des données nouvelles...

MISE A NU DE LA STRUCTURE

Tout le roman s'organise autour d'un noyau central constitué par le présent du narrateur, fait du déroulement chronologique d'un dimanche d'été, des perceptions et des obsessions du sujet. Les axes temporels issus du noyau le partagent en quarts et prolongent le découpage dans les cercles concentriques dessinés successivement par les sphères de la mémoire, de la description et de l'imaginaire (16).

Le premier quart (séquences 1 à 32) s'étend du réveil au retour de la messe, et il est baigné par la nostalgie de l'unité perdue, de l'appartenance sans heurt. A ce premier stade, la mémoire ne se souvient pas tant de l'éclatement de la fratrie, que des efforts désespérés pour le conjurer. Les souvenirs s'accompagnent du descriptif précis d'une appartenance socio-culturelle caractérisée par les rites figés, une tradition immuable et les souffrances quotidiennes acceptées en silence. Quant à l'imaginaire, il se plaît à recréer les conditions d'une rencontre fictive entre les deux frères, Gregor et

16. Pour plus de précision, se reporter à la représentation schématique qui fait suite à ces remarques générales.

l'homme au sac marin, et à esquisser le mythe de l'unité perdue et retrouvée.

Le second quart (séquences 33 à 53), situé exclusivement dans le logis familial, comprend les préparatifs du repas dominical, le déjeûner et la sieste. Tous les niveaux de cette partie du roman concourent à mettre en évidence l'ambiguïté fondamentale de la relation entre le monde intérieur et le monde extérieur, l'appartenance se lézarde. Le sujet médite sur le sens de "geschehen" (se produire), tandis que les souvenirs égrenés se rattachent aux thèmes du mensonge et du défi. Parallèlement, les désordres familiaux mettant en cause l'autorité paternelle font l'objet d'une description minutieuse, ils se dilatent au niveau de l'imaginaire, et laissent entrevoir l'éventualité d'un affranchissement lié à la rencontre avec la femme et l'autre.

Dans la troisième fraction de la journée (séquences 54 à 63) le conflit entre le sujet et l'emprise totale de la matrice sociale se précise ; le désir de conquérir l'intervalle s'empare du narrateur, et la mémoire crache la haine de l'étouffement et de la fatalité mortelle des liens familiaux. Le tableau qui est alors brossé est celui de la montée d'une crise provoquée par un dilemme qui écartèle l'homme, déchiré entre son incoercible besoin de se cacher, de se procurer une prise de distance intérieure, et son ardent désir de se dire, de communiquer à l'autre son histoire. L'angoisse s'empare de l'homme, l'imaginaire s'affole et déverse des images de panique, de catastrophe et d'état de siège.

L'après-midi s'avance, le soleil achève sa course, et Gregor qui a erré dans le village sous la canicule, reprend malgré lui le chemin du logis paternel. Le souvenir des souffrances intolérables supportées à l'heure de l'éclatement de la fratrie le hante, l'imaginaire s'égare dans les images confuses, désordonnées et torturantes du retour dans le ventre familial, le tableau d'une naissance à rebours, d'une régression absolue se dessine. Parallèlement pourtant, des indices sur l'économie interne du roman sont fournis (séquence 66), la démarche d'écriture s'éclaire. Une communication s'amorce entre l'acteur et les spectateurs. Ce n'est pas la mort qui est au bout des combats, mais l'étincelle de la vie. Car si la mémoire retrouve finalement les images initiales liées à la disparition des frères, le roman s'achève sur la peinture fragile, mais émouvante, du champ de neige glacé où un jeune homme, débarrassé de tout fardeau, s'engage dans la périlleuse aventure d'un départ...

REPRESENTATION SCHEMATIQUE DE LA STRUCTURE DU ROMAN (17).

> Der andere Kreis ist noch nicht geschlossen (...) Ihm ist, als sei nach dieser langen Drehung, die damals den Karren...mit dem Leichnam des Bruders über den Hof zu ihm heranrollte, die Erde auf ihrem toten Punkt angekommen und habe ihn aus seiner ahnungslosen Bewegung augenblicklich zum Stehen gebracht ; während er aber von selber die Bewegung nun fortsetzt, indem er sich heftig aus dem Stillstand losreiBt und das Fahrrad vorantreibt, wird es ihm wieder, als gehe er nach dieser langen Zeit zum ersten Mal auf den eigenen FüBen und müsse zum ersten Mal, um diese Bewegung zu schaffen, bewuBt zum Gehen den Willen gebrauchen : er hat sich mit dem Rad einen Hügel hinablaufen lassen, in der Ebene unten muB er nun selbst die Pedale treten (H, 258 - 259) (18).

---

17. a) Le sujet (S) constitue le noyau central : il associe les différentes prises de conscience du narrateur, les perceptions du monde extérieur et du monde intérieur.

b) La sphère de la mémoire (M) regroupe tout ce qui a trait au passé : souvenirs proprement dits ou rêves.

c) Le descriptif (D) concerne le présent du narrateur ou des données générales sur l'environnement.

d) Sont inclus dans la rubrique imaginaire (I) les scènes purement fictives ou symboliques ainsi que les chapitres dont la fonction essentielle est d'illustrer un état d'être, fussent-ils la peinture réaliste et objective d'une situation s'inscrivant dans le présent du narrateur.

18. "L'autre boucle n'est pas encore bouclée (...) Il a l'impression qu'après le large virage qui, autrefois, amena sous ses yeux, depuis l'autre bout de la cour, la charrette portant le cadavre de son frère (...), la terre serait arrivée au point mort et aurait à l'instant figé ses mouvements insconscients ; tandis qu'il continue à avancer comme automatiquement en s'arrachant violemment à l'immobilité et en poussant la bicyclette, il a à

REPRESENTATION SCHEMATIQUE DE LA STRUCTURE DU ROMAN

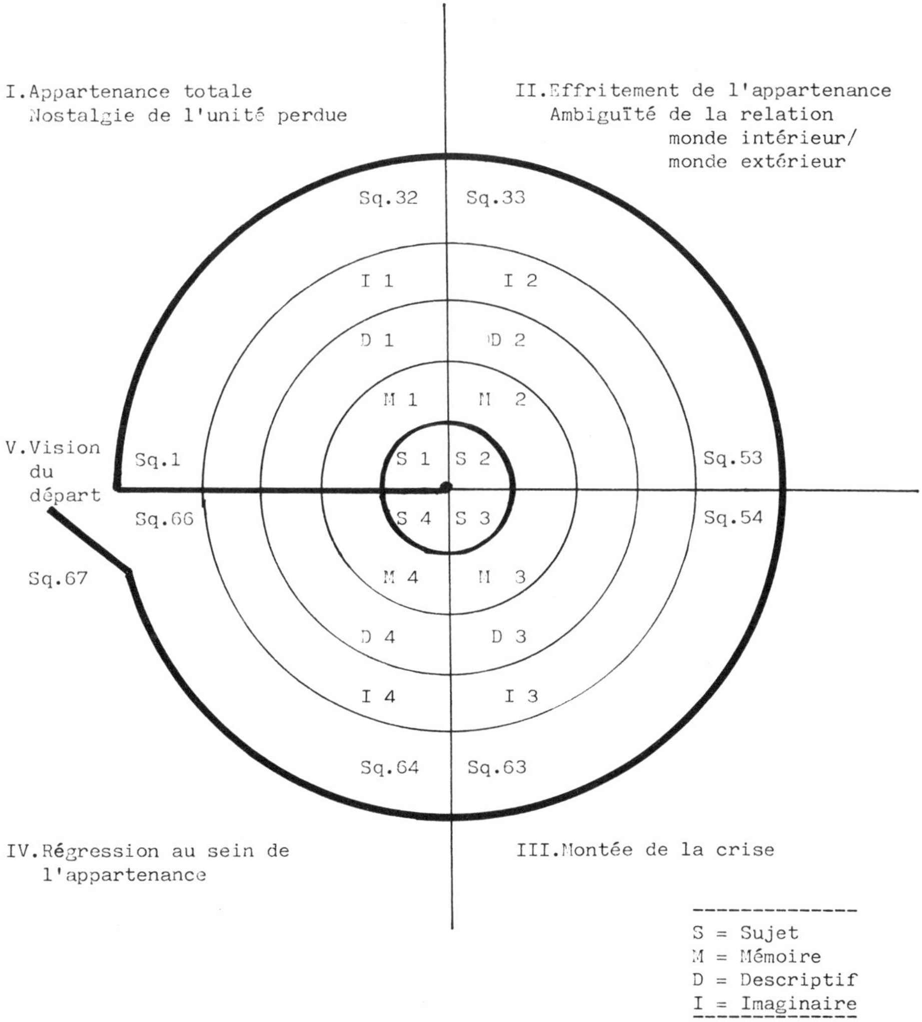

nouveau l'impression de marcher pour la première fois depuis longtemps avec ses propres pieds ; et d'être obligé pour la première fois de mobiliser consciemment sa volonté pour accomplir les mouvements de la marche : avec la bicyclette, il a descendu en roue libre la pente d'une colline, une fois dans la plaine, il est alors obligé d'appuyer lui-même sur les pédales" (H, 223).

I. L'APPARTENANCE TOTALE, NOSTALGIE DE L'UNITE PERDUE

S_1 Le présent du narrateur, le malaise du réveil : conditions introductives à la montée du souvenir et à l'envol de l'imaginaire

Sq 6 *Les bruits*
9 *Les noms de bruits*
11 *Le réveil*
13 *L'habillage*
15 *La ligne à haute tension*

M_1 Efforts vains pour éviter l'éclatement de la fratrie
Souffrance liée à la cassure de l'appartenance

Sq 1 *Le déclenchement du souvenir*
2 *La fuite*
3 *La dissimulation de la nouvelle*
4 *Le transport du frère noyé*
5 *Les paroles du gendarme*
7 *Le récit de la soeur*
8 *L'histoire de la noyade*
24 *Ce qu'on voit du haut du mur*
29 *Le récit de la soeur*

D_1 L'appartenance : peinture de la réalité quotidienne rurale, sociale, culturelle, familiale

Sq 10 *Les insectes sur les yeux du cheval*
14 *L'entrée en scène de la femme*
17 *Le chat*
19 *Le visage du père*
20 *L'objet oublié*
21 *La perte des noms*
22 *Le départ pour l'église*
25 *La liturgie*
27 *L'abattage du porc*
28 *La proclamation des ordonnances sur la place du village*

I_1 Le retour du frère : rêve de la rencontre impossible entre le passé et l'ailleurs

Sq 12 *La bicyclette*
16 *L'arrêt devant le mur*
18 *La genèse d'un épisode au petit déjeuner*
23 *L'homme au sac marin*
26 *La sortie en bon ordre de l'église*
30 *L'homme au sac marin*
31 *Le chien*
32 *L'homme au sac marin*

II. MONDE EXTERIEUR ET MONDE INTERIEUR

S_2 La complexité de la relation entre le monde intérieur et le monde extérieur

Sq 34 *L'inscription sur le mur*
35 *L'expression "il arrive que"*
42 *La fatigue*

M_2 Le décalage entre le monde extérieur et le monde intérieur : mensonge, défi, cécité

Sq 33 *La mort de la mère*
37 *L'évier*
38 *Le nid de guêpes*
40 *La guêpe morte*
43 *Le récit de la soeur*

D_2 Description des désordres domestiques : mise en cause de l'autorité du père

Sq 36 *La clef*
44 *Le début du repas*
45 *La disparition de la colère*

46 *Les fourmis*
49 *La sieste*

I_2 Rêve de la rupture avec l'appartenance etangoisse de la mort

Sq 39 *L'inondation*
41 *L'homme au sac marin*
47 *Les portes*
48 *La tentation*
50 *Les guêpes*
51 *La femme*
52 *Le busard guêpier*
53 *Le soleil*

III. LA MONTEE DE LA CRISE : DESIR DE L'INTERVALLE ET BESOIN DE COMMUNICATION

S_3 La difficulté d'exister

56 *Le verbe "se dissimuler"*

M_3 L'étouffement

55 *La partie de cartes*
61 *Le rêve*

D_3 Le dilemme : intervalle et solitude ou ouverture et communication.

54 *La promenade du dimanche*
57 *Le hall*
60 *Le combat*
62 *L'arrêt au café*
62 *Le dilemme*

I_3 Images de panique et de catastrophe

58 *Le dispositif d'alarme*
59 *La nouvelle*

IV. LA CRISE : LA REGRESSION DANS L'APPARTENANCE TOTALE

Perte de l'orientation spatiale et temporelle

S_4 64 *Le retour (le malaise)*
M_4 64 *Le retour (scène de novembre)*
D_4 64 *Le retour (le chemin)*
I_4 64 *Le retour (la décision à prendre)*

V. LA VISION DU DEPART

67 *L'interruption du souvenir*

VI. COMMUNICATION AU LECTEUR : LECTURE - MODE D'EMPLOI

66 *La genèse de l'histoire*
65 *Les frelons*

2.2. DE LA STRUCTURE A L'HISTOIRE, DES FRELONS AUX GUEPES

Le roman de jeunesse est la mise en scène d'une crise. Malgré des similitudes passagères avec celle qui conduit la mère à la mort, cette crise doit être interprétée comme un violent accès de fièvre, comme la mise en action d'un mécanisme destiné à protéger la vie du sujet.

Mais pourquoi *Les frelons* ? Le titre ne s'éclaire guère à la lecture de l'oeuvre. Si le chapitre du même nom vise à rendre intelligible le mode d'écriture, il ne renseigne pas sur l'intitulé général. Il est en conséquence indispensable de se rapporter à la nouvelle *Les frelons* (19), contemporaine de la genèse du roman. Elle relate le glissement vers la mort d'un enfant qu'une blessure, probablement volontaire, enfièvre et empoisonne ; il gît dans le logis d'une voisine où il s'est traîné pour chercher refuge. La conscience particulière qui, au seuil de la mort, livre l'individu à la perception auditive aiguë du présent et aux images obsédantes de la mémoire y est décrite. La vision d'un père perverti dont la cruauté accule les enfants au suicide est associée au thème de la neige ; dispensatrice de souffrances vives, elle s'abat sur l'individu sans défense comme un essaim de frelons. Les motifs du sang et du cri désespéré qui envahit l'espace et tout le champ de la conscience présente et passée s'y adjoignent. Le souvenir de la marche sous la neige à la recherche de la petite fille, l'esclave du père qui, comme une somnambule, a choisi de mourir exangue sous les mûriers sauvages, accable le narrateur, enfant agonisant :

> ... Mit seinen groben Schuhen machte er tiefe Spuren in den Schnee und in den Wind und in die Dunkelheit, (...) tiefe Spuren machte er, während ich hinter ihm herging mit bloßen Füßen über die Hornissen, die sich regten und schmolzen (...)

19. Peter HANDKE, ***Die Hornissen***, 1963, in : ***Begrüßung des Aufsichtsrates***, *Op.cit.*, p. 21 - 27.

während ich in die Fußstapfen meines Vaters trete (BA, 21 - 27) (20).

Le recours à ce texte permet de mieux cerner le sujet central du roman. *Les frelons* sont l'histoire - le terme est fréquemment utilisé tout au long du roman (H, 40, 222, 224, 227, 229, 271) - d'une crise dont le déclenchement coïncide avec une situation de prise délibérée d'intervalle du protagoniste vis-à-vis des liens d'appartenance, condensés dans la personne du père. L'environnement rural, la référence à la guerre, l'isolement dans la chambre, le climat de fièvre, l'acuité des perceptions auditives et olfactives, la conscience à fleur de peau et de mémoire, l'omniprésence de la torture et de la souffrance éprouvée, les scènes métaphoriques d'abattage, la recherche douloureuse d'un disparu, le cri terrifié de la victime, la haine et le mépris du père forment la toile de fond des deux oeuvres. Intituler le roman *Les frelons* signifie conjurer le péril en l'habillant d'une métaphore. L'étouffement émanant du père (21), cristallisation de l'idée d'appartenance, est rejeté. Ce qui importe à l'écrivain à ce stade initial d'autopréservation, ce n'est pas tant de guider le lecteur sur la voie de l'affranchissement que de montrer par des images éparpillées, issues des expériences directes de l'enfance, la difficulté du processus de clarification entamé. Car il n'est plus question dans le roman de mettre ses pas dans ceux du père, de se fondre dans le sillon creusé dans la neige, synonyme des expériences quotidiennes d'une souffrance toujours renouvelée ; il faut au contraire se libérer du fardeau d'une pseudo-fatalité émanant des mécanismes écrasants des pouvoirs et des rites, fermer ses oreilles à l'appel de la tradition et de la mémoire, pour s'engager sur la fragile pellicule de neige glacée qui recouvre les champs, et partir à la découverte d'un ailleurs indéfini.

---

20. "... Avec ses gros godillots il faisait des traces profondes dans la neige, dans le vent et dans l'obscurité, (...) et il faisait des traces profondes, pendant que je le suivais, pieds nus sur les frelons qui s'agitaient et fondaient (..) pendant que je mets les pieds dans les traces de mon père" (BA, 42).

21. R.G. **RENNER**, *Op.cit.*, p. 61 souligne les liens existant entre le motif des frelons et le thème du père.

En outre, la nouvelle rend perceptible la différence fondamentale entre le protagoniste des *Frelons* et la mère. Le cri de refus lancé dans le roman à l'encontre de l'appartenance mutilante contraste violemment avec la capitulation désespérée ou machinale devant les exigences de la réalité extérieure aliénante, qui caractérise le comportement des personnages féminins, que ce soit celui de la jeune servante dans le texte de 1963, ou celui de la mère dans le récit de 1972.

Les frelons, histoire d'une crise, sont aussi l'histoire d'un espoir, puisque la fiction romanesque attribue à deux personnages, la femme et le frère une fonction de guide. Si le motif des *Frelons* reste un symbole de mort, attaché à la silhouette du père, porteur de l'idée d'appartenance, et donne au livre une connotation pessimiste, il semble bien - pour rester sur le plan métaphorique - que ce soit aux guêpes que revienne le premier rôle du roman. Elles sont l'élément perturbateur, l'agent des désordres domestiques et psychologiques ; l'écrivain n'hésite pas à utiliser la technique de l'effet retardateur pour piquer la curiosité du lecteur et attirer son attention sur le nid de guêpes, l'objet délibérément oublié dans la description de l'escalier (H, 96 - 97). Deux épisodes, déterminants dans l'entreprise de libération, les associent à la femme (*Les guêpes*, H, 175 - 179) et au frère (*Le nid de guêpes*, H, 134 - 139), personnages-clés incarnant les attentes de Gregor. Les guêpes représentent certes un danger potentiel, mais elles sont avant tout des insectes qui harcèlent l'homme par leur bourdonnement incessant aux heures de grande chaleur, qui affolent les sens et tirent ainsi l'individu de sa passivité. Les frelons, indissociables du froid et du passé dans la prose de jeunesse de Peter Handke, s'effacent dans le roman au profit des guêpes, compagnes de la canicule et de ses fièvres, ce qui peut être reçu comme "le passage du souvenir douloureux à la mémoire active" pour reprendre l'expression de R. G. Renner (22). Des motifs précis sont liés aux guêpes. D'abord le nid de guêpes accroché au toit du hangar suscite la curiosité des deux frères et donne naissance à une action périlleuse, dont le seul intérêt réside dans la mise en route d'un mouvement d'affirmation de soi. Puis dans la scène de la sieste de

22. R.G. RENNER, *Op.cit.*, p 76 - 79.

la femme, les guêpes et leur bourdonnement continu dans le soleil illustrent le désir de la rencontre. Sur le plan métaphorique, elles sont un antidote à l'engourdissement et à la passivité, un aiguillon qui enfièvre et fait réagir.

Le chapitre ***Les frelons***, introductif aux explications relatives à ***La genèse de l'histoire***, prend alors tout son sens puisqu'il donne accès à la lecture du roman en fournissant les clés du décryptage métaphorique. L'histoire relatée dans ***Les frelons*** n'est pas une histoire au sens traditionnel. La structure est calquée sur celle de l'expérience existentielle qui est transposée dans le livre. Le narrateur du roman n'est autre que l'acteur auquel est adressée la lettre intitulée ***Les frelons***. Sa tâche est complexe. D'une part, il doit rendre visible aux spectateurs la marche entreprise depuis longtemps par un paysan ou un prisonnier (23), sans ostentation mais en manifestant la dissociation entre le mouvement extérieur machinal de la marche et le sujet ; d'autre part, le mutisme lui est imposé lorsqu'il lui faut montrer la dimension temporelle dans sa durée et révéler les mouvements, les changements intérieurs liés à l'écoulement du temps. Enfin, il doit traduire l'effroi de l'homme observé qui, confronté à un péril extrême, se révèle incapable d'y échapper, l'effroi de cet autre qu'il est le seul à percevoir, de ce double avec lequel il finit par se fondre dans la carrière de sable, où l'engloutissement le menace. Le chapitre s'achève sur l'alternative, parler ou se taire.

Le roman est l'aboutissement d'un cheminement conduisant du souvenir du passé, de sa relecture présente, cause de segmentation dans l'individu, à la prise de conscience d'un changement intérieur insidieux mais irréversible impliquant un tournant. Mais l'effroi accompagne la découverte du changement, trou béant d'où jaillit le péril. Le dilemme surgit ; une décision doit être prise. Faute de pouvoir le résoudre, la crise éclate, les hostilités se déclenchent chez le sujet dans un climat de panique. Doit-il extérioriser le changement, doit-il trouver le salut dans la solitude et l'isolement protecteur, ou

---

23. L'assimilation symbolique des deux termes, jetés comme par hasard, paraît s'imposer d'une façon criante : la condition du paysan est celle d'un être privé d'autonomie.

bien communiquer la nouvelle, au risque de la voir déformée par les pièges du langage ou la malveillance et l'inattention de l'autre ? L'histoire de la crise doit-elle rester le roman intérieur d'une prise de conscience, émaillé de perceptions sensorielles, de souvenirs et de délires imaginaires épars, ou l'histoire de la crise doit-elle se faire récit ? En clair : le changement peut-il exister véritablement s'il n'est pas communiqué et reconnu ? Bien que le sous-titre "roman" invite à pencher pour l'hypothèse du repli, l'épigraphe, quant à elle, laisse transparaître l'éventualité d'un avenir ; enfin le livre, objet de librairie, offert aux yeux, aux sens, à la conscience et à l'imaginaire des lecteurs apporte la preuve de la résolution du dilemme dans le sens de l'ouverture à l'autre.

2.3. LA CRISE : CRISE DE DISSOLUTION ET CRISE DE CROISSANCE

Tandis que dans *Le malheur indifférent* la crise constitue l'épilogue d'une histoire, dont le récit repose sur une succession de repères chronologiques, le roman *Les frelons* décrit l'intervalle séparant les deux phases d'une crise. Il s'étend de l'interruption brutale de l'enfance, par l'irruption violente d'un désordre, jusqu'au seuil de l'âge adulte où des décisions existentielles doivent être prises.

Les mêmes manifestations physiques de l'état de crise se retrouvent dans les deux oeuvres (24) : la dissolution du corps et la mise à nu des entrailles (WU, 77, H, 232, 236, 238, 246), la perte de l'orientation (WU, 79, 80, H, 231, 232) et la perturbation de la relation sujet-objet (WU, 79, H, 241, 250). Comme l'observe E.H. Erikson (25), ces troubles (maux de tête, palpitations, insomnies, incapacité à se situer dans le temps et l'espace) sont caractéristiques des maladies touchant au

24. Des symptômes analogues sont décrits dans *L'angoisse du gardien de but* (23, 24, 78) et dans *L'heure de la sensation vraie* (13, 14, 36, 44).
25. E.H. ERIKSON, *Op.cit.*, p. 74 - 75.

sentiment de l'identité ; ils peuvent trouver leur origine tant dans l'accumulation progressive de souffrances innombrables (la mère) que dans un bouleversement radical de l'environnement humain ou social (Gregor).

L'éclatement de la fratrie est l'événement qui fait basculer le monde où, à la manière des insectes, Gregor vivait dans la succession indifférente d'instants éphémères et dans l'ignorance de ce qui dépasse les limites du cercle familial. La mort accidentelle du frère est l'épreuve qui transforme l'existence de l'enfant (26).

> L'épreuve ouvre les yeux, lui révèle la vanité et la vacuité de son existence (...). Finalement, aussi dépouillé que Job, il découvre pour le première fois la vraie solitude et qu'elle est une mort vivante (27).

Ce commentaire de G. Mendel relatif à la crise traversée par les héros des "romans durs" de Simenon, dont l'oeuvre témoigne, selon lui, du caractère dramatique qu'a pris dans les années 30 la révélation pour l'individu de sa non-appartenance, s'applique parfaitement à la situation de Gregor qui naît alors à la solitude, et à lui-même. Son histoire commence avec le passage du niveau initial de conscience, assimilable au regard apathique que l'homme au réveil jette sur le monde donné, au stade de la conscience que prend l'individu de son face-à-face impitoyable avec les objets et les hommes. Gregor est un être abandonné à ses interrogations, un exclu au milieu de la foule qui, comme un seul corps, continue à vaquer selon les habitudes, rites et traditions. "Ce qui a été rompu en lui, c'est le lien humain et social avec ses semblables, c'est

---

26. "... in einem November, als er seinen Bruder suchte, während der andere Bruder ertrunken unter dem Tuch lag, das sein Gesicht mit dem erdigen Sack vertauscht hatte, war es um diese Zeit schon fast dunkel gewesen ; (...) Es war bis jetzt nichts geschehen" (H, 228).
"... un certain mois de novembre, alors qu'il cherchait son frère, tandis que son autre frère, noyé, gisait sous le drap, qui avait été substitué au sac terreux, la nuit, à cette heure, était presque déjà tombée ; (...) Jusqu'alors rien ne s'était produit" (H, 198).
27. G. MENDEL, ***54 millions***..., *Op.cit.*, p. 74 - 75.

l'appartenance à la société" explique G. Mendel (28). La naissance de Gregor à la solitude n'est pas imputable à un quelconque processus de maturité, elle est le fruit du hasard qui soudainement gèle le regard passif posé sur le spectacle du monde. Il n'est pas indifférent que l'accident mortel qui emporte Matthias se déroule dans un contexte de guerre, elle aussi est définie dans le roman comme ressortissant au hasard (H, 218) et comme bousculant le cours des choses.

La signification du hasard dans l'oeuvre de jeunesse a été étudiée par Hans Mayer (29) à propos de la version de ***Kaspar*** qui s'achevait par la phrase :

Ich : bin : nur : zufällig : ich :(30).

Le hasard, dans le contexte contemporain est allié à la révolte, il s'oppose tant à l'interprétation des esprits éclairés du XVIIIe siècle qu'à celle des romantiques, et devient un privilège non négligeable dans un monde en apparence entièrement voué au déterminisme et à la manipulation :

> Wer sich weigert, die etablierten Spielregeln zu beachten, (...) wer... sich gehen läßt, verteidigt sich damit gegen eine totale Gesellschaft, die auch ihn total vereinnahmen möchte (31).

De même que la guerre apporte à Gregor la cécité, l'accident du frère fournit au narrateur l'occasion de quitter brutalement l'ancrage dans une appartenance inconsciente et sclérosante ; elle lui donne d'entrer dans une période de la vie consacrée à une prise en compte consciente du passé et des

---

28. G. MENDEL, *Ibid.*, p. 76.
29. Hans MAYER, ***Kaspar, der Fremde und der Zufall***, in : ***Text und Kritik***, 1969, *Op.cit.*, p. 30 - 42.
30. Peter HANDKE, ***Kaspar***, Suhrkamp Verlag, Frankfurt/Main, 1968, p. 85
"Je : suis : seulement : par hasard : je : "
Cette phrase sur laquelle s'achève la pièce de théâtre dans sa version initiale a été supprimée par l'auteur dans les éditions ultérieures.
31. Hans MAYER, *Op.cit.*, p.36.
"Qui refuse de respecter les règles du jeu établies (...), qui se laisse aller, résiste ainsi à une société totale, qui voudrait l'accaparer lui aussi entièrement".

potentialités imaginaires ou réelles de l'individu. Ce n'est pas l'heure d'un bilan qui a sonné comme dans certains romans de Simenon (32), mais la possibilité qui s'offre inopinément d'échapper à la routine, aux gestes machinaux, aux relations stéréotypées, et pour la première fois, de se trouver seul avec soi-même. Le hasard affranchit l'individu de l'emprise de son appartenance et lui fait découvrir les dimensions du temps. Quelque chose arrive, le présent s'éclipse au profit d'un retour sur le passé qui entrouvre les portes de l'avenir. La cassure décrite dans *Les frelons* n'est pas aussi mortelle que celle subie par l'homme mûr des anneés folles qui soudain perdait pied et devenait étranger à lui-même ; elle n'entraîne pas un lent processus de dissolution semblable à celui qui tue la mère dans *Le malheur indifférent*, mais elle introduit l'intervalle, la discontinuité dans le cours d'une vie tracée de façon continue par une société de contraintes bannissant toute intervention du hasard.

L'individu se met en marge de l'environnement social et humain, pour se pencher sur lui-même et se livrer à une méditation sur le passé, sur ses désirs et la marche du monde. La période moratoire, généralement située au seuil de l'âge adulte, commence dans *Les frelons* au début de l'adolescence et s'achève au moment des choix auxquels est soumis le jeune adulte. Sa durée peut être comparée à celle que s'accorde vers sa vingtième année George Bernard Shaw qui, pendant huit ans, part à la recherche de son identité. S'appuyant sur des remarques formulées par Shaw lui-même un demi-siècle plus tard, E.H. Erikson (33) donne une analyse détaillée de cette expérience dont on peut dégager d'intéressantes observations. La nécessité de la mise à l'écart de toute activité professionnelle y est soulignée, les relations au père et à la mère y sont clarifiées et une importance toute particulière est accordée à la découverte, puis à la maîtrise des dons innés sur lesquels reposent l'épanouissement professionnel et l'intégration réelle et nouvelle à la communauté humaine.

---

32. L'un des romans de Georges SIMENON s'intitule d'ailleurs *Le bilan Malétras*. Il est consacré à la crise qui fait suite à un geste d'homicide de Malétras dirigé contre sa maîtresse.
Georges SIMENON, *Le bilan Malétras*, Gallimard, Paris, 1948.
33. E.H. ERIKSON, *Op.cit.*, p. 125 - 138.

Des convergences avec le cheminement du narrateur dans *Les frelons* peuvent être relevées. Le prénom choisi par l'auteur du roman pour son héros - même s'il n'est révélé que tardivement et se veut arbitraire (H, 65) - exprime à lui seul une relation ambiguë à l'appartenance, allant de l'emprise totale au rejet absolu, puis à la nostalgie. Gregor s'oppose sur ce plan à la femme anonyme du récit. L'allusion à Gregor Samsa, personnage principal de *La métamorphose* de Kafka, est évidente ; M. Mixner (34) commente la similitude des situations de réveil, moment crucial où Samsa se retrouve métamorphosé en cloporte. Mais cet arrière-plan n'est pas univoque ; il implique certes une rupture plus ou moins volontaire (35) avec un milieu professionnel contraignant et un cercle familial étouffant dont sont exclues toutes relations authentiques entre individus, mais en même temps, il inscrit le roman dans la filiation littéraire autrichienne, laissant planer le rêve d'une appartenance élargie. Le nom "Gregor" dit à la fois le rejet et son contraire. Cela demeure vrai si l'on considère que le grand-père de Peter Handke se prénommait Gregor (36) ainsi que l'un de ses fils, tué au front pendant la seconde guerre mondiale. L'appartenance aux pères est stigmatisée, mais peut-être aussi idéalisée, dans la mesure où l'on admet que le roman est une longue plainte sur l'absence du père, et où l'on tient compte des remarques nostalgiques sur l'aïeul, parsemées dans les oeuvres ultérieures (37).

Les frelons sont bien la peinture d'une crise, mais d'une crise de croissance. Norbert Gabriel (38) insiste fort justement sur une différence essentielle entre le héros de Kafka et celui de Handke. Bien que tous deux fassent au réveil le constat d'un ordre du monde ébranlé et perçoivent le morcelle-

---

34. M. MIXNER, *Op.cit.*, p. 9, note 24.
N. GABRIEL, *Op.cit.*, p. 128 fait un constat similaire.
35. La métamorphose apparemment subie n'est-elle pas ce "coup" ("der groBe Schnitt") dont rêve en secret Gregor Samsa, ou la conséquence de ce "halte" que hurle le spectateur du cirque qui ne supporte plus les apparences trompeuses et les comportements stéréotypés dans *La galerie*.
36. Gregor SIUTZ (1886 - 1975).
Gregor SIUTZ (1913 - 1943), tué la même année que son frère Johann (1922 - 1943).
37. WU, 13 - 16, 105 ; LSV, 87.
38. N. GABRIEL, *Op.cit.*, p. 128.

ment de l'environnement, Gregor Benedikt se distingue de Gregor Samsa et des autres personnages de Kafka repliés sur eux-mêmes, étrangers au monde et incapables d'agir ; il ne se trouve pas comme eux dans la situation paradoxale de ne pouvoir puiser l'espoir que dans la prise de conscience d'un désespoir total. Au contraire, le spectacle de la réalité transformée suscite la résistance en conduisant à la réflexion sur soi, et sur les relations ambiguës et existentielles entre monde intérieur et monde extérieur. Il ouvre la voie à une connaissance libératrice (39). Le roman illustre la période angoissée et enfiévrée située entre la prise de conscience de la réalité individuelle que déclenche l'irruption brutale du hasard dans une existence quotidienne insipide, et son paroxysme provoqué par la nécessité de la décision à prendre pour engager l'avenir. A la fin de l'adolescence l'individu est confronté, comme le rappelle E.H.Erikson (40), à un triple problème : le choix de la profession, la rencontre avec l'autre sexe et finalement la fondation d'une famille (41). Mais ce tournant décisif ne peut être négocié d'une façon heureuse que si l'individu a réussi à voir clair en lui, à devenir un avec lui-même ; sans quoi il ne peut s'intégrer vraiment à la communauté, et, se sentant menacé par l'intimité avec autrui, il se réfugie dans la solitude, ou se met à l'abri derrière des comportements stéréotypés.

La réponse de Gregor aux sollicitations de l'adolescence est le retrait temporaire du monde. La cécité lui en donne les moyens.

---

39. N. GABRIEL, *Ibid.*, fait le même constat à propos de Gregor Keuschnig (SwE).

40. E.H. ERIKSON, *Op.cit.*, p. 114 et suivantes.

41. Peter Handke mentionne ces trois points lorsqu'il évoque les rêves de l'adolescent dans ***Histoire d'enfant*** : "Der Gedanke an ein Kind war so selbstverständlich wie die beiden anderen groBen Zukunftserwartungen, welche von der nach seiner Ueberzeugung ihm bestimmten...Frau handelten, und von der Existenz in dem Beruf, wo allein ihm eine menschenwürdige Freiheit winkte..." (Kg, 11).
"Il était aussi naturel de penser à un enfant que d'attendre deux autres choses importantes : la femme qui, il en était convaincu lui était destinée..., et la vie professionnelle où seule lui faisait signe la liberté digne d'un homme..." (Kg, 11)
Il est remarquable qu'il y ait dissociation entre l'amour pour une femme et l'existence d'un enfant, ce qui tend à montrer les conflits irrésolus de l'adolescence.

2.4.LA CECITE

L'ORIGINE

En dehors de l'état de cécité qui caractérise le narrateur, le thème de l'aveuglement, au sens ancien du terme, sillonne le roman. Le feu (H, 9, 11, 17), la neige (H, 17), le soleil (H, 17, 147), motifs centraux dispensateurs de souffrance, brouillent les images et détruisent la perception des formes et des couleurs. La peur, éprouvée lors de scènes de violence entre les parents, coupe elle aussi l'homme de son environnement, et le livre au vertige, cauchemar blafard (H, 28). Le trouble de la perception, surtout visuelle, a une valeur symbolique : il isole et il est associé à la douleur. Il est donc particulièrement adapté pour décrire un intervalle temporel de retraite marqué par l'angoisse et le désarroi.

Par ailleurs, la cécité correspond parfaitement à la prise de distance vis-à-vis du père, auquel est attachée l'idée d'appartenance. Voulant se démarquer du père qui est voyant, le fils se fait aveugle, mais le père est à sa façon un aveugle puisque, écrasé par le labeur et les routines, il n'a, comme tous ceux de sa condition, de regard pour rien (H, 21, 92, 93) ; le fils sera donc un aveugle qui cherche la lumière par opposition au père qui, voyant, ne perçoit rien. On peut reprendre les images utilisées par Peter Handke dans son essai sur Franz Nabl (42) ; au père tyrannique et hébété, symbole d'une autre époque apathique où l'imagination est tarie, s'oppose le fils à l'imagination débridée qui, à chaque instant, ouvre les yeux comme pour le première fois. Mais pour renaître chaque jour au monde, il faut avoir eu la possibilité, la volonté et la patience de s'en détacher pour un temps, il faut avoir su introduire l'intervalle dans un environnement qui abhorre le vide et le loisir. Que la cécité soit infligée par le destin, qu'elle soit une séquelle de la guerre, comme l'atteste le récit de la soeur (H, 120, 150 - 153), ou bien qu'elle soit feinte comme semble l'avouer Gregor à la fin du

---

42. Peter HANDKE, ***Franz Nabls Größe und Kleinlichkeit***, 1975, in : ***Das Ende des Flanierens***, Suhrkamp Taschenbuch 679, Frankfurt/Main, [2]1982, p. 27.

roman (H, 274), elle doit être considérée comme une stratégie, comme la pièce maîtresse d'un mécanisme d'auto-défense. Ainsi s'explique l'étrange silence du narrateur sur les circonstances d'un accident, dont les suites auraient dû pour le moins l'affecter tout autant que la disparition du frère qui, elle, hante les sphères du souvenir et de l'imaginaire ! La cécité, elle, se vit au présent ; elle est un outil d'exploration de soi et du monde, un moyen de sonder le passé et de construire son histoire. Gregor a pris l'Evangile à la lettre et s'est en quelque sorte arraché l'oeil, non parce qu'il est l'organe de jouissances prohibées, mais parce qu'il est un sens perverti, détourné par l'éducation de sa fonction d'appropriation du monde.

UNE SITUATION

Privé de la vue, l'individu se trouve dans une situation similaire à celle du nourrisson décrite par G. Mendel dans ***La révolte contre le père*** (43). Elle est caractérisée par une discordance sensorio-motrice. L'énergie non utilisée sur le plan moteur, se transforme en fortes tensions énergétiques internes, qui causent l'angoisse et son remède, le fantasme (44).

> Le nourrisson (...) se trouverait dans la situation d'un homme paralysé, mi-rêveur, mi-observateur, tantôt comblé, et tantôt angoissé, dont toute la vie, tout l'intérêt porté aux choses s'organiseraient à partir de son appareil sensoriel, et qui, n'agissant pas, confondrait rêve et réalité ! (...) Ne pouvant utiliser sa motricité, le nourrisson investit l'instrument à sa disposition : la sensorialité (45).

---

43. G. MENDEL, ***La révolte contre le père***, *Op. cit.*, p. 40 - 41.
44. G. MENDEL, *Ibid.*, p. 63 - 79. "Le fantasme, apparition fulgurante, réponse à une frustration est un désir réalisé, induit par une excitation sensorielle. Il peut être synonyme d'état de félicité ou accompagnement d'un état d'angoisse ou de peur dans les fantasmes de destruction, de dévoration, de morcellement, de mort. Il peut compléter le processus de maturation dans le sens de la maîtrise de la relation à l'objet".
45. G. MENDEL, *Ibid.*, p. 41.

Trois conséquences se dégagent de cette analyse. En premier lieu, la cécité renforce le rôle des autres sens et explique l'importance prise par les perceptions tactiles, olfactives et surtout auditives dans les descriptions, dans le rappel du souvenir et dans les débordements de l'imaginaire. Ensuite, elle crée un climat d'attente ; l'inertie qui se traduit dans le roman par des états de fatigue et de demi-sommeil relève également de cette situation dans laquelle l'individu, relativement privé d'autonomie physique, doit avoir recours à l'autre pour se déplacer. La cécité prend alors valeur de symbole, elle serait destinée à mettre en évidence l'incapacité de l'individu, placé temporairement en marge, à exister par luimême ; hanté par l'image du frère aux semelles de vent qui a ravi tout le potentiel de force et d'assurance de la fratrie (46), il ne lui reste plus que la passivité ou l'attente d'une aide extérieure. La cécité qui crée l'intervalle protecteur et salvateur devient aussi une représentation métaphorique du désir de l'autre. Enfin, elle abolit les frontières entre monde intérieur et monde extérieur, entre le narrateur et le frère, qu'en rêve il imagine torturé et aveuglé par un soleil qui tue en lui toute image. Comme le remarque R.G. RENNER (47), ***Les frelons*** sont avant tout l'histoire de l'édification de la personnalité de l'écrivain, les contours flous de l'identité du narrateur et de son double ne servant qu'à laisser transparaître le véritable enjeu du roman.

La cécité est accompagnée de l'espoir de voir le changement de comportement glisser imperceptiblement vers une métamorphose du monde intérieur, non plus dans le sens de l'adaptation comme c'était le cas pour la honte, mais en direction de l'autonomie (48).

---

46. E.H. ERIKSON, *Op.cit.*, p. 174 - 175 montre que certains cas pathologiques de diffusion du sentiment d'identité présentent un attachement excessif au frère qui n'apparaît ordinairement qu'entre jumeaux. La fureur et l'inertie sont les conséquences du constat brutal de l'individu que le sentiment d'identité n'existerait que pour un, et que l'autre s'en est emparé.
47. R.G. RENNER, *Op.cit.*, p. 7 - 8.
48. B. BETTELHEIM, *Op.cit.*, p. 28 constate que les réactions de l'individu modifient très rapidement sa personnalité.

UNE PERSPECTIVE

De la situation de cécité découle nécessairement une perspective particulière de narration. La marginalité de l'aveugle lui permet d'établir un nouveau type de relation avec l'environnement. A la perception machinale qui caractérise le père, et tout le groupe social auquel appartient Gregor, se substitue la découverte, c'est-à-dire une tentative d'appropriation originale du monde actuel (49). Il devient possible de le reconstruire à partir de signaux présents reçus sur un mode renouvelé à cause de la non-voyance, en s'appuyant sur les images du passé. La rupture avec une approche sensorielle stéréotypée des choses et des hommes permet d'accéder à un nouveau regard où se mêlent présent, mémoire et imaginaire. La cécité témoigne moins d'une inaptitude au réel (50) que d'un désir profond de lent rapprochement avec la réalité, fût-il douloureux (H, 220 - 221), par l'intermédiaire de la décontextualisation.

LA TRADITION

Le choix stratégique de la cécité ne ressortit pas au hasard. D'une part, l'auteur renvoie le lecteur à la langue étrangère pour expliquer le jeu mené avec les notions de non-voyance et d'invisibilité, jeu qui prend toute sa valeur dans le contexte de l'identité. D'autre part, il ne manque pas de faire allusion à la mythologie où l'aveugle est un voyant (H, 274). L'oeuvre s'inscrit dans la tradition, et les réminiscences s'enchevêtrent au fil des pages (51). On entrevoit peut-

---

49. M. DURZAK, ***Peter Handke***..., *Op.cit.*, p. 56 - 57.

50. A.F. BERNARD, ***L'errance et l'expérience du retour***..., *Op.cit.*, p. 46, fournit cette explication et inclut la cécité dans une perspective de description située en deçà de la réalité objective, inhérente au nouveau roman.

51. On ne peut oublier l'utilisation de la cécité par Max Frisch dans son roman sur la recherche de l'identité ***Mein Name sei Gantenbein*** (***Le désert des miroirs***), Suhrkamp Verlag, Frankfurt/Main, 1964.
D'une façon plus générale, il faut retenir la fascination exercée par les aveugles sur les écrivains et penseurs. L'exposition, **Mémoires** d'aveugle, organisée au Louvre du 26.10.90 au 21.01.91 par Jacques DERRIDA, en témoigne. Il y proposait un cortège d'aveugles de l'univers biblique et mythologique, célébrés par les peintres, et une réflexion sur l'aveuglement.

être en arrière-plan l'ombre de l'illustre Homère que l'on disait aveugle, si l'on admet que le roman comprend une partie à la composition relativement claire qui se rapporte à la guerre et synthétise le passé, et une partie à la structure plus lâche consacrée au voyage et au retour, ouverte sur l'avenir et faite d'aventures à la fois quotidiennes et fantastiques. Mais l'écrivain évoque sans doute davantage la silhouette diffuse de Tirésias, le prophète devenu aveugle dans l'enfance, auquel Sophocle donne un rôle décisif dans le drame d'Oedipe, et qu'Ulysse va visiter aux Enfers.

Pourtant ce sont les implications de la référence à la langue étrangère qui donnent matière à une réflexion plus riche.

UNE STRATEGIE AMBIGUË

La cécité pose un intervalle entre le narrateur et le monde. Elle est la condition nécessaire à une redéfinition de la place de l'individu dans un monde où il se sent étranger, et à l'établissement de nouveaux rapports avec l'environnement. Le narrateur mesure tous les avantages que lui confère cette position. Il l'interprète comme une façon commode de se fondre dans le décor quotidien, de devenir semblable à l'un des éléments inanimés qui le composent, ce qui lui assure une tranquillité absolue pour se livrer aux vagabondages de la mémoire, de la pensée et de l'imaginaire. La cécité peut donc être conçue comme un moyen de se cacher. Le chapitre du roman intitulé ***Se cacher*** (H, 199 - 200) met parfaitement en évidence, malgré une argumentation pesante, les deux axes de méditation de l'individu sur lui-même. Il s'agit de se cacher de soi, et de se cacher aux yeux des autres. Se cacher de soi - rêve inaccessible - n'est-ce pas se dépouiller de l'habit du vieil homme, carcan modelé par l'environnement social et culturel, n'est-ce pas se débarrasser du poids d'une histoire qui emprisonne? Le jeu des combinaisons imaginaires représente dans ***Les***

Jacques DERRIDA, ***Mémoires d'aveugle, L'auto-portrait et autres ruines***, Louvre, éd. Réunion des Musées nationaux, 1990.

frelons le seul remède à ce mal, puisqu'il permet à l'individu d'oublier très fugitivement ce qu'il est (H, 200), c'est-à-dire ce que l'on a fait de lui. La cécité lui offre la possibilité de se dérober à l'image du miroir (H, 274), et de refuser aux autres la perception des seules apparences :

> Niemand kann ihn von drauBen sehen, weil er blind ist. Niemand sieht das Gesicht des Blinden im Spiegel... (H, 274) (52).

La présence constante des fenêtres dans le roman remplit une fonction bien précise. A la différence du miroir dont l'évocation est inséparable de la soeur, personnage socialement bien intégré (H, 221, 228), la vitre reflète non seulement le visage de celui qui veut voir à l'intérieur, mais elle permet aussi d'aller au-delà de la première apparence :

> Das Fenster seines Zimmers spiegelt von auBen, was auBen ist ; wer hineinschauen will, muB, indem er nah an die Scheibe tritt, durch sein eigenes Gesicht hindurchschaun, damit er den Blinden drin sehen kann (H, 274) (53).

L'aveugle oblige donc l'autre - dans la logique du roman - à le découvrir avec un regard neuf, et l'amène à aller lui aussi au-delà de sa propre apparence. Le regard de l'individu sur lui-même est ainsi indissociable du regard que l'autre pose sur lui ; se connaître et être reconnu sont complémentaires.

La cécité présente un autre avantage indéniable qui, bien qu'en contradiction apparente avec le désir d'invisibilité avoué par le narrateur, répond à son attente profonde. Si sa non-participation à l'activité quotidienne communautaire le range souvent au rang d'objet, son infirmité le projette parfois en gros plan. Il devient un point de mire ; vers lui convergent tous les regards... Sa marginalité lui permet de

---

52. "Personne ne peut le voir de l'extérieur, car il est aveugle. Personne ne voit le visage de l'aveugle dans le miroir" (H, 236).
53. "La fenêtre de sa chambre reflète ce qui de l'extérieur est extérieur ; celui qui veut voir à l'intérieur (regarder de l'extérieur) est obligé, en s'approchant de la vitre, de traverser son propre visage de son regard afin de pouvoir regarder l'aveugle à l'intérieur" (H, 236).

sortir de l'anonymat mortel, elle ébranle les certitudes des autres. La présence de l'infirme met en cause les règles de comportement entre individus, dictées par l'usage. Elle est le début d'un désordre libérateur.

LES LIMITES

Pourtant le choix de la marginalité par la non-voyance n'est pas exempt de dangers dont le narrateur est parfaitement conscient. Le renoncement à la perception directe des images de l'environnement risque de faire perdre à l'individu le contact avec celui-ci, et il le livre au vertige du souvenir et de l'imaginaire. A ne contempler que lui-même, à vouloir se chercher dans sa vérité particulière, l'homme risque de se dissoudre dans les poussières éparses du passé et du rêve. La fosse à chaux, située sous la fenêtre de la chambre, mentionnée à plusieurs reprises directement (H, 229, 230, 243) ou allusivement (H, 274), n'est-elle pas là pour le rappeler ? La marche hâtive à l'aveuglette dans le village, sous la chaleur qui fait perdre le sens de l'orientation (H, 189), n'invite-t-elle pas elle aussi à méditer sur les pièges mortels de l'isolement et du repli sur soi ? Ailleurs, le narrateur voit les représentations imaginaires se couper irrémédiablement des choses, et la menace suprême de devenir à sa façon aveugle parmi les aveugles le hante (H, 92, 93). Enfin, l'écrivain précise très clairement le handicap majeur lié à ce choix :

> Jedoch kann er nicht anschaun, was künftighin sein wird ; er kann nicht voraussehn und im voraus sagen, was werden und was sein wird (H, 274) (54).

Malgré les allégations ultérieures, l'aveugle se révèle être avant tout un individu privé d'avenir... Ainsi l'écrivain décide-t-il dans la dernière partie du roman (H, 228) de lever

54. "Mais il ne peut voir ce qui est encore à venir ; il ne peut pas prévoir et prédire ce qui arrivera et ce qui sera" (H, 236).

le voile et de présenter la cécité comme une feinte destinée à assurer une période moratoire...

2.5. CECITE ET MEMOIRE

La cécité, qui rejette l'assaut des perceptions visuelles présentes, a partie liée avec le travail de la mémoire qui favorise la résurgence d'images émanant d'expériences successivement accumulées. Selon le narrateur, cette seconde vue qui vise le passé est un privilège de l'aveugle (H, 274). Elle est ce chemin détourné, méconnu et peu praticable (H, 271) qui mène d'un endroit à un autre, par exemple comme dans le livre remémoré, du lit à la fenêtre contre laquelle bourdonne une mouche (H, 275 - 276) (55) ; d'une façon plus générale, elle peut être interprétée comme un mouvement libérateur destiné à vaincre l'inertie.

LA MONTEE DES SOUVENIRS

Le chapitre relatif à la ***Genèse de l'histoire*** (H, 271 - 276) explique fort justement que l'apparition du souvenir résulte d'une correspondance ténue, mais essentielle, entre un événement présent et un événement passé qui, jusqu'alors, semblait oublié (H, 273). Il ne saurait s'agir d'une similitude superficielle de faits qui se déroulent, mais d'une coïncidence profonde entre deux expériences vécues, gravées dans la chair. Pour Peter Handke, comme pour Bachelard, "on ne peut faire revivre le passé qu'en l'enchaînant à un thème affectif nécessairement présent"(56). La situation dans laquelle se trouve le

---

55. On peut voir dans cette indication de déplacement du lit à la fenêtre une trace du phénomène d'intertextualité. N'y-a-t-il pas là une réminiscence du poème de Mallarmé ***Les fenêtres***, écrit en 1863 pendant les sombres jours de la période londonienne?
56. Gaston BACHELARD, ***La dialectique de la durée***, *Op.cit.*, p. 33.

narrateur dans le récit joue par conséquent un rôle déterminant. Un état de pesante solitude pourrait être à l'origine du travail de la mémoire. Le souvenir de la révélation de la coupure radicale entre soi et le monde des choses et des hommes, lors de l'éclatement de la fratrie, resurgit au moment où l'individu, au seuil de l'âge adulte, se retrouve à une croisée de chemins, confronté à un choix angoissant. A une montée enfiévrée de souvenirs désordonnés qui enlacent et entravent, le roman ***Les frelons*** oppose un mode de fonctionnement plus méthodique et plus efficace de la mémoire. Les conditions préalables à une activité clarificatrice sont évoquées sur le mode métaphorique dans le chapitre ***Le hall***, où la nécessité d'une prise d'intervalle spatial et temporel est soulignée ; toutefois, l'imminence de l'arrivée des spectateurs montre la précarité de l'entreprise. Silence et fraîcheur - mise à l'écart imagée des agressions extérieures et intérieures - sont requis pour que l'individu, échauffé par sa recherche, trouve le temps et l'espace indispensables à une élaboration féconde du souvenir (H, 200 - 202). Car le souvenir n'est pas une donnée, un bien disponible, ainsi que le rappelle Bachelard, il est un ouvrage difficile (57). Il n'est pas une répétition, mais une composition du passé prenant appui sur une intention présente. Sans doute Gregor se remémore-t-il la crise originelle pour trouver une issue à l'impasse actuelle. Le rappel de la résolution de la première crise par le repli sur soi, et le bilan qui peut en être tiré, lui permettront peut-être d'accéder à une voie nouvelle. C'est l'espoir qui nourrit le livre.

TYPOLOGIE DES SOUVENIRS . LEUR FONCTION

L'originalité de l'effort de mémoire que fait Gregor est mise en relief grâce aux éléments de comparaison contrastés, attachés aux personnes de Hans et de sa soeur.

---

57. *Ibid.*, p. 49 - 50.

LA SOEUR

Les souvenirs de la soeur, personnage tourné vers le présent et ancré dans l'espace par ses activités pratiques, à la maison d'abord, à l'auberge ensuite, sont exposés sous forme de relation verbale. Ils dépeignent la réaction du père au retour des champs lorsqu'il apprend la mort de Matthias (H, 36), puis le retour de Gregor blessé le soir suivant (H, 120, 150 - 153) et enfin la mort de la mère (H, 124 - 126). Les récits sont précis, distanciés, ils s'attardent sur des détails extérieurs relatifs aux faits et gestes du partenaire et d'elle-même. Le regard de la soeur est semblable à une caméra qui fixe en un film muet une succession d'actions qui pourront être rediffusées à la demande, et à l'infini, sans la moindre modification. Un miroir fidèle, toujours disponible, reflète les images rétiniennes d'un passé irrémédiablement coupé du présent. Cependant, en face de ces souvenirs attachés au personnage de la soeur, se dresse un souvenir vivant, qui apparente la jeune fille à Gregor : celui de l'effroi qui s'est inscrit dans la chair et qui est une expérience renouvelée à chaque résurgence. Il clôt le chapitre ***Le récit de la soeur*** (H, 153) consacré à l'arrivée de Gregor accidenté, pendant la veillée funèbre :

> Was, fragte sie mich, würdest du tun, wenn du gerade die Hand nach der Klinke streckst, oder wenn du die Klinke gar schon in der Faust hast, und auf einmal wird sie von auBen mitsamt deiner Faust herniedergedrückt, und der lose Schlüssel fällt aus der Tür ? (H, 153) (58).

HANS

Hans, quant à lui, est avant tout un individu en marche dans un espace indéfini, et il est livré à un temps qui serait un éternel présent. Il est un personnage privé d'images ; de lui-même d'abord : la chose vaguement dessinée sur l'émail blanchâtre du lavabo des toilettes de gare où il s'endort,

---

58. "Que ferais-tu, me demanda-t-elle, si au moment où tu tends la main vers la porte, ou bien si ayant déjà la poignée en main, on l'abaissait tout d'un coup de l'extérieur, en même temps que ta main, et si la clef pendante tombait de la serrure ?" (H, 134).

après avoir été chassé de la salle d'attente (H, 91), n'a d'existence que par le nom qu'elle porte, "visage". Ensuite, il s'abandonne à un présent, été torride et aveuglant, qui tue les images vivantes de la mémoire auxquelles le narrateur attribue un rôle protecteur (H, 147) ; il n'est plus alors que brûlure et souffrance. Enfin, la scène fictive du retour dans le camion de ramassage du lait le présente comme un homme détaché des liens du passé. Aucun signe de reconnaissance, aucune parole ne sont échangés avec ceux qui le transportent (H, 122 - 127). Il est un être muet, indifférent, à l'abri de toute vibration émotive. Sa caractéristique majeure est de donner un nom aux choses, ce qui met un terme définitif aux relations entretenues avec elles. L'objectivation de toute perception par le langage est un mécanisme d'autodéfense contre la souffrance. Le travail de la mémoire n'est plus alors qu'une activité de rappel de mots et d'images devenues autonomes ; un sommeil lourd et immédiat l'arrache aux difficultés rencontrées dans son existence vagabonde (H, 91, 122).

Mais laisser dériver les mots et leur représentation mentale en les coupant de la réalité présente et de l'individu qui la traverse, est un jeu dangereux qui débouche sur la perte de la cohérence et sur l'errance, situation extrême vécue par Bloch dans *L'angoisse du gardien de but* (59). L'association de l'idée de départ et de voyage à celle de péril trouve sans doute son origine dans un préjugé, répandu dans la société rurale dont est issu Gregor, à l'encontre de ceux qui partent à la conquête d'un mirage (60). Cette pensée est tellement ancrée dans la mentalité paysanne que même Gregor, le marginal, conçoit Hans comme un être souffrant, en marche vers le retour (H, 121 - 123) et même vers la mort. Le rêve (H, 218 - 221) décrit l'agonie pitoyable et solitaire du vagabond dans le hangar, et le rire du frère (H, 264), qui devrait être signe de

59. A propos de l'absence de mémoire de Bloch et de son incapacité à tisser des relations entre les différentes dimensions du temps qui donnent à l'individu sa continuité : voir C. BARTMANN, *Op.cit.*, p. 110, note 30.
60. Le fait d'avoir rêvé de départ, attache au couvreur le sobriquet "l'étranger" et son fils est nommé même après son décès, "le fils de l'étranger" (H, 188 - 189)
Le malheur indifférent évoque également le dépouillement et l'horreur de la situation de celui qui a quitté le pays natal (WU, 15).

jeunesse et de vie, n'est rêvé très prosaïquement que comme une poignée de maïs qui fouette le sol avant de servir de pâture aux poules grégaires. On est bien loin de la myriade d'étoiles qui fait résonner à l'infini le rire léger du Petit Prince qui a regagné sa planète (61) ! Alors que l'incapacité à fixer le souvenir et à nommer les choses retient la mère dans les rets d'une appartenance mortelle, la réduction du travail de mémoire à une activité de dénomination des choses et à des perceptions fragmentées conduit le frère à la dérive. En face de ces différentes formes d'inaptitude à maîtriser le donné et l'existence, se dresse la silhouette de "l'aveugle" qui a décidé de se faire voyant.

GREGOR ET LA MEMOIRE VOLONTAIRE

Les frelons se composent de la succession complexe des divers souvenirs de Gregor, devenu aveugle. Au souvenir à tout jamais fixé dans les images d'actes figés qui caractérise la soeur, et au souvenir vidé de substance vivante et fossilisé par le langage, propre à Hans, Gregor oppose une attitude originale.

Partant de perceptions présentes, auditives, olfactives ou tactiles, le narrateur dessine avec précision des tableaux de la vie paysanne : le travail du père, l'abattage du porc, la lutte contre l'invasion de fourmis. Mais jamais ces scènes d'enfance n'ont la limpidité et la douceur des romans de la nostalgie du passé. Elles crient la souffrance du monde. Elles sont le résultat d'un montage parfois alambiqué de pures descriptions de spectacles familiers, de souvenirs uniques, et de citations tirées d'un hypothétique roman lu jadis.

La structure de l'épisode *Les insectes sur les yeux du cheval* (H, 48 - 54) en fournit un excellent exemple. L'agencement délibéré de différents éléments temporels qui le caractérise n'est pas uniquement un pesant exercice de style, une concession à un mode narratif novateur, il illustre les cheminements étranges du travail de mémoire qui nourrit l'activité de l'imaginaire. Car fiction et souvenir sont insé-

---

61. Antoine de SAINT-EXUPERY, *Le petit prince*, Gallimard, collection Folio Junior, Paris 1987, p. 87 - 88.

parables dans ***Les frelons*** (62). Les constructions imaginaires les plus folles résultent d'imbrications complexes, de résurgences d'expériences individuelles éparses. Elles visent à conjurer le passé et à construire l'avenir.

Dans un premier temps, Gregor met à profit sa disponibilité vis-à-vis des assauts du présent pour chercher le salut dans la fiction. Les rêves éveillés, qui forment la toile de fond de ce dimanche auquel est consacré tout le roman, ne sont pas destinés, comme l'opinion en est généralement répandue, à être des mécanismes de compensation et à satisfaire des désirs dans l'imaginaire. Ils sont le plus souvent, ainsi que l'expose A.L. Strauss (63), un mode de préparation à une action hypothétique. Raison et irrationnalité ne s'opposent plus et deviennent des forces complémentaires, influençant la relation de l'individu au monde. Pour l'adulte comme pour l'enfant, les limites entre les actes et les rêves éveillés sont parfois floues.

Les diverses mises en scène élaborées par Gregor au cours de la journée, relatives à des faits présents ou passés, correspondent dans une large mesure aux différents types de rêves éveillés décrits par A.L. Strauss (64).

Ainsi les épisodes intitulés ***La mort de la mère*** (H, 124 - 126) et ***L'évier*** (H, 132 - 134), au cours desquels Gregor affirme sa différence par rapport aux autres membres de la fratrie, en refusant le souvenir figé et stéréotypé, peuvent-ils être interprétés comme une réécriture nécessaire de scènes antérieurement vécues. Son rôle est de mettre en accord passé et présent et de donner à l'individu le sentiment d'une continuité qui affermit son sens de l'identité.

La rencontre avec la femme au cours de la sieste dominicale, qui prend en partie appui sur un récit initiatique du frère peut, quant à elle, être rangée parmi les rêves éveillés constituant une aide, face à une situation nouvelle dont l'individu n'a qu'une représentation très imprécise. La rêverie

---

62. R.G. RENNER, *Op.cit.*, p. 4.
63. A.L. STRAUSS, *Op.cit.*, p. 68 - 70.
64. *Ibid.*, p. 68 - 70.

donne un contenu à ce qui était très vague et par conséquent angoissant. Le surgissement de telles fictions qui allègent les appréhensions ne saurait étonner dans des périodes déterminantes de l'existence humaine.

L'évocation imaginaire de l'annonce aux parents de la décision prise (H, 259), qui hante Gregor au milieu de ses souvenirs lors du retour à la maison, devrait être de celles qui préparent à la rencontre et la facilitent, puisqu'elle envisage le déroulement de la confrontation. Néanmoins le rêve tourne court, le narrateur se voit le dos au mur, et le jugement qu'il formule sur lui-même est empreint d'angoisse et de honte.

Un passage imaginaire est directement nommé "rêve éveillé" dans ***Les frelons.*** Gregor y succombe, alors qu'en proie au délire, il a regagné par la fenêtre de sa chambre le ventre de la maison familiale. Dans un climat de menace, d'état de siège (H, 262 - 264), il court sur un chemin détrempé, il suit les traces du frère qui, parti le premier, lui ouvre secrètement les voies. Il est en fuite, ignore pourquoi mais plonge de ce fait son pays dans la guerre. Il est obsédé à la fois par la nécessité de courir et l'idée qu'il met en danger la vie du frère par sa légèreté. L'atmosphère de cauchemar, la solitude du coureur de fond face à un public qui juge et commente, montre que dans ***Les frelons*** le rêve éveillé peut être souvent conçu comme un mode de préparation à un avenir difficile, mais qu'il demeure aussi dans une large part un péril qui conduit l'individu à la dissolution.

La genèse d'un épisode au petit déjeuner (H, 81 - 94) est à cet égard d'une importance primordiale. Le chapitre illustre le passage à la fiction et les risques encourus. La description générale de souvenirs de bruits, introduite par une brève citation, constitue le point de départ d'un jeu touchant au langage et à l'imaginaire. Il vise à associer systématiquement perceptions passées et présentes, mots et représentations remémorées ou imaginaires, à établir des comparaisons. Peu à peu le passe-temps morose se mue en une activité plus affirmée de l'imaginaire, et un changement de temps brutal marque l'évolution du narrateur. Délibérément, il quitte les éprouvantes énumérations pour se tourner vers la fiction. Le présent de l'indicatif met parfaitement en relief le rôle souverain du narrateur qui, magicien et cinéaste, fait surgir la première séquence des aventures de l'homme au sac marin (H, 86 - 87), sur laquelle il exerce une maîtrise absolue. Il crée, efface, superpose les images à sa guise. Mais cet espace de liberté, cette bouffée d'air frais qui ragaillardit narrateur et lecteur après la longue évocation d'exercices stériles, s'évanouit bien vite (65). Gregor quitte brutalement l'habit de magicien pour revêtir celui de l'apprenti sorcier. Les images se dérobent à la surveillance du manipulateur maladroit et s'affichent contre sa volonté. "Il ne se fait" plus d'images, "il n'efface" plus l'image. Soulignée par l'emploi du passif, la lutte longue et dramatique qui s'engage entre images volontaires axées sur le retour et images subies de résistance au retour (66), aboutit à la défaite de Gregor qui n'est plus que le spectateur impuissant d'un court-métrage dont le déroulement lui échappe. Le tarissement total des images sur lequel s'achève le jeu s'accompagne d'une perte de la cohérence. Le monde et les faits et gestes des hommes sont devenus incompréhensibles à l'aveugle qui, étranger à tout, ne se meut plus que dans un chaos inextricable de mots... Rien ne distingue plus alors l'expérience vécue de l'expérience imaginaire et l'individu se retrouve confronté à l'hostilité de l'environnement.

L'appropriation impossible du monde imaginaire correspond très exactement à l'impression qui domine chez Gregor, de l'inaccessible conquête de la réalité extérieure. Ainsi n'est-ce pas l'homme qui se déplace, mais les éléments extérieurs qui s'approchent (H, 16), le font se mouvoir (H, 29, 114), l'agressent ou se jouent de lui (H, 241)(67). Aux heures de fatigue, où une couche de cire semble isoler le sujet et le cou-

---

65. M. DURZAK, ***Peter Handke und die deutsche Gegenwartsliteratur***, *Op.cit.*, p. 61 - 64, interprète ce passage comme une démonstration qui s'intègre dans une recherche de nouveaux procédés narratifs.
66. A noter que ce chapitre est plus explicite dans la version remaniée pour l'édition de poche des ***Frelons*** dans la mesure où Peter Handke a ajouté à deux reprises des injonctions directes au voyageur, destinées à le faire s'engager sur la voie du retour. "Dépêche-toi" lui dit-il alors qu'il s'obstine à rester sur le quai au lieu de monter dans le train qui va prendre le départ.
67. Peter HANDKE, ***Die verkehrte Welt***, 1967, in : ***Die Innenwelt der Außenwelt der Innenwelt***, *Op.cit.*, p. 32 - 35, décrit une situation analogue.

per de toutes perceptions, les pensées elles-mêmes deviennent autonomes et laissent désemparé celui chez qui elles naissent (H, 149). L'homme "sans défense et nu" (68) est menacé de toutes parts, en particulier dans les situations de demi-sommeil, critiques entre toutes. Le chapitre consacré au réveil (H, 54 - 58) présente un individu dépouillé de conscience de soi et de sens, livré au manège de pensées obsédantes. Les frontières s'estompent entre le sujet et les objets ainsi que le remarque C. Bartmann (69), et le sujet se fige dans une soumission totale aux choses qui s'animent.

Pourtant l'espoir d'une issue n'est pas entièrement vain. La fin ouverte du chapitre ***La genèse d'un épisode au petit déjeuner*** suscite la curiosité. Une allusion est faite au détail intentionnellement oublié dans la description, au nid de guêpes, c'est-à-dire au désir, qui entrouvre les portes de l'avenir.

DE LA MEMOIRE PASSIVE ET DOULOUREUSE A LA MEMOIRE ACTIVE

Un autre type de souvenirs remplit une fonction capitale dans le roman, et modèle la perception du monde extérieur ; ce sont les souvenirs des souffrances majeures de la première phase de la vie. La coïncidence présente la plus ténue, née d'une perception, les fait surgir et plonge l'individu dans les terreurs d'antan. Ils sont essentiellement liés au père et aux frères. Les scènes traumatisantes de violence entre les parents (H, 27 - 28), les malédictions du père (H, 132), la recherche éperdue des frères disparus, en constituent les axes principaux. Ils prennent la forme d'incises inattendues, de scènes concrètes, intégrées dans la longue description de souvenirs plus généraux ressortissant à la mémoire volontaire. Ils semblent échapper au contrôle du narrateur, et s'intégrer d'eux-mêmes dans le récit. Il n'est pas exagéré de prétendre qu'ils sont la raison d'être d'un roman qui ne serait alors qu'un décor complexe et pesant, destiné à les exorciser. Du roman, prétexte à un récit général sur les paysages de l'enfance, s'élève - comme à l'insu du narrateur - la poussière des événements qui

68. "Wehrlos und nackt" (H, 55).
69. C. BARTMANN, *Op.cit.*, p. 72 - 73.

l'ont marqué et meurtri. Les grains de la mémoire douloureuse qui ont menacé et altéré la vie sont identifiés, et ils se métamorphosent, grâce à l'habillage de l'imaginaire et de l'écriture, en énergies fécondes, propres à faire éclore le renouveau. Le roman n'est pas une oeuvre achevée, il est outil de connaissance, il est expression du désir, il est commencement. Il conduit à la durée, à l'oeuvre. L'individu qui, jusqu'alors était soumis aux attaques désordonnées et imprévisibles d'images de souffrance remémorée, se lance volontairement dans une opération de reconnaissance du passé personnel afin d'alléger son emprise. L'exploration systématique n'est rendue possible que par l'écriture, qui nomme les expériences, leur donne une réalité extérieure, et exerce une activité libératrice. Il s'agit d'appeler l'effroi pour pouvoir en conjurer les méfaits (70). Dans *Le malheur indifférent*, Peter Handke explique avec précision sa démarche habituelle d'écriture :

> Sonst gehe ich nämlich von mir selber und dem eigenen Kram aus, löse mich mit dem fortschreitenden Schreibvorgang immer mehr davon und lasse schlieBlich mich und den Kram fahren, als Arbeitsprodukt und Warenangebot (WU, 46 - 47) (71).

La fonction thérapeutique du souvenir, inséparable de l'écriture, est évoquée par l'écrivain dans un entretien avec H.L. Arnold (72) où il fait du travail de mémoire effectué lors de la rédaction des *Frelons* une propédeutique à l'oubli. Mais la mémoire, tout comme l'activité imaginaire, recèle des périls auxquels Gregor s'efforce de se soustraire.

---

70. R.G. RENNER, *Op.cit.*, p. 10 "Versuch den Schrecken zu zitieren, um ihn abwenden zu können".

NÄGELE/VORIS, *Op.cit.*, p. 34. C'est toute l'histoire du jeune pyromane de l'oeuvre de jeunesse *Le feu* (*BegrüBung des Aufsichtsrats*, p. 33 - 34) qui, par peur du feu, se fait incendiaire.

71. "D'habitude, en effet, je pars de moi-même et de mes propres histoires, je m'en dégage au fur et à mesure du processus de l'écriture et je les laisse partir, mes histoires et moi, ils sont le produit d'un travail et une marchandise offerte" (WU, 55).

72. Peter HANDKE, in : *Text und Kritik*, 1976, *Op.cit.*, p. 17.

LES PIEGES DE LA MEMOIRE

Au cours de la scène du retour, Gregor, en proie au désir de départ, se débat contre les offensives du passé. Il prend conscience que la mémoire, loin de lui assurer le salut, le tient dans ses rets. La tentative pour échapper par le langage à ses liens paralysants est vaine ; prononcer un lieu commmun pour s'en protéger "Le passé est mort" (H, 209) (73) est inefficace, et l'idée que l'oubli est impossible l'assaille et le torture (H, 238). Le passé enchaîne et il tue le présent (H, 233) puisqu'il entrave la perception de la réalité actuelle. La mémoire s'empare du sujet, lui fait perdre le sens de l'orientation spatiale et temporelle. Hier et aujourd'hui se mêlent et se fondent ; le thème de la disparition des frères envahit espace et temps. Les tentatives éphémères pour se protéger des signes, "Rien ne donne à penser quoi que ce soit" (H, 225) (74), qui font naître fugitivement l'idée d'un lendemain et d'un ailleurs, se soldent par un échec et Gregor finit par s'abandonner au vertige dans la chambre obscure.

L'extrême complexité de l'influence exercée par la mémoire sur l'individu est au coeur du roman de jeunesse et trouve un large écho dans le débat que Peter Handke engage dans toute son oeuvre avec la notion d'histoire, considérée cette fois comme évolution de l'individu.

MEMOIRE ET HISTOIRE INDIVIDUELLE

L'écriture est miroir, miroir des comportements de l'écrivain face à la mémoire. Elle conserve la trace des événements qui jalonnent l'existence, mais elle n'est pas une collection de souvenirs épars, elle leur donne forme. La période moratoire que s'accorde le narrateur par l'intermédiaire de la cécité, exhume les seuils franchis jusqu'alors. Dès le roman de jeunesse, Peter Handke travaille à la façon des géologues, il

73. "Die Vergangenheit ... ist tot" (H, 241).
74. "Nichts deutet auf etwas hin" (H, 260).

se met à la recherche des strates contitutives des paysages intérieurs d'aujourd'hui, il se fait l'archéologue de sa propre histoire. Il sonde la poussière, sans doute avec minutie, mais surtout avec l'énergie désespérée de celui qui ne veut pas être perdu dans le monde comme ces insectes dont l'existence éphémère ignore tout ce qui dépasse la limite d'une saison. La souffrance et la peur sont à ce premier stade de l'oeuvre les compagnons inséparables de la quête. Entre les deux métaphores centrales, celle de la carrière où les ongles ont gratté douloureusement le sable, à la recherche du frère, et celle de la fosse à chaux qui menace de dissoudre à tout jamais les fragments du souvenir et d'engloutir les rêves fragiles d'avenir, s'intercalent les scènes campagnardes réalistes qui ne sont que les projections de meurtrissures intérieures. Elles évoquent les fourmis ébouillantées (H, 160), les grenouilles laminées sur la route (H, 247), les sauterelles écrasées (H, 248 - 249), les pneus où s'incrustent les graviers (H, 221), le cheval agressé par le taon (H, 51), le taon torturé par l'enfant (H, 53 - 54)... Le chemin détrempé omniprésent où se gravent les traces, et le chemin desséché où elles s'émiettent, s'inscrivent dans la même perspective que le rêve du champ gelé. Il faut tenter de partir sur la mince pellicule de glace qui permet au voyageur d'échapper à l'épaisse poussière neigeuse, et se risquer dans la grande aventure, à condition toutefois d'avancer à pas mesurés, de se débarrasser de tout bagage et de ne pas se retourner.

Le mouvement amorcé par le narrateur dans *Les frelons* est double. Il se libère du fardeau pesant du souvenir, de l'appartenance qui alourdit et paralyse, pour partir à la conquête du monde ; mais auparavant il doit être capable de reconnaître dans les poussières du passé les couches des sédiments successifs qui l'ont formé, et sur lesquelles est jetée la passerelle fragile et glacée qui conduit vers un ailleurs. L'appropriation de l'espace est inséparable de l'acquisition du sens de l'orientation dans le temps. Fort opportunément, M. Mixner ouvre son commentaire sur le roman *Les frelons* en rappelant les propos tenus par Peter Handke en introduction à une des émissions radiophoniques *Le coin des livres* (*Bücherecke*) qu'il a assurées de 1964 à 1966 pour ***Radio Graz*** (aujourd'hui ***Studio Styrie***) (75) :

> Schreiben kann ein Versuch sein, die Welt zu erobern. (...) es ist zumindest die Möglichkeit gegeben, die Dinge, auf die man vordem taub und blind gestoBen ist als auf etwas, das sich von selbst versteht, infolge einer genauen und eingehenden Beschreibung wieder dingfest zu machen und für das, was geschieht und geschehen ist, gleichsam einen neuen Sinn zu gewinnen, einen Zeitsinn, einen Sinn für das, was man gemeinhin Geschichtlichkeit nennt (76).

Sans l'orientation dans le temps, l'homme n'a pas d'histoire, et il est par conséquent dépourvu de tout potentiel de changement (77), donc d'identité propre, puisqu'il ne se distingue en rien des objets et des animaux. On ne doit pas se méprendre sur la signification d'assertions apparemment contradictoires de Peter Handke qui, d'une part, rêve d'être un individu sans histoire (78), et d'autre part essaie d'acquérir le sens du temps. L'histoire particulière d'un homme doit être distinguée de l'Histoire, prise comme appartenance générale au passé du groupe dont il est issu. L'Histoire est donnée, elle est comparable à un réseau de fils invisibles qui maintient l'individu dans le cadre d'une appartenance, qui impose modèles et contraintes, tandis qu'il revient à l'homme d'écrire progressivement son histoire individuelle. Celle-ci est succession

---

75. Peter HANDKE, ***Bücherecke***, 26.04.1965 ; Rundfunk-Manuskript, ORF/Studio steiermark in : M. Mixner, *Op.cit.*, p. 1.
76. "Ecrire peut être une tentative de conquérir le monde. (...) la possibilité est au moins donnée de s'assurer, par une description exacte et approfondie, la maîtrise de choses qu'auparavant, aveugle et sourd, l'on a rencontrées comme allant de soi, et d'acquérir, pour ce qui se produit, ou s'est produit en quelque sorte un sens nouveau du temps, un sens de ce que généralement l'on nomme l'historicité ".
77. Peter HANDKE, ***Die Dressur der Objekte***, 1966, in : ***Ich bin ein Bewohner des Elfenbeinturms***, p. 141, dénie au cirque l'aptitude à évoluer dans la mesure où il travaille avec des objets qui sont privés d'histoire.
78. Peter HANDKE, Entretien avec Didier Goldschmidt et Brigitte Salino, in : ***ORACL***, *Op.cit.*, p. 35 : "c'est quand je suis sans pays et sans histoire que je me sens le plus libre. Trouver son identité à travers l'histoire, c'est très faible".

de phases. *Les frelons* sont la mise à nu, puis la mise à l'écart, des structures archéologiques liées aux expériences de l'enfance et de l'adolescence. Sans ce stade d'établissement d'une cohérence, l'homme laisse passivement se dérouler la vie, les jours et les instants ; pour qu'il lui arrive quelque chose, pour qu'il vive, il lui faut dégager les fondations et construire. Mais l'édification est une mise en forme, et l'histoire de l'individu devient une narration des expériences vécues (79), organisée par la conscience présente du narrateur qui sélectionne et compose en fonction de critères qui lui sont propres. Le désir brûlant de l'aveugle de raconter son histoire aux clients du café (H, 224 - 225) n'est peut-être qu'un piètre reflet de cette nécessité, mais il est indubitablement le signe de la mise en route du processus d'autocréation de l'homme qui doit se souvenir d'abord, confier à l'autre ses découvertes, afin de pouvoir fonder le renouveau. Pourtant l'épisode de *L'arrêt au café*, suivi de celui du *Dilemme*, montre la difficulté de l'entreprise. L'audace ne suffit pas pour confier son histoire aux autres - seules des conditions exceptionnelles comme l'ivresse peuvent y conduire - l'histoire doit préalablement avoir été dégagée de la gangue qui la masque (H, 224). Quand Gregor s'essaie à relater son histoire, il est incapable de narrer autre chose qu'une scène fictive et ouverte, se rapportant au frère. Il n'est pas étonnant que le thème du mensonge réapparaisse alors puisque, de l'aveu de Gregor lui-même, il s'agit du déploiement d'une stratégie destinée à se protéger de sa propre histoire (H, 229), une stratégie qui prend aussi la forme de la généralisation manifestée par l'utilisation indifférente du "on", du "il" ou du "je" pour désigner le narrateur (H, 228). Mais l'impossibilité dans laquelle se trouve Gregor de s'engager dans un récit ne tient pas uniquement à un enlisement psychologique insurmontable, explicitement représenté dans le chapitre du dilemme par l'image de la fosse (H, 229 - 230). Elle est également liée à la difficulté de trouver un interlocuteur disposé à s'asseoir à ses côtés pour l'écouter, et prêt, par ses questions, à aider sa langue à se délier, à s'affranchir des pensées paralysantes. Gregor

79. C. BARTMANN, *Op.cit.*, p. 102 - 103, évoque à propos de ***La courte lettre pour un long adieu***, les relations existant entre l'histoire (history) et l'histoire (story) dans la pensée de Peter Handke.

n'attend pas tant la délivrance de la clarification intérieure de son histoire, que de son élaboration progressive, articulée pour des auditeurs attentifs qui s'engageraient ensuite dans un échange verbal vivant (H, 222).

2.6. CECITE ET RELATION A L'AUTRE.

Le thème de la communication émerge des trois sphères de la narration (passé, imaginaire, présent) et, à ces différents niveaux, la relation au père joue un rôle fondamental.

LES FACTEURS STRUCTURANT LA RELATION A L'AUTRE

Les conversations familiales entre Gregor et son père se déroulent dans un climat d'interrogatoire (H, 69 - 72), ou bien encore apparaissent comme un échange de banalités dans lequel aucun des partenaires ne s'engage réellement (H, 101, 103). Deux traits majeurs caractérisent cette relation verbale : d'une part, l'expression de l'autorité jalouse du père (H, 72 - 73, 92, 99, 131 - 132) et d'autre part, la maîtrise des formules figées et des attitudes codifiées (H, 100 - 103). Rien d'étonnant à ce que le souvenir majeur conservé par Grégor dans le domaine de la relation au père soit celui de la dramatique partie de cartes (H, 193 - 198), lorsque l'enfant se retrouve captif sous la table du jeu où le père triomphe ; il est abandonné par un frère indifférent, et emprisonné, non seulement par les jambes du père, mais aussi par celles des autres membres du groupe qui restent sourds à ses signes de détresse. L'expérience de la solitude irrémédiable de l'individu face à tous, et de son impuissance à affronter le groupe aura valeur de traumatisme. Elle marque si profondément le narrateur que l'imaginaire s'en empare et en propose une version remaniée : ***Le rêve*** (H, 218 - 221).

On y retrouve le narrateur seul, confronté à l'indifférence moqueuse des voisins venus en spectateurs, et à l'apathie d'un père affaibli par l'âge et engourdi dans le sommeil. L'isolement de Gregor, son incapacité à faire comprendre le message douloureux dont il est porteur, recréent le même climat d'angoisse, de rage désespérée et d'échec que dans la scène précédente. Le rêve s'achève sur la vision saissante d'une souffrance qui se dilate jusqu'à prendre une dimension cosmique. L'impossible acte de communication par le langage fait déferler la vague d'une douleur infinie qui abolit les frontières, réunit et emporte choses et créatures dans des gouffres insondables. Au-delà du langage existe la perception fugitive d'une cohérence qui est blessure :

> Was ich aber jetzt sah, war nicht mehr auBer mir, und es war nicht mehr so, daB ich nicht wissen konnte, ob es wirklich so sei, oder ob ich nur schliefe ; es trennte mich davon auch kein örtlicher Unterschied mehr und kein Abstand, den man mit dem Zollstock hätte abmessen können, ... was ich sah, ersah ich nicht über die Augen, noch beurteilte es dann das Gehirn und gab ihm die gelernten Namen, noch war es den Nerven genehm oder ungenehm, woraus vielleicht ein Gefühl entsteht : was ich sah, sah ich nicht durch das Auge, sondern durch das Zucken der leblosen Dinge selbst, die ich nicht mehr als anders und von mir entfernt spürte, weil sie, allein dadurch, daB ich sie sah, mir die Adern aufrissen, als könnte dieses Leblose ... vor Schmerzen zucken und diesen fremden Schmerz dem Schauenden mitteilen, und als sei der lächerliche Jammer in meinem Innern ... nur der unausrottbare, unaufhörliche Jammer dieser Dinge... (H, 220 - 221) (80).

80. "Mais ce que je vis alors n'était plus extérieur à moi et la vision n'était plus de telle nature que je ne pusse savoir si elle était bien réelle ou si je dormais ; plus aucun intervalle ni aucune distance, qu'on eût pu mesurer à l'aide d'un roseau gradué, ne m'en séparaient ... je n'aperçus pas ce que je vis grâce à mes yeux, ce ne fut pas davantage mon cerveau qui jugea de la vision et lui attribua ensuite les noms appris, pas plus que ce ne fut agréablement ou désagréablement perçu par mes nerfs, ce

L'élan fusionnel, né de la communication manquée, ne laisse pas entrevoir la rédemption, au contraire, il aggrave les plaies béantes, à moins que le chant des désharmonies de la création ne soit l'amorce d'une lointaine réconciliation avec le monde. En effet, il brise le carcan de la solitude et intègre la plainte de l'individu dans celle "inextinguible et incessante" des choses.

L'intuition d'un nouveau regard, qui ne se pose pas sur les seuls éléments accessibles à la vue, mais dépasse les différences pour saisir la réalité dans sa totalité, est indissociable de la stratégie de la cécité. Le choix de la non-voyance ne permet pas seulement une approche renouvelée du monde, il implique également une situation nouvelle vis-à-vis des hommes.

L'expérience de l'invisibilité faite par l'enfant, celle de son inexistence presque totale aux yeux d'adultes accaparés par tous les aspects de la vie quotidienne, conduit l'adolescent à adopter une position telle que tous les regards convergent vers lui. Gregor décide de devenir le point de mire de la communauté villageoise.

LE FACE-A-FACE PROVOCATEUR : UN CONTRE TOUS

La promenade dominicale solitaire dans la fournaise de l'après-midi (H, 187 - 193), pendant au départ pour l'église en compagnie du père, trouve une justification immédiate dans l'attente obsédante du frère dont il ne faut pas manquer l'arrivée. Mais cette sortie, qui est une fuite, relève surtout

---

qui eût pu faire apparaître une sensation : ce que je vis, je ne l'aperçus pas grâce à mes yeux, mais par le tressaillement même des choses inanimées que je ne ressentis plus comme différentes et éloignées de moi parce que, du simple fait que je les vis, elles me déchirèrent les veines, comme si ce monde inanimé ... pouvait tressaillir de douleur et communiquer cette souffrance étrangère à celui qui l'observait, et comme si la douleur ridicule que je ressentis au fond de moi ... n'était que la plainte inextinguible et incessante de ces choses " (H, 192 - 193) (Traduction modifiée).
Le style prophétique n'est pas sans rappeler celui de saint Jean dans *l'Apocalypse*.

de la volonté provocatrice du narrateur qui se propose ainsi d'attirer vers lui tous les regards.

La première rencontre avec les joueurs de cartes (H, 187 - 189) reflète le malaise général ressenti à l'encontre des infirmes en ce qui concerne l'attitude à adopter à leur égard ; elle décrit la particularité du regard jeté sur l'aveugle à l'allure pressée, et évoque les interrogations que fait surgir son comportement étrange chez les promeneurs. Gregor se délecte de l'embarras qu'il suscite. Il goûte le plaisir de se distinguer de ces figurants de la vie quotidienne, qui ne portent pour nom qu'un sobriquet, lié à l'histoire d'un père quelque peu aventureux. Ainsi la charpentier est-il appelé "cuisinier", le fossoyeur "brigand" et le couvreur "étranger" ! Pour Gregor, ils ne sont que les joueurs de cartes, et il se réjouit à l'idée d'échapper, par sa marginalité, à une dénomination mutilante fondée sur le principe métonymique (81). La fierté de Gregor s'exprime dans une formule grandiloquente, lorsqu'il parle du visage "rusé et sublime, bouclier des aveugles" (H, 165) (82). Le rêve secret de Gregor est peut-être de voir son père, à l'image du docteur (83), être désigné d'après le signe distinctif du fils. Un rêve qui demeure sans consistance puisque le gendarme intrigué par son attitude ne voit en lui que le fils de Monsieur Benedikt (H, 192). Par ailleurs, la banalité des diverses remarques échangées au sein du groupe à propos de l'aveugle, qui vont de la compassion à la moquerie, montre la vanité des attentes de Gregor. Un comble : deux badauds amusés vont même jusqu'à engager un pari sur les chances de Gregor d'atteindre l'arrêt de bus avant que celui-ci ne redémarre. Le commentaire désabusé concluant le chapitre, selon lequel l'issue était prévisible et connue d'avance, met en lumière la distance ironique que prend l'écrivain par rapport à son héros...

---

81. Le principe métonymique est explicitement dénoncé au début de l'épisode à propos de la description du chapeau du premier joueur, appelé "mou" en raison de la seule particularité de son pourtour.
82. "mit dem listigen, dem erhabenen Gesicht, dem Heerschild der Blinden" (H, 188).
83. Il est ivrogne et est appelé "balourd" en raison de son fils,né idiot.

La présence des enfants sur le terrain de sport que longe le marcheur pour se rendre au village apporte une dimension nouvelle aux relations entretenues par l'aveugle avec l'environnement humain. La rencontre du dimanche après-midi (H, 189 - 190) contraste, par la brièveté et la perspective de narration, avec le long épisode de *La bicyclette*, au début du roman (H, 58 - 65). Cette première scène dépeint d'une façon intéressante le comportement de Gregor vis-à-vis des autres, et insiste particulièrement sur son interprétation des différents types de contact. La bicyclette du frère que pousse Gregor est moins le symbole du frère absent et de la nostalgie du départ, qu'un accessoire destiné à faire converger les regards de la communauté villageoise vers Gregor, et à susciter les questions. L'aveugle se plaît à imaginer une confrontation avec des enfants qui consentiraient à abandonner leurs jeux pour s'intéresser à lui et à son histoire. Les affabulations concernant les curieux qui s'attroupent, qui se précipitent aux fenêtres, s'interrogent et commentent discrètement ses faits et gestes, les cris des enfants qui s'apostrophent à son propos, et le climat d'état de siège qui s'installe à la fin de la scène, reflètent les attentes démesurées de Gregor dans le domaine de la communication. Il se voit affronter courageusement le groupe, provoquer le malaise par des affirmations contradictoires et incertaines, et finalement se camper fièrement devant tous, auréolé de mystère :

> Obwohl ich blind bin, schaue ich sie an (H, 65) (84).

Le chef d'accusation prononcé par les enfants, le mensonge, est dans le mode de pensée de Gregor une appréciation positive, puisqu'il brise l'anonymat. Les enfants, dans le roman, identifient sa marginalité, la font éclater au grand jour en l'affirmant publiquement par des inscriptions à la craie sur les murs (H, 127 - 128). Malgré une hostilité de façade, le narrateur attribue aux enfants une fonction d'alliés dans sa lutte pour être reconnu. Cependant la scène du dimanche après-

84. "Bien que je sois aveugle, je les regarde" (H, 58).

midi remet ces attentes en question, dans la mesure où le passage de Gregor passe inaperçu à cause d'un match de football passionnant. Néanmoins l'analyse, ô combien subjective, qu'en fait Gregor, démonte efficacement les mécanismes mis en oeuvre dans un acte de communication. Attitudes, intentions et interprétations des partenaires se révèlent ici clairement, et montrent la complexité de l'entreprise. La trame de l'action est simple. L'aveugle passe à proximité immédiate du stade où les enfants sont occupés à suivre les péripéties du match dominical et à manifester par des cris leurs sentiments. Gregor reçoit l'indifférence des enfants à son égard, qui sans doute est réelle, comme une feinte destinée à "punir" de sa présomption celui qui veut être un point de mire. L'importance de l'image de soi présentée à l'autre au début d'une rencontre, afin d'influencer son déroulement, est ainsi soulignée ; l'aveugle se voit contraint d'adapter son comportement à celui des interlocuteurs et, dépité, continue sa route. Mais Gregor ne veut pas s'avouer la défaite et son imagination l'aide à trouver une explication gratifiante aux exclamations perçues en s'éloignant. Il accapare les cris que les enfants adressent vraisemblablement aux joueurs, et les transforme en quolibets jetés à l'infirme. Un des facteurs décisifs, source de difficultés majeures dans les rencontres avec les autres, est stigmatisé ici ; les débordements de l'imagination font perdre tout contact avec les données objectives, et entravent l'établissement de bases solides de communication. Ils favorisent le lent glissement vers la folie ; entièrement livré à son intériorité, Gregor devient sourd aux bruits du réel et ne perçoit plus les échanges verbaux que sur le mode métaphorique. La cécité lui fait perdre la maîtrise des autres sens et l'entraîne vers la dérive psychologique, où tout propos tenu par les promeneurs est intégré dans l'histoire fictive qu'il se raconte. Ainsi l'ambiance d'une banale course cycliste se muet-elle en climat de panique dans l'esprit du narrateur (***La nouvelle***, H, 209 - 211).

L'aveugle ne veut pas l'admettre, mais au milieu des gens affairés la cécité l'a rendu invisible ; il succombe aux risques inhérents à la stratégie de feinte adoptée. Ombre furtive, il erre en proie aux convulsions intérieures. Pourtant, il ne se satisfait pas de ce rôle qui échappe aux règles du jeu qu'il s'est fixées, pour résister aux forces annihilantes d'une appartenance qui tue tous ceux qui la suivent sans la percevoir. Il se lance dans une nouvelle tentative pour se dresser seul face aux autres par un coup de force monumental. Son arrivée brutale dans l'auberge tenue par la soeur, sous le coup de la fureur, met un terme à une bagarre avant même son déclenchement.

LA DIFFICILE MAITRISE DE L'ACTE DE COMMUNICATION

L'intérêt de la séquence *Le combat* (H, 211 - 218) réside moins dans l'illustration de la mégalomanie de Gregor qui, protégé par sa cécité, fait une irruption de forcené écumant de rage dans le cercle des badauds assemblés autour de deux querelleurs à l'entrée du café, que dans les considérations théoriques qui accompagnent les préparatifs du combat.

L'acte de communication verbale entre deux individus est assimilé à un duel dont la portée est relativisée par l'inaptitude à exercer une véritable contrainte sur le partenaire, et à obtenir sa soumission. Il est un jeu dont les règles et limites sont fixées par la culture. Il s'oppose à la bagarre qui, plus proche de l'état de nature, est une rencontre physique capable de réduire l'adversaire à sa merci. L'enjeu de la bagarre, la prise de pouvoir sur l'autre, en fait un spectacle passionnant, tandis que l'échange verbal banal codifié, s'est affadi et a perdu tout intérêt. Gregor perçoit cruellement ce manque et est le seul à en prendre vraiment conscience.

Les préparatifs de la bagarre projettent en gros plan les articulations de l'acte de communication que la routine a privé de sa dimension vivante. La présentation circonstanciée de la phase préliminaire où les adversaires se mesurent, la description minutieuse du premier combattant, de sa réputation et de son attitude, propres à impressionner le vis-à-vis (H, 214), démontrent la nécessité de prendre en compte les éléments extra-verbaux qui précèdent l'échange et influent sur son déroulement. Il est indispensable, avant de rencontrer l'autre, de voir clair en soi et de déterminer l'image que l'on veut imposer. Du sérieux de la préparation dépend la maîtrise ultérieure de l'acte de communication, au détriment du partenaire ; une mise en route irréfléchie, spontanée et naïve, peut avoir des conséquences catastrophiques.

Le second aspect important, mis métaphoriquement en valeur et traduit par les commentaires supputatifs des spectateurs avides, concerne l'issue de la rencontre. Le sens aigu de l'observation, la ruse, la rapidité du pouvoir d'adaptation, peuvent remédier à la faiblesse apparente de l'antagoniste. L'acte de communication est une aventure qui, certes se prépare, mais qui se joue à chaque instant. De plus, le hasard remet en cause les rites et les routines et n'est pas étranger à la désignation du vainqueur. Cette apologie de la bagarre, qui souvent avorte avant de s'engager en raison des mécanismes sociaux de répression ou à cause d'une intervention imprévue, manifeste le degré de maturité de la réflexion sur les phénomènes de communication. Ils sont des processus qui vivent et qui font vivre, et l'homme doit les dominer s'il veut être autre chose qu'un minuscule rouage dans l'énorme mécanisme de laminage qu'est l'appartenance.

L'espace d'un instant, Gregor, agent de désordre dans le nouvel ordre établi - celui de l'affrontement - bénéficie, par la violence de son irruption dans le café, des avantages de l'ébranlement des structures habituelles. Le bref duel qui s'engage à la surprise générale entre l'aveugle, en proie à la fureur, et toute l'assemblée - combattants et spectateurs réunis - suscite l'intérêt de la soeur qui, pour une fois, sort de son rôle d'aubergiste pour aller au-devant de Gregor. L'insistance avec laquelle sa prévenance, sa bienveillance et son attitude d'auditrice attentive sont décrites (H, 217) démontre la nécessité du hasard, du bouleversement des rites et des habitudes pour que des liens vivants se développent entre les individus. Les images figées de l'autre, les préjugés doivent voler en éclat pour que puisse émerger un regard neuf posé sur l'autre, pour qu'une sève nouvelle irrigue les fibres tissant les relations humaines. La portée des gestes d'accueil et d'écoute de la soeur, tout à fait inaccoutumés, est sans doute idéalisée par l'aveugle en raison de son brûlant désir de communication. En effet, les rapports à la soeur stigmatisent la plupart du temps les difficultés insurmontables rencontrées par Gregor pour établir le contact avec l'autre.

LA SOEUR, L'AUTRE : LA RENCONTRE IMPOSSIBLE

Si Gregor a su créer des conditions propices pour être entendu de sa soeur, il se révèle incapable de mettre à profit la situation pour réaliser son modeste projet : s'enquérir du contenu de la lettre du frère transmise le matin. Aux bafouillements et bredouillements attribuables à l'état de colère, succède un mutisme total. L'infirme est tellement atterré par l'audace de son intervention qu'il est incapable d'articuler une parole. Son irruption dans le café, comportement assimilable par sa soudaineté et sa violence à celui d'un épileptique, l'a brisé et le laisse plus démuni que jamais. Le contraste est saisissant entre la prolificité du narrateur, l'abondance de ses considérations théoriques sur l'art de la guerre, et l'anéantissement total de l'aveugle. La scène de l'arrêt au café intéresse à double titre, car elle présente Gregor confronté d'une part à un partenaire unique, la soeur, et d'autre part aux membres d'un groupe. Dans les deux cas, Gregor est incapable, en dépit de son dessein, de s'exprimer et d'entamer la conversation. Que ce soit avec la soeur ou avec la clientèle, les scènes sont transcrites dans deux versions qui s'opposent : la version imaginaire où l'échange verbal a lieu, et la scène réelle caractérisée par le silence ou éventuellement réduite à quelques mots adressés à la soeur. La même gradation s'y retrouve. Le geste volontaire rêvé, se lever et aller vers l'autre, ou inviter à la confidence, se mue immanquablement dans la sphère vécue, en attente d'une aide, d'une incitation extérieure. Le dilemme auquel succombe Gregor est transposé concrètement dans l'alternative : rentrer à la maison et être seul, rester ici au milieu des autres, ou bien encore prendre la car vers le village voisin. Gregor est conscient que la décision n'appartient qu'à lui (H, 225) mais il ne peut la prendre. Elle lui est finalement ravie, et la suite de la journée est dictée par des événements extérieurs. Consécutivement à l'arrivée bruyante d'un groupe de footballeurs qui envahit tout l'espace, sa soeur le guide vers la sortie.

Si le frère, le compagnon inaccessible, hante les sphères du passé et celles de l'imaginaire, la soeur, associée à l'expérience vécue directement, est avant tout, que ce soit dans le passé à la ferme ou le présent à l'auberge, un personnage peu problématique, bien intégré dans son environnement. Si accaparée qu'elle soit par ses fonctions qui en font un des rouages actifs de la vie communautaire familiale ou villageoise, son appartenance, contrairement aux autres silhouettes brossées dans le roman, ne la réduit pas au statut de figurante. A la différence du père, de la mère, de la femme du père, des femmes en deuil par exemple, elle possède un regard qui lui est propre même s'il est toujours dirigé vers l'image que lui renvoie son miroir (H, 17, 37, 39 - 40, 120, 225). De l'aveu de Gregor elle y puise la patience (H, 227), et sans doute peut-on ajouter, la conscience d'exister et la confiance en soi. Elle connaît l'importance de l'image présentée aux autres (85). Rien de ce qui se déroule dans le café ou devant la porte ne lui échappe (H, 25), elle est l'ordonnatrice de tout se qui se passe dans son auberge. Bien que le narrateur lui prête épisodiquement quelques-uns de ses traits personnels - nommer les objets perçus pour échapper à la douleur et au vertige par exemple - elle demeure pour Gregor essentiellement une étrangère, à cause de son aisance de tous les instants, de la perpicacité, de l'efficacité de son regard de femme. Elle se dresse comme une figure de contraste par rapport à un Gregor qui ne sait que bredouiller devant elle, ou s'enfermer dans le mutisme. Seuls les scénarios imaginaires assurent à l'aveugle la maîtrise des relations verbales avec elle. Et même dans ces mises en scène, elle est un élément perturbateur puisqu'elle démasque ses affabulations et l'accuse d'être un menteur (H, 126, 223). Comme l'aubergiste, l'amie de Bloch (AdT), elle fas-

85. Lorsque le roman la mentionne pour la première fois, le narrateur la caractérise par ses odeurs : vernis à ongle, dissolvant, camomille, poudre ... qui toutes témoignent du souci de soigner son image. L'ambiguïté demeure : succombe-telle au culte des apparences et à la légèreté ou use-t-elle d'artifices pour assurer son pas quand elle évolue parmi les autres (H, 17) ?

cine et dérange. Elle pourrait aider à vivre les moments d'épreuves, être une confidente avisée, mais jamais le héros ne peut avoir de contact vivant avec ces femmes seules, actives, volontaires, ayant su acquérir un arpent d'autonomie sereine dans le chaos ambiant. Le malaise de Gregor à l'encontre de sa soeur ne surgit pas uniquement à l'heure de la crise du dimanche après-midi où il s'enlise dans l'envie dévorante de confier son histoire à cette femme qui sait recevoir celles de tous les autres clients. Déjà à la mort de Matt, alors qu'il n'était pas encore empêtré dans la recherche de son histoire et les débordements imaginaires, Gregor se montrait incapable d'annoncer à la jeune adolescente l'horrible nouvelle (H, 19). L'épisode illustre l'une des causes majeures qui empêchent Gregor de trouver le chemin de l'autre, et entravent tout acte de communication. Gregor succombe toujours aux pièges de son imagination.

L'anticipation normale des réactions du partenaire, qui est nécessaire pour assurer un déroulement fructueux de l'échange, s'allonge démesurément chez le narrateur. La systématisation exagérée de ce réflexe l'enferme dans l'inertie et bloque toute possibilité de communiquer. Alors que le premier chapitre du roman relatif aux difficultés de la communication avec le frère, s'achève sur des signes de reconnaissance intuitive et profonde échappant aux aléas du langage, la scène intitulée ***La dissimulation de la nouvelle*** (H, 16 - 19) qui lui succède presque immédiatement, présente un acte de communication manqué avec la soeur. Le sentiment d'infériorité qu'éprouve Gregor à l'égard de la jeune fille est transcrit de façon imagée : elle le domine du haut de ses pantoufles (!) et le précède dans l'escalier ; mais ce n'est pas tant l'assurance muette de la jeune fille qui paralyse Gregor et éparpille son discours avant sa formulation, que son incapacité personnelle à imaginer les réactions possibles de la soeur à l'annonce de la catastrophe. La crainte éprouvée devant les répercussions imprévisibles du message transmis fait échouer la communication, et Gregor se fige dans le silence. Il renonce à explorer les gouffres béants qu'ouvre le langage, et il se contente de marcher derrière elle "sur une couche de glace si mince" qu'il tait la nouvelle (H, 19) (86). Contrairement au jeune homme, la soeur, un peu plus tard court au devant du père qui rentre du travail pour l'informer (H, 36). Par sa spontanéité, son pouvoir d'adaptation aux situations nouvelles et son aptitude à y faire face, elle s'oppose à Gregor, qui nourrit à son encontre les sentiments les plus mélangés. La perpective de Gregor, lorqu'il est en situation de communication, s'apparente à celle du joueur solitaire, du gardien de but d'une équipe de football qui doit apprécier les risques, anticiper l'offensive, la prévenir afin de s'engager dans un acte défensif calmement médité pour déjouer les pièges d'un tir de penalty. Mais la perspective du gardien de but ne fonctionne pas au mieux chez Gregor. Il prolonge si démesurément le temps de concentration, que l'acte est repoussé dans un avenir improbable et débouche sur l'inertie. L'aveugle rêve d'abandonner ce rôle solitaire et risqué, pour devenir semblable aux membres de l'équipe de football qui remplissent le café de leurs cris et de leurs histoires, au moment où Gregor s'enlise dans des pensées qui bloquent l'élocution.

L'équipe de football représente un type renouvelé d'appartenance ; elle est restreinte et fonctionnelle. La nécessité d'une adaptation permanente du comportement à celui des autres assure aux actes la primauté sur des pensées qui défilent si vite que l'individu n'a pas le temps de s'y perdre. Il ne coûte guère aux footballeurs de raconter leur histoire puisqu'elle se greffe sur un fond commun d'expériences, vécues dans des perspectives différentes, mais au sein d'un groupe qui vise un but commun, assurer la victoire de l'équipe. La situation du gardien de but, élevée à un degré pathologique chez l'aveugle, est de toute façon ingrate puisqu'elle se caractérise par la solitude et l'angoisse. Un essai de 1965 révèle l'importance prise par le football dans la réflexion de Peter Handke (87). Cette pratique sportive brise la détermination, s'ouvre aux incertitudes. Par sa rondeur, le ballon prend valeur de symbole du mouvement, du bonheur et de l'avenir. Il anime le joueur qui le meut d'un sentiment gratifiant de supé-

---

86. "über ein so dünn vereistes Wasser" (H, 19).
87. Peter HANDKE, ***Die Welt im Fußball***, in : ***Ich bin ein Bewohner des Elfenbeinturms***, *Op.cit.*, p. 134 - 139, ici p. 135.

riorité puisqu'il assure la maîtrise sur les choses, et permet de rester debout. Se dresser parmi les autres comme le footballeur, être reconnu, encouragé, participer à l'élaboration non seulement de son histoire, mais aussi de celle d'un groupe en mouvement vers un but toujours renouvelé, voilà le rêve inaccessible de Gregor. Mais à la sortie du café dont il a été chassé, ses pas vont le conduire malgré lui sur le chemin de la maison.

Si pitoyable que soit la frêle silhouette de l'aveugle, ivre de colère et d'angoisse, qui ne rêve plus que de prendre l'omnibus pour y faire scandale, et être ainsi perçu et reconnu, le cri silencieux hurlé au bord du chemin (H, 248) (88) transforme Gregor en figure de proue monumentale d'une humanité qui va à la dérive...

---

88. Le cri silencieux, hurlé dans la détresse, fait songer au roman de Max Frisch, ***Le désert des miroirs*** (***Mein Name sei Gantenbein***), où le motif du cri muet, protestation désespérée que personne ne peut entendre ni comprendre, apparaît à deux reprises.

CHAPITRE 3

L'HOMME SANS APPARTENANCE

Von Peter Handke ist man Ungewöhnliches gewohnt.

Otto Breicha (1).

Si vous voulez le savoir, il y a eu malentendu. Et pour peu que vous connaissiez le monde, vous ne vous en étonnerez pas.

Albert Camus, *Le malentendu*, (III, 3) (2).

L'écriture du roman familial a permis d'affirmer une volonté farouche d'échapper au déterminisme d'une appartenance sous le poids de laquelle la mère s'étiole. La simultanéité de la publication des ***Frelons*** et de l'outrage aux écrivains de Princeton assure à Peter Handke cette situation de point de mire, si ardemment désirée par Gregor. Il n'empêche que la réussite commerciale n'est pas une fin satisfaisante

---

1. ***Stuttgarter Zeitung***, 1er Août 1970."Avec Peter Handke on est habitué à l'inhabituel".
2. Albert CAMUS, ***Le malentendu***, NRF Gallimard, Paris, 1944, ^{68}1957, p. 90.

puisqu'elle reflète le dilemme insoluble auquel le héros des *Frelons* est confronté : le choix du silence et de la solitude ou celui de la communication et du malentendu. Sous l'épais manteau de la dissimulation, Peter Handke a préféré s'ouvrir à l'autre, il en assume les conséquences et poursuit sa quête. L'oeuvre en prose suivante se rattache directement au premier roman, mais elle oppose au foisonnement, aux élucubrations pesantes, au style ampoulé, la limpidité et la rigueur d'une démonstration. Le personnage central se trouve dans la situation rêvée par Gregor, celle de la non-appartenance, de la disponibilité ; toutefois Josef Bloch reste en proie à une crise face aux choses, aux mots et aux hommes. Les périls rencontrés ne sont pas à première vue imputables aux liens de l'appartenance, mais à la condition qui est la sienne, celle de l'étranger.

Tous les critiques n'ont pas eu la clairvoyance de Günter Heintz (3) et peu ont relevé que *L'angoisse du gardien de but* s'apparente étroitement à ce qui précède. Dans cette oeuvre, qui délibérément n'est rattachée à aucun genre (4), peut-être pour éviter de nouvelles méprises, l'auteur se livre à une systématisation poussée des conclusions des *Frelons*. Comme le constate Günter Heintz, les dangers encourus par celui qui adopte constamment le regard de l'étranger et qui toujours se tend dans une attitude de rejet à l'égard des façons traditionnelles de penser ou de se comporter, sont ici amplement développés. Le concept d'"étranger", souvent évoqué à propos de

3. Günter HEINTZ, *Op.cit.*, p. 93.
4. Manfred MIXNER, *Op.cit.*, p. 124, s'élève contre l'interprétation qui tend à faire de l'oeuvre la description d'un cas pathologique et note l'absence de désignation de genre.

Manfred DURZAK, ***Peter Handke und...***, *Op.cit.*, p. 66, remarque l'absence de sous-titre mais argumente, malgré quelques réserves, pour une classification dans le genre romanesque, en raison du retour à une fiction narrative attachée à un personnage clairement dessiné, évoluant dans un décor réaliste.

Christoph BARTMANN, *Op.cit.*, p. 58, s'appuie sur des remarques de l'auteur et considère l'oeuvre comme le premier récit de Peter Handke. Il intègre cette considération dans une analyse pénétrante des principes narratifs de Peter Handke.

Bloch (5) par référence directe au roman de Camus du même nom (6), mérite d'être précisé et la notion d'étrangeté doit être mise en rapport avec la situation particulière et métaphorique du gardien de but.

3.1. BLOCH, L'ETRANGER

Le thème de l'étranger, pris dans toutes les acceptions du mot, parcourt l'oeuvre en prose de jeunesse, tantôt avec discrétion, tantôt avec plus de netteté. Point de départ et terme temporaire, tout s'organise autour de lui. Tout en émane et l'évoque : la relation primitive à la mère, étrangère et inaccessible, l'histoire de la mère ponctuée de fuites à l'étranger, la marginalité de Gregor, l'ombre du frère, en marche vers des horizons inconnus. L'"étranger", ce mot cristallise en lui les désirs brûlants, les espoirs nostalgiques et les angoisses du héros des ***Frelons***. Se sentir étranger, c'est la conséquence d'une appartenance totale qui se lézarde, c'est l'origine du mal qui trouble la relation au monde, mais cela devient aussi un but recherché et redouté. La crise qui paralyse l'aveugle empêtré dans ses contradictions, les souffrances intolérables subies par le marcheur infatigable en disent long sur les périls qui guettent l'audacieux ayant choisi la rupture.

Bloch, lui, a franchi le stade des décisions ; il est présenté comme un homme libre de toutes attaches, sociales ou familiales. Par bien des aspects, il peut être rapproché de la

---

5. Manfred MIXNER, *Op.cit.*, p. 128.
Manfred DURZAK, ***Peter Handke und...***, *Op.cit.*, p. 76.
Guy LE CLEC'H, ***Le dégagement de Peter Handke***, in : ***Figaro littéraire***, 14 octobre 1972.
Michel COURNOT, ***La lecture du journal***, in : ***Nouvel Observateur***, 16 - 22 octobre 1972.
6. Peter HANDKE s'exprime sur ce rapprochement, in : Manfred DURZAK, ***Gespräch über den Roman***, *Op.cit.*, p. 336.

silhouette de l'homme au sac marin. Avec pour tout bagage un porte-document, il se voit refuser l'accès à une chambre d'hôtel (AdT, 8), les toilettes des lieux publics, gare ou cinéma, sont pour lui aussi, des lieux où il se réfugie dans une confortable indifférence (AdT, 15, 26) ; son passeport lui donne la réputation d'être un grand voyageur (AdT, 27) et, comme tout être sans feu ni lieu, il n'a cure des économies et n'a jamais possédé qu'un compte courant ! Dégagé des contraintes, il est le personnage idéal, incarnant la condition de l'étranger et ses difficultés. Il n'a pas présentement besoin de quitter sa terre natale pour endosser l'habit de l'étranger. Sa disponibilité totale, plutôt subie que choisie, suffit à le transformer en symbole de l'homme moderne qui, libéré des appartenances, devient spectateur de lui-même et demeure soumis aux assauts de crises nouvelles. L'oeuvre de Peter Handke franchit alors un seuil, puisqu'il n'est plus question de se démarquer vis-à-vis de l'appartenance, mais d'assumer un état différent.

L'ETRANGER : ESSAI DE DEFINITION

Avant d'examiner la portée métaphorique du personnage de Bloch et de dégager les articulations de la démonstration imaginée par le poète, la teneur du concept d'"étranger" doit être élucidée. Les analyses de Julia Kristeva (7) dans ce domaine peuvent apporter un éclairage intéressant. Elle répugne à donner une définition de l'"étrangeté", à la fixer dans une structure définitive. Par touches successives et rapides, elle l'esquisse dans sa mouvance.

Une blessure secrète, rarement avouée, propulse l'homme dans l'errance. Etranger à une mère aimée, rendue inaccessible par sa distraction ou ses préoccupations, rejetant un père dont la présence ne le retient pas, il cherche un chemin et se lance dans une course infinie vers un ailleurs toujours repoussé. L'intervalle conquis, qui le détache des autres comme de lui-même, lui fait nourrir un sentiment hautain à leur égard. Il

7. Julia KRISTEVA, ***Etrangers à nous-mêmes***, Fayard, Paris, 1988, p. 13 - 47.

considère qu'il est le seul à avoir une biographie, c'est-à-dire une vie où les actes sont des événements parce qu'ils impliquent des choix, des adaptations ou des ruses. Insensible, distant, il semble hors d'atteinte des attaques et des rejets auxquels pourtant il est d'une vulnérabilité extrême. Il discerne ce que les rapports humains ont de plus abrupt lorsque la séduction s'éclipse et que les convenances cèdent au profit du verdict des affrontements. Il multiplie les masques, il se montre avide de rencontres qui ne comptent pas vraiment et où il ne s'engage jamais. Libre de toute attache, sa liberté s'appelle solitude et souvent il s'y étiole dans une passion de l'indifférence. Son détachement apparaît comme la métamorphose d'un morcellement archaïque ou potentiel qui risque de réduire au chaos sa pensée et sa parole. Mais il n'est point d'uniformité chez les déracinés de tous horizons, deux types les divisent. D'abord les adeptes du neutre, du vide, écartelés entre ce qui n'est plus et ce qui ne sera jamais, et ensuite ceux qui transcendent le déchirement et sont tendus dans une passion à jamais inassouvie mais tenace, vers une autre terre toujours promise, celle d'un métier, d'un amour, d'un enfant, d'une gloire.

A l'évidence ces fines observations de Julia Kristeva trouvent un reflet fidèle dans les silhouettes d'étrangers dispersées dans l'oeuvre de jeunesse de Peter Handke. Hans, le frère de Gregor, est le type même de cet étranger solitaire, assuré, indifférent, jusqu'au-boutiste, dont les espaces privilégiés sont des lieux de transition (un train en marche) ou de torture (une route brûlée par le soleil). Le souvenir du passé et de la mort vaincue l'habite peut-être encore, mais il ne connait pas la plénitude de la résurrection. Il a réussi à s'échapper, mais son temps n'est que celui du sursis.

Des abîmes le séparent du bûcheron du grand nord américain, paysan autrichien émigré, pour lequel le narrateur de ***La courte lettre*** ne nourrit que du mépris. L'exil lui est imposé par la nécessité, il a une mentalité de déporté et sa médiocrité est stigmatisée par l'évocation du calendrier de sa province natale, accroché dans la chambre du baraquement qui l'abrite.

Le héros du roman familial appartient aussi au corps des étrangers, mais il est de ceux qui s'enfièvrent ou se figent dans leur inaptitude à surmonter le dilemme entre le passé et l'au-delà. S'étant débarrassé des entraves de l'appartenance, il sait que sa parole n'est pas écoutée par la communauté et qu'elle peut tout au plus compter sur sa force rhétorique et l'intensité des désirs qu'il y a investis. La conclusion de Julia Kristeva peut être reprise pour caractériser sa parole :

> Dans ces conditions, si elle ne sombre pas dans le silence, elle devient d'un absolu formalisme, d'une sophistication exagérée - la rhétorique est reine et l'étranger est un homme baroque (8)

Des étapes se succèderont dans l'oeuvre de Peter Handke avant que l'étranger des ***Frelons***, surmontant la crise de l'adolescence, ne transcende son écartèlement et ne poursuive sa quête de la Terre promise...

BLOCH, UN HOMME COUPE DU PASSE ?

Le personnage de Josef Bloch a beau avoir en apparence toute la transparence et la limpidité de l'outil servant à une démonstration, il se révèle en réalité d'une complexité extrême.

La déclaration de Peter Handke (9) sur son vif intérêt pour le livre de Conrad consacré à la schizophrénie (10), un peu avant la parution de ***L'angoisse du gardien de but*** qui présente un individu hanté par la coupure radicale entre les mots et les choses, a longtemps occulté l'enjeu réel du livre. Il est indéniable qu'il ne peut se concevoir indépendamment de la problématique générale du langage, et que, malgré les dé-

---

8. *Ibid.*, p. 34.
9. Peter HANDKE, in : ***Kölner Stadt-Anzeiger***, Nr 299, Weihnachten 1968. A la question de savoir quel est pour lui le livre de l'année, il répond : "***La montée de la schizophrénie***, de K. Conrad".
10. Klaus CONRAD, ***Die beginnende Schizophrenie***. Versuch einer Gestaltanalyse des Wahns, Stuttgart, 1966. Peter Handke lit la seconde édition. La parution du livre remonte à 1958.

négations de l'auteur (11), la crise décrite s'apparente étroitement à la montée de troubles de type schizophrénique (12). Mais, comme le remarque Christoph Bartmann, l'aspect formaliste est indissociable de la dimension existentielle (13). Le titre qui s'ouvre sur le mot "angoisse" est là pour le rappeler à qui serait tenté de l'oublier ! Toutefois cette angoisse, loin d'être un terme générique désignant le mal du siècle, est le lot d'un homme appartenant à un groupe précis, considéré à l'heure d'un face-à-face décisif. Le côté accrocheur et populaire de l'intitulé ne doit pas masquer la portée de l'oeuvre. Comment a-t-on pu être assez aveugle pour reprocher le choix arbitraire du titre et des professions attribuées à Bloch, comme l'ont fait Marianne Kesting dans une recension de présentation dans ***Die Zeit*** (14), et Klaus Stiller (15) dans un esai critique. L'absence de la cohérence entre le signifiant et le signifié n'habite pas seulement le livre, elle est au coeur des relations humaines. Le rapprochement qui s'impose avec l'oeuvre d'Albert Camus n'est pas tant ***L'étranger*** que sa première pièce ***Le malentendu***. Car à y regarder de plus près, Bloch dérive moins parmi les choses que parmi les hommes. La question de savoir pourquoi la situation de gardien de but, qui en fait appartient au passé du héros,s'écrit en gros caractères sur la couverture du volume et s'étale en tête de la première page, ne débouche nullement sur un paradoxe. La crise traversée par Bloch est la conséquence directe de son appartenance passée, de son rôle professionnel. Isoler Bloch des autres personnages centraux campés par Peter Handke et lui dénier toute mémoire, c'est faire peu de cas de ses expériences antérieures. Il ne s'agit bien évidemment pas d'une mémoire constructive qui, sur-

---

11. Peter HANDKE, in : ***Text und Kritik***, 1969, *Op.cit.*, p. 3, s'applique à démontrer que le mode de perception de Bloch n'est pas pathologique, en dépit des similitudes avec celui du schizophrène.

12. Manfred DURZAK, in : ***Peter Handke und...***, *Op.cit.*, p. 66 - 70, analyse avec précision les rapports entre le livre de Peter Handke et l'étude de K. Conrad.

Manfred MIXNER, *Op.cit.*, p. 124 - 139, relève dans le comportement de Bloch les signes, les phases de l'évolution de la maladie en s'appuyant sur l'analyse de K. Conrad.

13. Christoph BARTMANN, *Op.cit.*, p. 55.

14. Marianne KESTING, ***Mord und Verfolgung. Ein umfunktionierter Kriminalroman von Peter Handke***, in : ***Die Zeit***, 24. April 1970.

15. Klaus STILLER, ***Die Angst des Tormanns beim Elfmeter***, in : ***Über Peter Handke***, herausgegeben von Michael Scharang, *Op.cit.*,p. 74.

gissant du présent, fait revivre le passé pour construire le futur (16), mais de l'omniprésence du souvenir d'un comportement qui modèle le présent. La mémoire de Bloch est une force autonome qui structure sa conduite, mais elle ne se confond pas avec les réflexes conditionnés par une appartenance totale qui tuent le personnage féminin du ***Malheur indifférent***. Une donnée fondamentale distingue Bloch de la mère. Ce n'est pas une contrainte d'origine extérieure et intériorisée, qui le rend étranger à lui-même et le fait agir, mais une nécessité intérieure qui est la résultante d'une situation de marginalité de fait, admise et reconnue au sein d'un groupe organisé. L'étrangeté de Bloch est la conséquence d'une prédisposition personnelle qui a trouvé sa place dans le fonctionnement de la vie communautaire. Etranger né, étranger intégré, la dissolution le menace quand l'imprévu fait irruption dans la pratique quotidienne... Un beau jour Bloch n'a plus la maîtrise du ballon rond, symbole du hasard de la vie :

> Der Tormann sah zu, wie der Ball über die Linie rollte... (AdT, 5) (17).

Le cadre du jeu organisé vole en éclat, le désordre s'installe.

CADRE METAPHORIQUE : FOOTBALL ET MARGINALITE DU GARDIEN DE BUT

L'intérêt de Peter Handke pour le football est celui du spectateur ; sa position est celle de l'observateur situé en dehors de l'espace du jeu, en quelque sorte celle de l'étranger... (18). Sa fascination pour ce sport d'équipe est manifesté non seulement par l'essai de 1965 (19), mais aussi

---

16. Christoph BARTMANN, *Op.cit.*, p. 101, note 30. C'est le type de mémoire qui est décrit dans ***La courte lettre*** et se développe dans l'oeuvre ultérieure.
17. "Le gardien de but vit le ballon qui franchissait la ligne" (AdT, 7).(Citation placée en exergue).
18. Peter Handke n'a jamais appartenu au club de football de sa ville natale, contrairement à son frère Hannes Handke qui, pendant plusieurs années, a occupé le poste de gardien de but (Témoignages recueillis à Griffen).
19. Peter HANDKE, ***Die Welt im Fußball***, 1965, in : ***Ich bin ein Bewohner des***

par la présentation de ***La composition du Football-Club de Nuremberg du 27.1.1968***, qui ne manqua pas d'attirer l'attention dans le recueil intitulé ***Le monde intérieur du monde extérieur du monde intérieur*** (20). Rien de surprenant à ce que le créateur de Gregor, l'écrivain marginal qui se proclame ouvertement un adepte de la Tour d'ivoire, fasse converger tous ses regards vers celui qui, à l'écart de l'équipe, assure la défense des buts, surtout si l'on se rappelle que le modèle est fourni par le frère lui-même. La valeur métaphorique de la fonction de gardien de but, tout comme celle de monteur exercée ensuite par Bloch jusqu'à la veille de la crise décisive, a été exprimée dès la première heure par l'auteur dans une réponse virulente aux attaques de Marianne Kesting (21). Néanmoins, se limiter à une analyse du personnage en négligeant le groupe auquel il se rattache, ne pourrait qu'altérer la compréhension de l'oeuvre, considérée sous l'angle de la communication (22).

Avant d'être un spectacle, le football est un jeu organisé qui se réalise dans l'affrontement. Le joueur de football n'a d'existence qu'au sein d'une équipe. La reconnaissance de sa valeur est subordonnée à l'appartenance au groupe, et l'estimation de sa compétence tient tout autant à sa capacité de réaction et d'adaptation aux actes de ses coéquipiers, qu'à un savoir-faire purement technique. Les actions de tous les partenaires sont liées et s'organisent en fonction d'un objectif clairement défini. Il n'est pas étonnant que Mead choisisse l'exemple d'un sport d'équipe populaire dans son pays, le baseball, pour concrétiser sa réflexion sur la constitution du soi (23) :

Elfenbeinturms, p. 134 - 139.

20. Peter HANDKE, ***Die Aufstellung des 1. F.C. Nürnberg vom 27.1.1968***, in : ***Die Innenwelt der Außenwelt der Innenwelt***, Suhrkamp, Frankfurt/Main, 1969 ; Volker BOHN en propose une interprétation détaillée in : ***Raimund FELLINGER, Peter Handke***, *Op.cit.*, p. 92 - 113.

21. Peter HANDKE, ***Peter Handke und der Monteur***, in : ***Die Zeit***, ***Leserbrief***, 15. Mai 1970.

22. Le désintérêt du meilleur goal du monde, Peter Radenkovic de Munich, pour le livre dont il n'a jamais réussi qu'à lire les trois premières pages - comme le rapporte avec humour Horst-Dieter Ebert - souligne la portée métaphorique de l'oeuvre. In : ***Der Spiegel***, Nr 22, 1970, p. 182.

23. George H. MEAD, *Op.cit.*, p. 130 - 138.

> Les attitudes des autres que le joueur assume s'organisent en une unité ; et c'est ce qui contrôle sa réaction (24).
>
> C'est seulement dans la mesure où il assume les attitudes de son groupe social organisé envers l'activité sociale coopérative, ou envers l'ensemble de telles activités dont le groupe s'occupe, qu'il développe un soi complet...(25)

Si l'on souscrit à la thèse défendue par Mead, à savoir que le tout, le groupe social, est antérieur à la partie, l'individu, et que l'appartenance à la communauté façonne la personnalité, l'on doit admettre que le choix du football comme leitmotiv de la seconde oeuvre en prose importante de Peter Handke se révèle particulièrement judicieux. Jeu organisé, le football permet une représentation métaphorique d'un type d'appartenance plus évolué que celui de la société à détermination traditionnelle. Pour être fortement structuré, il n'en demeure pas moins ouvert à la vie ; à chaque rebond du ballon, l'avenir est relancé par l'équipe. Bloch doit au football la prise de contact avec l'étranger, le Nouveau monde où il est parti en tournée. Si paradoxal que soit le constat, grâce à ces voyages, Bloch devient identifiable en tant qu'individu. Les pièces américaines semées ici et là, chez la caissière et dans l'autocar, facilitent l'élucidation du meurtre. Ce nouveau modèle d'appartenance, qui suscitait chez Gregor des sentiments mélangés d'envie et de mépris (H, 227), permet à l'individu qui s'y rattache d'échapper à une solitude paralysante. Ses actes prennent un sens puisqu'il travaille à la poursuite d'un objectif commun au groupe, source de souffrances mais aussi de joies gratifiantes sous les acclamations du public. Pourtant les manques éclatent aussi au grand jour ; loin d'être idyllique, la situation du footballeur engendre les mutilations. Le seul partenaire dont Bloch évoque le nom ne s'appelle-t-il pas Stumm ? (26) A la différence de l'écolier muet découvert noyé, le footballeur n'affronte pas un monde radicalement étranger

24. *Ibid.*, p. 131.
25. *Ibid.*, p. 132.
26. Le nom de Stumm (muet) est mentionné à deux reprises (AdT, 22, 119).

sur lequel il n'a aucune prise, mais, pour fonctionner au mieux, son ambition doit être limitée. La maîtrise du jeu se réduit à une observance des règles et à une succession de comportements déterminés par les autres et restant situés en deçà du langage, c'est-à-dire du mode de communication distinctif de l'espèce humaine (27). Quant à l'affrontement suprême, il échoit au gardien de but quand un non-respect des règles du jeu le place en position d'impitoyable face-à-face.

LE GARDIEN DE BUT

Bloch occupe un poste réellement particulier. Bien que membre à part entière du groupe, sa position sur le terrain le met à l'écart, et ses responsabilités en font un observateur solitaire auquel incombent par intermittence le rôle de l'ultime défenseur, et parfois aussi la relance de l'offensive. Bloch est un étranger doté de qualités d'observation, de réaction, d'adaptation au comportement d'autrui très affinées. La perspective du gardien de but forme la trame de l'oeuvre, même si celle-ci s'ouvre, par l'épigraphe, sur une image de défaillance : le ballon n'a pas été arrêté, il échoue dans les buts. L'exergue résume avec concision le climat général d'un livre qui dépeint le malaise croissant d'un homme auquel échappe la maîtrise du réel, et surtout il renseigne sur l'origine des troubles de Bloch. L'échec lui a fait troquer la tenue du footballeur contre celle du monteur.

Pourquoi Bloch, dont la compétence était reconnue, se trouve-t-il soudain confronté à l'échec ? On peut apprécier la perspective du gardien de but d'une façon tout à fait positive. Peter Handke s'efforce de la présenter comme sienne et non pathologique, et repousse ainsi l'interprétation partiale et réductrice qui tend à faire de l'oeuvre la transcription littéraire d'un cas de schizophrénie (28). Manfred Mixner (29) lui

---

27. Bloch remarque à la fin du livre :"Die Spieler schreien zuviel... Ein gutes Spiel geht ganz still vor sich" (AdT, 123).
"les joueurs crient beaucoup trop... Un bon match se joue en silence" (AdT, 150).
28. Peter HANDKE, ***Die Angst des Tormanns beim Elfmeter***, in : ***Text und Kritik***, 24, 1969, *Op.cit.*, p. 3.
29. Manfred MIXNER, *Op.cit.*, p. 124 - 125, 139.

accorde également une valeur spécifique. Elle caractérise, selon lui, l'acuité du regard du poète et le degré d'extrême sensibilité avec lequel sa conscience perçoit le monde. Elle est d'abord un extraordinaire outil de connaissance avant de devenir un hypothétique moyen d'appropriation du donné. Mais R.G. Renner note avec perspicacité les limites de la manière de voir du gardien de but (30), et insiste sur sa dimension utopique face à la complexité des relations d'échange entre les individus.

Un jour, Bloch le footballeur de renom, se départit de son assurance ; il est mis sur la touche quand il constate que la technique si longtemps mise en oeuvre avec succès ne lui assure plus la maîtrise de la rencontre. Son regard, capteur de signes, n'entraîne plus un comportement de réponse adapté, la cohérence se dérobe, le trouble s'installe.

LE FACE-A-FACE CRUCIAL

Comme le titre l'indique, tout l'intérêt de la fonction de gardien de but réside pour le poète dans la situation du penalty. Elle met face à face deux adversaires, conscients de l'enjeu de la rencontre. L'angoisse s'empare du défenseur des buts, car il connaît la difficulté de sa tâche. A la différence des autres footballeurs, il ne lui suffit pas de posséder une technique, de connaître le partenaire et de faire preuve d'attention, il doit, beaucoup mieux que les autres, être capable de feinte pour dérouter le vis-à-vis et le conduire à une interprétation erronée de ses intentions. L'importance que revêt pour l'auteur ce type d'échange entre individus est telle que ses mécanismes en sont démontés à deux reprises. Paradoxalement, ce n'est pas Bloch qui explicite le premier le processus qui s'engage, mais le douanier qui relate l'arrestation d'un contrebandier (AdT, 113 - 114). Il est frappant de constater que les explications que Bloch donne au représentant de commerce dans la scène finale (AdT, 123) coïncident point par point avec celles de l'agent des douanes. On y retrouve la nécessité de la prise en compte des éléments connus ou observables, l'importance majeure de ce qui échappe au regard des

30. Rolf Günter RENNER, *Op.cit.*, p. 21 - 22.

antagonistes, c'est-à-dire l'élaboration muette, secrète et précipitée d'une stratégie qui s'appuie sur l'anticipation de la réaction probable de l'autre, le recours indispensable à la ruse, mais enfin et surtout l'imprévisibilité totale de l'issue. En effet, l'initiative revient dans les deux cas à l'autre et par conséquent il s'agit de choisir le mode de réaction le mieux adapté et le plus efficace pour emporter la victoire. Comment peut-on mieux évoquer la situation de deux individus en situation de communication, et décrire les innombrables interférences qui orientent, relancent ou bloquent l'échange. La communication n'est plus ici une nostalgie confuse comme dans *Les frelons*, elle s'amplifie, et l'angoisse qui l'accompagne se dilate à la mesure de l'oeuvre.

L'extrême concentration que requiert toute rencontre avec l'autre, l'obsession de la réussite ont un jour raison de Bloch. Le goût de l'appartenance au groupe, l'enthousiasme lié à l'objectif à atteindre, la joie de la réussite s'esquivent, et l'homme devient le jouet d'une tactique vivante qui s'est imperceptiblement métamorphosée en mécanisme sans âme. L'angoisse l'envahit tout entier, morcelle le monde qu'il ne perçoit plus que comme un espace privé de cohérence où dérivent des signes rebelles au déchiffrage. Des maisons, il ne voit que les façades, les intérieurs demeurent inaccessibles ; plus rien ne se produit pour lui sur les terrains de football, des gestes s'y succèdent, des scènes s'y déroulent. Etranger intégré et utile au groupe en raison d'une perspective qui lui était propre, il devient - quand celle-ci se dénature par excès de pratique et de zèle - cet étranger analysé par J.P. Sartre (31), dont la conscience "transparente aux choses", devient "opaque aux significations". Il fait la somme de ce qu'il voit, il enregistre les faits, mais en ignore les liaisons signifiantes.

Si ***L'angoisse du gardien de but*** peut être considérée comme une démonstration, l'auteur ne la veut pas simpliste. Elle poursuit un double objectif. Elle met d'une part en lumière les limites de la situation de l'étranger et met en garde contre

---

31. Jean-Paul SARTRE, ***Explication de L'étranger***, in : ***Situations*** I, NRF, Gallimard, Paris, [19]1947, p. 99 - 121, ici p. 114 - 115.

les dangers encourus. D'autre part, elle éclaire les mécanismes de communication et invite à réfléchir d'une façon générale sur leur complexité.

3.2. BLOCH : UN ETRANGER A LA DERIVE

LA MONTEE DE L'ETRANGETE

Bloch a perdu la maîtrise des relations à l'autre, et il devient le jouet de son regard exercé. Sa faculté de réaction s'est éteinte et son hyperconscience dans la perception du monde le métamorphose en monteur. La réalité se mue en un assemblage de signes sur lesquels peu à peu il n'a plus aucune prise. Il se sépare de la seconde appartenance professionnelle et ne devient plus qu'un spectateur essentiellement caractérisé par une attention excessive aux choses et aux personnes, et par une passivité qui submerge tout. Il incarne alors le type même du spectateur de cinéma.

Toutefois l'appartenance à la sphère du football et le statut passé de gardien de but tenaillent Bloch et, tels un fil rouge, ils sillonnent l'oeuvre. Bloch hante les stades (AdT, 10, 16, 99 - 100, 122 - 125), fréquente les cafés de footballeurs (AdT, 12), parle de sa carrière à divers interlocuteurs (AdT, 22, 65 - 66, 124 - 125), associe des images ou des pensées relatives au football à des observations de scènes banales (AdT, 80). Bien que tout le ramène à ce sport et que les seuls souvenirs qui l'habitent s'y rapportent, il est évident que la pratique et la passion du football sont parfaitement étrangères à son présent. Pourquoi assiste-t-il à un match le lendemain de son licenciement imaginaire, puisqu'il quitte le stade avant le coup de sifflet final et que, de toute façon, il n'a pas pu suivre la rencontre, étant resté assis au milieu des spectateurs debout qui lui masquent la vue ? (AdT, 10). Ce qui se déroule sur le terrain est irrémédiablement coupé du réel. Bloch ressent même le jeu comme une plaisanterie qui l'irrite lorsque, le lendemain, il accompagne un ami chargé de l'arbitrage (AdT, 16). Une immense mascarade, conclut Bloch ! Que cherche-t-il donc sur les aires de sport puisqu'il n'adhère plus à ce qui s'offre à ses yeux ? La réponse peut surprendre : lui-même. Sans doute veut-il d'abord mettre à l'épreuve son indifférence vis-à-vis d'une tranche de sa vie qui se révèle révolue. Ensuite, il tente une ultime expérience pour s'assurer de la caducité de son image de gardien de but renommé auprès du public, en se mêlant ostensiblement à la foule lors d'une rencontre de première division. La remarque :

Bloch wurde nicht erkannt" (AdT, 10) (32)

invite clairement à le croire. Constatant son inexistence au regard des autres, la déception lui fait quitter prématurément les tribunes. Installé seul dans le tramway qui attend l'arrivée des voyageurs, Bloch baisse la tête après avoir aperçu le soleil couchant (AdT, 11). Est-il certain que ce geste n'exprime rien de particulier, comme l'indique la remarque pressée du narrateur ? Ne veut-il pas suggérer que Bloch commence à douter de sa propre réalité, et que la brisure s'installe à l'intérieur même de l'individu qui vient de faire la douloureuse expérience de son invisibilité ? Par ailleurs, Bloch assiste au match de troisième division le lendemain, plus par besoin de rencontre que par goût du sport. Ce qu'il désire, c'est voyager et déjeuner avec un ami qui se prépare à arbitrer un match, et non se rendre sur un stade. Mais l'unique résultat de cette tentative de rapprochement avec l'autre est un accroissement du malaise. Le seul élément du réel, qui résiste à l'analyse de l'épisode faite par Bloch, est le terrain de foot, sinon tout est devenu jeu de dissimulation et comédie. Le cadre du surgissement possible d'un événement subsiste, mais tout le reste n'est que fumée. Il est symptomatique que l'interlocuteur soit arbitre, c'est-à-dire surveillant du jeu, et non participant, et que Bloch, par plaisanterie, prétende remplir le rôle du juge de touche. La rupture de Bloch avec l'appartenance antérieure est définitivement consommée, à tel point que le fait de n'être reconnu par personne à son retour sur la place

32. "personne ne reconnut Bloch" (AdT, 13).

de la gare est reçu comme un soulagement (AdT, 16) ! Rien ne vient ainsi troubler la conscience nouvellement acquise de son détachement du passé.

Quoiqu'en pense Bloch, les choses ne sont pas simples, et l'emprise exercée par le passé ne s'estompe pas si facilement, au contraire. Plusieurs scènes laissent transparaître l'incapacité de Bloch à se concentrer sur le présent, et montrent sa tendance à vivre dans l'anticipation. Son attention ne se fixe pas sur les mouvements, mais sur le point d'arrivée probable, ce qui tue l'intérêt porté aux choses et aux gens, et fige prématurément l'élan de vie. Ainsi Bloch observe-t-il le lieu où devrait se poser un oiseau et non son vol (AdT, 35), l'endroit où tombera la goutte de buée et non son glissement sur la paroi du verre de bière (AdT, 36), l'homme vers lequel se dirige un chien et non l'animal lui-même (AdT, 96). L'impression répétée de Bloch de connaître les choses à l'avance (AdT, 92, 111), ainsi que son habitude de regarder les mouvements d'attente désordonnés du gardien de but plutôt que le ballon, relèvent du même phénomène. Les risques d'erreurs d'interprétation inhérents à cette pratique, mentionnés à plusieurs reprises (AdT, 35, 45), peuvent conduire à une perte progressive du sens de la réalité et même déboucher sur une incapacité totale à s'orienter parmi les objets et les hommes. L'autre danger, désigné de façon métaphorique dans la scène finale sous le nom de strabisme, n'est pas moins grave. Il entraîne sur les voies de la segmentation de type schizophrénique celui qui se livre à un tel mode d'observation. Devant la montée du malaise, Bloch développe une stratégie particulière d'apaisement, mais le mécanisme d'autodéfense mis en oeuvre découle lui aussi de la pratique de la perspective du gardien de but. Il repose sur une observation et une interprétation des signes, qu'accompagne une passivité totale de l'observateur.

La fascination qu'exerce sur Bloch le juke-box (33), boîte sonore et lumineuse au fonctionnement automatique (AdT, 11, 40, 49, 54, 61, 62, 75, 77, 83, 103, 104, 105), témoigne de son besoin croissant d'apaisement. En proie aux troubles de l'orientation et de la perception fragmentée, il s'abandonne à la nostalgique contemplation de mécanismes bien rôdés. La parfaite adéquation du geste et de la réponse, du signe et de la signification, lui procure des instants de répit dans sa confrontation permanente avec un environnement de plus en plus indéchiffrable. Ce n'est pas le goût de la musique qui lui fait jeter des pièces dans l'appareil puisqu'il sort avant la fin de la diffusion des disques choisis, ou demande à d'autres de les sélectionner (AdT, 12) ; mais l'évidence du fonctionnement l'envoûte et rayonne sur les manipulateurs eux-mêmes. Ainsi Bloch essaie-t-il de se rapprocher de la cliente du bar qui, d'un geste mécanique, remet la machine en route sans se retourner (AdT, 12). Hélas la tentative échoue sur les inévitables écueils imprévus des rencontres humaines... Quant à l'attirance pour la caissière de cinéma, elle s'explique surtout par l'enchaînement quasi magique et muet de gestes habituels pour délivrer le billet et encaisser l'argent (AdT, 7). Mais la fonction elle aussi est déterminante car elle est promesse ; l'employée détient la clef du royaume. Le motif du cinéma accompagne Bloch tout au long de l'oeuvre. Il est un client assidu des salles obscures et les situations où il se trouve, les sentiments qu'il éprouve, l'amènent souvent à se remémorer des scènes de films. Fort judicieusement, Ellen Summerfield (34) analyse les relations de Bloch au cinéma. Elles sont nombreuses et diversifiées.

Ellen Summerfield démontre d'abord que le regard de Bloch s'apparente à celui d'une caméra (35) (36). Les exemples justi-

---

33. Dans la vie de Peter Handke aussi le juke-box a joué un rôle important comme l'atteste l'*Essai sur le juke-box* (*Versuch über die Jukebox)* publié en 1990.
34. Ellen SUMMERFIELD, *Die Kamera als literarisches Mittel. Zu Peter Handkes Die Angst des Tormanns beim Elfmeter*, in : *Modern Austrian Literature*, Volume 12, Number 1, 1979, p. 95 - 112.
35. *Ibid.*, p. 97 - 102.
36. L'influence exercée sur Peter Handke par le courant du nouveau regard

fiant cette remarque abondent. Ce sont la disparition instantanée des images dès que les yeux se ferment (AdT, 20 - 21), la référence fréquente au champ de vision et à ce qui lui est extérieur (AdT, 69, 73, 81), l'utilisation de la technique du gros-plan lorsque le détail se dilate et devient représentatif du tout (AdT, 84 - 85), le jeu sur les plans qui s'éloignent ou se rapprochent (AdT, 69, 76), la perception par fragments (AdT, 83 - 84), la fréquence des scènes d'intérieur limitées par un encadrement de fenêtre ou de porte (AdT, 39, 40, 52, 54, 70, 72, 105, 118) et le scintillement caractéristique des bordures d'images de film qui accompagne certaines perceptions visuelles de Bloch (AdT, 97). La similitude patente entre le mode de fonctionnement de l'organe visuel de Bloch et l'objectif d'une caméra n'explique pourtant pas entièrement son goût frénétique pour le cinéma.

L'impression de soulagement, d'apaisement, de détente ressentie par Bloch lorsqu'il s'installe dans une salle de projection (AdT, 7, 18, 26) est imputable à deux autres facteurs essentiels. D'abord le statut de spectateur, garanti par le billet d'accès à la salle, et l'obscurité du local protègent Bloch des agressions et des exigences de l'environnement, lui font acquérir le droit à la passivité absolue et lui assurent une invisibilité et un anonymat total. Dans ce hâvre de paix où les rapports au monde sont médiatisés et où la relation à l'autre est inexistante, Bloch se sent libéré de lui-même et du poids de l'environnement. On peut compléter l'analyse de Ellen Summerfield en ajoutant que, dans le film, la détection du signe important et son déchiffrage se dépouillent de leur aspect dramatique. Le spectateur sait d'avance que la gratuité n'existe pas et que tout détail est porteur de sens (37).

---

auquel sont associés les noms de A. ROBBE-GRILLET et N. SARRAUTE est évidente.

37. Les associations d'idées de Bloch confirment cette interprétation : un poste de radio en marche signifie immanquablement une interruption inopinée pour la diffusion d'un avis de recherche (AdT, 107), une personne dans une cabine téléphonique publique éclairée, la nuit, fait songer à l'imminence d'un meurtre (AdT, 30) etc... Cette réaction de Bloch est une caractéristique de Peter Handke lui-même. Comme l'écrit Arlette CAMION :"L'imaginaire de l'écrivain recèle une panoplie de scènes, d'images, dont une grande partie vient de l'enfance, et une autre partie de la fréquentation des salles obscures", *Op.cit.*, p. 152 - 162.

L'espace d'un film, Bloch retrouve la cohérence, l'inextricable devient limpide. La technique traduit la nostalgie dévorante de Bloch de découvrir un univers où l'acte de communication perdrait de sa complexité et où il n'engendrerait plus une tension permanente et angoissée.

Mais Bloch ne se contente pas des acquis d'une technique qui procure à l'homme un bien-être fugitif, goûté dans la solitude. Il n'est pas de ces étrangers qui se nourrissent de l'orgueil et des souffrances de l'isolement. Le malaise qui, imperceptiblement le conduit à la dissolution, résulte sans doute partiellement de sa nature qui lui a toujours fait occuper une position de marginalité relative dans l'appartenance, mais il est surtout la conséquence d'une contrainte inhérente au rôle joué. Par excès d'attention aux signes de vie, son regard s'est privé d'âme et a été coupé du sens. A la façon de l'agent du fisc pour lequel le critère d'existence des choses dépend uniquement de leur valeur marchande (AdT, 58 - 59), Bloch ne perçoit plus des objets et des personnes que l'image rétinienne inconsistante. Pourtant, quelque chose en lui refuse la déformation relevant de l'appartenance professionnelle, et résiste à l'état d'hallucination permanente qui le guette. Il cherche l'assistance d'un instrument technique pour échapper au mortel engrenage de l'étrangeté et pour retrouver la voie de l'autre : le téléphone.

L'ILLUSOIRE OUTIL DE COMMUNICATION : LE TELEPHONE

La coupure entre Bloch et le monde du football trouve son origine dans la douloureuse expérience de son incapacité à maîtriser les face-à-face décisifs, et elle engage le funeste processus de la perte croissante de contact avec les hommes, puis avec les objets. La contemplation, l'utilisation de procédés

---

Par ailleurs, le goût démesuré de l'écrivain pour le cinéma - il avoue avoir vu jusque 90 films en un mois - s'émousse dès le début des années 70 et se fait plus sélectif. Une conception du film qui conduira à *La femme gauchère* s'élabore alors. Ces informations ressortent d'une interview accordée à Heiko R. BLUM en 1971, lors de la sortie de *La chronique des événements courants*, in : M. SCHARANG, *Op.cit.*, p. 79 - 84.

techniques au fonctionnement impeccable, font figure de phénomènes compensatoires assurant d'éphémères périodes de répit. Au dysfonctionnement général de relations humaines aléatoires, la technique oppose la fiabilité de mécanismes aveugles et sécurisants. Aussi Bloch recourt-il à l'utilisation d'un outil bien rôdé pour remédier aux défaillances et manques présents, le téléphone. A neuf reprises, Bloch essaie d'entrer en conversation avec des personnes appartenant à son passé proche : sa femme, dont il est séparé (AdT, 16 - 17, 24, 92 - 93), des amies (AdT, 11, 27) et amis (AdT, 11, 30 - 31, 40, 89) et plusieurs fois, dans différents lieux, une sonnerie de téléphone capte toute son attention (AdT, 18, 63, 100). A des degrés divers, tous ces appels se soldent par des échecs. Ou bien le matériel est défectueux, la ligne occupée, le correspondant absent, le numéro introuvable dans l'annuaire, ou bien l'échange téléphonique demeure décevant. Il doit ainsi longuement se présenter, pour être reconnu par une amie d'antan qui accepte finalement de le rencontrer, mais ne peut satisfaire ses désirs d'intimité. Quant à sa femme, tantôt elle évite de s'engager en ne posant aucune question, tantôt elle est sortie, ou encore occupée avec un tiers. Quoiqu'il en soit, Bloch ne se décourage pas et multiplie les tentatives de rapprochement. Quittant la ville, il n'utilise plus l'appareil automatique, mais doit se tourner vers un intermédiaire humain. Le fonctionnaire devient une aide, un témoin pouvant attester son aptitude à communiquer, ou même une personne à l'encontre de laquelle il peut décharger son agressivité, accumulée pendant les longues attentes pour obtenir le numéro demandé. Car, avec le téléphone, les problèmes ne naissent plus de l'impossible déchiffrage des signes visuels émis par l'autre, mais de la difficulté à trouver la voie pour l'atteindre physiquement ou psychologiquement. Les deux derniers appels à la poste s'achèvent par des injures lancées à l'opératrice (AdT, 40) ou des propos délibérément provocateurs à l'adresse du facteur et de la guichetière (AdT, 90). Mais ils manquent leur cible puisque personne n'y accorde la moindre attention. Les appareils que nul ne décroche, et dont la sonnerie stridente traverse la nuit, soulignent eux aussi la vanité des efforts développés pour susciter la communication. Combien d'appels restent sans réponse ?

La technique se révélant impuissante à apaiser le mal dont il souffre, Bloch se livre alors, conformément à son penchant naturel, à une observation attentive des actes de communication menés par les autres. L'habitude, la curiosité, le désir s'y mêlent. Le protagoniste n'est pas une ombre fugitive glissant parmi les hommes. Il aime les rencontres, les provoque et exploite celles qui s'offrent. A l'image de l'étranger évoqué par Julia Kristeva, il est avide de ces moments de croisement avec l'autre qui n'engagent pas, ne comptent guère, mais peuvent susciter un bonheur provisoire ; sans doute aussi nourrit-il au fond de lui-même l'attente confuse de la rencontre qui rendra vie au regard. Comme l'expose Manfred Mixner (38), Bloch est à la recherche de contacts. Aux lendemains de ce vendredi d'automne où se sont rompus tous les liens à l'appartenance, il se tourne principalement vers les femmes, aimées, connues ou fortuitement rencontrées, pour conjurer l'isolement qui menace de l'envahir. Néanmoins, à ce stade initial de la crise, il se contente d'enregistrer des échecs qui demeurent sans répercussions immédiatement perceptibles. Ce ne sera pas toujours le cas...

3.3 BLOCH, L'OBSESSION DES SITUATIONS DE COMMUNICATION

Dans *L'angoisse du gardien de but*, il est possible de dénombrer, en dehors des appels téléphoniques, plus de cinquante situations de communication, fussent-elles inattendues, provoquées ou observées. Un constat qui peut surprendre quand on sait que le héros est généralement analysé comme un étranger coupé de son environnement, comme un malade abandonné à une solitude croissante, comme un meurtrier traqué, voire un halluciné au bord de la dissolution. Il faut en convenir, Bloch n'a pas véritablement le profil de l'individu qui se dérobe, ou de l'indifférent. Une analyse de sa relation à l'autre, aux

38. Manfred MIXNER, *Op.cit.*, 128 - 130.

autres, est nécessaire si l'on veut mettre en évidence la raison première ayant conduit à l'acte d'écriture : le décryptage des phénomènes relationnels. Trois types essentiels de communication peuvent être distingués : d'abord les actes indispensables à l'échange dans le domaine social, ensuite ceux réglant le bon usage dans la vie communautaire, enfin ceux qui assurent l'épanouissement, parfois la survie de l'individu.

LES ECHANGES SOCIAUX ELEMENTAIRES

Lorsque Bloch se défait des derniers liens d'appartenance, lorsqu'il quitte son emploi, il renonce simultanément à la sédentarité et il devient un voyageur. Les échanges sociaux élémentaires se réduisent à ceux que connaît l'homme de passage, l'étranger. Les principaux interlocuteurs sont attachés à l'hôtellerie, comme réceptionnistes, femmes de chambre, serveuses, ou sont prestataires de service dans le secteur des transmissions, des transports, du tourisme et des loisirs.

Les actes de communication se déroulent dans le cadre rigide de l'exercice d'une profession, et les intéressés veillent très scrupuleusement à ne pas franchir les limites du rôle qui leur est assigné. Les échanges, purement fonctionnels, relèvent des automatismes du geste ou de la parole. Le portier refuse le voyageur sans bagages (AdT, 8), le veilleur de nuit, surpris à somnoler dans un réduit, ne consent à répondre à Bloch qu'après avoir regagné son comptoir (AdT, 14), la caissière du cinéma ne lève les yeux sur le spectateur qu'en cas de défaillance du matériel, lorsqu'un billet se coince par exemple (AdT, 10), la serveuse du café ne s'adresse au client que dans un souci d'ordre, afin qu'il range les revues (AdT, 10), et le concierge du château ne laisse pas l'inconnu s'expliquer sur les causes de sa présence, mais l'entraîne dans une visite mécanique des appartements (AdT, 72). La vendeuse du bazar du village frontalier, à laquelle Bloch s'adresse pour acheter un peu de linge, n'entre en action qu'à partir du moment où Bloch, renonçant à faire des phrases, s'exprime uniquement par des mots isolés. Elle ne perçoit la demande et ne peut exécuter son travail que lorsque le client se comporte uniquement en acheteur (AdT, 34).

Parallèlement à cela, il arrive que Bloch, pour sa part, fasse preuve du même type d'indifférence à l'égard de ces prestataires de service. Il se jette sans un mot sur le lit, avant même que l'employé de l'hôtel ne quitte la chambre (AdT, 8), et il reste sourd aux questions posées par la dame des toilettes de la gare, intriguée par un bruit de coup de pied (AdT, 15). L'exemple le plus éclairant est sans doute fourni par la scène très courte entre Bloch et une serveuse de café à Vienne (AdT, 17). Il invite la jeune femme à prendre une consommation, mais lorsqu'elle revient de la pièce voisine, il s'apprête déjà à sortir ; elle passe devant lui sans un mot, il quitte les lieux. Ni l'un ni l'autre ne semble avoir accordé la moindre importance aux propos précédents. Deux individualités évoluent dans un même lieu et n'ont cure de se rencontrer ; deux rôles sont joués, rien de plus. Comme dans le poème ***Transformations au cours de la journée*** (39) les rôles se succèdent, déterminés par les circonstances. Néanmoins, l'ouverture à l'autre évoquée dans le dernier vers :

> Dann, schlieBlich, setze ich mich zu einem ins
> Gras - und bin endlich ein andrer (IAI, 52) (40),

vaut également pour ***L'angoisse du gardien de but.*** Il est indéniable que la majeure partie des rencontres de Bloch, fussent-elles des plus utilitaires, tendent nettement, de son fait, à glisser vers la sociabilité, comme l'atteste le bref épisode de la marchande de journaux (AdT, 26). Bloch la voit dans la rue alors qu'il s'apprête au départ. Il ne perçoit généralement d'elle que ses bouts de doigts noircis et son kiosque à journaux où il s'approvisionne régulièrement. Pourtant, il est capable de reconnaître la femme vêtue d'un manteau de fourrure en promenade avec son chien. Elle, en revanche, sortie de son contexte professionnel, oublie totalement les conversations quotidiennes avec la clientèle, et ne répond pas au salut du passant. Bloch, lui, dépasse le plus souvent l'aspect purement fonctionnel des rencontres et leur accorde une dimension humaine.

---

39. ***Veränderungen im Lauf des Tages***, 1967 ; in : Peter HANDKE, ***Die Innenwelt der AuBenwelt der Innenwelt***, *Op.cit.*, p. 49 - 52.
40. *Ibid.*, p. 52 "Puis finalement, je m'asseois à côté de quelqu'un dans l'herbe - et suis enfin un autre".

LE GLISSEMENT VERS LA SOCIABILITE

La tentation de transformer timidement la relation stéréotypée et concrète en éventuel rapprochement de deux subjectivités n'est pas une entreprise facile, car elle s'accompagne de la multiplication du nombre des signes émis et reçus, ce qui compromet sérieusement les chances de succès.

Les seules réussites enregistrées se produisent lorsque Bloch troque, d'une façon momentanée mais conséquente, la perspective du gardien de but qui l'entrave et le plonge dans le malaise, contre celle de l'employé du fisc rencontré au lendemain d'une nuit de crise (AdT, 58). La conversation de travail, engagée avec l'hôtelier au sujet de la valeur des acquisitions et aménagements divers, fascine Bloch qui se laisse distraire de ses préoccupations personnelles pour s'ingérer dans l'entretien, à tel point qu'il le détourne à son profit, et poursuit seul l'interrogatoire. Sa satisfaction d'avoir pu accaparer l'attention et d'avoir contraint l'aubergiste à s'engager sur les voies que lui, Bloch, avait ouvertes, est si grande qu'il recommence l'expérience à trois reprises dans la matinée. Si les investigations sur les prix et les coûts menées au salon de coiffure auprès des employées se déroulent correctement, dans la mesure où Bloch n'y est nullement impliqué (AdT, 59), il en va autrement lorsqu'il s'adresse à un commerçant pour connaître le prix des marchandises exposées (AdT, 60). Bloch n'est alors qu'un client maladroit, incapable de déchiffrer le mode d'étiquetage. La situation se détériore aussi avec le patron du café (AdT, 61) qui, bien que très aimable, esquive les questions auxquelles il ne peut répondre, en orientant l'échange dans une direction qu'il a lui-même choisie. L'impatience gagne alors Bloch qui voit la maîtrise lui échapper. L'assurance et l'indifférence copiées sur l'agent des impôts ne sont qu'une voie d'emprunt sans issue...

LES ALEAS DE LA SOCIABILITE

Bloch est avide de rencontres. Peu importe que cette soif soit imputable à sa situation d'étranger, en quête du bonheur fragile et éphémère résultant d'un croisement avec l'autre, ou qu'elle soit liée à un besoin plus profond de se libérer d'un isolement pesant et croissant, générateur de troubles, les situations où Bloch s'engage délibérément dans une conversation sont légion. Bien qu'elles ne débouchent généralement sur rien de concret ni de positif, Bloch ne se décourage pas. Mais l'intérêt qu'il prend à la conversation est très fugitif ; même si l'initiative lui en revient, il n'est pas rare que, contre toute attente, il y mette un terme, par un départ précipité ou discret. Il agit ainsi avec la marchande de fricadelles qu'il quitte brutalement au milieu d'une histoire (AdT, 13), avec la jeune fille rencontrée au buffet de la gare (AdT, 12), avec l'ancienne amie appelée par téléphone (AdT, 13). Il sort de l'hôtel tandis que l'aubergiste répond à une question (AdT, 46), s'éloigne sans se faire remarquer du château (AdT, 72) et de l'école (AdT, 99). Comme on peut le constater, il importe davantage à Bloch de jeter un pont vers l'autre que de se lancer dans un échange vrai. Le désir de tenter quelque chose est réel, mais il est immédiatement refréné par le sentiment pesant d'une indifférence profonde aux choses et aux gens.

La plupart du temps, les rencontres sont fortuites et n'engagent pas à proprement parler les participants. Pourtant, elles ne sont pas exemptes de pièges et s'accompagnent souvent de perturbations de l'expression et de malentendus. Pour justifier cet état de fait, il serait commode d'alléguer les troubles de type schizophrénique qui s'emparent fréquemment de Bloch, et l'on pourrait rappeler que ***L'angoisse du gardien de but*** s'ouvre sur une scène de méprise, sur le renvoi imaginaire. Mais, s'arrêter à une observation aussi superficielle serait peu fructueux. Le livre entier regorge de situations et d'exemples démontrant que le malentendu est inhérent à la nature de l'homme.

SIGNES EMIS ET SIGNES PERCUS, LES MALENTENDUS

Les relations intersubjectives reposent sur un système complexe d'émission, de réception et de décodage des signes. Il fonctionne au mieux quand l'échange est bref et que les individualités n'y sont pas directement impliquées. La réponse alerte de deux jeunes passantes qui courent vers la gare à l'interpellation de Bloch en est un exemple (AdT, 42). La réussite est optimale lorsque le signe ne relève pas du langage et repose sur une convention communément admise. On peut citer les coups de sifflet de la fin du match de football, au bruit desquels les chauffeurs regagnent leurs véhicules (AdT, 11), ou le geste de l'employé de la gare qui fait redémarrer le train (AdT, 100).

Bloch observe et enregistre ces cas d'exceptionnelle évidence avec curiosité et fascination, car il a parfaitement conscience que dans la réalité quotidienne rien n'est si simple. En effet, la méprise est partout. Sa manie de découvrir des signes, et ses interrogations constantes quant à leur portée, trouvent leur réplique dans les multiples erreurs d'interprétation auxquelles les comportements de Bloch lui-même donnent lieu. Ainsi le bruit d'un coup de pied, résultant d'un sentiment de bien-être dans les cabines des toilettes de la gare, est-il reçu par l'employé comme un appel (AdT, 15) ; plus tard, le personnel de l'hôtel s'imagine, en raison d'une nuit passée au dehors, que Bloch est définitivement parti (AdT, 24), enfin, par deux fois, des commerçantes répondent par un rire injustifié à une interruption de la parole ou à une modification subite de l'élocution, croyant à une plaisanterie (AdT, 13, 87). L'insuffisance de l'écoute au profit d'une anticipation coupable entrave la rencontre.

Les innombrables interférences qui brouillent, font obstacle et même compromettent totalement l'acte de communication, sont dénoncées nettement dans une scène constituée par une cascade de malentendus. L'héroïne en est une femme de chambre travaillant à l'hôtel où Bloch est descendu à son arrivée dans le village frontalier. La valeur symbolique de la profession de la jeune femme n'échappe pas. Son secteur d'activité la tient non seulement à l'écart des lieux publics fréquentés par la clientèle, mais il l'introduit dans un espace clos, représentation imagée du monde intérieur de l'hôte. Elle fait figure d'étrangère dans la sphère où s'isolent les clients, et en raison de sa situation délicate et inconfortable, elle accumule les maladresses et multiplie les quiproquos (AdT, 43 - 44). Suite à une erreur, l'employée fait le matin une brève incursion dans la chambre que Bloch occupe encore. Il s'ensuit un enchaînement de gestes et de propos échangés qui jamais n'aboutissent, tant les trajectoires individuelles sont éloignées. La femme de chambre s'applique à rester strictement dans le cadre de sa profession, elle s'ingère le moins possible dans la sphère de son interlocuteur - elle ne prononce des excuses que de l'extérieur, une fois la porte refermée - et ne tolère aucune intrusion dans sa vie privée, avec laquelle Bloch ne cherche d'ailleurs guère à se familiariser. Les insurmontables difficultés pour trouver un terrain d'entente sont de plusieurs ordres. Des pollutions phoniques entravent d'abord la réception auditive, puis des signes gestuels se révèlent rebelles au décryptage, enfin les obsessions personnelles déforment les messages : la crainte d'être importunée pour l'une, l'encombrement et les désordres intérieurs pour l'autre. Les différences de tempérament, l'extrême réserve, la froide objectivité et la stérilité du regard de l'employée, le trop-plein d'images filmiques et la grande sensibilité visuelle de Bloch, font échouer ces étranges discours sur une voie sans issue.

Verbal ou non, l'échange ne peut se construire que s'il prend appui sur un minimum de points communs. L'individu replié sur ses préoccupations et ses habitudes ne peut trouver le chemin qui mène à l'autre.

UNE TECHNIQUE D'AUTO-PRESERVATION : L'ESQUIVE

Bien que marginal, Bloch n'est pas un homme différent des autres. Sa particularité réside dans la fonction de révélateur que lui assigne l'écrivain. Verre grossissant, il cristallise en lui toutes les attentes, tous les malaises auxquels sont confrontés les hommes dans leur existence sociale. Une chose pourtant le distingue des autres, c'est sa perspicacité, son extrême lucidité qui le rendent réfractaire aux comportements de substitution adoptés communément et spontanément dans les situations difficiles.

Le bavardage gratuit et insouciant des coiffeuses qui retrouvent Bloch dans un café le midi (AdT, 62 - 66) n'est qu'un palliatif ; il masque les vides béants qui séparent les individus, et qui imposeraient une insoutenable solitude aux êtres s'il n'y était remédié par un trop-plein verbal. Les jeunes filles n'ont rien à dire sur elles-mêmes, aussi se délectent-elles d'anecdotes qui n'ont aucun sens pour Bloch. Il est significatif que, dès leur arrivée à la table de Bloch, elles sortent leur carte d'identité. Une attestation officielle d'existence semble suppléer une conscience réelle de soi. Comment pourraient-elles se risquer sur le chemin qui conduit à l'autre, si elles ne se soucient guère de se trouver elles-mêmes ? L'attitude de Bloch contraste avec cette légèreté. Il hésite à prendre en main les documents habillés d'une enveloppe transparente, de crainte d'y laisser les empreintes de ses doigts humides. Il sait en effet qu'au-delà des apparences fixées par les photographies d'identité, s'ouvrent d'impénétrables mondes intérieurs. Mais les jeunes filles, comme Gerda le lendemain de la nuit passée avec Bloch, s'accommodent des difficultés inhérentes à la nature humaine en déployant une vaste stratégie de l'esquive, tellement bien rôdée qu'elle s'est muée en automatisme. Elles se répandent en propos décousus et futiles et accaparent sans vergogne les histoires de Bloch, personnes et faits confondus, dans le seul but de faire rebondir une conversation superficielle. L'interlocuteur n'est pas là pour être entendu, mais pour servir de faire valoir ou de stimulation à l'imagination. Lorsque l'une des coiffeuses explique les avantages qu'il y a à sortir à deux couples (AdT, 62), elle ne fait qu'exprimer brutalement l'impossibilité du dialogue avec l'autre. Etre quatre permet d'échapper à l'ennui en se racontant des plaisanteries, dont l'intérêt majeur est de faire oublier la solitude radicale de chacun. La blague, l'utilisation délibérée de la méprise fondée sur le langage, est un moyen d'occulter les difficultés qui surgissent quand il s'agit de parler de soi, d'écouter l'autre parler, et de construire la rencontre.

Jamais, pendant le repas rapide pris en compagnie de Bloch, les deux ouvrières en coiffure ne se départissent de leur aisance pour mener parallèlement une conversation exploratoire qui n'a rien de gratuit. Par un subtil renversement, le manque se métamorphose en moyen pour exploiter et asservir l'autre. La volubilité peut être considérée comme un mode de dissimulation du vide existentiel, mais dans le cas présent, elle répond aussi à des impératifs précis. Les deux amies tentent de scruter le nouveau-venu, de le juger, éventuellement de l'attirer si le jeu en vaut la peine. Aussi Bloch répond-il au début de l'épisode à cet empressement par une attitude détachée et embarrassée, puis la contagion le gagne, et il parle de lui, de sa carrière sportive et des blessures reçues. Mais bientôt, par souci de contrer les "offensives" des interlocutrices qui sans cesse interrompent et accaparent, il s'enlise dans l'extrême précision du récit. Son discours ne s'articule plus, l'environnement se morcelle, le malaise s'empare de lui... Les troubles se dissipent peu à peu lorsqu'il renonce à s'enfoncer dans les souvenirs pour concentrer son attention et ses questions sur l'environnement immédiat. Il y est au demeurant aidé par ses compagnes qui ne demandent rien d'autre que de vivre dans le temps et l'environnement présents. Finalement, le naturel réapparaît. Bloch retrouve ses réflexes en rattrapant au vol un sac à main qui tombe et en mordant dans le sandwich qu'on lui tend. La communication se rétablit sur un mode banal et non problématique, sécurisant...

Bloch se laisse séduire par l'apaisement d'une vie fondée sur l'extériorité... Pourquoi alors avoir étranglé Gerda qui appartient à la même catégorie d'individus ? Il faut se rappeler que Bloch met un terme brutal et définitif à leurs relations lorsque, après un temps d'activités muettes et embarrassées, elle lui demande s'il va se rendre au travail (AdT, 23). Par cette question anodine s'amorce la brisure. La jeune femme suggère qu'il est urgent pour Bloch de sortir de sa vie privée et, simultanément, elle s'insinue dans le monde intérieur de celui-ci en le renvoyant à ses appartenances traditionnelles, à ses désordres... Comme il ne possède pas l'art de l'esquive,

Bloch ne supporte pas l'incongruité de la remarque, et dans un acte de caractère épileptique, il élimine le péril menaçant... Car la réponse de Bloch, face au constat des insuffisances et absurdités diverses régnant dans le domaine des échanges sociaux, fait appel à un autre type de mécanisme compensatoire : l'agressivité.

Si l'agressivité est absente de la plupart des échanges observés par Bloch, il faut néanmoins noter la fréquence des cas où une sorte de violence latente guide le déroulement des rencontres. Elles sont souvent des dialogues dont le cours est déterminé par l'un des participants. Celui-ci exerce un contrôle strict, ne laissant à l'autre qu'une marge de manoeuvre limitée. Cette observation générale est particulièrement flagrante lorsqu'il s'agit d'enfants.

On le sait, l'adulte n'a guère de regard que pour ses semblables. Ainsi l'écrivain décrit-il un jeune garçon muni d'une liste de commissions, réduit au silence et aux onomatopées en face d'une bouchère qui l'ignore, alors qu'elle fait preuve de la plus grande loquacité à l'encontre de Bloch (AdT, 86). Une scène similaire a déjà eu lieu entre une marchande de fruits et un enfant aux paroles duquel elle ne prête aucune attention, alors qu'elle devise ensuite très spontanément avec un gendarme (AdT, 40). Il en va de même entre la serveuse de l'auberge et le simple d'esprit qui décharge les caisses de bière (AdT, 70 - 71) ; la jeune femme lui impose le mutisme en lui posant de pseudo-questions qui ont pour seule raison d'être de présenter les déficiences du livreur au nouveau client. D'un geste, elle l'invite à sortir en se campant près de la porte, une bouteille de bière à la main. Pourtant, le jeune homme ne demande qu'à s'exprimer. Quelques instants plus tard, il parle à Bloch qui, à sa suite, prend le chemin du château.

Une sorte de terrorisme banalisé, mais conséquent, frappe les personnes en situation de marginalité. Par un détail, l'auteur signale d'une façon allusive les similitudes existant entre Bloch et ce grand enfant ; l'un et l'autre sont en effet les seuls à découvrir avant les douaniers le cadavre de l'écolier noyé. L'aptitude à regarder ouvre certes des perspectives sur la voie de la rencontre avec d'autres subjectivités, mais elle est l'apanage des exclus naturels d'une communauté, qui veille très scrupuleusement à les maintenir dans leur singularité, par la mise en oeuvre de mécanismes raffinés et efficaces.

UNE AUTRE TECHNIQUE D'AUTO-PRESERVATION : L'AGRESSION

L'agressivité correspond au tempérament scrutateur et lucide de Bloch. A la dissimulation qui submerge tout, qui régit toutes les relations d'individu à individu, Bloch oppose une réaction qui accuse les traits et aggrave les brisures. La violence, résolution provisoire des expériences d'impuissance, assure une clarification parfois salvatrice. Elle est assouvissement d'un désir de vengeance dans un combat inégal et, de ce fait, procure l'allègement temporaire de tensions insupportables. Elle n'est pas le propre de Bloch, il est lui-même victime de ces débordements primaires qui l'atteignent dans les premiers jours de son errance. Au Prater (AdT, 17), il est attaqué le dimanche soir par deux voyous qui l'abandonnent après l'avoir roué de coups dans un endroit discret. La veille, un homme de sa connaissance, pris de boisson, menace de le frapper après lui avoir demandé vainement de l'argent (AdT, 13 - 14). Agression gratuite, pratiquée dans un coin sombre ou agression, moyen de pression auquel Bloch s'efforce d'échapper avant que l'obscurité ne soit totale, la violence est la mise en action de forces nettement régressives, issues des ténèbres et chargées d'absurdité (41).

Au fil des jours de son errance, Bloch cède de plus en plus souvent aux tentations d'utilisation quotidienne de la violence. Le moteur de l'oeuvre est un meurtre. En apparence dépourvu de motivation, il est l'une des pièces maîtresses relevant d'une stratégie d'auto-préservation, destinée à contrer les incursions étrangères et les menaces pesant sur la subjectivité. Mais avec le temps, l'agressivité se détache de cette

---

41. L'épigraphe de *L'heure de la sensation vraie* est significative : "Sind Gewalt und Sinnlosigkeit nicht zuletzt ein und dasselbe ?" M. Horkheimer. "La violence et le non-sens ne sont-ils pas en fin de compte une seule et même chose ?"

signification initiale, et tend à n'être plus que l'expression d'un désespoir sans limite face à un monde de plus en plus insaisissable. La violence rêvée, exercée, n'est plus qu'une immense provocation, qu'un défi titanesque et vain.

Deux scènes parallèles vécues l'une à Vienne et l'autre à la fin de la semaine passée dans le village frontalier, témoignent de cette évolution. Chez le brocanteur d'abord, où Bloch vend quelques objets personnels (AdT, 25), son attitude traduit l'humilité du client mal assuré, soumis aux règles fixées par l'acheteur. Il s'empresse de dissimuler la marchandise d'abord insouciamment déposée sur le comptoir, pour ne la déballer qu'à la demande du commerçant. Il se garde aussi de marchander. En revanche, à la caisse d'épargne où l'épuisement de ses liquidités l'oblige à se rendre quelques jours plus tard pour changer un billet d'un dollar, il se montre ostensiblement provocateur (AdT, 93 - 94). Tout de suite, il dépose le billet sur la tablette du guichet, derrière lequel un employé poursuit son travail. Il le fait glisser d'autorité sous la vitre de séparation et finit par le faire échouer, d'un souffle, près de l'homme imperturbable. A aucun moment le caissier ne se départit de son calme, de son indifférence et, sans un mot, il cède aux demandes les plus fantaisistes de Bloch. La gêne engendrée par le dénuement ne suffit pas à expliquer ce jeu de gestes irritant. Il se justifie surtout par la peinture qu'il offre de l'état d'esprit et de la situation de fin de partie du protagoniste. L'agression muette à laquelle il se livre est une ultime tentative pour se convaincre lui-même de son existence, et de son aptitude à manipuler l'autre. La placidité de l'interlocuteur fait douter du succès de l'entreprise. Bloch ne peut être satisfait puisque le soulagement procuré par le geste de violence escompté ne se produit pas. Il ne lui reste plus alors que les divagations du mégalomane qui rêve de ruiner les banques, par une demande systématique d'ensachage pour les sommes délivrées... Bloch fait à nouveau l'expérience de son impuissance...

De plus en plus fréquemment, Bloch renonce aux concessions de tous ordres pour que s'établisse le contact avec l'autre. Il ne cherche plus à se placer à la bonne distance pour que l'échange s'engage sur un terrain favorable (42). Il oublie les conventions observées et pratiquées dans les relations humaines, et réagit à la façon de l'animal écorché auquel ne s'offrent que des voies sans issue. Bloch est un être impulsif. L'incident de Vienne, avec le placeur du cinéma qui l'éveille en éclairant brutalement de sa torche son visage, le montre (AdT, 26). Mais à ce stade de la crise, la violence n'est qu'un réflexe de préservation, et l'ancien gardien de but s'apprêterait même à formuler des excuses si le policier appelé à l'aide l'exigeait. Tout change quelques temps plus tard, les explosions volontaires d'agressivité se multiplient.

Quatre cas, y compris celui de la caisse d'épargne, se succèdent le vendredi. La nuit précédente a livré Bloch aux assauts d'une crise paroxystique. Il en attribue la cause à sa trop longue inactivité (AdT, 80), il serait plus simple de dire à l'absence de face-à-face décisifs réussis. Il a recours à une série d'expédients pour essayer de conjurer un mal qu'aggravent encore le manque d'argent et la conscience de l'étau policier qui se resserre. Ce jour-là, il tire de sa poche la brochure touristique du village où figurent routes et chemins, et il fait l'acquisition d'une carte topographique cherchant ainsi à lutter contre les risques de la perte de l'orientation spatiale. Mais il n'est pas aussi aisé d'assumer les aléas de la vie sociale ! La rencontre avec l'autre n'est plus imaginable que sous la forme de déchaînement verbal ou de choc physique. Déjà à la poste, comme à la caisse d'épargne un peu plus tard, son essai d'acculer l'interlocuteur à l'affrontement se solde par un échec. Le mépris du facteur et de la postière pour ses extravagances ne font que l'enfermer davantage dans son étrangeté. Le jeu sur le double sens du verbe "durchkommen" pris à la forme négative décrit parfaitement le mal incurable dont souffre Bloch, son incapacité à entrer en communication. Les troubles de la perception se saisissent à nouveau de lui

42. L'importance des facteurs extérieurs, de la distance en particulier, pour que la conversation se développe avec l'autre, est manifestée par l'épisode de la marchande de fruits (AdT, 40) : Bloch ne s'approche pas du stand et reste volontairement hors d'atteinte, alors que la femme aborde directement le gendarme qui fait quelques pas de plus dans sa direction. Quant à l'enfant, quelle que soit sa position, il est de toute façon ignoré.

jusqu'à ce que le téléphone sonne, mais l'appel lancé à son ancienne femme reste sans écho.

L'irrépressible envie de se battre, manifestée le matin dans un café où personne ne lui fait le plaisir de trébucher sur ses jambes étendues dans ce but (AdT, 83), trouve sa réalisation le soir, à l'auberge tenue par Hertha. Le prétexte est, à première vue, futile : un billet de banque froissé, qu'à deux reprises un client entêté s'obstine à déplier avec zèle... Excédé, Bloch provoque une bagarre en lui jetant le contenu du cendrier au visage. En réalité, le défi de Bloch est une réponse à Hertha qui, malgré lui, l'a intégré à une table de clients. D'un geste discret sur l'épaule, elle l'a invité à s'acquitter de son droit d'entrée dans le cercle des habitués, en offrant une consommation. En dépit d'une soumission de façade aux ingérences de son amie, il se lance dans un combat qu'il poursuit avec acharnement malgré la supériorité numérique des adversaires et la rudesse des coups reçus. Une lutte âpre pour la survie semble se jouer dans la nuit (AdT, 101 - 102). Après plusieurs tentatives infructueuses il se réinstalle dans le café. Une normalisation progressive de sa relation au monde en résulte, ainsi que le premier rapprochement réel avec l'aubergiste.

L'intérêt de l'épisode dépasse le cadre anecdotique et psychologique simpliste qui vaudrait dans un western de second rang. La bagarre a un effet libérateur. Elle marque le passage décisif de la perspective contraignante, et pour Bloch aliénante, du gardien de but, symbole d'un degré supérieur de développement social de l'individu, à une forme plus primitive d'affrontement. Elle peut être rapprochée du déroulement des combats d'animaux qui ignorent la feinte ; tout acte est dans ce cas une adaptation instinctive à l'attitude de l'autre et exclut la réflexion (43). Les seuls critères de réussite sont la force aveugle et la pugnacité. Par ce coup de force douloureux, Bloch s'arrache à l'apathie et à l'indifférence, il renaît momentanément à la vie, il reconquiert le pouvoir de jeter des ponts vers l'autre et d'être pris en considération par lui.

43. MEAD, *Op.cit.*, p. 37 - 39 analyse les caractéristiques des combats de chiens et les distingue des rencontres de boxe ou d'escrime.

Les cheminements désordonnés de Bloch tout au long du livre, semblables aux mouvements brusques et contradictoires du footballeur chargé de la défense des buts, ne sont que la partie visible d'un processus qui prend son origine dans les mouvements de l'intériorité. Ils restent mystérieux à l'observateur qui omet de considérer les conditions de l'élaboration de l'acte. Pourtant, l'existence d'une motivation ne peut être mise en doute, comme l'explique Bloch au représentant de commerce (AdT, 124), même si elle n'est pas immédiatement compréhensible (44).

3.4.LES ATTENTES DE BLOCH

Lorsqu'il rompt avec l'ultime appartenance représentée par la profession, Bloch part presque instantanément à la recherche d'ancrages temporaires. Il croit d'abord les trouver dans des lieux qui l'attirent, en raison du mode de perception familier qui y règne. Le cinéma lui procure quelques moments de répit tandis que le stade ne fait que confirmer le malaise et les changements survenus. La nostalgie d'un monde où signes et interprétations coïncideraient encore, conduit Bloch à se rapprocher d'individus qui fonctionnent à la façon de mécanismes en parfait état de marche. Mais ni la jeune fille au juke-box, ni la caissière du cinéma ne lui donnent l'apaisement escompté. Au contraire, elles ne font qu'aviver sa conscience des écueils innombrables, surgissant dans les relations avec l'autre. Toutefois il ne se décourage pas, et il se tourne délibérément vers les femmes qui ont pris place dans ses expériences passées. Bloch sonde-t-il sa mémoire pour mettre à nu les fondements de l'histoire présente ? ou tente-t-il plutôt de se raccrocher aux souvenirs fragiles de rencontres temporairement réussies dans la sphère privée...? Ne connaissant de Bloch que

44. Bloch réadopte d'instinct - sans raison apparente - le comportement du gardien de but lorsqu'il se promène dans la campagne, muni de sa carte, le vendredi après-midi. On peut imaginer qu'il se prépare à une arrestation imminente et envisage les attitudes possibles.

son comportement présent, il est difficile de répondre avec certitude, mais il n'est pas impossible d'imaginer qu'il nourrit à l'égard des femmes des attentes particulières. Leur teneur ne sera révélée que discrètement et progressivement.

LES RENCONTRES RECHERCHEES

L'itinéraire de Bloch passe par trois femmes jadis aimées. Il projette de passer la soirée du samedi avec l'une (AdT, 11 - 13), il lance trois appels téléphoniques à la seconde, l'épouse dont il est séparé (AdT, 17, 24, 93), et il va rejoindre la troisième, Hertha, l'aubergiste.

L'ANCIENNE AMIE

Les affaires débutent mal avec la première qui, retrouvée grâce téléphone, ne se souvient guère de lui (AdT, 11). Dès qu'il la voit, Bloch a le sentiment qu'ils ne peuvent même pas former un couple de passants convenable pour de simples raisons de disparité vestimentaire (AdT, 13). Les intentions de Bloch paraissant évidentes, la jeune femme se comporte avec l'empressement attendu dans une situation aussi banale. Dès lors, Bloch n'a plus qu'une idée en tête, le désengagement et la fuite. Il recourt à la feinte, pratique jadis maîtrisée, pour dégager son bras, fuire le lieu du rendez-vous et se séparer de sa compagne. Bloch comprend la vanité d'une aventure passagère entre individus anonymes. Construire sur ce passé, qui n'a plus d'existence que comme numéro de téléphone impersonnel, est une grossière erreur. Aussi Bloch reprend-il le chemin du cinéma.

L'EPOUSE SEPAREE

Le lendemain, Bloch fait une nouvelle tentative, à la sortie du match décevant. Il s'adresse à sa femme. La communication ainsi que sa description frappent par leur brièveté. Cette prise de contact n'apporte rien à Bloch, si ce n'est de l'agitation. Comme le montre clairement un deuxième appel (AdT, 24), l'ancien gardien de but ne cherche nullement à renouer avec l'appartenance familiale traditionnelle. Lorsque son fils l'informe de l'absence de l'épouse, il raccroche sans échanger un propos avec l'enfant.

Une seule chose importe alors à Bloch, non pas retrouver l'autre, mais être entendu par lui, être interrogé par lui. Il souhaite provoquer l'occasion propice, qui permet de parler de soi. Car, arriver à parler de soi à l'autre, favorise l'écoute de soi (45) et ouvre la porte à la clarification. Elaborer un récit sur soi est le début d'une mise en ordre dont Bloch a grand besoin, surtout au moment crucial du second essai. C'est de l'entreprise où il fait solder ses comptes, lorsque la rupture avec la dernière appartenance devient effective, qu'il veut à nouveau établir une communication avec celle qui a partagé de façon durable son intimité. La remarque lapidaire concernant l'échange :

> ... fragte ihn aber nichts. Bloch war unruhig (AdT, 17) (46),

est sans équivoque. La condition préalable à l'existence et à la dissipation des désordres est la reconnaissance par l'autre de cette existence unique et difficile. Quand, à la fin de la semaine d'errance dans le village frontalier, sa femme lui posera des questions pratiques sur son lieu de séjour, afin de pouvoir lui envoyer l'argent demandé, Bloch paradoxalement ne donnera pas les réponses précises attendues, mais poursuivra le jeu du discours imagé pour parler de lui et dépeindre sa situation présente. A noter que pour la première fois il s'annonce par son prénom, comme si cela était naturel. Un point de non-retour a été franchi, la partie va s'achever, mais Bloch s'offre un dernier plaisir. Sur le ton enjoué de la plaisanterie, il parle de lui à celle qui ne voulait plus l'entendre ! Le besoin d'argent est bien réel, mais il n'est qu'un prétexte pour aborder l'autre, le déranger et le tirer de son indifférence.

---

45. Jacques SALOME, ***Parle-moi... j'ai des choses à te dire***, Les éditions de l'homme, centre interdisciplinaire de Montréal, Montréal, 1982, p. 227 : "Je commence à pouvoir mieux comprendre ce que je suis, en parlant avec toi, tu es comme un témoin".
46. "Mais elle ne lui posa aucune question. Bloch était agité" (AdT, 21).

DE L'IMPORTANCE DES QUESTIONS (47)

Bloch se montre particulièrement à l'aise dans les rencontres avec l'autre lorsqu'il n'y est pas directement impliqué, et que l'objet en est concret. Les questions jaillissent alors spontanément et les réponses s'imposent comme des évidences. Sa fascination pour la perspective de l'employé du fisc, et sa mise en pratique au salon de coiffure, en sont une illustration. L'échange réussi, malgré une position inconfortable avec la passagère de l'autocar qui attire son attention sur les pièces de monnaie égarées sur le siège (AdT, 29), s'y rattache également. Plus tard, les réponses précises de l'employée à deux questions posées par Bloch à son arrivée à l'hôtel du village frontalier, lui permettent de s'endormir paisiblement (AdT, 32). Mais ce sont là des exceptions.

Des obstacles multiples entravent la plupart des actes de communication. Il est souvent difficile de formuler une question et de l'imposer à l'attention de l'autre. Ainsi Bloch renonce-t-il à interroger la secrétaire de l'entreprise sur le solde de son salaire pour le mois en cours (AdT, 25). L'hyperactivité de la serveuse de l'auberge, accaparée par le nettoyage du local, brise elle aussi le rythme de la conversation, et la transforme en monologues intérieurs parallèles qui, épisodiquement atteignent le seuil de l'expression (AdT, 36 - 37). Parfois l'interrogation est plus déterminante que l'élucidation du mystère lui-même. La question posée est l'émergence d'un processus intérieur qui se poursuit en dehors de l'interlocuteur. Ainsi la curiosité de la serveuse à propos des relations antérieures entre Bloch et Hertha (AdT, 36) concerne-t-elle davantage Hertha que le nouveau venu ; quant au désir de Bloch de savoir si les habitants de la région sont des lecteurs de journaux assidus, il se rapporte essentiellement à sa situation de meurtrier. Bloch amorce en effet sa sortie avant que l'hôtelier ne lui fournisse des explications qui resteraient sans doute dépourvues de grandes conséquences sur les décisions à prendre (AdT, 46). Cette observation peut être rapprochée d'un phénomène général : l'échange type repose moins

47. La dernière pièce de théâtre écrite par Peter HANDKE ne s'intitule-t-elle pas ***Das Spiel vom Fragen*** ?, Suhrkamp, Frankfurt/Main, 1989.

sur le jeu des questions et réponses, destinées à connaître l'autre, que sur la simple juxtaposition d'affirmations, d'énoncés de points de vue ou de relations d'anecdotes futiles que l'on soumet à l'acquiescement éventuel de l'autre. De telles situations, extrêmement fréquentes, plongent régulièrement Bloch dans un embarras qui débouche sur le mutisme (AdT, 21, 62). Quelquefois, il préfère partir discrètement, laissant l'autre à ses obsessions (AdT, 99).

Une image, teintée de profond pessimisme, résume le comportement qui prévaut dans la plupart des pseudo-rencontres, c'est celle du bruit de sac qui se referme en claquant sèchement dans la nuit. Bloch le ressent selon toute vraisemblance comme une provocation. Il est tenté de refermer alors brutalement le parapluie qui l'abrite pour signifier aux jeunes filles pressées qu'il vient de croiser, que lui non plus n'attend rien (AdT, 114). Cette image, enracinée dans le quotidien, renouvelle celle du coquillage toujours prêt à se refermer pour préserver ses richesses (48).

L'utilisation répétée de la métonymie dans l'évocation des individus réduits à un objet ou à un détail physique (AdT, 84), s'inscrit dans cette perspective et reflète un autre handicap sur le chemin de l'autre. L'homme se révèle incapable de saisir l'autre dans sa totalité, il n'en perçoit que l'aspect qui correspond à une approche fondée sur le préjugé. La pensée qui préoccupe Bloch à la sortie de la boucherie, où la commerçante s'empresse de considérer comme plaisanterie ce qui est un trouble de la parole (AdT, 87), ne manque pas d'intérêt. L'inquiétude de Bloch de savoir comment on peut déjà connaître la fin d'une phrase dès le début de sa formulation ne vaut pas que pour lui ; comment l'interlocuteur peut-il *a fortiori* anticiper son contenu ? Tout un enchaînement de métaphores traduit l'impuissance de la plupart des gens à dépasser le visible et à s'ouvrir à l'autre, donc à la vie. Ce sont d'abord ces poules curieuses et volages qui fondent sur le papier gras froissé qui leur est jeté, et s'en détournent tout aussi vite avant même

48. La citation de JEAN-PAUL qui sert d'exergue au recueil ***Le monde intérieur du monde extérieur du monde intérieur*** présente l'image d'un coquillage dont les valves enchâssent la précieuse unicité du sujet.

d'en avoir vérifié le contenu ! C'est ensuite le bohémien faussement accusé d'enlèvement. Il est difficile de ne pas succomber à l'emprise des apparences. Comme le remarque Bloch dans un tout autre contexte (49) :

> Es gebe wohl ein Bedürfnis, an Häusern entlangzugehen (AdT, 87) (50)

Peu de gens prennent le risque de quitter l'appui procuré par les façades rassurantes, qui ont une double fonction. Elles protègent le marcheur tout autant des dangers du terrain découvert que de la sensation de vertige que pourraient susciter une prise de distance et un regard plongeant jeté dans les ouvertures des façades (51).

Poser une question à l'autre, savoir ensuite se taire, pour attendre et écouter la réponse, revient à deviner le mystère des façades et à essayer de le percer. Bloch est un de ces être d'exception qui connaissent l'existence des sphères intérieures régies par des lois complexes. Il est tellement pénétré de cette réalité qu'il lui est devenu impossible d'évoluer librement dans le monde extérieur considéré lui aussi comme un immense réseau de signes au déchiffrage problématique, mais nécessaire. Dérouté par cette tâche insurmontable, désormais dépourvu de tout système de décodage, en raison de sa rupture totale avec les appartenances, il part. Héros mythique de l'époque contemporaine, il se met en chemin à la recherche de l'autre qui brisera les liens du mauvais sort qui l'accable. Il marche vers celle qui saura si bien l'observer qu'elle décèlera le mal secret qui le ronge. Il suffira alors qu'elle lui pose la bonne question pour que s'engage le processus salvateur.

---

49. Il reformule une observation de la bouchère qui justifie le manque de clientèle par le fait que le magasin ne soit pas vu. Personne ne passe sur le trottoir d'en face en raison de l'absence de constructions.
50. "Sans doute éprouvait-on le besoin de marcher le long des maisons !" (AdT, 106).
51. L'image des façades de maison, limites d'espaces intérieurs apparaît aussi à la page 81.

Toutes les tentatives de rapprochement avec les femmes s'inscrivent à différents degrés dans cette quête. Pourtant, l'attente fébrile de la question qui donnera à Bloch la preuve de son existence aux yeux de l'autre, n'est mentionnée qu'à deux reprises : avec Gerda, au lendemain de la nuit commune, et lors de la troisième et dernière rencontre avec Hertha. Le manque de perspicacité de Bloch dans le choix des femmes auxquelles il s'adresse, le conduit à l'échec. Frappé d'une incapacité maladive à s'orienter dans le monde des choses et des hommes, Bloch se tourne comme par nécessité vers des femmes qui s'y meuvent aisément. La première, la caissière, agit par automatisme et aveuglement, la seconde, l'aubergiste, par savoir-faire lucide et avisé. C'est dire que ni l'une ni l'autre ne présente les qualités minimales requises pour accompagner Bloch sur la voie de la guérison ; un abîme les sépare. Dans les deux cas, il sera finalement amené à formuler lui-même la question attendue, mais elle passera parfaitement inaperçue.

Enfermé dans ses obsessions, Bloch ne fait pas, il est vrai, le moindre effort pour aller à la rencontre de la caissière qu'il voudrait pourtant voir venir à lui (AdT, 21). Connaître son prénom, signe élémentaire de reconnaisance, ne l'intéresse pas ; comment pourrait-il alors espérer susciter chez Gerda autre chose qu'une indifférence embarrassée face à ses bizarreries, et le souhait de mettre un terme rapide à une rencontre amoureuse fondée sur une pratique sexuelle machinale. En guise de réponse à sa courte phrase de présentation

> Ich heiBe Gerda (AdT, 21) (52),

il lui pose une question :

> Ob ihr nichts aufgefallen sei ? (AdT, 21) (53)

Bloch s'est en effet arrêté de parler au moment précis où il refermait la boîte à thé dont il avait longuement contemplé le contenu. Question sans écho, puisque la jeune femme à ce mo-

52. "Je m'appelle Gerda" (AdT, 27).
53. "N'avait-elle rien remarqué ?" (AdT, 27).

ment s'affaire avec l'électrophone, et s'apprête à passer le disque d'un chanteur italien dont elle apprécie la voix. A l'issue du petit déjeuner et d'une conversation banale, Gerda pose enfin une question qui atteint Bloch de plein fouet et le renvoie à une appartenance professionnelle. D'apparence anodine, la question, telle une parole maléfique, coûtera instantanément la vie à la caissière ! Elle donnera un nouveau cours à l'errance de Bloch qui décide quelques heures plus tard d'essayer de rejoindre Hertha, l'amie d'autrefois. Elle demeure inaccessible par téléphone, et Bloch doit entreprendre un assez long voyage pour renouer avec elle (54). Bloch espère-t-il secrètement que les choses seront plus faciles à cause de l'expérience passée sur laquelle la rencontre pourra se construire ?

Dans le village frontalier, le thème de la question n'apparaît qu'au bout d'une semaine d'atermoiements, et là encore, il appartient à Bloch de formuler ce qu'il brûlerait d'entendre (AdT, 111). Il le fait dans un tel contexte - la remise en ordre d'une cuisine - que la portée réelle de l'interrogation reste dissimulée, et le restera à tout jamais, puisque Bloch brusque son départ, profitant de l'arrivée inopinée du douanier. Mais le narrateur insiste particulièrement pour que le lecteur, lui, ouvre une brèche dans la façade trompeuse, accède au mystère de Bloch et fasse ainsi quelques pas en direction du secret de l'écrivain.

> Ist alles in Ordnung? fragte er. Er fragte sie, was er von ihr gefragt werden wollte" (AdT, 111) (55).

Le thème de la fausse question, de la question non formulée, de la question mal posée, n'a pas pour seule fonction de souligner la solitude radicale qui brise l'unité d'un individu particulier et fait planer sur lui la menace de la dissolution. Peter Handke l'a répété : ***L'angoisse du gardien de but*** ne doit pas être lue comme la description d'un cas pathologique !

---

54. Le village frontalier où séjourne Bloch serait Neumarkt an der Raab, à la frontière hongroise.
55. "Tout est-il en ordre ?", demanda-t-il. Il lui posait la question qu'il voulait s'entendre poser" (AdT, 136).

L'oeuvre est une démonstration rigoureuse teintée de pessimisme. Elle s'efforce de prouver que la conscience d'exister, le sentiment d'identité, passe nécessairement par des actes de communication réussis avec l'autre ; elle tend aussi à montrer le destin tragique d'une humanité convaincue qu'il s'agit là d'un rêve inaccessible.

JOSEPH BLOCH - HERTHA, L'AUBERGISTE : L'ESPOIR DEÇU

Délesté du fardeau des appartenances, le protagoniste n'est plus que Joseph Bloch, ou plus exactement il reconquiert le droit de n'être que lui-même. Il en va autrement pour la femme vers laquelle il se tourne.

D'abord désignée comme amie lorsqu'il cherche en vain son numéro de téléphone (AdT, 21), elle n'est plus ensuite que l'aubergiste. L'utilisation très épisodique de son prénom, Hertha, cinq fois au total (AdT, 38, 39, 49, 50, 52) au cours des entretiens, révèle les difficultés rencontrées par Bloch pour s'adresser à la femme, et pas au membre anonyme d'une catégorie sociale. Non seulement les circonstances des retrouvailles - Bloch doit attendre la sortie de l'aubergiste de son espace privé - mais aussi de nombreuses indications scéniques montrent que des relations de force s'établissent immédiatement entre les deux personnes. L'homme ressent la nécessité de s'expliquer sur sa présence, et invente une histoire, tandis qu'ostensiblement la femme tient à affirmer et à conserver une position dominante. Elle choisit soigneusement sa place en face du nouveau-venu, elle prend l'initiative en parlant la première, et manifeste sa volonté de garder ses distances par les objets qu'elle place entre eux. La réflexion de Bloch lorsque la serveuse apporte la consommation qu'il a commandée pour elle :

> Welche 'sie' ? (AdT, 38) (56),

exprime la perplexité où le plonge le comportement de son an-

56. "Elle", laquelle ?" (AdT, 47).

cienne amie. Aussi concentre-t-il toute son attention sur ce que la porte de la cuisine entrouverte lui laisse découvrir du monde privé de l'aubergiste. La table du café prend des allures d'échiquier, puisque Bloch se met à déplacer aussi les objets qui s'y trouvent pour contrer les coups de l'adversaire, et ne pas lui laisser l'avantage. Ce jeu puéril fait éclater de rire la jeune femme qui, l'espace d'un instant, devient pour la première fois "Hertha". Mais le répit est de courte durée et Bloch accueille avec soulagement l'arrivée des livreurs de meubles.

L'installation du mobilier permet de sortir élégamment d'un tête-à-tête stérile et il donne aussi à Bloch l'occasion de pénétrer dans les appartements de son amie. Les périls immédiats semblent conjurés comme tend à le faire croire l'image de l'armoire. Il revient à Bloch de fermer à clé les portes béantes et, simultanément, il retrouve le pouvoir de dire "je" (AdT, 39). Bloch tire la leçon de la première rencontre. Pour trouver la voie qui conduit à Hertha, il faut éviter les confrontations vaines avec l'aubergiste et savoir se tenir à distance. Aussi décline-t-il l'invitation à déjeuner, et renonce-t-il à son projet initial de prendre pension dans ces lieux qu'il quitte délibérément. En franchissant le seuil, il s'imagine entendre "Hertha" l'appeler de l'intérieur de la chambre où l'aubergiste effectue du rangement. Mais il s'agit d'une méprise stupide. Il n'a perçu que le bruit de l'eau qui bouillait...

Le lendemain, Bloch se rend de nouveau à l'auberge, après un début de journée caractérisée par les malentendus avec la femme de chambre, une promenade sans but dans la campagne, et une perception de l'environnement faite de notations brèves marquant la décomposition. L'atmosphère s'alourdit encore lorsque Bloch apprend le décès d'un voisin, dans la maison située en face du café de son amie.

La première phase de cette nouvelle rencontre avec l'aubergiste rappelle la scène de la veille ; elle est constituée par un jeu de gestes où il faut délimiter l'espace laissé à l'autre, et s'assurer la maîtrise du terrain. L'enjeu n'est plus une table de consommation mais la pleine occupation de la sphère publique, du local réservé à la clientèle, ainsi que l'accès à la cuisine, domaine de la maîtresse de maison. Tant au niveau du geste qu'à celui de la parole, la jeune femme contrarie tous les projets de Bloch. Alors qu'il s'apprête à pénétrer dans la cuisine, elle le ramène sans un mot dans la salle, et de la même façon, le conduit à s'asseoir près de la porte d'entrée alors qu'il se dirigeait vers un coin de la pièce. Elle s'empresse de parler la première, neutralisant ainsi les velléités de Bloch. La conversation banale qui s'ensuit, tenue dans les limites soigneusement fixées par l'aubergiste, est émaillée de méprises. La mainmise sur la conduite extérieure des affaires n'empêche nullement les protagonistes de camper sur leurs positions intérieures... L'assurance affichée par l'aubergiste ne parvient pas à masquer entièrement une tension inquiète, manifestée ultérieurement par sa hâte à venir observer Bloch dès qu'elle détecte l'existence potentielle d'un désordre. Un verre cassé par l'employée lui fait quitter précipitamment sa cuisine (AdT, 49) et arpenter nerveusement la pièce.

Bloch sent la faille qui se dessine, et tente une percée en l'interrogeant sur les conditions financières de la gérance la liant au châtelain. La tentative est momentanément réussie puisque "Hertha" s'immobilise instantanément (AdT, 49). Profitant de l'occasion, Bloch vient vers elle, "Hertha" (AdT, 50), tandis que "l'aubergiste" se dirige vers la cuisine et introduit involontairement Bloch dans un secteur jusqu'alors soigneusement protégé des incursions étrangères. Un retournement de situation s'esquisse ; la jeune femme renonce à la guerre de position, délaisse les obstacles artificiels, et évoque sa vie présente, ou plus exactement satisfait la curiosité de Bloch en parlant abondamment et spontanément de son ami, le fils du châtelain. Ce rare moment d'intimité entraînerait peut-être Bloch sur la voie du récit clarificateur si, par une question maladroite, il ne faisait brusquement se ressaisir son interlocutrice - "elle" pendant le temps des confidences - et la retransformait en "aubergiste" méfiante. Quand Bloch lui coupe la parole et lui demande à partir de quel chiffre elle compte, elle s'interrompt brusquement dans l'épluchage des pommes et se tait. Elle ne voit là que bizarrerie, étrangeté et même désintérêt. Elle se referme alors sur elle-même, reprend son rôle, s'entoure des attributs protecteurs de l'aubergiste et répond par un lieu commun (AdT, 50).

Pourtant cette manifestation d'apparente incongruité est sans doute, dans la perspective de Bloch, une passerelle lancée pour aller plus loin sur le chemin de la rencontre de deux subjectivités, alors dépouillées de leur carapace. Mais par son manque de patience et d'écoute, Bloch a rompu le charme. En voulant susciter des réactions et des questions qui pourraient le tirer de son étrangeté, Bloch s'y enfonce davantage. Car la portée réelle de l'interrogation, justifiée par des observations présentes deux bocaux, deux mètres pliants - n'était-elle pas de désigner le mal qui l'empoisonne et qui a pour nom anticipation ! Commencer à compter par deux, n'est-ce pas négliger le simple pour se plonger dans le double, le complexe, l'inextricable, l'embarras mortel ? L'anecdote de la première voiture qui a failli l'écraser alors qu'il se gardait de la seconde (AdT, 50) invite à le croire ! La question maladroite de Bloch, posée à contretemps, manifeste son obsession de la perception de signes, et son incapacité fondamentale à communiquer avec l'autre sur un mode d'écoute et d'expression spontané et naturel. Il a su, par une question indiscrète, vraisemblablement imputable à un fond d'agressivité, ouvrir les barrières dressées entre les individus par les conventions sociales, mais il reste impuissant à tirer parti des opportunités fragiles qui s'offrent ensuite. De l'échec, ressenti par les deux protagonistes, résulte une aggravation de leur situation relationnelle, traduite par l'agitation de Bloch qui se meut de façon désordonnée, et par les signes de mauvaise humeur de l'aubergiste qui le soupçonne de se moquer d'elle.

Après l'intermède du réveil de l'enfant, "Hertha" (AdT, 52) reprend l'initiative et tente une ultime démarche très explicite pour inviter Bloch à s'ouvrir de ses soucis. Ils sont seuls dans la cuisine, espace intérieur privilégié, désormais clos par un geste de la petite fille. Mais en raison du mal incurable qui le tenaille, ou peut-être encore de la gêne provoquée par l'enfermement symbolique dans le monde de l'autre, Bloch est incapable de saisir la chance ultime proposée par le hasard. Il se méprend sur les propos de son amie et attend des confidences ; puis, conscient de son erreur, il se paralyse et sombre dans le mutisme. Il ne le conjure que par des propos obcènes, puis par un vague rapprochement physique, et une amorce de geste violent en réponse aux réprimandes de l'aubergiste. Il est devenu étranger aux signes de vie, et l'ambiance de mort qui l'accompagnait à son arrivée dans l'auberge l'envahit à nouveau. Il traverse la route et pénètre dans le domicile mortuaire voisin, après avoir examiné la pièce par la fenêtre ouverte.

Que cherche Bloch dans la maison inconnue où repose un cadavre ? Une correspondance significative entre un cadre et un état d'âme ? L'interprétation ne peut être exclue. Mais aussi un poste d'observation exceptionnel. De là, il peut à une distance raisonnable contempler tout à loisir les lieux sur lesquels règne son amie. En cette fin d'après-midi automnal, il reste le regard fixé sur la salle de l'auberge qui, au premier plan brille dans le couchant, et sur la silhouette tranquille et assurée du fils du châtelain appuyé contre le chambranle de la porte de la cuisine (AdT, 53 - 54). La luminosité décroissante du soir suscite chez Bloch une impression d'éloignement par rapport à un spectacle dont il ne peut détacher ses yeux. Il contemple cette scène - qui porte à l'évidence l'empreinte de la technique cinématographique - comme un étranger, au seuil d'un paradis dont l'accès lui demeure à tout jamais interdit. Lieu de mystère impénétrable, la cuisine est progressivement plongée dans l'obscurité totale, tandis que le juke-box silencieux éclaire faiblement la salle du café de ses lueurs accrocheuses et faussement apaisantes. Il n'est de hâvre possible pour Bloch que dans les lieux où la mort dicte l'ordre des choses.

Un semblant d'appartenance se dessine lorsque la paysanne l'invite à partager le repas de la communauté en deuil. Mais Bloch ne cède pas à l'emprise insidieuse d'une ambiance crépusculaire, mélancholique et tiède. Il saisit au bond une occasion inattendue de contrer l'oeuvre lente, mais certaine, de la décomposition qui s'installe (57). Il se lance avec la dernière

---

57. Son adresse à saisir la pelle qui menace de tomber dans l'obscurité, symbolise clairement le sursaut de Bloch pour s'assurer à nouveau la maîtrise d'un environnement qui se dérobe de plus en plus (AdT, 55).

énergie dans la recherche du bijou perdu par l'un des convives ; il aimerait être le meneur, mais personne ne le suit dans la rue, il voudrait être le découvreur, mais il s'est fourvoyé en sortant des espaces intérieurs régis par la mort. Bien qu'un autre ait trouvé l'objet dans l'entrée, il s'obstine à poursuivre ses investigations, jusqu'à ce que le bruit des prières lui fasse comprendre que la communauté s'est reconstituée, refermée sur elle-même, sans que nul ne se soucie plus de l'y réintégrer. Il part discrètement... La soirée s'achève par la mise en oeuvre vaine de deux stratégies illusoires auxquelles Bloch recourt fréquemment, l'attitude provocatrice dans un café dont il est chassé (AdT, 55 - 56), et le jeu de la séduction facile dans un second. Il renonce d'ailleurs de lui-même à cette tentative de rapprochement, tant sa lassitude est grande face à l'inextricable enchaînement des signes et des malentendus (AdT, 56).

Les circonstances de la troisième et dernière rencontre avec son amie (AdT, 101 - 111) diffèrent radicalement des précédentes. Bloch n'attend plus le salut d'une "Hertha" imaginaire. Après deux essais infructueux, il a pris conscience de la vanité de l'entreprise, et il a tiré l'enseignement de ce qu'il a observé la veille à l'auberge où il s'est enivré. Il a vu la jeune femme régner sur la salle du café, il a pu apprécier le talent superficiellement accrocheur de la cabaretière. Au cours de cette soirée du jeudi, Bloch a acquis la certitude qu'il n'avait pas sa place dans l'univers de l'aubergiste. Le détail du manteau du fils du châtelain accroché si près de Bloch que celui-ci ne disposait plus que d'un espace excessivement restreint, a montré d'une façon symbolique qu'il était dans ces lieux un indésirable (AdT, 76). D'ailleurs, quand il a voulu payer, l'aubergiste, alors occupée, a demandé immédiatement à l'employée aux mains froides et mouillées d'aller encaisser. Ainsi a-t-elle signifié sa hâte de voir s'éloigner l'hôte silencieux et attentif. Une énorme plaisanterie, a pensé Bloch sur le chemin du retour au village (AdT, 77). Au fil des heures l'impression s'est muée en meurtrissure, et l'envie d'en découdre a fait son chemin...

Ainsi considérée, la bagarre du vendredi, sur laquelle s'ouvre la soirée passée à l'auberge, prend un nouvel éclairage. Elle n'est pas uniquement la conséquence d'une sensibilité exacerbée et la preuve d'une agressivité que rien ne peut plus contenir, elle devient un règlement de compte, par personnes interposées, avec l'aubergiste sur un terrain qui est le sien. La gradation dans les gestes de provocation qui débouchent sur une confrontation physique ne s'adresse pas tant au client obstiné qu'à celle qui, d'une pression de l'épaule, l'a amené à se fondre dans la foule anonyme des consommateurs. Bloch refuse cette ingérence et il se rebelle. Il se déchaîne instinctivement à la façon d'un animal blessé, aveuglé par la rage de vaincre. Il désapprend en ces instants la perspective contraignante du gardien de but, faite d'observation et d'anticipation. Il mène un combat sans merci contre tous les désordres extérieurs et intérieurs, il se livre à un affrontement direct avec un monde dépouillé de son habillage de signes. La dérobade est impossible, les masques sont jetés, le verdict doit être prononcé. Même si l'aubergiste ne mesure pas entièrement l'ampleur du choc, elle sent confusément que Bloch vient d'engager une partie difficile avec le monde et lui-même, et que si la victoire n'est pas définitivement acquise, elle peut être entrevue. Pour la première fois, elle fait un geste pour se rapprocher de Bloch en s'asseyant à ses côtés. Peut-être pour l'aider à exorciser ses démons, elle danse avec lui. La rencontre est en tout cas rendue possible parce que Bloch a momentanément repris pied dans un univers familier à l'aubergiste et, fait exceptionnel, elle l'appelle même par son nom (AdT, 105). Il conquiert ainsi le droit d'être reconnu par son ancienne amie, et d'être admis dans son espace privé. La cuisine fournit le cadre de leur dernier entretien.

La première phase du tête-à-tête est caractérisée par le manque d'assurance de Bloch et une cascade de méprises dans l'interprétation des actes de l'aubergiste, dont le comportement correspond exactement aux rôles qu'elle assume, comme gérante, puis comme ménagère. Jusqu'à la collation frugale à laquelle elle convie Bloch, elle exerce une maîtrise totale sur la situation. Mais un renversement des positions respectives des deux protagonistes s'opère au cours de la conversation accompagnant le repas. Les plaisanteries bon enfant de Bloch à l'adresse de l'aubergiste plongent celle-ci dans le malaise.

Elle supporte mal d'être l'unique objet des observations et des propos de son hôte, et de ne pouvoir répondre dans le même registre. Par sa nature et les rôles qui sont les siens, elle est incapable de faire face à un langage fondé sur l'ambiguïté. Les appels de l'enfant font diversion, et permettent une poursuite du face-à-face sur des données légèrement modifiées. L'aubergiste conjure le trouble en prenant l'initiative. C'est elle qui désormais s'arrête devant Bloch, pose son regard sur lui, et l'oblige à prendre ses distances. Par son adresse extrême à structurer l'espace, à assigner à l'autre une place garantissant un intervalle protecteur, elle rétablit les rapports initiaux avec son interlocuteur et se met à parler, l'empêchant ainsi d'orienter l'échange selon ses voeux. La portée symbolique du pas en arrière que fait alors Bloch est évidente. Il rappelle la nécessité de l'intervalle pour qu'une communication réelle s'engage entre les individus :

> Weil sie so dicht vor ihm stand, konnte er nicht antworten und trat einen Schritt zurück (AdT, 108) (58),

et signifie d'une façon imagée le début de la retraite de Bloch. Il a voulu s'établir dans le monde de l'aubergiste, la combattre sur le terrain qui lui est propre, mais la tentative échoue. La scène ne fait que répéter celle du mercredi. Une ébauche de rapprochement physique avorte avant même de véritablement prendre forme, et aboutit à une prise de distance de la femme qui s'assoit à l'autre extrémité de la table.

La situation se détériore promptement pour Bloch. Il s'enferme dans le silence et, désemparé, se replie sur lui-même. Non seulement il n'y trouve aucun secours pour sortir de son inconfortable position, mais au contraire, il est précipité dans les abîmes intérieurs qui font resurgir le mal qui l'accable. Passé et présent se fondent, l'abandonnent à l'envahissement de la nausée et de la honte (AdT, 109). Nausée devant la monstruosité d'un monde où l'individu est incapable de communiquer avec l'autre. Honte, compagnon de toujours, qui

58. "Comme elle était près de lui, il ne put répondre et fit un pas en arrière" (AdT, 132).

a façonné le passé, qui empoisonne le présent et tue l'avenir. Qu'est-ce qui, en cet instant d'ultime confrontation avec soi-même, distingue encore Bloch de Gregor ? Parler ou se taire. L'ancien gardien de but et l'aveugle se heurtent au même dilemme et ne peuvent le résoudre. Et si Gregor, à l'heure de la crise extrême, s'efforçait de conjurer le péril en proclamant :

Nichts deutet auf etwas hin (H, 260) (59),

Bloch, lui, croit toujours discerner partout des messages obscurs, porteurs de réponses contradictoires aux interrogations fondamentales qui le hantent. Doit-il suivre l'ordre donné par le paratonnerre et se confier à l'aubergiste, ou doit-il considérer les gâteaux en forme de poissons, posés sur une assiette, comme une invitation à rester muet ? (AdT, 109). Devant cette inaptitude à décrypter les signes, la détresse la plus absolue submerge Bloch et la panique s'empare de lui. Non seulement son adresse à rattraper au vol les objets, dernière trace de sa carrière sportive (AdT, 55, 66), se dérobe, mais il renonce délibérément à en faire usage. Il ne se sent plus que l'envie de "tout laisser tomber" (AdT, 110), par négligence, omission ou intention.

Un ressort s'est brisé à l'isssue de cette dernière entrevue avec celle qui aurait pu être "Hertha", et qui n'est restée qu'une étrangère. Le fil d'amarrage est définitivement rompu, et il est désormais vain d'attendre la question libératrice. Tout étant accompli, il la pose lui-même, comme par hasard, et met à profit l'arrivée du douanier pour quitter les lieux de tortures et de révélations funestes, à l'abri du parapluie de son ancienne amie... L'espoir d'une renaissance est résolument mort, il cède la place à un fétichisme primaire (AdT, 111)...

Les trois rencontres avec Hertha sont provoquées par le désir lancinant de l'autre, et par l'attente secrète de la question salvatrice qui déclenchera un processus de clarification fondé sur la mémoire et le récit. Toutes reposent sur l'alternance de phases où chacun s'efforce d'occuper la position dominante ; toutes se soldent par une déroute du protago-

59. "Rien ne donnne à penser quoi que ce soit" (H, 225).

niste masculin et rappellent les échecs successifs enregistrés avec la caissière du cinéma et l'épouse. L'examen détaillé des situations de communication recherchées fait ressortir le projet qui est à la base de l'acte d'écriture dans ***L'angoisse du gardien de but.*** Il ne s'agit plus comme dans ***Les frelons*** de mettre à nu sous l'habillage romanesque les fondements de l'histoire personnelle, mais d'explorer de façon systématique les lois régissant les relations interindividuelles, dont l'importance capitale a été soulignée dans le roman de jeunesse. La seconde oeuvre en prose de Peter Handke montre la nécessaire prise en compte des facteurs spatiaux et temporels extérieurs aux individus, des rôles sociaux assumés par les interlocuteurs, et de l'incontournable mur se dressant entre le masculin et le féminin. La révélation de la multitude de ces éléments impondérables, qui parasitent et entravent la rencontre vraie avec l'autre, est lourde de conséquences pour Bloch. Il ne s'abandonne ni à une résignation ni à un pessimisme qui le détourneraient du monde et l'enfermeraient dans une tour d'ivoire. Au contraire, cette prise de conscience le précipite au coeur du monde et de ses désordres. Le constat de l'impossible ancrage dans la communauté humaine s'accompagne de la perception du chaos où sont jetés pêle-mêle les choses et les hommes à la dérive.

3.5. UNE PERCEPTION DE SOI ET DU MONDE MODELEE PAR LES ACTES DE COMMUNICATION

La crise traversée par Bloch dans ***L'angoisse du gardien de but*** prend son origine dans l'incapacité subite du gardien de but à déchiffrer les signes émanant du comportement du joueur tirant un penalty, à anticiper ses choix, et à réagir promptement, pour empêcher la victoire de l'adversaire. Bloch devient soudainement inapte à percevoir l'attitude de l'autre dans sa globalité signifiante. Il n'enregistre qu'une succession de gestes dépourvus de cohérence et de sens. De l'acte vivant, les yeux ne captent plus que la décomposition des mouvements du visible, et deviennent aveugles à l'implicite. Le même regard se pose sur le monde environnant qui perd son évidence, et se mue en un ensemble de pièces isolées qui dérange et oppresse (AdT, 7), semblable à l'image morcelée du monde que projettent les journaux dont Bloch aime à s'entourer (AdT, 9) (60). Les dérèglements de la communication se répercutent sur la relation au monde, et la perturbent singulièrement. Le combat acharné que les mots et les représentations visuelles des choses se livrent dans toute l'oeuvre, et auquel Bloch est bien prêt de succomber, est la conséquence directe des troubles de la communication. Il suffit pour s'en convaincre d'analyser attentivement les circonstances de la montée des divers malaises et accès de crise dont le protagoniste est victime.

LA PREMIERE COUPURE RADICALE ENTRE LES MOTS ET LES CHOSES. LA PREMIERE FRAGMENTATION DE L'INDIVIDU

Bloch s'est fourvoyé en imaginant trouver l'apaisement dans une rencontre sexuelle machinale avec une jeune femme qui le séduit par l'automatisme de ses gestes. Le malaise surgit quand, à son réveil chez la caissière (AdT, 20 - 21), dans la lumière du matin, il se retrouve confronté à un cadre qui lui est parfaitement étranger. Les objets, et même la femme qu'il découvre à ses côtés, n'ont que leur apparence pour réalité. Aussi une lutte d'exclusion réciproque entre les mots et les choses s'engage-t-elle dans la tête d'un Bloch désemparé. Il se sent égaré dans un contexte inconnu qui ne trouve aucune résonance dans la mémoire et l'expérience passée. Il prend confusément conscience de l'erreur coupable qu'il a commise en cédant à la pression de la fascination, et en s'engageant dans un acte dont il n'attendait rien de décisif :

60. Le motif de l'achat et de la lecture des journaux est omniprésent dans l'oeuvre : p. 9,10, 13, 14, 15, 18 - 19, 26, 29, 30, 31, 33 - 34, 45, 46, 79, 111, 119.

> Einerseits diese Aufdringlichkeit der Umgebung, wenn er die Augen offen hatte, andrerseits diese noch schlimmere Aufdringlichkeit der Wörter für die Sachen in der Umgebung, wenn er die Augen geschlossen hatte ! 'Ob es daran liegt, daB ich gerade noch mit ihr geschlafen habe ?' dachte er (AdT, 21) (61).

Les seuls moments où Bloch retrouve une certaine aisance sont ceux où il s'absorbe dans la contemplation du contenu de la boîte à thé, et où il compare les fines particules de feuilles séchées à un groupe de fourmis ébouillantées (AdT, 21). Le présent s'associe au souvenir et l'équilibre entre l'individu et le monde se rétablit provisoirement. La simultanéité de la fermeture de la boîte et de l'interruption brusque de la parole échappe à la jeune femme, mais la question de Bloch qui s'inquiète de savoir si quelque chose l'a frappée, montre l'importance du détail. L'inutilité des tentatives ultérieures de communication avec Gerda, manifestée par le meurtre, entraîne l'apparition d'un trouble grave de la relation que Joseph Bloch entretient avec son corps (AdT, 23). Il partage alors avec Gregor Samsa et Gregor Benedikt ce sentiment de vertige intense où se mêlent angoisse et dégoût.

Cette première scène met en relief les deux types de crise qui assaillent Bloch quand un acte de communication recherché le laisse seul et abandonné avec ses attentes déçues. Il en résulte d'abord l'impression de rupture entre la réalité complexe et le langage aux insuffisances patentes ; ensuite une fracture se dessine entre l'individu et l'image méprisable qu'il reçoit de son écorce charnelle. ***L'angoisse du gardien de but*** fournit de nombreux exemples de ces deux catégories de malaise.

---

61. "D'une part, cette insistance du décor quand il avait les yeux ouverts, de l'autre, cette insistance encore plus pénible des mots consacrés aux objets du décor quand il avait les yeux fermés. 'Est-ce parce que justement je viens de coucher avec elle ?', pensa-t-il" (AdT, 26).

TROUBLES DE LA PERCEPTION DE SOI

Après avoir momentanément libéré Bloch des images obsédantes d'une aubergiste qui ne ménage pas sa peine avec les hommes pour assurer la bonne marche des affaires, l'ivresse, qui place tout hors de sa portée, délivre provisoirement Bloch de lui-même (AdT, 76). Mais l'heure critique du demi-sommeil, déjà redoutée de Gregor Benedikt dans *Les frelons*, efface les bienfaits temporaires de l'oubli artificiel, et place Bloch au centre de sa propre conscience. Dans un tableau fantastique de fragmentation schizophrénique, il doit faire face au monstre obscène et répugnant qu'il est devenu. Par un étrange effet de miroir, il projette sur lui-même le dégoût éprouvé pour la femme et le monde (AdT, 77 - 78). Ce trouble de l'image de soi, conséquence de l'irrémédiable solitude où le plongent l'indifférence de l'aubergiste et son attitude défensive, produit chez Bloch une secousse violente qui ne tarde pas à transformer radicalement son comportement vis-à-vis de l'ancienne amie. Si en apparence Bloch s'accommode de la révélation de sa monstruosité, et donne au déroulement de la journée suivante un cours normal, malgré quelques affleurements de plus en plus perceptibles d'agressivité, Bloch est devenu autre. Il a cessé d'être un étranger, caractérisé par la passivité et l'indifférence. Il s'est chargé d'une énergie inconnue, d'une sourde envie d'en découdre avec le monde et les hommes, avec des armes nouvelles. Si le monde se dérobe au décodage par les mots, et les hommes à la communication par le langage, un affrontement d'une autre nature, le choc physique mettra un terme au chaos.

L'ESPOIR D'UN DEPASSEMENT DE LA COUPURE ENTRE LES MOTS ET LES CHOSES

Bloch ne supporte plus ces scènes réitérées qui le laissent désemparé face à un vaste puzzle toujours prêt à se morceler et à refuser la remise en ordre. Il se rebelle contre ces bavardages anodins où des femmes superficielles, les coiffeuses par exemple, accaparent ses propos, son passé, sa pensée et lui font perdre le fil et le goût de la conversation, pour le laisser seul face à un monde qui se fragmente en détails agressifs et obsédants (AdT, 65 - 66). Il rejette les perceptions par fragments et les combats sans issue que se livrent dans sa tête les morceaux de réalité détachés de leur contexte, et les mots, qui restent impuissants à les désigner et à leur donner sens (AdT, 84 - 85). A cet égard, l'épisode de l'église où Bloch s'est réfugié en raison de la pluie, revêt une valeur symbolique (AdT, 83 - 84). Le visiteur s'absorbe dans la contemplation de la fresque de la voûte, composée de la superposition des travaux successifs de deux artistes. On attribue à l'un le dessin des motifs, à l'autre le fond qui relie les différents éléments et leur donne une unité et un relief trompeurs. Bloch veut définitivement bannir les pièges tendus par la fausse harmonie des apparences, par les mots et les objets. Ils ne sont que dissimulation et ont toujours l'air de se jouer de ceux qui les perçoivent. La scène de la poste l'illustre elle aussi (AdT, 91).

La bagarre à l'auberge (AdT, 104) est à sa façon une entreprise titanesque pour secouer les désordres d'un monde où règnent les femmes sans âme qui s'accommodent des failles. Dans la salle de l'auberge bruyante et enfumée, il ne joue pas le trouble-fête par son étrangeté comme le faisait l'aveugle des ***Frelons***, mais il essaie de déchaîner la tempête salvatrice par la provocation. L'affaiblissement physique qui s'ensuit n'est pas uniquement la conséquence de l'intensité des efforts fournis, mais s'apparente à l'épuisement qui s'empare de l'individu, lorsque, après un accès de violence extrême, il se libère d'un surplus énergétique trop longtemps contenu. Les démons sont chassés de l'homme blessé mais délivré, et la paix s'abat sur le monde qui l'entoure (AdT, 104). Chaque chose occupe sa place, un intervalle neutre s'intercale entre l'homme fatigué et les éléments du décor qui se dépouillent de leur ambiguïté. La perception se fait immédiate et naturelle. La relation complexe entre signifiants et signifiés s'éclaircit, et les rapports difficiles avec l'aubergiste deviennent momentanément évidents. Mais cette heure privilégiée entre toutes, due à un sursaut de révolte contre le désordre général et la passivité totale du sujet, n'engage qu'un processus hasardeux. Bientôt il déclenche, lors du tête-à-tête avec l'aubergiste, une lente montée du souvenir où ne percent que la honte et le dégoût (AdT, 108). Les bienfaits du coup de force illusoire sont définitivement remis en cause quand, en fin de soirée, l'inertie s'empare à nouveau du protagoniste. Le lendemain, au moment délicat du réveil après un sommeil agité, la querelle entre les mots et les choses s'attise à nouveau (AdT, 117) ; regardés de gauche à droite les objets sont "lus" comme une juxtaposition de mots, tandis que de droite à gauche il ne sont plus qu'une succession de formes, refusant toute désignation.

L'accès de fièvre du vendredi soir n'est pas venu à bout du mal dont souffre Bloch. Il n'est qu'un répit dans les troubles de la perception du monde, et n'a pas suffi pour remettre de l'ordre dans les relations humaines qui déterminent tout. Toutefois, on peut se demander si la rencontre positive avec un spectateur anonyme sur le stade, l'après-midi suivant, aurait pu se dérouler dans les mêmes conditions, si la décision de l'affrontement ultime avec le monde et l'aubergiste n'avait pas été prise. Le coup de force, désiré et assumé, a fait prendre conscience à Bloch de la vanité des attentes attachées aux partenaires particuliers que sont les femmes. La nostalgie d'une communauté restreinte reposant sur la complémentarité des sexes s'est révélée être un leurre. Bloch se retourne donc à nouveau vers un champ d'expériences familier aux contours nettement dessinés, le terrain de football.

LE BANNISSEMENT DE LA PERSPECTIVE DU GARDIEN DE BUT

Le voyage vers le village frontalier, et la recherche de l'aide hypothétique d'une ancienne amie, n'ont pas délivré Bloch de ses maux. L'étau policier se resserre autour du meurtrier, l'argent commence à se tarir, l'heure des échéances approche. Que cherche donc Bloch sur un stade ? Sans doute une confrontation avec son passé, avec l'élément marquant de son histoire. Le football qui a permis pendant un temps à Bloch de combiner au mieux ses dons d'observateur marginal, sa capacité de réaction aux sollicitations imprévues des autres et du hasard, recèle aussi le germe du mal qui le ronge. Une force obscure le pousse à hanter les lieux qui brutalement l'ont précipité dans l'incohérence. Il nourrit peut-être encore le secret espoir d'y voir plus clair... Lorsqu'il assiste au match, il crée spontanément un intervalle propice entre lui et l'aire de jeu, et aborde un spectateur par une question banale sur les équipes. Comme lui, l'homme est un étranger, curieux, disponible, ouvert au présent, et à l'abri des préjugés et partis pris. La conversation sobre, axée sur le jeu en cours, donne bientôt lieu à un échange plus personnel, composé de récits d'expériences antérieures, comme spectateur pour l'un, comme acteur pour l'autre. Le cadre précis de l'acte de communication, la liberté totale des intervenants quant à l'objet, l'absence de contencieux entre eux, garantissent à l'entreprise des conditions idéales pour qu'elle ne dégénère pas en une énumération de lieux communs, ni en bavardage envahissant. Une situation unique s'offre, Bloch peut parler de lui sans que ses propos ne soient ni interrompus ni déviés. Pour la première fois, il expose à un auditeur attentif la perspective qui lui est propre. L'obligeance de ce dernier est telle qu'il essaie lui-même de l'adopter et la commente. Bloch parle-t-il à l'autre pour mieux s'entendre ? Quoiqu'il en soit, le mal est désigné par l'interlocuteur qui nomme les troubles résultant de cette pratique particulière : oppression, dédoublement du regard, mal de tête.

> Wenn man auf den Tormann schaue, komme es einem vor, als ob man schielen müsse. (...) Der Kopf tue einem weh, und man könne nicht mehr richtig atmen (AdT, 124) (62).

Bloch avoue s'être habitué à cette façon de voir qu'il qualifie de "ridicule". Est-ce le début de la clarification salvatrice ? La simultanéité de la découverte de l'origine du mal et de l'action réussie du gardien de but sur le terrain, peut le laisser supposer. L'analyse des conditions de l'arrêt du tir met en évidence une composante essentielle de l'acte de communication réussi. Contrairement au récit anticipateur de Bloch, le gardien n'a pas trahi son intention par quelque mou-

62. "Quand on regardait vers le gardien de but, on avait l'impression de loucher malgré soi. (...) On avait mal à la tête et on avait de la peine à respirer" (AdT, 152).

vement, n'a pas eu recours à la feinte, il est resté parfaitement immobile. L'homme au maillot jaune vif, couleur de vie et de renouveau dans la grisaille du film dont Bloch a été jusqu'ici l'acteur, s'est montré capable de surprendre et de triompher, en développant une stratégie de l'attente patiente... Bloch percevra-t-il la nouveauté, tirera-t-il profit de la leçon de calme résolu et efficace donnée par le jeune joueur et tiendra-t-il compte du diagnostic prononcé par le spectateur empressé ? ***L'angoisse du gardien de but*** s'achève sur une image d'espoir...

3.6. LA NOSTALGIE DE L'ECHANGE VRAI

La deuxième oeuvre en prose importante de Peter Handke s'ouvre sur un malentendu. Elle se referme sur une image qui, sorte de contrepoint à l'exergue, suggère un échange réussi. Il est caractéristique que les scènes initiale et finale représentent des actes de communication en deçà du langage, et insinuent la primauté du thème de la communication sur celui plus restreint du langage qui, il est vrai, en est indissociable. Dans le personnage de Bloch, l'auteur évoque une situation qu'il connaît bien, celle de l'étranger en rupture, mais peut-être aussi en mal d'appartenance. Les expériences, les observations dans le domaine des relations humaines lui ont fait découvrir les insondables abîmes qui isolent les individus, la déroutante complexité des facteurs qui brouillent les échanges. L'image de ce chaos inextricable s'étend à la perception d'un monde qui refuse de se laisser déchiffrer et qui abandonne l'homme à la solitude et à l'angoisse. L'individu sait que tous les ponts menant à l'altérité sont brisés ou minés, et qu'il dérive dans un monde chaotique.

Cette vision pessimiste ne reflète pourtant pas entièrement le climat d'une oeuvre où évolue un homme qui, pour être égaré, n'en cherche pas moins désespérément un point d'ancrage.

La quête de l'autre constitue la trame de la semaine d'errance que le lecteur passe en compagnie de Bloch. Le protagoniste se tourne avant tout vers les femmes. Femmes-zombis, femmes indifférentes, femmes d'affaires, elles déçoivent ses attentes. S'il côtoie les femmes, les appelle, ou marche vers elles, Bloch n'escompte pas trouver l'équilibre dans la sexualité qui n'est qu'une éphémère rencontre entre deux étrangers. Un besoin impérieux l'habite, il tente de découvrir celle qui saura le regarder pour lui-même, le sortir des rôles et des contextes, et par une question ardemment désirée l'amener à décrire son histoire présente, en l'inscrivant dans le passé. La vie de Bloch crie le besoin lancinant de se dire, pour voir plus clair en soi et autour de soi. Mais il ne trouve que des créatures affairées, occupées à oublier les failles, ou des individus sans âme qui fonctionnent à la façon des automates. Pourtant le récit est possible. Il s'esquisse modestement dans la scène finale. L'interlocuteur est un homme, un déraciné par profession (il est représentant), et la conversation, née du hasard, se déroule sur le terrain choisi par Bloch. L'échange fructueux ne peut naître que de l'inattendu, il est voué à l'éphémère, et ne se produit qu'avec des inconnus entretenant des liens très lâches avec les appartenances. Néanmoins, l'analyse systématique des mécanismes et facteurs régissant l'acte de communication laisse un goût persistant d'amertume, malgré le timide rayon de soleil éclairant la dernière page.

Les nombreuses causes d'échec sont abondamment évoquées. Les facteurs humains sont observés, l'insuffisance de l'écoute au profit d'un parti pris d'interprétation y est stigmatisée. Les interférences multiples, issues des liens professionnels, de l'imaginaire, des désirs et des souvenirs, sont génératrices de malentendus et de méprises. Les éléments extérieurs perturbateurs sont notés : la distance entre les individus, leur position, les conditions d'écoute. Mais surtout, c'est une conception bien particulière de la rencontre avec l'autre qui est décrite. L'acte de communication y est présenté comme un duel, comme une partie d'échecs qui transforme les partenaires en adversaires dont l'objectif premier est d'assurer la victoire, en tenant l'autre à bonne distance, en lui imposant une façon de voir. Le caractère déterminant des premiers instants, lorsqu'il s'agit de prendre l'initiative afin d'infléchir le cours de l'échange et de l'orienter dans des voies familières, le recours à la feinte ou à la dissimulation trahissent à l'évidence la terrible angoisse de l'individu confronté à l'autre. L'oeuvre en prose de Peter Handke présente, jusqu'au début des années 70, l'acte de communication sous un double éclairage. Il est l'objet d'un désir fou qui parfois devient obsessionnel, mais parallèlement il déclenche une réaction de panique lorsque sa réalisation s'amorce. La crainte d'être asservi domine la rencontre et conduit, soit à l'impasse, soit à une explosion incontrôlée d'agressivité.

L'angoisse du gardien de but ne met pas uniquement en évidence les risques inhérents à la situation de l'étranger et ne se contente pas de dénoncer les limites de cette façon d'être. Le thème de l'étrangeté de l'autre y est également abordé. Choisir la marginalité, l'assumer quand elle vous échoit n'est pas toujours aisé, mais il semble plus délicat encore d'accepter l'étrangeté quotidienne de l'autre. Les propos tenus par Peter Handke à l'occasion d'un entretien avec Christian Linder (63) sont à cet égard révélateurs et ils montrent que cet aspect des choses est au coeur des préoccupations de l'écrivain :

> Ich will nicht anders sein als andere, das ist mir nicht recht. (...) ...ich möchte genau so wie die anderen sein. Aber ich möchte auch, daB die anderen so sind wie ich... Ich glaube, daB ich anderen gegenüber auch ganz herrschsüchtig bin, wenn sie nicht so fühlen und sehen wie ich, dann bin ich ganz beleidigt und strenge mich unheimlich an, daB sie genau sehen und fühlen wie ich.
> Warum ?
> Weil ich eben einfach nicht möchte, daB sie anders sind (64).

---

63. Christian LINDER, *Schreiben und Leben*, Kiepenheuer und Witsch, Köln, 1974, p. 14.
64. "Je ne veux pas être différent des autres, cela ne me plaît pas. (...) ...je voudrais être exactement comme les autres. Mais je voudrais aussi que les autres soient comme moi... Je crois que je suis aussi assez tyrannique à

A ce stade de l'évolution de Peter Handke, la métaphore du gardien de but est particulièrement pertinente pour caractériser sa conception de l'acte de communication. Le gardien de but rêve d'actions éclatantes, mais elles consistent la plupart du temps en des gestes défensifs destinés à repousser les offensives lancées par l'équipe adverse. Le succès du goal se mesure rarement aux percées tentées en direction des autres, mais à l'adresse avec laquelle il contre les attaques et déjoue les feintes. La plupart du temps, il ne lui appartient pas de relancer le ballon, mais au contraire d'arrêter sa course. Le thème de la communication, prise comme désir et nécessité, sous-tend certes l'oeuvre, mais il serait prématuré de considérer qu'un grand pas en direction de l'autre a été franchi. Les innombrables écueils ont été mis au jour, les moyens pour les surmonter doivent désormais être trouvés.

3.7. PERSPECTIVES

Etre né étranger et partir à la conquête du droit à l'étrangeté, telle est la trajectoire paradoxale décrite par Peter Handke dans l'oeuvre en prose de jeunesse. Jeté par hasard dans un monde présenté par la religion comme une terre de souffrance et d'épreuves, l'enfant grandissant passe inaperçu au milieu d'adultes accaparés par les rites et la détresse physique ou morale. Envahi par un sentiment d'angoisse et de honte, l'adolescent n'a d'yeux que pour son immense solitude. Pourtant, les bouillonnements torturés de la jeunesse lui font refuser d'instinct l'absence de sens qui caractérise le monde et la relation que l'individu entretient avec lui. Par l'écriture, tantôt mise en forme baroque de la confusion intérieure, tantôt analyse rigoureuse et austère des mécanismes extérieurs d'asservissement, le jeune écrivain jugule l'angoisse et reprend possession de lui-même et du monde. L'intui-

---

l'égard des autres, quand ils ne sentent ni ne voient comme moi cela me froisse énormément et je fais tout mon possible pour qu'ils voient et sentent comme moi.
Pourquoi ?
Parce que justement je ne voudrais pas qu'ils soient différents".

tion des possibilités, mais aussi des limites inhérentes à la situation de l'observateur affranchi des contraintes de l'appartenance éclaire déjà les premières oeuvres.

Pour puiser le renouveau, il faut désormais éviter les sols arides et parcourir les terres fertiles ; le voyage vers des horizons prometteurs doit être entrepris sans délai, mais aussi sans hâte. Il n'est pas une fuite grisante vers des paysages colorés, ni une marche désespérée parmi une succession d'images lisses. Il est une quête des énergies toutes neuves sommeillant au fond d'un individu qui, pour se réconcilier avec lui-même, doit chasser les démons familiers qui l'assaillent encore. Mais s'il est lui-même le centre de sa recherche, celle-ci ne saurait se concevoir sans un point d'ancrage humain. Les paysages ne sont rien sans les êtres qui les animent. Les récits constitutifs de l'histoire individuelle ne sont que fragments évanescents s'il n'est personne pour les entendre. Les progrès de la conquête de soi et du sens se mesurent aux formes que prendront dans les romans et récits ultérieurs les échanges avec l'autre. Dès la fin des années 60, Peter Handke sait que la voie du salut passe par la résolution du dilemme de la délicate relation à l'autre. Les poèmes complémentaires ***Biographie en forme de phrases*** et ***Transformations au cours de la journée***, parus en 1969 dans le recueil ***Le monde intérieur du monde extérieur du monde intérieur*** (65), témoignent de l'importance du thème, en évoquant la périlleuse aventure de celui qui est habité à la fois par la tentation du rapprochement avec l'autre, et par la conviction de la nécessaire opposition à autrui pour se définir soi-même. Les protagonistes des ***Frelons*** et de ***L'angoisse du gardien de but*** nourrissent à l'encontre de la femme les sentiments les plus contradictoires. La soeur de Gregor et Hertha, l'aubergiste, campent un type d'humanité capable d'affronter le réel : malgré leur conscience aiguë des menaces, elles sont à même de secouer la peur et de conjurer les périls. Elles dérangent et attirent, elles piquent la curiosité et invitent au voyage suprême, à la découverte des mystères de l'existence.

---

65. ***Die Innenwelt der Außenwelt der Innenwelt***, *Op.cit.*, ***Satzbiografie***, 1966, p. 23 - 26, ***Veränderungen im Lauf des Tages***, 1967, p. 49 - 52.

TROISIEME PARTIE

LES CHEMINS
DE LA RECONCILIATION :
L'APPARTENANCE CHOISIE

ŠE NE do konca oblikovana
rana v bukovem deblu.
Pod skorjo nekje izvir.

Pot je označena.
Toda dan ni krik,
čeprav vsiljiv, je
prej padec iz listov;
tudi ptičja igra
občutka ne more motiti,
temveč kaže pot navzven.

„V drevesno skorjo je
nekdo vrezal vsakdanji začetek.“

Vrnitev v leta
raste narazen in se veča.
Sled ustvari sliko na novo,
spomin zamenja obraz.
Skoraj že zaceljena so
vprašanja ranjene duše.
Tudi govorjenje se spreminja.

Znaki pa so še vedno tukaj.

Gustav Januš

PAS ENCORE tout à fait fermée,
une blessure sur le tronc d'un hêtre.
Sous l'écorce quelque part la source.

Le chemin est marqué.
Mais le jour n'est pas un cri,
bien qu'importun,
plutôt une chute du haut des feuilles ;
le jeu de l'oiseau non plus
ne peut troubler le sentiment,
mais indique le chemin vers le dehors.

"Dans l'écorce d'un arbre
quelqu'un a gravé le recommencement quotidien."

Le retour vers les années
croît et grandit.
La trace recrée l'image,
le souvenir change de visage.
Presque déjà refermées sont
les questions de l'âme blessée.
Le parler aussi se métamorphose.

Mais les signes sont toujours là.

Gustav Januš (1)

---

1. Gustav JANUŠ, in : ***Sredi stavka*** (***Mitten im Satz***), Založba Drava (Drava Verlag), Celovec (Klagenfurt), 1990, p. 34.

La transmission de cette traduction, lue au Centre Georges Pompidou, le 21 mai 1990 dans le cadre de ***La revue parlée*** sur le thème Histoire et littérature slovènes est due à l'obligeance de Eugen Bovčar.

Les héros des oeuvres en prose, écrites entre *La courte lettre* et la tétralogie du *Lent retour*, ne sont plus des personnages d'errance mais des hommes et des femmes qui, au gré des circonstances, ont su se lancer dans une marche ressentie comme nécessaire, même si la destination reste le plus souvent imprécise. Il ne s'agit plus de se délester du fardeau des déterminismes sociaux et culturels résultant de l'appartenance au père. Il convient désormais de s'alléger de la partie de soi-même qui, modelée par les données initiales résultant des rencontres avec l'autre, occulte et étouffe la composante essentielle qui confère à l'individu son unicité. Les voyages dans lesquels s'engagent le narrateur de *La courte lettre*, Gregor Keuschnig (SwE) et Marianne, la femme gauchère, se déroulent dans des espaces intérieurs recèlant une terre étrange et inconnue qui attire et inquiète. Mais cette aventure intérieure est indissociable d'un mouvement de conquête du monde extérieur qui s'esquisse alors, pour s'amplifier et se systématiser dans les quatre livres constituant *Lent retour*. S'il est un retour, il ne saurait être question d'une régression sécurisante vers le lieu des origines et de ses déterminismes, mais d'une lente et fructueuse appropriation des espaces fondateurs. Le recommencement devient l'idéal du poète, et le récit de 1986 qui porte ce titre jette un éclairage nouveau sur la quête de l'identité. Il met particulièrement en évidence les liens étroits qui unissent ce thème à celui de l'exploration des mystères du monde. Conçu vingt ans après *Les frelons* - roman enfiévré des premières ruptures irréversibles décidées au seuil de l'âge adulte - *Le recommencement*, livre clarificateur de la maturité, est une reprise distanciée des expériences initiales et une description des années d'apprentissage de l'écrivain... A la peinture des blessures et obsessions de l'adolescence, il substitue la biographie transfigurée du poète. De même que ***Le malheur indifférent*** a pu fournir une clé pour trouver un mode d'accès décisif aux écrits foisonnants et apparemment désordonnés de la jeunesse, la structure clairement définie du ***Recommencement*** peut favoriser une lecture synthétique des récits de crise précédant la tétralogie. Cette oeuvre est un guide qui révèle les étapes conduisant des images reflétant le malaise de l'individu face au monde, aux visions de la réconciliation. Le voyage du bachelier vers le Karst, la terre des ancêtres, est une transplantation temporaire et nécessaire pour se délivrer de l'image de soi reflétée dans les yeux des êtres familiers, pour faire le vide en soi de tout ce qui compromet la présence au monde. La conquête de la légèreté et de la spécificité de l'être est inséparable de celle des formes de la terre. Le marcheur n'est plus un observateur marginal, mu par la peur et menacé par les dangers de l'étrangeté, il se métamorphose en un lecteur attentif et ouvert qui, lentement, participe à l'oeuvre de création. Il devient le témoin et le chantre d'un pays aux horizons infinis, celui de la narration.

CHAPITRE 1

LA QUETE DU MIROIR VRAI

... et la peur du changement.
Quand mon regard perplexe et démuni
s'ouvre devant des certitudes
qui se lézardent
et s'égare sur le non-prévisible.

Jacques Salomé (2)

A plus d'un égard, *Le recommencement* peut être considéré comme le livre des images. Dans cette oeuvre de l'âge mûr, l'écrivain opère une classification grandiose et sereine des images sur lesquelles se fonde l'identité de l'homme et du poète. Dans une sorte de jeu rigoureux et maîtrisé, il reprend les fragments épars réfléchis par les fenêtres faussement transparentes décrites dans le roman familial, *Les frelons*. Il transforme le puzzle inextricable et oppressant des images de

2. Jacques SALOME, ***Parle-moi... j'ai des choses à te dire***, Les éditions de l'homme, Montréal, 1982, p. 211.

soi lues dans le regard des autres en une galerie de tableaux dépouillés, conduisant à la renaissance. Même si le chemin clairement dessiné est émaillé de stations semant la mort, il débouche finalement sur une vie qui s'enracine dans une autre série d'images, celles des paysages et des scènes de l'enfance, celles des souvenirs transcendés, libérés du poids de la souffrance et des obsessions accablantes. Elles perpétuent la trace d'autres expériences, longtemps oubliées, témoignant du germe de vie enfoui sous la cendre. La relecture des événements humains constitutifs de la première phase de l'existence aboutit à un déchiffrage attentif du monde. Il appartient dès lors au poète de transmettre les seules images vraies, celles des formes éternelles de la création.

Dans la première partie du ***Recommencement***, intitulée ***Les fenêtres aveugles***, le narrateur médite sur les différentes images de soi perçues dans les yeux d'autrui, et sur leurs lourdes conséquences. Il est des regards qui tuent, il est des regards qui fécondent, il est des témoins qui accablent, il est des témoins qui attestent la vérité. Le poète doit les identifier pour dissiper les ténèbres et faire poindre la lumière. ***Le recommencement*** manifeste d'une façon évidente que la recherche du témoin authentique est une piste qui ne peut être négligée pour explorer l'oeuvre de Peter Handke.

1.1. LES MIROIRS DE MORT

LES REGARDS QUI TUENT DANS *LE RECOMMENCEMENT*

Si, dans ***Les frelons*** et ***Le malheur indifférent***, l'écrivain insiste sur l'emprise de la matrice sociale et culturelle qui détermine des critères de jugement modelant le regard que l'individu jette sur les autres et sur lui-même, le narrateur du ***Recommencement*** accorde la priorité aux relations intersubjectives et les allège considérablement de leur dimension sociale.

Bien que le lecteur n'ait plus désormais besoin de se transformer en détective pour trouver les lieux de l'histoire - les espaces géographiques y sont constamment définis et les sites clairement nommés (3) - les appartenances culturelles et sociales s'inscrivent exclusivement dans le cadre symbolique du livre. Le couple des parents, l'une des pièces constitutives primordiales du projet extrêmement cohérent du narrateur, n'est plus fragmenté comme ce fut le cas dans l'oeuvre de jeunesse, et gagne en densité. Il ne manque pas de similitudes avec les précédents. Il appartient au même milieu social, celui des paysans et petits artisans implantés dans la Carinthie slovène, et cette fois encore un membre d'origine étrangère le compose, la femme. L'élément fort est le personnage maternel caractérisé par son activité permanente, sa capacité de décision, son allure impérieuse, son rire sonore et surtout son regard.

LA PREMIERE CONDAMNATION

Le fait que la mère assure toujours une aide indéniable aux périodes cruciales de l'existence, n'empêche pas Filip Kobal de lui reprocher sa naissance (W, 274). Le grief persiste jusqu'à l'heure tardive de la réconciliation, lors de la seconde venue au monde, conquise au seuil de l'âge adulte (W, 275, 331). Depuis toujours, le jeune homme affirme avoir discerné dans le regard moqueur et impénétrable de la mère, dans son rire, l'expression d'une impitoyable mise à nu de sa médiocrité, et d'une condamnation froide et sans appel (W, 19). Convaincu d'avoir alors puisé la certitude de n'être pas à sa place (W, 22), le narrateur est conduit à interpréter le premier vagissement du nouveau-né comme un cri horrifié, annonciateur de mort. Au moment même où jaillit la vie, les yeux de la mère sèment la mort puisqu'ils ne rayonnent pas l'amour, mais reflètent un jugement irrévocable, révélant une coupure définitive entre les deux êtres. Comme dans l'oeuvre de jeunesse, la

3. Le village natal du narrateur est nommément cité : Rinkenberg. C'est un village carinthien, situé à une dizaine de kilomètres au sud de Griffen, sur la rive droite de la Drave, en direction de la frontière yougoslave qui se trouve à une quinzaine de kilomètres.

rencontre initiale avec la femme est associée au thème de la brisure radicale de l'individu avec le monde, et à celui de la fragmentation du regard jeté sur soi. Si souvent l'enfant, puis l'adolescent, renie celle qu'il perçoit comme une étrangère (W, 32) (4), sans doute s'agit-il surtout de l'appropriation d'une attitude maternelle dont le transfert assure la sauvegarde du sentiment d'exister. Le préjudice causé s'aggrave encore, dans cette maison familiale dépourvue de tout objet réfléchissant les images, du fait que le père est lui aussi porteur d'un jugement peu prometteur.

LA SINISTRE PREDICTION

Petit, chétif, déformé par l'âge et le travail, le père, dont la description physique, et certains traits de caractère (5) sont issus en droite ligne du roman *Les frelons*, renvoie également au fils dernier-né une image de condamnation. Elle revêt la forme d'une malédiction qui ne pèse pas sur Filip en tant qu'individu ; elle est liée à son appartenance à la race des valets, voués par hérédité à la dissolution. Lorsque Monsieur Kobal étreint son fils en jetant sur lui l'anathème (W, 14) au moment du départ pour la grande marche dans la Slovénie mythique, c'est toute sa rage, son désespoir et son indignation face à l'injustice du destin, qu'il exprime à sa façon de paysan. Le voyageur reçoit certes ce geste comme une bénédiction destinée à le porter tout au long de sa route terrestre, mais il n'empêche qu'il signifie avant tout le poids des déterminismes inhérents à l'appartenance au monde d'un père qui n'hésite pas par ailleurs à affirmer, dans la détresse, sa supériorité :

> Geh doch zugrunde, wie dein Bruder zugrunde gegangen ist, und wie alle in unserer Familie zugrunde gehen ! Aus keinem ist etwas geworden, und auch aus dir wird nichts werden ! Aus dir wird

4. Le thème n'est pas nouveau dans l'oeuvre de Peter Handke, mais la profondeur de son ancrage frappe au sein d'un livre illustrant la réconciliation.
5. Comme Mr Benedikt, il est un travailleur acharné, il profère volontiers des jurons et est un joueur de cartes habile et passionné.

> nicht einmal ein guter Spieler werden, wie ich einer bin (W, 13 - 14) (6).

Soumis à un destin qui le voue à demeurer éternellement le fils d'un valet obscur et à la clairvoyance impitoyable d'une mère indifférente, l'enfant semble à jamais privé de la chance d'entrevoir un jour, serait-ce furtivement, son image vraie.

Mais *Le recommencement* le dit aussi, ce qui tue la vie, ce n'est pas tant le reflet négatif de soi entrevu dans le regard déformant des proches, que l'expression d'un jugement qui se referme sur sa proie, et qui prétend à la validité permanente. Le regard dépourvu de curiosité qui immobilise, menace la richesse fragile de la vie. Un autre personnage du livre, désigné sous le nom de "grand ennemi", l'explicite clairement. Il s'agit d'un professeur frais émoulu qui enseigne à l'internat fréquenté par Filip Kobal, alors âgé de seize ans.

LE GRAND ENNEMI

Cet intéressant épisode (W, 35 - 39) démontre, tant avec précision que concision, la complexité des relations subtiles et contradictoires se tissant entre la conscience de soi qui s'éveille dans l'individu et les images renvoyées par l'autre. Jusqu'à sa rencontre avec le jeune professeur, Filip Kobal se fond dans la foule anonyme de ses congénères, et n'existe sur le plan social que sous forme de description superficielle où il ne se reconnaît pas :

> still, abseits, in etwas vertieft (W, 35) (7).

Le décalage entre la perception confuse de la réalité intérieure et l'apparence jetée dans le monde extérieur s'atténue lorsque le regard du nouveau maître opère chez le pensionnaire attentif et discret une métamorphose. Ce dernier devient le témoin privilégié d'un enseignement qui cherche une assise dépassant les classifications arbitraires et la répartition

---

6. "Détruis-toi, comme ton frère s'est détruit, et comme tous se détruisent dans notre famille ! Aucun n'a jamais rien fait, et toi non plus tu ne feras rien ! Tu ne feras même pas un vrai joueur comme moi !" (W, 16).
7. "calme, à l'écart, toujours plongé dans quelque chose" (W, 32).

traditionnelle des rôles caractéristique de la relation scolaire.

Une sorte d'osmose s'effectue entre celui qui se construit dans l'exercice de sa profession, et le vis-à-vis qui s'abandonne au sentiment exaltant d'être non seulement perçu, mais reconnu dans son authenticité. Cependant, cette complicité gratifiante et muette se dénature sous l'emprise de la durée. Un revirement singulier survient brutalement. Le regard curieux du maître qui, jusqu'alors, guettait et semait la vie, s'immobilise sur une image. Bien que fidèle, celle-ci retient l'écolier modèle prisonnier de rets invisibles. En effet, l'élève cesse imperceptiblement d'être l'objet mouvant du regard pour se transformer en un simple miroir où l'autre puise la force d'être lui-même. L'adolescent ne rêve plus que de briser le piège qui se referme, et il se languit de retrouver la vie cachée antérieure - évoquée par le motif obsédant de la cavité bleue du pupitre - pour y jouir en secret de l'expérience nouvelle de la reconnaissance positive. Le joug devient si pesant que soudain, un jour, le regard d'acquiescement attendu se mue en une effroyable grimace, destinée à secouer la chappe pesante du regard figé. Mais la libération n'est qu'illusoire puisque le malentendu s'installe et anéantit les élans profonds qui se donnaient mutuellement vie. L'un se raidit dans la conscience d'avoir été trahi, devient un censeur impitoyable et indifférent, il est le grand ennemi. L'autre, privé de reflet, se départit du goût de l'étude, refuge éprouvé du passé, pour se laisser envahir par un mutisme total, générateur d'une violence qui, faute d'objet, fait naître le désordre dans la vie intérieure (8). Le jeune homme sera finalement sauvé de la dis-

8. Le processus de dissolution extérieure et intérieure provoquée par les troubles relationnels avec l'autre sont minutieusement décrits par John Ford dans la scène finale de ***La courte lettre***, p. 187 - 188 :

"Es ist unerträglich, mit jemandem verfeindet zu sein. Plötzlich wird der andere namenlos, ein bloBes Gebilde, sein Gesicht tritt in den Schatten und wird undeutlich entstellt...Wir werden uns selbst zuwider, wenn wir einen Feind haben".

"Etre l'ennemi de quelqu'un c'est insupportable. Tout à coup l'autre devient anonyme, une simple silhouette, son visage se perd dans l'ombre et devient imprécis, déformé... Nous nous répugnons nous-même, quand nous avons un ennemi" (kB, 170 - 171).

solution par l'intervention efficace d'une mère qui saura décider sans retard d'un changement d'école.

Le regard de l'autre constitue donc une menace, non pas seulement parce qu'il est un jugement qui condamne, mais parce qu'il établit une classification qui enferme, et par là-même mutile. Il introduit un immobilisme qui déforme l'image de soi et compromet ainsi les chances de croissance de l'individu. Pourtant, l'épilogue de l'épisode avec le professeur met nettement en évidence que l'absence de perception par l'autre voue à la solitude et à la dissolution celui qui voudrait s'en prémunir.

Mais Peter Handke n'a pas attendu l'âge mûr pour clarifier ces mécanismes complexes et paradoxaux, fondateurs ou destructeurs d'identité. Les oeuvres en prose comprises entre ***L'angoisse du gardien de but*** et la tétralogie s'appliquent déjà largement à aborder le thème fondamental des miroirs de mort et en explorent les diverses facettes.

LES MIROIRS DE MORT DANS L'OEUVRE ANTERIEURE

Il serait abusif de s'imaginer que les miroirs de mort n'agissent que sur les êtres très jeunes, à la recherche d'eux-mêmes. L'action maléfique des images de condamnation ne cesse pas par enchantement avec l'accession à l'âge adulte. Les effets pervers des premières expériences ne s'estompent que progressivement et de nouveaux miroirs déformants peuvent surgir à tout instant au cours du cheminement de l'individu. La constitution d'un couple, d'une famille qui, au même titre que le choix de la profession, représente l'une des pierres angulaires sur lesquelles l'être humain fonde la validité de son existence, expose celui qui s'y engage à des périls et à des épreuves relevant du même processus.

La vie du couple, ou plus exactement les circonstances de son éclatement, forment la toile de fond des trois récits précédant la tétralogie. Ils fournissent d'excellents exemples illustrant les mécanismes qui régissent le fonctionnement des miroirs de mort. De par sa dimension mythique, l'aventure de Marianne, la femme gauchère, offre le cadre le mieux adapté pour faire progresser d'une façon décisive l'étude de cet élément fondamental destructeur d'identité. Marianne est en effet le premier personnage de Handke qui s'engage avec détermination dans la lutte contre les images qui emprisonnent.

L'AU-DELA DES MIROIRS

L'histoire de la femme gauchère est ponctuée de scènes de miroir qui, régulièrement, succèdent à des rencontres importantes dans la vie présente de la jeune femme (lF, 24, 37, 61, 130). D'ailleurs, gauchère, Marianne l'est, semble-t-il, uniquement (9) dans l'image reflétée par le tain de la glace que, contrairement à la marâtre du conte populaire, elle n'interroge pas pour trouver le bien-fondé de l'image flatteuse qu'elle veut donner d'elle-même, mais pour trouver la confirmation de l'insondable mystère qui lui donne force.

Un certain effroi accompagne la première scène de miroir, située après l'illumination qui a provoqué la décision précipitée et audacieuse de vivre soudainement seule (lF, 24). Ce n'est pas un hasard si ce tournant inattendu dans l'existence de la femme survient à l'issue d'une soirée où le mari, après quelques semaines de voyage, lui fait l'aveu non seulement de son amour, mais aussi de leur appartenance essentielle et définitive, et accorde à chaque instant de bien-être matériel et psychologique valeur d'éternité (10). Il est symptomatique que dès lors, dans la perspective de l'homme, la présence de l'être cher ne soit plus indispensable au bonheur :

> Ich habe dir oft gesagt, daB ich dich liebe, aber erst fühle ich mich mit dir verbunden. Ja, auf Leben und Tod. Und das Seltsame ist, daB ich sogar ohne euch sein könnte, jetzt, da ich das er-

9. On pourrait alors la rapprocher de Billy le Kid, héros du célèbre film de A. Penn (1957), *Le gaucher (The Left Handed Gun)* qui n'était gaucher que dans la légende, en raison de l'inversion d'une photo le représentant une arme à la main.
10. La scène au restaurant l'illustre parfaitement (lF, 19).

lebt habe" (1F, 15) ("euch" renvoie à Marianne et Stefan, l'enfant du couple) (11).

Bruno enferme manifestement Marianne dans une image immobile ; il n'éprouve nullement le besoin de déchiffrer jour après jour les signes de la vie qui se renouvelle. L'attachement maniaque de Bruno aux photos (12) témoigne incontestablement d'un état d'esprit qui éclate au début du récit avec une telle évidence, que Marianne choisit la voie difficile de la solitude.

L'écrivain campe dans Bruno un personnage quasi caricatural qui érige en principe la stratégie de l'image figée dans ses relations avec l'autre. L'épisode au cours duquel Marianne et Stefan lui rendent visite dans son bureau est très significatif (1F, 62 - 63). La démonstration qu'il fait de son "visage d'intimidation" et son "maître-regard figé" pour distraire l'enfant, et dissimuler son embarras, met particulièrement en lumière le pouvoir de manipulation émanant du regard. Le masque arboré par Bruno dans l'exercice de sa profession n'a d'autre but que de montrer à l'interlocuteur le reflet perfidement destructeur de son insignifiance absolue. La représentation cauchemardesque du monde extérieur qui suit immédiatement cette rencontre, exprime indubitablement le dégoût horrifié qui s'empare de Marianne lorsqu'elle quitte son mari, véritable fantôme issu en droite ligne d'un film d'épouvante.

Quand, pour la seconde fois, Marianne se dresse seule devant son miroir (1F, 37 - 38), elle apostrophe, met en garde tous ceux qui, par leur attitude ou leur discours (Bruno, Franziska), manifestent leur inaptitude à percevoir le fond d'inconnu constitutif de l'identité de chacun. Cette tirade, revendiquant le droit à l'étrangeté et proclamant la volonté de le défendre, introduit sans équivoque le thème de l'impossible

---

11. Je t'ai souvent dit que je t'aimais, mais c'est maintenant seulement que je me sens lié à toi. Oui, à la vie et à la mort. Et l'étrange, c'est que je pourrais très bien me passer de vous maintenant que j'ai éprouvé cela. (1F, 15).

12. 1F, 30 : Bruno s'inquiète de savoir si sa photo est encore au chevet de son épouse.

1F, 36 : Il brûle symboliquement la photo de Marianne après une entrevue infructueuse avec elle.

connaissance de l'autre qui, comme un fil rouge parcourt le récit (lF, 34, 48, 54, 82, 126). Il se présente sous ses deux aspects complémentaires. Ne rien savoir de l'autre assure à chacun une disponibilité totale, un intervalle suffisant pour prendre la mesure du mystère intérieur et en explorer toutes les potentialités, cela permet aussi d'établir des relations idéales et infinies avec l'autre qui est toujours à découvrir (lF, 82).

La soirée étrange qui se déroule chez Marianne dans les dernières pages du livre, et où se retrouvent tous les personnages, en est une démonstration utopique. Elle est calquée sur les scènes de confrontation par lesquelles s'achèvent maints romans policiers. Mais contrairement à ce qui se passe dans ces derniers, l'objectif de la scène n'est pas de prouver la justesse du soupçon, c'est-à-dire d'acculer un monde intérieur à manifester sa coïncidence parfaite avec l'image que les autres (témoins et policiers) se sont peu à peu forgée ; il faut préserver le voile du mystère, ne pas se trahir (lF, 130). Prenant à témoin le miroir, Marianne s'exclame, à l'issue de la réunion improvisée :

> Du hast dich nicht verraten. Und niemand wird dich mehr demütigen" (lF, 130) (13).

Ne pas se trahir, cela ne signifie ni dissimuler son mystère, ni tenter de l'exprimer en le caricaturant par une formulation verbale approximative et génératrice de malentendus, mais le faire rayonner et essaimer. L'élément déroutant dans cette soirée silencieuse est précisément la sérénité contagieuse qui émane de Marianne. Elle fait perdre à chaque participant le masque figé qu'il arbore quotidiennement, dépouille les regards des images-écrans qui d'ordinaire les brouillent, pour faire découvrir l'être inconnu qui habite chacun. La métamorphose des relations entre l'éditeur, devenu

---

13. "Tu ne t'es pas trahie. Et plus personne ne t'humiliera jamais" (lF, 115). Une note de janvier 1976 dans le journal ***Das Gewicht der Welt*** fait écho à cette observation : "Wenn ich mit jemandem zusammen war, bin ich nachher oft stolz, daß ich nichts von mir verraten habe" (GW, 23).
"En compagnie de quelqu'un, je suis souvent fier après coup, de n'avoir rien révélé de moi-même" (GW, 28).

Ernst, et son chauffeur en est l'exemple le plus éloquent (14). L'espace de quelques heures, les miroirs de mort ont été provisoirement abolis.

Mais le récit ***La femme gauchère***, bientôt suivi de la version filmique réalisée par Peter Handke, est une oeuvre à part dans la production de l'écrivain autrichien, en raison de l'intention de l'auteur de décrire une femme idéale, pendant mythique à la mère, héroïne tragique du ***Malheur indifférent*** (15). ***La femme gauchère*** marque un seuil entre le cycle des récits de crise et le lent apaisement introduit par la tétralogie du *Lent retour*. Les regards qui tuent ne se laissent généralement pas exorciser si aisément, le poète l'a éprouvé dans sa chair. ***La courte lettre pour un long adieu***, publiée en 1972, s'en fait amplement l'écho.

L'EMPOISONNEMENT SOURNOIS

Bien que la majeure partie du livre soit consacrée au voyage régénérateur à travers les Etats-Unis entrepris par le narrateur, à la suite de la douloureuse dissolution du couple qu'il formait avec Judith, la chronique discrète de la montée de la crise, relatée tardivement à l'amie américaine, ne doit pas être négligée (kB, 125 - 132). Elle dépeint l'apparition sournoise des miroirs de mort et leurs désastreuses conséquences. La crise conjugale s'installe lorsque l'étincelle de curiosité et d'étonnement s'éteint dans le regard porté sur l'autre, et cède la place à la perspective du soupçon (16).

Construit comme un roman policier, ***La courte lettre pour un long adieu*** (17) retrace certes le périple américain du protagoniste, mais avant tout l'obsédante poursuite dans laquelle

---

14. On ne peut s'empêcher de songer aux personnages de la pièce de B. Brecht, ***Maître Puntila et son valet Matti.***
15. Voir à ce propos les déclarations de Peter Handke in : ***Le Monde***, 18 mai 1978.
16. A la réception de la carte de menace de Judith à St-Louis, le narrateur se souvient de ce que son épouse et lui s'écrivaient lorqu'ils restaient séparés quelque temps : "Je suis curieux de toi"."Ich bin neugierig auf dich" (kB, 134). Il constate alors que cette curiosité a définitivement disparu.
17. L'allusion à peine voilée au roman de R. Chandler ***The Long Goodbye*** (1953) a été confirmée par Peter Handke dans un entretien accordé à H. Karasek, in : ***Über Peter Handke***, hrsg. von Scharang, Op.cit., p. 85.

s'engage son épouse, mue par la haine. Ce sentiment violent et destructeur ne résulte pas, comme on pourrait le supposer, de la décision de partir prise par le conjoint ; il est la conséquence de l'attitude initiale de l'homme vis-à-vis des changements manifestés par la jeune femme.

L'amour, qui rend curieux de l'autre, transforme les partenaires en observateurs attentifs mais aussi inquiets. Le récit de la montée de la crise, confié à Claire (kB, 125 - 132), fait ressortir avec sobriété et lucidité les mécanismes mis en oeuvre par le regard qui tue. La découverte des prémices du changement chez l'autre engendre la peur devant l'inconnu. La crainte devant l'irruption du désordre conduit subrepticement le témoin attentif à nier la nouveauté enregistrée chez l'autre, à la banaliser en l'intégrant dans un système d'explications sécurisantes. Pour juguler son désarroi et entraver l'évolution qui se dessine, l'homme s'efforce de renvoyer à la femme une image non-conforme à sa réalité présente. L'épouse ne tarde pas à la ressentir comme fausse, caduque, et à dénoncer le subterfuge malhonnête destiné à étouffer les germes de vie, mais aussi à détourner le partenaire masculin des failles menaçant la cohésion de sa propre intériorité. Le terrible engrenage de la haine se met en marche. Les troubles intérieurs étant démasqués, l'incohérence dévoilée, l'intensité du regard de mort du protagoniste masculin contamine le regard du partenaire, se décuple et l'aveuglement s'empare du couple dont la vie n'est plus que l'horrible face-à-face de monstres obstinés, se livrant un combat sans merci. Le désir lancinant de l'anéantissement physique et psychologique de l'autre, doublé de la peur de le tuer vraiment, débouche sur une solitude et une détresse qui conduisent au mutisme, à la perte des images (kB, 16, 17, 131), et de l'orientation spatiale. Ainsi le narrateur en arrive-t-il à ne percevoir dans la Judith du quotidien qu'une actrice sans âme, tandis qu'elle ne garderait son naturel que sur scène, lorsqu'elle joue la comédie (kB, 44 - 45). Le couple ne trouve un semblant d'apaisement que dans l'exécution machinale des rôles sociaux (kB, 129 - 130). Née du regard, la mort s'installe au coeur même des individus qui ne sont plus que des automates, vidés de toute substance.

L'un des effets pervers du miroir de mort est tout particulièrement mis en lumière dans *La courte lettre* : des liens insidieux se tissent entre le verdict de condamnation, ou de doute, reflété par le regard de l'autre, et l'image intérieure instable et empreinte d'angoisse que l'individu, depuis toujours confronté aux jugements extérieurs, se forge de lui-même. De leur rencontre naît une pesanteur qui écrase l'individu et tend à le soumettre à l'inertie ou au désespoir. L'ennemi intérieur se nourrit du poison distillé par autrui, il ronge le sujet et le voue à la décomposition. A deux reprises, le thème est manifesté très nettement. D'abord dans le contexte de la menace que Judith, partie à sa poursuite, fait planer sur sa vie (kB, 53) ; ainsi le narrateur, aux aguets dans la gare souterraine de Philadelphie, s'exclame-t-il pour conjurer le péril :

> ErpreB mich nicht mit mir selber...Die Schreckensempfindlichkeit ist nicht meine Natur, jedenfalls nicht mehr lange (kB, 53) (18).

Ensuite quand la nostalgie d'une appartenance idéale aux choses et aux hommes s'empare du narrateur à la sortie de l'église de San Xaver del Bac, la plus ancienne mission espagnole d'Amérique :

> Es war unerträglich, einzeln und mit sich allein zu sein. Es muBte eine Beziehung zu jemand anderem geben, die nicht nur persönlich, zufällig und einmalig war, in der man nicht durch eine immer wieder erpreBte und erlogene Liebe zueinandergehörte, sondern durch einen notwendigen, unpersönlichen Zusammenhang... (kB, 165) (19)

18. "Ne m'oppresse pas en te servant de moi, je ne connais plus l'effroi. Je suis sur le point de savoir me défendre contre lui" (kB, 52) (Traduction légèrement modifiée).
19. "C'était insupportable d'être isolé et seul avec soi-même. Ce qu'il fallait, c'était une relation avec quelqu'un d'autre, relation non seulement personnelle, fortuite et unique et où on n'est pas contraint de s'appartenir l'un à l'autre à coups d'amour forcé et mensonger, mais une relation bien plus nécessaire et impersonnelle" (kB, 151).

Les relations de tension, de malaise, de conflit avec l'autre et la confusion intérieure sont à l'évidence indissociables. La lecture des premières condamnations dans les yeux des proches a brisé l'inconscience enfantine, a semé un trouble qui ne cesse de se propager, intensifié par les expériences analogues faites ultérieurement. Ainsi l'esprit de mort est-il au centre du regard angoissé avec lequel l'individu tente de cerner la spécificité de son être.

L'ENNEMI INTERIEUR

L'acuité particulière du regard de l'autre contraint celui qui le reçoit comme une mise à nu impitoyable, comme un verdict sans appel, à adopter vis-à-vis de lui-même une attitude semblable. L'individu s'observe avec une attention dépourvue d'indulgence, il tend à devenir l'objet unique de ses préoccupations, et il est soumis à la fragmentation intérieure. L'accentuation excessive de la réalité psychique par rapport à la réalité matérielle favorise une montée de l'imagination qui aboutit à l'angoissante expérience de l'étrangeté.

LE MIROIR TROP FIDELE

La première partie du ***Recommencement*** évoque, grâce à la figure symbolique du "premier ennemi" (W, 26 - 30), les conséquences dévastatrices d'un tel état de fait. Cette présence hostile prend les traits d'un jeune voisin dont le rôle maléfique se manifeste discrètement à l'église, lieu de solitude et d'angoisse, pendant la lecture de l'Evangile, par un léger effleurement provoquant une flexion du genou (W, 26). Dès lors, l'ennemi ne laisse plus de répit à l'enfant par son omniprésence, par d'imperceptibles frôlements, par une observation de tous les instants permettant une reproduction immédiate et exacte des moindres faits et gestes de la victime. Même absent, le persécuteur est là devant les yeux du narrateur qui devient le véritable prisonnier de son ombre. La perpétuelle perception d'une image symétrique (20) coupe du monde. Elle rend suspect

20. Il faut distinguer la représentation anticipatrice asymétrique, telle

tout sentiment éprouvé, et le prive de son authenticité. La seule riposte possible est la violence. Le combat qu'engage Filip Kobal pour se délivrer de l'anéantissement progressif mais inéluctable, provoque en réalité une accélération du processus de dissolution, puisqu'il révèle la présence du Mal. Une lente descente aux enfers commence :

> Ich wuBte, zwölf Jahre alt, im Gedränge mit dem andern, nicht mehr, wer ich war ; das hieB : Ich war nichts mehr ; und das hieB : Ich wurde böse. Mein Kindheitsfeind zeigte mir (...), daB ich böse war, daB ich böser als er, ein Böser war." (W, 28 - 29) (21).

On ne peut ignorer la similitude criante existant entre l'évolution de la crise du couple de *La courte lettre* et la montée du conflit intime de l'enfance projeté dans le personnage fictif du *Recommencement*. La même blessure, la même menace s'abat sur l'individu dont la conscience de soi se transforme en un obsédant constat de monstruosité.

L'INSOUTENABLE MONSTRUOSITE

La dernière partie du *Recommencement*, celle de l'apaisement et de la réconciliation avec le monde, offre en prélude au renouveau une rétrospective condensée du terrible engrenage auquel est soumis l'individu déchiré (W, 241 - 242). Les correspondances entre les malaises profonds qui envahissent aux heures d'épreuves et de solitude le narrateur de *La courte lettre*, Keuschnig et le jeune Filip Kobal avant le terme de sa marche régénératrice dans la Slovénie éternelle, sont frappantes. Le déchaînement de la pulsion maléfique qui s'emparait déjà de Gregor Benedikt et de Josef Bloch, y est décrite avec toute la précision d'une observation distanciée :

---

qu'elle est décrite dans *L'angoisse du gardien de but*, et qui fait partie intégrante de l'acte de communication, de cette image symétrique de soi qui brise l'unité du sujet.

21. "Je ne savais plus, à douze ans, dans la mêlée avec l'autre, qui j'étais, ce qui signifiait : je n'étais plus rien ; et cela signifiait : je devenais méchant. Mon ennemi d'enfance me montrait (...) que j'étais méchant, que j'étais plus méchant que lui, un Méchant" (W, 28).

> weitab von jeder Siedlung, in einem Gebiet, wo, fast mit GewiBheit, auBer mir niemand hingeriete (...), bekam es nun zu tun mit Bangigkeit, der Angst vor einem Monstrum - welches ich selber war. Verschwunden jeder Anhaltspunkt einer Welt ; an ihrer Stelle die Fahlheit, durch welche, gehetzt vom jäh aufgeschossenen Bluthund im Innern, blindlings das Ungeheuer mit Namen "Allein" irrte.(...) Manchmal war der Jugendliche sich schon so begegnet, in der Regel im Erwachen, und immer dann, wenn ihn, wie er meinte, etwas bedrohte. Zuerst sprang die Bangigkeit über in einen Schreck, so als sei es nun soweit, und der Schreck in ein Grauen, mit dem er, nur noch ein Auswuchs reglos seine Abschaffung erwartete (W, 241) (22).

Cette "immanence de l'étrange dans le familier" pour reprendre le commentaire de Julia Kristeva (23) sur ***L'inquiétante étrangeté***, l'essai de Freud (1919) fondé sur l'analyse sémantique de l'adjectif "heimlich" ("familier", mais aussi "secret", "caché", "ténébreux", "dissimulé") et de son antonyme "unheimlich" (inquiétant), est donc liée à ce qui a été et qui resurgit dans certaines circonstances. Soumis aux assauts réitérés de l'étrangeté, l'adulte s'abandonne aux obsédantes images oniriques de la nudité ou de la décomposition physique qui sont, comme le remarque le clinicien E.H. Erikson (24), le

---

22. "bien loin de toute habitation, dans une zone où, presque en toute certitude, personne que moi ne mettrait les pieds de longtemps, (...) j'étais confronté à une angoisse, à la peur d'un monstre que j'étais moi-même. Disparu, tout point d'appui d'un monde ; à la place de celui-ci, l'espace blême dans lequel, pourchassé par le chien de sang surgi en un éclair à l'intérieur de moi, errait aveuglément le monstre nommé "Seul". (...) Il était déjà arrivé au jeune homme de se rencontrer dans cet état, généralement au réveil et toujours quand, lui semblait-il, quelque chose le menaçait. L'angoisse d'abord se transforma d'un coup en terreur, comme si le moment était venu, et la terreur en une épouvante dans laquelle, simple excroissance désormais, il attendait dans l'immobilité sa suppression" (W, 187 - 188) (Traduction légèrement modifiée).
23. Julia KRISTEVA, *Op.cit.*, p. 269 - 276.
Sigmund FREUD, ***L'inquiétante étrangeté et autres essais***, Gallimard, Paris, 1985.
24. E.H.ERIKSON, *Op.cit.*, p. 75 - 81.

résultat d'une défaillance dans le développement de la personnalité de l'enfant. Tout comme l'acquisition de la confiance en soi, celle de l'autonomie, deuxième pilier sur lequel s'édifie le sentiment d'identité, porte la trace profonde de la relation aux parents. L'enfant est livré à la sensation d'être privé du pouvoir de décision sur lui-même ; le doute et la honte développent d'abord chez lui un sens exagéré et préjudiciable de l'autocritique, puis modèlent les rêves éveillés ou nocturnes de l'adulte.

Le récit de la crise introductive à la sensation vraie, et dans une moindre mesure les malaises du voyageur de ***La courte lettre***, peuvent être reçus comme la manifestation de ce phénomène. Les scènes de cauchemar décrites par les patients de Erikson s'y retrouvent dans toute leur diversité : nudité (SwE, 63 - 64, 156 - 157), visage caché, barbouillé (SwE, 100, 145, 149), perversité sexuelle (SwE, 8, 45), femmes ensanglantées (SwE, 112)... Mais c'est la représentation de la monstruosité, de la décomposition physique qui, incontestablement, domine. Quand la panique s'abat sur l'homme, au moment d'un face-à-face angoissant (kB, 184), ou lors de la prise de conscience d'une situation de rupture définitive avec un mode d'existence (SwE, 13, 108), l'impression de désintégration, de désagrégation personnelle envahit tout. Les scènes de miroir, décisives dans ce contexte, se distinguent fondamentalement de celles de ***La femme gauchère***, où Marianne mesure et puise sa force dans l'image d'elle-même. L'homme en crise veut y trouver la justification du dégoût éprouvé pour lui-même, et il n'y projette qu'un visage grimaçant qui appelle mutilation (kB, 159) et anéantissement (SwE, 44 - 45, 119). Ou bien encore, il guette avec avidité, et souvent déception, les indices d'émergence de la monstruosité intérieure qui lui permettraient de rompre brutalement et définitivement avec un environnement humain caractérisé par les masques (SwE, 15, 36, 44 - 45). Mais l'individu est scindé en deux parties dont la cohérence est régie par des relations complexes. La perception intime de soi et l'apparence divergent souvent et laissent l'individu démuni face à la décision du dire ou du non-dire. On trouve une évocation pittoresque du dilemme dans l'épisode du taxi (SwE, 44 - 45) (peut-être une lointaine réminiscence de la scène du barbet dans le premier

Faust) où seul le chien du chauffeur révèle la présence du Mal (25).

Le manque de cohésion éprouvé au sein même de l'individu conduit fréquemment les protagonistes en crise des livres de Peter Handke à recourir à un mécanisme d'autopréservation, induit par la fragmentation intérieure imposée par les miroirs de mort, le double.

LE DOUBLE

Le double, aux connotations extrêmement ambiguës, ne doit pas être confondu avec le personnage du frère qui structure les deux livres essentiels de Peter Handke, ***Les frelons*** et ***Le recommencement*** (26).

Seul ***Le recommencement*** permet de mesurer l'ampleur du thème, de nuancer et d'enrichir son étude. Le double émerge épisodiquement des perceptions troublées du narrateur de ***La courte lettre*** subissant la crise de la trentième année ; il se manifeste aussi sous la forme paroxystique du dédoublement de Keuschnig entre le respectable attaché de presse à l'Ambassade d'Autriche et l'être répugnant et sadique qui l'habite. Pour les deux récits des années 70, l'analyse générale de Julia Kristeva (27) peut être reprise ; le double est une défense du moi désemparé qui projette hors de lui ce qu'il éprouve en lui-même comme dangereux et, pour se protéger, il expulse la part de destruction qu'il ne peut contenir. Le double de Peter Handke perpétuerait ainsi une certaine tradition littéraire par son rapprochement avec des forces diaboliques. Le double représente aussi, surtout pour le voyageur, une émanation de celui qui s'absorbe dans la contemplation de lui-même. Mais chez Peter Handke, le double ne signifie pas nécessairement et de façon constante une présence torturante ; la multiplicité des apparences qu'il prend l'atteste.

---

25. Le chien aux aboiements sauvages de ***La leçon de la Sainte-Victoire*** est également associé à la représentation des forces du Mal.
26. L'élément distinctif majeur entre les figures du double et du frère est celui de la communication, verbale ou non. Le double est une silhouette avec laquelle aucune relation d'échange n'est engagée.
27. Julia KRISTEVA, *Op.cit.*, p. 75 - 81.

Dans la troisième partie du voyage en Slovénie, intitulée *La savane de la liberté*, le protagoniste contemple un double idéal dans la personne d'un jeune soldat, nu-tête, assis à l'écart dans l'autocar qui parcourt les routes du Karst (W, 255 - 262). Filip Kobal est fasciné par la silhouette clairement découpée qui rayonne la jeunesse, la sérénité, l'attention et la réflexion. Le lecteur apprend alors que le double, qui se révèle ultérieurement être un personnage aux facettes antithétiques, est le compagnon de toujours. Il n'est pas uniquement l'obsédante concrétisation du regard impitoyable de l'autre et de la constante observation de soi. Sa présence, qui allège parfois la pression exercée par l'image reçue des autres, a été temporairement ressentie comme désirable et rassurante par le narrateur de *La courte lettre* (kB, 163) lorsqu'il était enfant. Mais l'effet libérateur est illusoire, puisqu'il confine l'individu dans une représentation de surface inconsistante. Celle-ci tend à prendre un aspect fantomatique qui détache de la réalité et porte progressivement atteinte au sentiment d'identité. Réduit à n'être qu'une description superficielle, l'homme est privé de point d'appui solide et il s'abandonne à la sensation d'avoir usurpé sa place et son apparence. Ainsi peut-on interpréter l'état de flottement et la peur qui s'emparent à deux reprises du voyageur confronté à l'apparition du double pendant la visite de San Xaver del Bac (28) et lors de son arrivée dans l'Oregon. La répugnance qu'il éprouve en cet instant face au besoin révolu de se créer un double (kB, 163) est ressentie comme une délivrance. Dans *Le recommencement*, la pesanteur funeste associée à la notion de double est révélée lors de la métamorphose radicale subie par le soldat au moment où il est exposé au regard de ses pairs à l'auberge. Beau et solitaire, anonyme parmi les passagers de l'autocar, le soldat se départit peu à peu de son assurance, de sa prestance, de son aisance naturelle quand, au milieu des visages connus, il devient un client figé, maladroit et embarrassé, dont la vue plonge le jeune Filip Kobal dans un désarroi teinté de dégoût. Le double n'est-il donc que l'ennemi qui doit coller à la peau tout au long de l'existence (W, 261) ? Il est important de

---

28. Rainer NÄGELE étudie dans ce contexte le passage du "ich fürchte mich" au "ich fürchte MICH", in : *Die vermittelte Welt*, Jahrbuch der deutschen Schillergesellschaft, Nr 19, 1975, p. 405.

noter que, si le double est souvent présenté dans toute sa portée dévastatrice, il est à l'origine le fruit d'une nostalgie, la création d'un élan vital. Le narrateur du ***Recommencement*** l'exprime sans équivoque quand la découverte de la présence du jeune soldat s'habille encore des couleurs de l'espoir :

> Endlich würde dieser erfahren, wer er war (von einem Dritten beschrieben, hatte er sich jedesmal entweder verkannt oder überschätzt gewuBt, dem eignen Bild - wenn ihm eines glückte - hatte er keinmal glauben können, und doch war die Frage "Wer bin ich?" oft so dringlich geworden wie ein StoBgebet) ; endlich hatte er vor sich die Hauptperson aus der Kindheit, seinen Doppelgänger, der, da war er ganz sicher, irgendwo in der Welt zugleich mit ihm aufwuchs und eines Tages, ganz bestimmt, einfach da sein wird als der wahre Freund und, statt ihn nur immer zu durchschauen wie sogar die eigenen Eltern, ihn wortlos versteht und freispricht, wie er umgekehrt ihn, mit einem erkennenden Lachen oder bloBen Aufatmen ; endlich blickte er in den untrüglichen Spiegel ! (W, 255 - 256) (29).

Le double, qui souvent plonge dans l'errance celui qui le fait surgir, émane paradoxalement d'un besoin de verdict d'acquittement. Il personnifie l'ami vrai, la moitié vivante de l'individu en lutte contre les semeurs de mort. Le double, qui la plupart du temps ne se manifeste que comme esprit maléfique, est la semence de vie qui sommeille sous la cendre. Le double est à l'évidence une figure problématique qui veut indiquer

29. "Celui-ci allait enfin apprendre qui il était (décrit par un tiers, il savait chaque fois qu'il était soit méconnu, soit surestimé, jamais il n'avait pu croire à l'image qu'il avait de lui-même - quand il parvenait à s'en former une -, et cependant la question "Qui suis-je ?" était devenue aussi pressante qu'une oraison jaculatoire) ; enfin il avait devant lui le personnage principal de son enfance, son double qui, il en était absolument certain, grandissait en même temps que lui quelque part dans le monde et un jour, sans doute, serait simplement là, comme l'ami vrai, et au lieu de ne faire constamment que le démasquer, comme les parents eux-mêmes, le comprendrait sans qu'il y eût besoin de mots, et l'acquitterait ; et ce serait réciproque, dans un rire ou un simple soupir de littérale reconnaissance ; enfin il se trouvait face au miroir qui ne trompait pas !" (W, 198 - 199).

l'espoir et qui dit les faiblesses : "ami-ennemi" (W, 261). Il surgit aux heures d'interrogation. Tient-il dans sa main une pierre ou une pomme? se demande le narrateur scrutant le visage étrange et familier du soldat campé dans l'obscurité, derrière la fenêtre de la caserne (W, 262). Autrement dit : s'apprête-t-il à faire oeuvre de destruction ou à saisir la vie ?

Le double authentique ne met pas à nu, il a les yeux du chercheur "qui arpentent et agrandissent le domaine de l'inconnu" (W, 203) (30), il scrute les mystères de l'âme, en quête des richesses qu'elle recèle.

Rien d'étonnant à ce que l'écrivain fasse, à propos du double, référence à une particularité de la langue slovène, langue fondatrice d'identité pour Filip Kobal. La forme duelle (31), qui lui est propre, exprime cette nostalgie d'une unité intérieure qui toujours se dérobe et toujours doit être conquise.

Avec le double s'amorce assurément un tournant dans le mouvement de la quête de soi. L'existence possible d'un regard fertile caractérisé par l'attention, l'absence de préjugés, l'indulgence, apparaît en filigrane, du moins dans l'évocation tardive qui en est faite dans *Le recommencement*. Si l'autre est synonyme de témoin accablant, il peut aussi, ne serait-ce que dans le cadre d'un rêve nostalgique, être conçu comme une force fécondante qui fait éclore la vie dans les espaces dévastés...

---

30. "den Bereich des Unbekannten abschreiten und vergröBern" (W, 262).
31. Le poète et traducteur Boris A. NOVAK décrit la forme duelle comme "forme de l'intimité, du chuchotement, du murmure", s'inscrivant entre "le silence de la solitude et le tumulte de la masse" (*La revue parlée*, Histoire et littérature slovènes, Centre Georges Pompidou, 21 mai 1990).

1.2. LE REGARD FERTILE

L'INVITATION DES FENETRES AVEUGLES

La fonction primordiale du motif de la fenêtre dans le roman de jeunesse ***Les frelons*** a déjà été relevée (32). La fenêtre est d'abord un lieu d'ouverture, d'échange entre les espaces intérieurs et extérieurs. Par une brèche taillée dans le mur protecteur, elle laisse entrer la lumière, qui illumine ou agresse. Elle est lien avec le monde ou invitation à la fuite. Jamais elle n'est anodine, surtout quand elle est percée vers un monde clos. Dans ce cas, elle résiste, réfléchissant d'abord au curieux une image, la sienne, qu'il lui faudra traverser pour scruter les mystérieuses ténèbres. La transparence trompeuse des fenêtres est stigmatisée dans le roman familial dont le propos est de briser les faux miroirs et les parois qui isolent et engendrent la solitude et ses délires.

Vingt ans plus tard, ***Le recommencement*** reprend le thème, le module, le met une fois encore en résonance avec celui de la cécité. ***Les fenêtre aveugles*** deviennent l'un des trois termes énigmatiques sur lesquels se bâtit l'oeuvre tout entière (33). La portée symbolique en est progressivement dévoilée (W, 96 - 97, 136, 141, 315, 322, 333). Associées aux thèmes du voyage ou de l'ascension (elles rayonnent sur les façades des gares ou des demeures imposantes d'accès difficile), elles révèlent par leur absence de transparence les trésors du Royaume caché. Elles ne sont pas seulement une invitation illusoire à dépasser les apparences, à atteindre le coeur du monde, elles guident et fortifient celui qui s'absorbe dans leur contemplation. Il est naturel qu'elles soient inséparables de l'évocation du frère, le borgne, dont l'oeil opaque mène aux sentiers de la vie. Impénétrables, elles enseignent la patience :

---

32. Il est associé à différents thèmes (difficulté de la communication, miroir, observation curieuse, agressions diverses, menaces, fuite).

33. ***La fenêtre aveugle*** est le titre de l'un des contes populaires de Carinthie. Cette fenêtre aveugle dissimule un trésor, in : Georg GRABER, ***Sagen aus Kärnten***, Bd. I der Gesamtausgabe, Kärnter Druck- und Verlaggesellschaft, Klagenfurt, 1979, p. 158.

Freund, du hast Zeit (W, 97) (34)

Renvoyant le regard, elles font taire les désordres intérieurs, l'être tout entier se fait silence et écoute (W, 136). Mais pour être "l'aiguillon et le filigrane de la narration" (W, 257) (35) invoqués dans l'hymne final, les fenêtres aveugles convient d'abord l'observateur fasciné par leur secret à conquérir l'apaisement, pour sonder ses propres mystères et accéder par là-même à ceux du monde. En effet, l'interrogation fondamentale du "Qui suis-je?" surgit en même temps que la perception d'une fenêtre aveugle imaginaire qui se découpe dans l'asphalte du quai de la gare de Jesenice, alors que le voyageur est prêt à succomber à la tentation du retour, de l'enfermement dans la chambre sécurisante de la maison paternelle (W, 141). La fenêtre aveugle incite l'homme en recherche à traverser le miroir des faux-semblants, à surmonter les obstacles, pour se mettre en marche, à la conquête de soi et du monde.

LES PREMIERES FENETRES AVEUGLES

Empoisonnés par les regards extérieurs ou intérieurs condamnant à l'inexistence ou à la dissolution, les héros de Peter Handke se tournent - à l'image de leur auteur - vers des témoins qui, par le récit de leur expérience de vie, aident à secouer le joug pesant. Le personnage principal des romans et récits a souvent recours à la lecture pour se trouver lui-même. L'écriture transmise ne fonctionne-t-elle pas comme une fenêtre aveugle ? Elle est trace, révélateur mais n'éclaire que celui qui prend le temps de s'y arrêter. Elle est dépositaire d'un message dont le déchiffrage est offert, mais jamais imposé. Surtout, elle ne fixe pas dans une image prétendant à la vérité et à la totalité, elle réfléchit des interrogations et des potentialités. L'écriture est signe, elle est appel, elle est ouverture...

34. "Ami, tu as le temps" (W, 79).
35. "Seid der Erzählung Ansporn und Wasserzeichen" (W, 333).

Ainsi peut-on justifier la référence constante de Peter Handke à la littérature et à sa dimension existentielle, et surtout mieux cerner l'une des caractéristiques majeures d'une oeuvre en prose qui est le tissage original et productif d'emprunts divers.

Le premier regard fertile rencontré dans la production narrative est celui d'un type d'humanité qui prodigue en abondance, mais fonde la relation d'échange sur des règles particulières, celles de l'appropriation vivante. Les écrivains, interlocuteurs discrets, précurseurs et témoins sur les chemins arides, sont le premier recours sur lequel l'homme désemparé prend appui pour briser les miroirs de mort. Dans la sève étrangère dont il se nourrit, il puise la force de se dresser et de se dire.

Que les protagonistes les plus menacés par une perception de type schizophrénique, Bloch et Keuschnig, soient exclusivement des lecteurs avides de journaux ne saurait surprendre. Ils y retrouvent l'expression d'un monde chaotique et fragmenté et ils fonctionnent à l'image de l'homme moderne qui n'est plus qu'un "collectionneur d'informations" indifférent, pour reprendre l'expression de Riesmann (36). En revanche, les personnages des oeuvres que l'on pourrait appeler d'"édification" (H, 1F, W) se tiennent soigneusement à l'écart des média et accordent au livre une place de choix. Ainsi ***Les frelons*** sont-ils censés être la reprise d'un roman lu jadis, et la lecture joue également un rôle central dans ***Le recommencement***.

LA LIBRAIRIE DE LA TOUR

Peter Handke ne cherche pas à dissimuler sa dette vis-à-vis de la littérature ; l'essai de 1967 ***Je suis un habitant de la tour d'ivoire*** indique dès les premières lignes les richesses recelées. Il est intéressant de remarquer que la littérature y est partiellement présentée avec le même vocabulaire que celui servant à décrire le pesant regard de l'altérité qui juge. L'écrivain s'est senti "mis à nu" (durchschaut), "surpris" (ertappt) par elle (BE, 19), mais cette découverte n'a pas été de

36. D. RIESMAN, *Op.cit.*, p. 227 - 228.

celles qui anéantissent. Elle a suscité des appétits, des perspectives salvatrices. La littérature a cicatrisé les blessures creusées par les sentiments de honte et de solitude, et a ouvert la voie à la guérison. Elle a clarifié la relation à soi et au monde et a introduit la notion du possible, du changement, de l'avenir.

> Literatur ist für mich lange Zeit das Mittel gewesen, über mich selber, wenn nicht klar, so doch klarer zu werden. Sie hat mir geholfen zu erkennen, daB ich da war. Ich war zwar schon zu SelbstbewuBtsein gekommen, bevor ich mich mit der Literatur beschäftigte, aber erst die Literatur zeigte mir, daB dieses SelbstbewuBtsein kein Einzelfall, kein Fall, keine Krankheit war. Ohne die Literatur hatte mich dieses SelbstbewuBtsein gleichsam befallen, es war etwas Schreckliches, Beschämendes, Obzönes gewesen... Erst die Literatur... klärte mich auf, indem sie zeigte, daB ich kein Einzelfall war, daB es anderen ähnlich erging. (...) Von ihr bin ich durchschaut worden, von ihr habe ich mich ertappt gefühlt... Die Wirklichkeit der Literatur hat mich aufmerksam und kritisch für die wirkliche Wirklichkeit gemacht. Sie hat mich aufgeklärt über mich selber und über das, was um mich vorging. (...)
>
> Ich erwarte von einem literarischen Werk eine Neuigkeit für mich, etwas, das mich, wenn auch geringfügig, ändert, etwas, das mir eine noch nicht gedachte noch nicht bewuBte Möglichkeit der Wirklichkeit bewuBt macht, eine neue Möglichkeit zu sehen, zu sprechen, zu denken, zu existieren (BE, 19 - 20) (37).

37. "La littérature fut longtemps pour moi le moyen de voir clair en moi, quand bien même de façon imparfaite, de voir plus clair en moi. Elle m'a permis de comprendre que j'étais là, que j'étais au monde. Certes j'avais déjà conscience de ce que j'étais avant de m'occuper de littérature, mais seule la littérature m'a montré que cette conscience de moi-même n'était pas un cas particulier, pas un cas, pas une maladie. Avant la littérature, cette conscience de ce que je suis m'était d'une certaine manière tombée dessus, cela avait été quelque chose d'effrayant, de honteux, d'obscène... Seule la

Des attentes démesurées, dépassant le cadre littéraire, sont à l'évidence liées à la littérature, qui ne nourrit l'écrivain que dans la mesure où elle fait grandir l'homme.

L'analyse pénétrante de Norbert Gabriel concernant la réception de Kafka par Handke dès sa jeunesse (38), peut servir d'illustration convaincante à ces énoncés théoriques.

FRANZ KAFKA OU LE REGARD DE VIE

Le nom de Kafka vient immédiatement à l'esprit du lecteur des récits et romans de crise. Bien que jamais cité, ou rarement - ***Le malheur indifférent*** fait exception (WU, 77 - 78) - les héros de Kafka, Gregor Samsa, Joseph K. ... se profilent derrière les Gregor Benedikt (H), Keuschnig (SwE) et Joseph Bloch (AdT) de Handke. Pourtant, les liens existant entre les deux écrivains ne peuvent être ramenés à de simples analogies de situation qui, pour être bien réelles, surtout dans la production comprise entre 1970 et 1975, ne sauraient occulter des relations plus profondes et plus complexes. N. Gabriel s'appuie non seulement sur le discours prononcé par Peter Handke lors de la remise du Prix Kafka en 1979 (EF, 156 - 159) et sur l'essai consacré à l'écrivain pragois en 1974, à l'occasion du cinquantième anniversaire de sa mort (EF, 153 - 155), mais aussi sur des citations relevées dans les essais critiques de Handke. Il note une particularité tout à fait significative dans la perspective de la quête de l'identité : pour le jeune poète autrichien, l'oeuvre et la personne de Kafka sont inséparables et prennent une place primordiale dans la connaissance de soi. Les journaux, lettres et témoignages d'amis de l'illustre compatriote, sont au centre de l'intérêt que le jeune homme nourrit

---

littérature (...) me fit voir clair, en me montrant que je n'étais pas un cas isolé, qu'il en allait de même pour d'autres. (...) Elle a su me mettre à nu, me surprendre (...) La réalité de la littérature m'a rendu attentif et a développé mon sens critique face à la réalité réelle. Elle m'a fait prendre conscience de moi-même et de ce qui se passait autour de moi.(...) J'attends d'une oeuvre littéraire quelque chose de nouveau pour moi, quelque chose qui me transforme, ne serait-ce que de façon infime, quelque chose qui me fasse comprendre une virtualité de la réalité, à laquelle je n'avais pas encore pensé, dont je n'avais pas encore conscience, une possibilité nouvelle de voir, de parler, de penser, d'exister". Traduction (légèrement modifiée) de Anne-Sophie ASTRUP, in : ***ORACL***, *Op.cit.*, p. 10 - 11.
38. Norbert GABRIEL, *Op.cit.*, p. 111 - 148.

à son égard (EF, 112). Il faut y ajouter une indéniable tendance à considérer sans réserve les personnages littéraires comme le reflet fidèle de la personnalité de leur auteur (39). On ne peut ignorer cet aveu tardif :

> Das war vor langer Zeit, als meine Welt die Welt Kafkas war und mein Held Dr Franz Kafka (EF, 155) (40).

Dans de telles circonstances, ce "héros" peut être aisément conçu comme un compagnon de souffrance au regard plein de compréhension, comme un maître, enseignant l'orgueilleuse solitude de celui qui cherche le salut dans l'observation de soi et dans l'écriture.

Le second élément qui unit les deux hommes est le sentiment de la honte qui coupe radicalement l'individu des autres et du monde :

> Wie habe ich mich in der Scham Kafkas wiedergefunden - nein, nicht wiedergefunden, sondern überhaupt erst einmal entdeckt... (EF, 153 - 154) (41).

Lire Kafka ne signifie pas pour l'adolescent désemparé trouver la confirmation d'un état d'être, de soi et du monde, caractérisé par le chaos, le non-sens et l'incommunicabilité inséparable de la honte ; lire Kafka, c'est ouvrir une brèche dans une intériorité figée et y introduire un souffle de vie. L'attente existentielle concernant les livres, formulée par Kafka dans une lettre à sa soeur Ottla, trouve un écho profond chez Handke ; ainsi, ce dernier cite-t-il dans deux articles critiques l'exigence démesurée du maître: le vrai livre est

39. Ce penchant se manifeste à nouveau dans la post-face du roman de L'élève Tjaz, rédigée par Peter Handke. Il rappelle la simultanéité de l'édition du roman et de la publication par F. LIPUŠ d'un court essai autobiographique esquissant un rapprochement entre le travail littéraire et les faits marquants de la vie de l'auteur. (*Der Zögling Tjaž*, Op.cit., p. 245).
40. "C'était il y a longtemps, alors que mon univers était celui de Kafka et mon héros, le Docteur Franz Kafka" (EF, 153).
41. "Comme je me suis retrouvé dans la honte de Kafka - non, pas retrouvé, mais pour la première fois véritablement découvert..." (EF, 153 - 154).

cette "hache" destinée à briser dans la douleur "l'océan glacé de notre intériorité" (42).

Vers le milieu des années 1970 pourtant, il ne s'agit plus pour Handke de s'identifier à Kafka, dont il n'a jamais été un fade épigone, mais un lecteur réceptif. Comme le remarque Norbert Gabriel, le journal ***Le poids du monde***, rédigé à la même période que ***La femme gauchère***, témoigne d'une évolution sensible. Si le genre, le style, les considérations, les sujets ne sont pas sans rappeler les journaux de Kafka, ***Le poids du monde*** en diffère par le propos. Aux observations des mouvements intérieurs se substituent celles du monde extérieur où le moi de l'écrivain occupe une place centrale. Handke est le guetteur de la sensation renouvelée ; il se détourne donc de l'écrivain pragois qui, pourtant, demeure dans l'ombre la référence première. Il est celui qui, à l'heure cruciale, a fécondé le renouveau en ouvrant la voie de la résistance à un ordre du monde hostile et chaotique.

Les romans et récits de Kafka ne sont qu'une des innombrables traces repérables dans l'oeuvre en prose de Peter Handke. Ici et là dans les essais, commentaires, journaux ou citations, l'écrivain nous mène sur la piste d'autres regards fertiles plus ou moins identifiables. A des niveaux variables, sous des formes plus ou moins reconnaissables, des textes de la culture antérieure ou de la culture contemporaine se fondent et se mêlent dans les romans et récits où abondent également des citations inconscientes ou automatiques qui ne se présentent pas comme telles (43).

---

42. "die Axt für das gefrorene Meer in uns", in : Franz KAFKA, ***Briefe*** 1902 - 1924, hrsg. von Max BROD, Frankfurt/Main, 1975, p. 28.
L'expression est reprise par le critique Peter Handke en 1969, in : ***Beobachtungen bei den Aufführungen des Berliner Theatertreffens*** (BE, 96) et dans une recension au ton polémique consacrée au roman de K. STRUCK et intitulée, Die Mutter, Denunziation ohne Wahrnehmung, in : ***Der Spiegel***, Nr 12, 1975.
43. Par cette pratique fréquente, Handke s'inscrit dans une longue tradition dont Montaigne a tiré avantage: "Je feuillette les livres, je ne les estudie pas : ce qui m'en demeure, c'est chose que je ne reconnois plus estre d'autruy ; c'est cela seulement dequoy mon jugement a faict son profict, les discours et les imaginations dequoy il s'est imbu ; l'autheur, le lieu, les mots et autres circonstances, je les oublie incontinent", in: Michel de MONTAIGNE, ***Essais***, Livre second, chapitre XVII, ***De la praesumption***, 1580,

Fréquemment, l'auteur laisse libre cours à un goût de la citation relevant de la nécessité d'établir des filiations. Souvent aussi, il s'adonne au plaisir d'un jeu parodique qui trouve son origine tant dans le besoin de dissimulation que dans le souci constant et proclamé dès les débuts de renouveler à chaque livre le mode d'expression. Un exemple éclairant est proposé par ***La courte lettre pour un long adieu***, présentée par son auteur comme la "fiction d'un roman de formation" et comme "un livre d'aventure" (44).

IMAGE-REFLET ET IMAGE EN NEGATIF

L'écrivain donne au narrateur de ***La courte lettre*** un compagnon d'aventure, Anton Reiser, puisqu'une citation du roman de K.P. Moritz introduit chacune des deux parties. Le héros lui, s'entoure de trois personnages. Deux, Henri le Vert et temporairement Gatsby le Magnifique, sont issus des lectures de voyage et le troisième, le cinéaste John Ford, jette une ombre protectrice sur la dernière étape du périple américain. Ces quatre figures, enracinées pour les unes dans le fonds culturel d'Europe, pour les autres dans la littérature et le cinéma américain de notre siècle, veillent sur le narrateur qui se lance avec impatience dans l'exaltante expérience du changement. Points de référence, modèles, témoins, repères ironiques, ils sont tout cela à la fois, à des degrés divers. Pourtant une chose est certaine, dans la grande solitude et la situation de seuil où la crise conjugale a plongé le narrateur, la présence de ces hommes qui ont su prendre un départ est nécessaire à l'entreprise de clarification. Mais il n'est pas toujours aisé de démêler l'écheveau des diverses imbrications ressortissant, d'une part, à l'enjeu existentiel et, d'autre part, au jeu littéraire.

Il ne semble pas que l'une des questions centrales du livre soit, comme dans ***Le malheur indifférent***, de se demander dans quelle mesure une expérience individuelle peut être décrite par un modèle littéraire préexistant ainsi que le suggère

---

Oeuvres complètes Société des belles lettres, Paris, 1948, Livre second, deuxième volume, p. 75.
44. Entretien avec H. Karasek, in : ***Über Peter Handke***, Scharang, *Op.cit.*, p. 85.

G. Heintz (45). Il est plus fécond de s'interroger sur la fonction éventuelle de miroir jouée par le roman de Gottfried Keller qui, est-il utile de le rappeler, prend appui sur la tradition classique, plus exactement sur ***Les années de voyage de Wilhelm Meister***, où Goethe transposait sur toile de fond américaine les grandes thèses de l'humanisme allemand, tandis que celui de Handke, usant de l'approche moderne du voyage en Amérique (46), y expose un drame individuel.

Les citations directes de ***Henri le Vert***, ou le plus souvent la relation médiatisée d'épisodes de son existence, se rattachent toutes, dans une rigoureuse cohérence, aux obsessions ou objets centraux de réflexion de Peter Handke transcrits dès l'oeuvre en prose de jeunesse : l'absence du père (kB, 28), les thèmes du pari et de l'ennemi dans l'enfance (kB, 50), les rapports d'étrangeté face à la nature (kB, 64), l'incommunicabilité dans les relations avec les femmes (kB, 82), le retour (kB, 171 - 172). Le mode d'intégration du lu dans la narration qui, systématiquement s'achève par des considérations de comparaison, indique le rôle clarificateur attribué à une littérature qui devient un jeu de miroirs. Elle est ce regard extérieur et familier qui permet de voir clair en soi... Mais on ne peut se contenter de ce premier degré d'interprétation qui, pour être exact, n'en est pas moins réducteur. L'indéniable dimension nostalgique et sentimentale de la lecture, confirmée par un commentaire de l'écrivain, doit être prise en compte:

> In meinem Buch versuche ich eine Hoffnung zu beschreiben - daB man sich so nach und nach entwickeln könnte (47).

Le roman de Keller est considéré par le protagoniste de ***La courte lettre*** à la fin d'un conversation avec Claire, l'amie américaine, comme un conte (kB, 99) dont il convient, pourrait-

---

45. Günter HEINTZ, *Op.cit.*, p. 118.
46. A titre d'exemple, on peut citer le livre de. M. FRISCH, ***Stiller***, 1954 ou celui de Wolfgang KOEPPEN, ***Amerikafahrt***, 1969.
47. "Dans mon livre, je tente de décrire un espoir - à savoir que l'on pourrait ainsi se former peu à peu", in : ***Entretien avec H. Karasek***, in : Scharang, *Op.cit.*, p. 88.

on ajouter, de se démarquer. De nombreux critiques (48) se sont attachés à mettre en évidence tout ce qui sépare le récit de Handke d'un roman de formation. Certes, il s'apparente au genre par sa structure, par ses considérations sur la nature, le théâtre, la formation, mais, loin d'utiliser des clichés faciles, il inscrit dans un schéma préétabli une histoire individuelle qui, par le contexte différent où elle se déroule, s'écrit en exprimant une résistance au modèle révolu. Ce qui caractérisait la relation de Handke à Kafka et à son oeuvre se reproduit ici. Il s'agit d'une appropriation vivante du reçu, d'une adaptation aux préoccupations et voies personnelles, laissant entrevoir la possibilité d'une réconciliation. L'utilisation que fait Handke du roman de Keller ne diffère pas fondamentalement de celle qu'il pratique avec les genres plus triviaux du western (kB, 99) et du blues (kB, 62 - 63). La référence est inséparable d'un discours sur soi empreint d'une réflexion originale qui n'en ressort que plus nettement. Au renoncement, à l'apaisement mélancolique du modèle (de la deuxième version), Handke oppose une voie, représentée par John Ford, qui fait coïncider pragmatisme et intériorité (49). Mais surtout il proclame, comme le retient Günter Heintz (50), que le monde s'offre et que chaque regard est porteur d'une expérience nouvelle (kB, 142). Il ne tente plus de se réaliser dans une confrontation avec le monde, d'accéder à un type d'humanité idéal, mais s'efforce de trouver en lui une réalité propre, fondée sur le principe de changement (51).

Si Christoph Bartmann n'exclut pas la notion de jeu, associée à celle du plaisir pris à tracer un cheminement personnel sur un fond de discours suranné, il ne va pas jusqu'à prétendre, comme le fait Jean-Paul Mauranges, que le choix de la référence au roman de Keller est purement parodique et repose

---

48. Christine KRAUS, ***Literarische Vorbilder in Peter Handkes Roman, Der kurze Brief zum langen Abschied***, in : ***Österreich in Geschichte und Literatur***, Heft 3, 1978, p. 174 - 180.

Günter HEINTZ, Christoph BARTMANN, Rainer NÄGELE, Jean-Paul MAURANGES (voir bibliographie).

49. Christoph BARTMANN, ***Der Zusammenhang ist möglich, Der kurze Brief zum langen Abschied im Kontext***, in : R. FELLINGER, *Op. cit.*, p. 114 - 139, ici p. 129.

50. Günter HEINTZ, *Op.cit.*, p. 117 - 118.

51. Rainer NÄGELE, ***Die vermittelte Welt***, *Op.cit.*, p. 404.

sur l'invalidité patente du modèle soi-disant proposé (52). Le leit-motiv de ***Henri le Vert*** ne servirait alors que "d'alibi commode à Handke pour n'avoir pas à se parodier lui-même comme narrateur, mais le faire sans y laisser paraître, par écrivain interposé" (53). ***La courte lettre*** devient dans cette perspective la relation d'une expérience fondatrice révèlant la vanité de la course à l'authenticité d'un MOI résolu à ne dépendre que de lui-même. Ainsi se trouve justifié le recours aux deux citations placées en exergue, tirées de ***Anton Reiser***, variante nettement négative du roman de formation classique (54). Percevant les limites de l'auto-suffisance, l'individu campé par Handke rejette l'enfermement stérile et se met en marche vers la découverte de l'autre. A défaut de constituer un véritable appui, l'oeuvre d'emprunt s'intègre dans une stratégie de la distance, de la dissimulation protectrice. Elle abrite les germes du renouveau.

Toute l'ambivalence de la relation au modèle est soulignée. Le recours au modèle peut être une fuite devant soi comme le remarque R. Nägele et R. Voris (55). Il peut aussi permettre à l'individu, par une identification temporaire, de mieux se trouver. Il peut être également le seuil sur lequel s'édifie une résistance, condition préalable à une perception renouvelée de soi et du monde. Mais il peut aussi stigmatiser le manque qu'implique la fréquentation de l'autre par le biais exclusif de la littérature.

---

52. Peter PÜTZ aboutit à une conclusion analogue lorsqu'il étudie les relations existant entre ***Faux mouvement*** et le ***Wilhelm Meister*** de GOETHE. Peter PÜTZ, ***Schläft ein Lied in allen Dingen***, in : R. Fellinger, *Op.cit.*, p. 117 - 181.
Dans un entretien avec Nicole Casanova, Peter Handke déclare d'ailleurs à propos de la reprise du ***Wilhelm Meister*** de GOETHE dans ***Faux mouvement***: "J'ai esayé de démontrer qu'il ne peut pas exister de Bildungsroman au XXe siècle...", in : ***Le quotidien de Paris***, 31.03.1976, repris dans ***ORACL***, p. 23 - 25.
53. Jean-Paul MAURANGES, ***P. HANDKE : Der kurze Brief zum langen Abschied. Amérique et classicisme, deux images compatibles***, in : ***Austriaca***, N° 9, novembre 1979, p. 29 - 49, ici, p. 42.
54. Le roman de Francis Scott FITZGERALD, ***The great Gatsby***, lu avidement par le voyageur, repose lui aussi simultanément sur la reprise d'un cliché et sur sa destruction, celui du rêve naïf d'une Amérique aux possibilités illimitées.
55. R.NÄGELE/ R.VORIS, *Op.cit.*, p. 54.

Même si le livre de Handke s'achève à la façon d'un conte dans le jardin merveilleux du réalisateur américain John Ford, on ne peut ignorer que la réconciliation s'opère grâce à la narration, sous le regard salvateur d'un témoin vivant, le cinéaste des mythes, qui devient un "père symbolique délivrant de la haine muette et des délires de la solitude" (56). Mais le thème du témoin de chair, associé à celui du récit, n'attend pas l'épilogue pour être révélé, il est inclus dans la texture même de ***La courte lettre*** ; il y est précédemment manifesté par le personnage de Claire, l'amie américaine qui, par ses commentaires perpicaces sur ***Henri le Vert***, tend au narrateur un miroir critique.

LE REGARD VIVANT

Dans ***La courte lettre***, pour la première fois dans l'oeuvre de Peter Handke, le thème du changement s'affiche ouvertement au premier plan. A peine arrivé aux Etats-Unis où il s'engage dans un voyage itinérant mais planifié, le narrateur appelle le changement de tous ses voeux (kB, 18), et guette impatiemment les premiers signes de son émergence. N'excluant d'ailleurs pas les troubles profonds de l'angoisse liés à la crise conjugale récente, cette attente naïve et cette foi juvénile contrastent singulièrement avec l'atmosphère d'errance du récit suivant, consacré lui aussi au changement. Dans ***L'heure de la sensation vraie***, il surgit en effet brutalement à la suite d'un cauchemar de meurtre sadique qui arrache soudainement le protagoniste à la vie bien réglée et confortable d'attaché de presse à l'ambassade d'Autriche à Paris, et le fait basculer dans le désarroi. Mais dans les deux livres, le changement ne prend véritablement corps que grâce à un certain type de rencontre avec l'autre.

LA PRESENCE RAYONNANTE

L'importance de l'épisode avec Claire, l'amie américaine, ne fait aucun doute : d'abord par l'ampleur qu'il prend dans

---

56. Arlette CAMION, *Op.cit.*, p. 189.

l'oeuvre, l'essentiel du séjour aux Etats-Unis s'effectue en sa compagnie et la moitié du livre s'y rapporte (kB, 58 - 155) ; ensuite par le rôle de lien qu'il joue entre la première partie, ***La courte lettre*** et la seconde, ***Le long adieu***.

Les trois premiers jours du voyage passés dans la solitude sont caractérisés, d'une part, par le thème du changement si ardemment et impatiemment désiré, et dont l'éventualité est fugitivement entrevue à New-York lors d'une partie de dés (kB, 24 - 25), et, d'autre part, par une situation de malaise général. Les menaces que fait peser Judith, l'épouse, font renaître les peurs et les angoisses de l'enfance. Ces dernières perturbent les relations que l'individu entretient avec l'autre et les font osciller entre le désir d'ouverture et le plus profond dégoût. Dés le début, le besoin de "devenir autre" est associé à la nécessité de le manifester ostensiblement, sans recourir au langage (kB, 18, 54 - 57). La scène devant la gare de Philadelphie avec le soldat (kB, 54 - 57) qui, après avoir rapporté le polaroïd de Judith oublié dans le train, relate l'histoire de sa vie, est un prétexte utilisé par le protagoniste pour s'interroger sur l'image qu'il présente aux autres. Il conclut à un manque, puisque son aspect ne traduit ni son aversion pour les ingérences étrangères, ni son exigence d'intervalle indispensable entre lui et les autres. La conséquence en est un état d'isolement et de délires imaginaires qui impose la décision de rompre avec la solitude et de téléphoner à Claire (kB, 58).

A ce stade de l'histoire, la condition préalable au changement, l' élimination des témoins génants, est déjà un fait pratiquement acquis, mais la réalisation du changement passe nécessairement par la présence du témoin authentique. Claire, la bien-nommée, l'amie américaine, cristallise en elle toutes les qualités requises pour être ce témoin.

L'intervalle temporel et spatial - trois ans se sont écoulés depuis une liaison passagère lors d'un précédent voyage - permet à Claire de discerner des transformations extérieures et surtout de dire les signes, sinon de les lire. Le détail anodin d'une apparence plus négligée (kB, 68) ne doit pas être sous-estimé quand on se souvient du penchant maladif de Gregor Benedikt à sauvegarder à l'extérieur une apparence impeccable, quand il est en proie aux plus affreux désordres intérieurs.

La jeune femme possède en outre cette perspicacité enviée et souvent abhorrée, propre aux personnages féminins de Handke, qui permet par exemple une lecture distanciée du roman de Keller.

Mais ce qui lui confère la fonction de témoin exceptionnel, c'est surtout sa capacité d'attention, d'écoute, de respect des silences, des attentes et des besoins de l'autre. Elle est une confidente disponible et un miroir vivant. Elle ne renvoie pas une image de surface intégrée dans un schéma d'interprétation préétabli, mais une image évolutive qui s'épure au fil des questions ouvertes et des commentaires qu'elle formule. Elle n'insère pas son histoire dans le récit du partenaire, elle lui laisse le loisir d'occuper tout entier l'espace de l'échange. Elle est la clarificatrice idéale par son être propre, mais aussi en raison de son mode de perception particulier, façonné par une appartenance culturelle foncièrement différente de celle du partenaire (57). A ses côtés, le voyageur parle de lui, d'hier et d'aujourd'hui, et peut ainsi mesurer l'évolution qui, depuis son arrivée en terre étrangère, perce en lui quant à sa façon d'être, de se considérer, de s'oublier, de subir ou d'activer les souvenirs. Mais surtout, un pas décisif est franchi au contact de la jeune femme : l'étrangeté intérieure est enfin acceptée au cours du prélude à leur première rencontre amoureuse, scellée par la promesse des regards (kB, 101 - 102). L'intuition fugitive d'un autre temps, qui affleure lors du jeu de dés, réapparait à ce moment et fonde, dans l'anticipation de l'instant de fusion, l'espoir d'une vie libérée des peurs et des manques. Mais l'effroi accompagne la représentation de cet univers vide, et chasse la nostalgie du vide pour y substituer un sentiment de fierté, face à des manques qui se révèlent être des trésors uniques. Dans la nuit du fatidique trentième anniversaire, la connaissance et l'acceptation de soi s'opèrent dans le secret de

---

57. Elle émane de cette civilisation de pionniers qui, par un engagement total, une présence absolue, se lancent dans une oeuvre simultanée d'appropriation de l'espace et d'affirmation de soi.

l'intériorité. Si la rédemption se fait grâce à la rayonnante présence de Claire, elle se fait sans atteindre le seuil de la parole, et pour ainsi dire sans celle qui s'abandonne tout entière au désir et au vide de l'étreinte. Fort de la nouvelle richesse découverte en lui, le narrateur est pris de compassion face à la pauvreté de l'expérience de la jeune femme...

La problématique de la relation à l'autre est ici présentée dans toute sa densité. Il ne peut être question d'un échange vrai, mais d'une sorte de phénomène de catalyse. Par sa seule présence, l'autre favorise la prise de possession de l'individu sur lui-même, et l'engage sur la voie des décisions et du changement. Ainsi peut-on lire la scène avec John Ford sous cet angle particulier d'interprétation. Le narrateur, muet ou presque, assiste à la rédemption de Judith qui, par la présence bienveillante et fécondante d'un témoin, se dégage par le récit de l'emprise mortelle de la haine. Se dépouillant du rôle de l'ennemi, la jeune femme provoque simultanément la guérison de son partenaire et scelle la réconciliation.

LA MYSTERIEUSE CONNIVENCE

Des observations similaires peuvent être faites dans le grand roman de la clarification, ***Le recommencement.*** Par deux fois, une présence féminine entraîne une relecture libératrice de l'histoire passée du protagoniste. Le bilan distancié des années d'enfance et d'adolescence, qui introduit le voyage vers soi, s'écrit sous le regard discret mais pourtant nécessaire de la serveuse du buffet de la gare de Jesenice, accaparée par le service des clients attardés, et dont l'image s'est confondue avec celle de la mère (W, 19, 102 - 103). De mystérieuses correspondances apparaissent :

> Seltsamkeit, daB die Kellnerin aber schon damals, sooft ich von der Nische zur Theke hinblickte, von dort zurückblickte, als erahne sie allein aus meiner Art, zu schauen, zu sitzen, zu rucken, mit den Fingern zeitweise auf den Tisch zu klopfen, die ganze Geschichte, für die ich jetzt erst die Worte gefunden habe, und als bräuchte ich ihr nichts mehr zu sagen ! Stundenlang hatte ich,

> wortlos mit meiner Erzählung beschäftigt, an der leeren Flasche gedreht, und die Frau an der Theke hatte ihrerseits einen Aschenbecher in dem gleichen Rhythmus mit mir gedreht. Dieses Mitdrehen, anders als das Nachäffen meines Feindes, belebte mich (W, 102) (58).

Plus nettement encore que précédemment, la notion d'échange construit sur le langage est bannie de cet exemple. La difficulté de l'individu à fonder la dimension vivante de son histoire sur un renouvellement réel de l'acte de communication est mise en lumière. Il faut certes rompre avec une solitude qui engendre les délires et les coupures radicales, il faut certes se tourner vers les membres de la communauté humaine pour que s'effacent les préjudices mortels causés par une altérité proche ressentie comme hostile, mais la grâce de la réciprocité du don n'a pas encore été révélée. On peut l'entrevoir sur le mode métaphorique, vers la fin du parcours initiatique parmi les dolines du Karst, avec le personnage de l'Indienne du ***Recommencement***.

LE REGARD DIVINATOIRE

La coïncidence n'est pas fortuite, la phase du seuil, de l'anticipation et de l'angoisse, n'existe pas entre les protagonistes et les témoins au regard fertile. Tout de suite, ils se trouvent ou se retrouvent. Claire, la serveuse de Jesenice et la vieille femme qui accueille Filip Kobal à son arrivée dans un petit village inconnu du Karst, vaquent à des occupations quotidiennes au moment d'un accueil qui semble aller de soi. L'atmosphère irréelle du conte marque la prise de contact avec le Karst et les gens qui le peuplent (W, 265 - 266).

58. "Il était étrange cependant que dès lors, la serveuse, chaque fois que, de la niche, je regardais vers le comptoir, renvoyât des regards comme si les yeux que je faisais, ma manière d'être assis, de bouger par à-coups, de tambouriner de temps à autre avec mes doigts sur la table, eussent suffi à lui faire pressentir toute l'histoire dont je ne venais que maintenant de trouver les mots, et que je n'eusse plus besoin de rien lui dire ! J'avais pendant des heures, occupé en silence à mon récit, fait tourner entre mes mains la bouteille vide, et la femme du comptoir faisait tourner en même temps que moi, au même rythme un cendrier. Cette révolution simultanée, à la différence de l'imitation par mon ennemi, me vivifiait..." (W, 84).

L'entrée dans la région se fait comme par enchantement dans le sommeil, et le jeune homme est reçu comme un enfant du pays, au retour d'un long voyage. Le nom d'"Indienne" donné à la vieille femme étrange qui offre l'hospitalité, est vraisemblablement imputable à l'histoire de la civilisation des Mayas qui, étudiée jadis avec passion par un ancien maître de Filip, sert de toile de fond et de repère à l'aventure dans le Karst. Derrière cette désignation se profile aussi la silhouette de l'Indienne de ***Lent retour*** (1H, 33, 57, 77), caractérisée par sa sérénité, son mystérieux rayonnement et son appartenance au monde des formes originelles (59). Le grand âge du personnage, sa laideur, le léger halo de folie qui l'auréole contribuent à faire naître l'impression d'étrangeté. Elle est non seulement une hôtesse attentive et maternelle, mais elle initie sans bruit aux secrets de l'intériorité. Elle prodigue mais sollicite aussi le don qui enrichit ; les tâches agricoles ou domestiques exécutées en échange de l'hospitalité reçue permettent au jeune homme de mettre au jour les déterminismes de l'enfance, facteurs de fragmentation. L'origine de l'aversion pour le travail manuel lentement déchiffrée, grâce à la présence patiente, fait prendre conscience au héros de la nécessité de la rupture avec l'appartenance au père :

> Befehl an mich selber : Entfern dich vom Vater (W, 306) (60).

L'Indienne c'est aussi la narratrice, mais c'est surtout le regard qui fait confiance, qui protège, qui absout, c'est une attention de tous les instants, une écoute qui suscite le récit et fait éprouver la joie de la fiction narrative. Elle est un peu la prophétesse présidant à la naissance du poète qui se dépouille des vêtements du vieil homme (W, 302).

---

59. Le narrateur de l'***Essai sur le juke-box***, 1990, fait lui aussi dans un bar d'Anchorage, un soir de Noël, la rencontre d'une énigmatique Indienne qui l'invite à la suivre.
Doit-on voir dans ce motif de l'Indienne la lointaine survivance de la femme mythique des premiers récits d'exploration des Amériques, symbolisée par la Princesse indienne Pocahontas, qui en 1607 sauva la vie au Capitaine John Smith ? Le personnage a été introduit dans la littérature allemande au XVIIe siècle par Erasmus FRANCISCI et Eberhard Werner HAPPEL.
60. "Commandement à moi-même : éloigne-toi du père" (W, 237).

> Und dabei war jene Frau der erste Mensch, von dem ich mich so wohl gemeint als auch erkannt fühlte. (...) Von der Karst-Indianerin dagegen, (...) erfuhr der junge Mensch das Vertrauen auf den ersten Blick, aus welchem, nach ein paar Tagen in ihrem Haus, eine Erwartung wurde, eine wortlose Widerrede zu seinem ständigen Selbst-Abtun ("Aus mir wird nie etwas") : ein Freispruch, so überraschend wie einleuchtend ; ermutigend und beschützerisch, heute noch."(W, 300 - 301) (61).

Mais la volonté délibérée de transfiguration des expériences et événements fondateurs d'identité qui est à la base du roman ***Le recommencement***, ne doit faire oublier les difficultés multiples rencontrées par les personnages nombreux dans l'oeuvre de Handke qui ne se réfugient pas dans l'univers du conte quand ils partent à la recherche d'eux-mêmes. Sans doute sont-ils plus proches de la réalité humaine de l'écrivain que Filip Kobal, le héros d'un livre que l'on pourrait qualifier de biographie poétique. Les individus rencontrés sur le difficile chemin qui mène à soi possèdent rarement la transparence, la discrétion, le rayonnement, la fécondité anonyme de ces êtres de chair de la fiction. Mais toujours, la nécessité de la découverte du témoin se fait pressante pour sortir de la crise qui éclate quand le changement veut poindre. Le personnage de l'écrivain, témoin étrange de la métamorphose de Keuschnig dans ***L'heure de la sensation vraie***, en est un exemple.

LA QUETE REALISTE ET ALEATOIRE DU TEMOIN

En dépit des apparences, Gregor Keuschnig n'est pas la victime innocente d'une irruption brutale et incontrôlée du changement. Il le reçoit immédiatement comme un fait accompli, excluant la possibilité d'un retour à une situation antérieure. Il interprète même la transformation comme l'aboutissement d'un

---

61. "Cette femme était le premier être humain par lequel je me sentisse à la fois désigné et reconnu. (...) Chez l'Indienne du Karst, ... le jeune homme trouva une confiance immédiate qui se transforma au bout de quelques jours passés dans sa maison en une espérance, une contestation muette du dénigrement auquel il se livrait envers lui-même ("Je ne ferai jamais rien") : acquittement aussi inattendu qu'éclairant ; encourageant et protecteur, aujourd'hui encore" (W, 233).

processus depuis longtemps engagé et venu à échéance (SwE, 42)(62). Néanmoins, le protagoniste est écartelé entre la volonté de l'assumer et le désir de la dissimuler. Les deux jours d'errance passagère dans Paris, décrivent la quête éperdue du témoin qui aidera à sortir d'un dilemme faisant planer la menace de la dissolution. Afin de mieux percevoir l'importance décisive de la découverte du témoin, la teneur de l'effroyable changement entrevu doit être précisée.

Le cauchemar fatidique du meurtre sadique d'une vieille dame, dont le protagoniste s'avoue au fil des heures la monstruosité, peut être conçu comme la lente et douloureuse mise en oeuvre d'une décision fondée sur une prise de conscience progressive. Il est apparu à Keuschnig que la vraie vie restera inaccessible tant qu'il ne s'affranchira pas de tout ce qui le détourne de lui-même : métier, mode de vie, conjoint. Vu sous cet angle, le meurtre de la vieille dame devient celui de la mère, de la femme en général, symbole de ce qui enchaîne (63). Le refus de la tentation de la fuite hors de Paris, la capitale étrangère où le héros a renoué avec de nouvelles appartenances, montre certes la maturité du projet, mais cela ne suffit pas à enrayer la montée de l'angoisse face au déferlement de l'étrangeté. Sans se l'avouer, Keuschnig attend de la série de confrontations qu'il engage avec ses proches une possibilité de salut. Mais toutes échouent, en particulier la rencontre avec son épouse Stefanie. Keuschnig se raidit dans une dissimulation qui s'écroule le soir même à son domicile, pendant le dîner offert à un ami, écrivain autrichien de passage. Après avoir maîtrisé l'épreuve du seuil et goûté quelques instants de répit, Keuschnig est confondu à cause de l'implacable souricière tendue par l'écrivain, spécialiste de l'observation des hommes (SwE, 98 - 107). Par un discours habile et une attitude délibérément provocatrice, il amène Keuschnig à l'aveu. Pourtant, ce dernier oppose une violente résistance qui ne se brise qu'au

62. Le vide souvent mentionné (SwE, 8, 54, 56, 61, 66) qui s'introduit dans les activités de la capitale française en période estivale, provoque un effet de décontextualisation partielle, de rupture, qui favorise le retour sur soi.
63. Le motif du landau recouvert d'une bâche de matière plastique, qui est associé aux images du rêve, constitue lui aussi une représentation métaphorique de l'étouffement.

moment où il découvre qu'il est au centre de la curiosité de l'écrivain (64). Le regard vivant qui est porté sur lui provoque la fin du douloureux dilemme, mais aussi la non moins douloureuse métamorphose qui s'opère dans une sorte de rite primitif et paroxystique (SwE, 99).

Le regard fertile est dans ce cas un regard impitoyable, qui démasque et délivre dans le déchirement. L'issue du terrible et grandiose face-à-face dans lequel les deux hommes s'affrontent longuement est ambivalente. La vie en jaillit comme en témoignent le cri et les larmes de Keuschnig, mais la survie n'est pas assurée :

> Endlich merkte Keuschnig, daB er gleich weinen würde, vor Erleichterung, daB er sich nicht mehr verstellen muBte, vor Kummer, daB es nun aus mit ihm war. Ah, ich weine, dachte er zufrieden (SwE, 100 - 101) (65).

A la suite de la promenade nocturne avec le témoin, le "traître", comme l'a nommé Keuschnig pendant le repas en son for intérieur (SwE, 89), Keuschnig constate qu'il a acquis la liberté de ne plus devoir respecter les règles de civilité ; il peut désormais laisser les questions sans réponse. Mais une chose aussi est sûre, il est incapable de se libérer par le récit du secret qui l'oppresse encore. Malgré l'invitation de l'écrivain disposé à l'entendre, il se mure dans le silence (SwE, 107).

Contrairement à Claire ou à l'Indienne, l'écrivain n'est pas un agent de clarification. La curiosité de son regard ne possède pas la force fécondante de la présence patiente et attentive des deux personnages féminins. Par sa maladresse brutale, il vient en aide à son ami en favorisant l'extériorisation de la crise intérieure, c'est-à-dire en permettant de franchir un premier seuil décisif. Mais si la préci-

---

64. SwE, 96. On note ici la reprise du thème de la curiosité de l'autre qui fait éclater la vie, cf. kB, 134.
65. "Enfin Keuschnig remarqua qu'il allait, tout de suite, se mettre à pleurer, de soulagement de n'avoir plus à faire semblant, et de chagrin que maintenant, c'en était fini de lui. Ah bon, je pleure, pensa-t-il, satisfait ".(SwE, 92 - 93).

pitation avec laquelle il agit empêche Keuchnig de céder à la tentation du refus de la vie entrevue, elle ne suffit pas à assurer le pas hésitant de l'homme nouveau qui vient de se mettre debout. Il lui faut encore soumettre la connaissance fraîchement acquise à l'épreuve de la durée.

Le personnage de l'écrivain ne symbolise-t-il pas dans ces conditions les vertus de la littérature qui permet à l'individu brisé de lire, d'accepter l'étrangeté, de se dresser face au monde, mais n'exprime-t-il pas en même temps les aléas et les limites d'une expérience qui ne peut trouver de véritables prolongements sans relation permanente et directe avec l'autre ? Ainsi peut-on expliquer que le désir du récit soit associé chez Keuschnig exclusivement à la présence de sa petite fille de quatre ans, Agnès.

L'incapacité de l'individu à se dépouiller dans la solitude du joug des miroirs de mort est largement illustrée dans l'oeuvre narrative de Peter Handke. La quête du miroir vivant et authentique, initiée par le contact avec la littérature, doit être entreprise pour que l'existence fondée sur une fragmentation funeste entre intériorité et extériorité ne soit plus acceptée par passivité ou lâcheté, mais résolument rejetée. Le regard fertile ou du moins l'attente confiante de sa rencontre fait naître ou fortifie l'espoir d'une autre trajectoire possible, non plus marquée par la routine et la paresse résignée. Un avenir se dessine pour les protagonistes de Handke après la révélation des potentialités mystérieuses...

1.3. LES VOIES OUVERTES PAR LE REGARD FERTILE

Rien n'est acquis d'une façon définitive et jamais les héros des romans et récits ne sont à l'abri des rechutes dans l'angoisse, le dégoût ou le non-sens. Toutefois, la présence du regard fertile, ou déjà l'intuition de sa proximité, suscite chez l'individu en recherche l'apparition plus ou moins durable d'un nouveau sentiment de soi, l'établissement d'un programme de vie et la décision de partir à la découverte des richesses du monde.

LE NOUVEAU SENTIMENT DE SOI

L'individu n'est plus alors obsédé par un aspect extérieur irréprochable, mais affecte ostensiblement la décontraction, voire un aspect négligé, qui, à vrai dire, dénote moins une libération véritable que le besoin, puéril et vital, de marquer par une mue la transformation intérieure qui s'opère (kB, 122 - 123), (SwE, 159). Le souci de se débarrasser de l'envahissante représentation de soi s'accompagne d'un évanouissement de la pesante image intérieure qui se traduit par une lenteur du geste, une sensation de légèreté, d'harmonie et de liberté sereine (kB, 96 - 97, 123, SwE, 81, 78). La nécessité de la mise en scène permanente est abolie pour être remplacée par une adhésion totale du corps et de l'esprit à l'action, à l'instant présents. L'idéal de la présence absolue est personnifiée dans ***La courte lettre*** par Claire. Le narrateur la dépeint ainsi :

> Sie war immer so leibhaftig anwesend, daB darüber hinaus nichts mehr zu sagen blieb" (kB, 59) (66).

Cette présence totale caractérise aussi les personnages du film ***Young Mister Lincoln*** dont la projection provoque, chez le spectateur fasciné, le désir de se rendre chez le réalisateur John Ford (kB, 135). En guise de commentaire des images, Peter Handke glisse dans la bouche du protagoniste la description d'une relation idéalisée entre les individus :

> ... um so gröBer wurde die Lust, nur noch Gestalten wie denen im Film zu begegnen, mich nicht mehr aufführen zu müssen, sondern wie sie mich in vollkommener Körper- und Geistesgegenwart unter ihresgleichen zu bewegen, von ihnen mitbewegt zu

66. "Elle était toujours à tel point physiquement présente qu'on ne pouvait rien dire de plus" (kB, 57).

> werden, und doch mit einem Spielraum für mich selber, voll Ehrerbietung auch vor dem Spielraum der andern (kB, 135) (67).

Pour pouvoir abandonner le carcan intérieur et exister pleinement au présent, une condition doit nécessairement se trouver réalisée : le respect de l'intervalle entre les individus. Là encore, Claire, ou du moins le couple qu'elle forme temporairement avec le narrateur, sert de modèle ; la valeur d'exemple est soulignée par la figure de contraste constituée par le couple ami qui les héberge à Saint-Louis (kB, 115). On trouve un écho de cette relation idéale dans l'évocation de l'appartenance entre les êtres dont rêve le voyageur à la sortie de l'église de San Xaver del Bac (kB, 165). Cependant on ne mesure réellement la dimension utopique du personnage de la jeune femme américaine qu'en lui opposant la silhouette plus réaliste du témoin imparfait campé par l'écrivain, homme maladroit, si ce n'est physiquement grotesque. Après avoir mis la distance au service de l'observation, il la réduit à néant pour provoquer la douloureuse délivrance, entraînant ainsi provisoirement la poursuite du processus de renaissance.

Naître à l'instant présent, naître au monde, signifie chez Peter Handke s'ouvrir au recommencement et inscrire le renouvellement de la vie intérieure dans le pari de l'avenir.

LE CHOIX DE NOUVELLES DEVISES

Le leitmotiv de Kaspar :

> Ich möcht ein solcher werden wie einmal ein andrer gewesen ist (K, 6) (68),

- qui exprime le renoncement à l'épanouissement individuel au

---

67. "... l'envie devenait grande de ne plus rencontrer que des figures comme celles du film, de ne plus être obligé de me mettre en scène, mais de me mouvoir comme elles, présent de corps et d'esprit au milieu d'elles, entraîné par elles tout en gardant assez de place pour moi-même et en respectant celle des autres" (kB, 124).
68. "J'aimerais devenir comme celui qu'un autre a été un jour" (K, 6).

profit d'une existence de conformité au projet élaboré par le groupe, reproductible à l'infini - est résolument rejeté. Le film déjà cité, ***Young Mister Lincoln***, sert à nouveau de révélateur et conduit le voyageur à reconsidérer l'attitude de l'enfance qui consistait à tout vouloir imiter. Il la remplace par une devise qui, dans l'oeuvre suivante, fondera le programme de vie de Keuschnig :

> ich wollte nicht werden wie sie, sondern wie es mir möglich war (kB, 135) (69).

A cette formule répond comme un écho la prise de conscience de Keuschnig :

> kann mir nicht vorstellen, so weiterzuleben wie bis jetzt, aber auch nicht zu leben, wie jemand andrer gelebt hat oder lebt (...) Es gibt kein Wie für mich, höchstens, daB ich so weiterleben muB 'wie ich' (SwE, 13) (70).

Mais à l'heure de ce terrifiant constat, Keuschnig continue à être en proie au doute, à l'indécision, au dégoût, à l'effroi. Il ignore encore toutes les potentialités recelées par l'instant fugitif de la sensation vraie. Ce n'est qu'au bout du parcours sur les sentiers intérieurs méconnus et dans les espaces plus ou moins désertés de Paris que, dans un discours-programme formant le huitième chapitre, les vertus de l'attente patiente et curieuse des secrets des mondes intérieur et extérieur seront découvertes et énoncées (SwE, 163). L'aptitude à percevoir et à fixer les illuminations du présent n'est pas un don inné, elle repose sur une maîtrise particulière de l'activité de la mémoire, acquise au contact du regard fertile de l'autre. Après avoir traversé une phase hantée par le désir de rejeter les souvenirs qui oppressent et paralysent dans l'angoisse (SwE, 162 -163 ; kB, 53, 76), les héros de ***La courte lettre*** et de ***L'heure de la sensation vraie*** se dégagent

69. "Je ne voulais pas devenir comme eux, mais ce qu'il m'était possible de devenir" (kB, 124).

70. "Je ne peux me figurer continuer à vivre comme j'ai vécu jusqu'à maintenant, mais je ne peux pas non plus vivre comme quelqu'un d'autre a vécu ou vit encore (...) Pour moi il n'existe pas de 'comme', tout au plus l'obligation de continuer à vivre 'comme moi'" (SwE, 14 - 15).

des assauts réitérés des images traumatisantes du passé, pour entreprendre un recensement volontaire des expériences de promesses de vie, englouties dans la mémoire sous l'emprise de la peur. Ainsi, elles serviront de fondations à l'histoire prodigieuse et unique qui s'esquisse (SwE, 15, 38, 145 ; kB 77 - 78).

Un exemple caractéristique de cette mise en oeuvre volontaire de la mémoire est fourni par le souvenir d'un jeu d'enfant et par l'interprétation qui en est donnée à Claire dans *La courte lettre*. L'homme se rappelle que, petit garçon, il aimait jouer au magicien, et rêvait de se faire disparaître. Il y discerne un des signes annonciateurs du changement vécu par l'adulte :

> ... aber wichtiger für die Erinnerung war doch der ganz kurze Augenblick, in dem man glaubte, man sei auch wirklich nicht mehr da. Und dieses Gefühl lege ich jetzt nicht mehr als Sehnsucht aus, vom Erdboden zu verschwinden, sondern als Freude auf eine Zukunft, in der ich nicht mehr der sein würde, der ich im Augenblick war (kB, 78) (71).

Le rappel délibéré d'images-indices n'est qu'une étape dans l'intégration de l'activité de la mémoire dans la phase d'élaboration du renouveau. Si le propos du narrateur de *La courte lettre* consiste avant tout à ne pas laisser ces petits moments d'espoir du passé se réduire à de simples élans sans lendemain (kB, 77), et à leur conférer la durée, la crainte de Keuschnig d'oublier les instants décisifs présents et de retomber dans le piège de la fausse-vie, témoigne d'un progrès évident.

Keuschnig ressent l'urgence et la nécessité de la fixation de l'expérience nouvelle, de la sensation vraie, car elle est

---

71. "... mais le plus important dans le souvenir était le très court instant où on croyait qu'on n'était vraiment plus là. Et ce sentiment je ne l'interprète plus comme le désir de m'effacer de la surface du sol mais comme l'attente joyeuse d'un avenir où je ne serais plus celui que j'étais à cet instant précis" (kB, 74).

un moment privilégié et rare d'harmonie avec le monde, et aussi parce qu'elle est destinée à assurer l'avenir : elle sera une aide précieuse pour surmonter les épreuves futures (SwE, 35, 57, 61, 163). En face du désir fou de graver dans la mémoire les traces fugitives de la vraie vie où la perception du monde n'est pas oblitérée par les rites, les faux-semblants et le poids de l'histoire personnelle, s'impose pourtant le constat des difficultés de la fixation volontaire. La volonté de fixer l'instant ne suffit pas. Les simulacres de changement (SwE, 56, 60), les expédients momentanés, tels que les fuites dans la sexualité ou l'anonymat sécurisant, glissent sur la mémoire qui refuse de les enregistrer. En fait, la première sensation du nouvel état d'être sur laquelle Keuschnig a vraiment prise est - faut-il s'en étonner? - celle d'un accès de peur et de ses manifestations physiques (SwE, 62). Le passé n'est pas mort, pourrait-on dire, mais il est transfiguré. La peur n'est plus essentiellement un agent de dissolution, elle devient une sensation de vie...

A la peur qui fragmente l'intériorité, qui morcelle le monde extérieur et le transforme en un chaos inextricable et oppressant, la sensation vraie oppose la révélation fugitive de la cohérence d'un monde offert à la conquête.

LE REVE DE LA CONQUETE DU MONDE

La voie en est ouverte dans les deux récits par des visions fulgurantes (72). D'une perception fugitive, essentielle-

---

72. Ch **BARTMANN** (in : ***Suche nach Zusammenhang***, *Op.cit.*, p. 193 - 202) montre que la "sensation vraie" n'est pas à proprement parler une nouveauté dans l'oeuvre de Peter Handke, mais qu'elle est le prolongement de ces états d'exception de la conscience et du corps que l'on peut relever depuis ***Les frelons*** et qui, évoluant au fil des ans, débouchent sur une théorie poétique de la connaissance par le regard. Après avoir rappelé que **M. DURZAK** (in : ***Gespräche über den Roman***, *Op.cit.*, p. 359) essaie d'intégrer Handke dans la tradition littéraire de l'épiphanie, introduite par les théoriciens de l'esthétisme anglais, Ch. **BARTMANN**, prenant appui sur les études de K.H. **BOHRER** (***Die Ästhetik des Schreckens***, München, 1978 et ***Plötzlichkeit***, Frankfurt/Main, 1981), brosse un panorama des différents types d'épiphanies survenant dans les romans de la fin du siècle dernier, puis il établit

ment visuelle, naît l'intuition d'un sens qui ne s'imposera durablement qu'après le rencontre du témoin authentique. Il est tentant de céder au jeu des correspondances entre les deux oeuvres pour cerner l'acquis introduit par le rayonnement des regards fertiles. Ainsi peut-on considérer que les illuminations jaillies du quotidien de Keuschnig répondent aux éléments plus symboliques issus de l'univers utopique et mythique de *La courte lettre*. Tandis qu'un noyau de pêche fraîchement jeté, un nom entendu : "San Diego", suffisent à faire entrevoir à l'attaché de presse les secrets du monde :

> Wer sagt denn, daB die Welt schon entdeckt ist ? (SwE, 42) (73),

le mouvement d'un dé, sa brillance éphémère dans un bar de New-York révèlent au joueur l'existence d'un autre temps, d'un autre espace, d'autre sensations :

> Mein Leben bis jetzt, das durfte noch nicht alles sein (kB, 25) (74).

A l'intuition de l'existence des secrets du monde s'ajoute pour les deux hommes la fusion momentanée dans les pulsations d'un monde qui accueille l'aventurier du regard et de la sensation vraie. L'expérience du cyprès, peu après l'arrivée à l'hôtel à Indianapolis, qui absorbe dans son balancement léger la respiration puis l'être tout entier du spectateur (kB, 95), trouve quelques lointaines résonances dans la sensation bienfaisante d'appartenance ressentie par Keuschnig lors de la perception des vibrations du métro au cours d'une promenade idyllique avec sa fille Agnès (SwE, 138). Moins solennelle, mais tout aussi fondatrice que l'illumination vécue par le voyageur à la perception de la sirène du bateau sur le Mississipi, la révélation du Carré Marigny conduit elle aussi le protagoniste sur la voie de la réconciliation avec un monde qui, dans une fulgurance, laisse transparaître la cohérence.

---

d'intéressantes comparaisons entre les illuminations décrites par Joyce, Musil et Handke.

73. "Qui a dit que le monde était déjà découvert ?" (SwE, 40).

74. "Ma vie jusqu'à ce jour, non, il ne fallait pas que ce soit déjà tout !" (kB, 27).

Lorsque, à la nuit tombante, après une journée de dissimulation et d'errance, Keuschnig trouve l'apaisement dans le jardin public déserté, il devient le guetteur de l'instant qui manifeste les secrets du monde.

> Im Sand zu seinen Füßen erblickte er drei Dinge : ein Kastanienblatt ; ein Stück von einem Taschenspiegel ; eine Kinderzopfspange. Sie hatten schon die ganze Zeit so dagelegen, doch auf einmal rückten diese Gegenstände zusammen zu Wunderdingen. Wer sagt denn, daß die Welt schon entdeckt ist ? (SwE, 81) (75).

> Indem ihm die Welt geheimnisvoll wurde, öffnete sie sich und konnte zurückerobert werden (SwE, 152) (76).

La possibilité d'un avenir filtre avec la perspective d'un but qui se dessine, d'une tâche à accomplir. Il est permis de considérer que les trois objets rassemblés par hasard sur la terre du Carré Marigny suggèrent les voies qui seront empruntées pour y accéder : la barrette de l'enfant n'est-elle pas le lien mystérieux lancé entre le monde extérieur évoqué par la feuille de marronnier, et le monde intérieur, figuré par l'éclat de miroir ? L'enfant aux mèches rebelles devient par son regard le symbole de cette arche qui scelle les fondements d'une appartenance renouvelée au monde.

---

75. "A ses pieds, dans le sable, il aperçut trois objets : une feuille de marronnier, un morceau de miroir de poche et une barrette d'enfant. Tout ce temps-là déjà, ils s'étaient trouvés là, devant ses yeux et pourtant tout à coup ces objets-là se resserrèrent en objets merveilleux. Qui a dit que le monde est déjà découvert ?..." (SwE, 75 - 76).
76. "... Dans la mesure où le monde se remplissait pour lui de secrets, il s'ouvrait et pouvait être reconquis" (SwE, 140).

CHAPITRE 2

LES INITIATEURS DE L'APPARTENANCE VRAIE

> Die Indianerin war es auch, die mir, bevor ich überhaupt den Mund zu einem Wort geöffnet hatte, Humor zuschrieb...
> ... war der sogenannte Humor demnach nichts als die glückliche Geistesgegenwart ?" (W, 301 - 302) (1).

2.1 DE L'ILLUMINATION AU BONHEUR RAISONNABLE

L'illumination libère brutalement l'individu de ses tourments, de ses peurs et de ses doutes. A la dissolution, elle oppose le sens. Mais si la résolution du conflit est immédiate, elle a la brièveté de l'éclair. La soudaineté et l'intensité de l'expérience du bonheur éprouvé lors de la révélation de la cohérence du monde font jaillir l'espérance, mais elles ap-

1. "Ce fut l'Indienne aussi, qui, avant même que j'ai pu ouvrir la bouche pour dire un mot, m'attribua de l'humour...
... ce qu'il était convenu d'appeler l'humour était-il dès lors autre chose que le bonheur de la présence d'esprit ?" (W, 233 - 234).

pellent aussi la nostalgie de l'appropriation de l'instant privilégié. Il est important de prolonger les bienfaits de la confiance retrouvée, tant sur le plan de la mise en ordre de l'intériorité, que sur celui des relations entretenues avec l'autre. La joie, qui fait tressaillir Keuschnig à la vue des trois objets merveilleux posés sur le sable du Carré Marigny, suscite le besoin de courir, de rompre avec la solitude, et d'aller au devant de l'autre. Ainsi renonce-t-il à prendre un taxi pour se rendre à son domicile de la Porte d'Auteuil, et décide-t-il de mettre à l'épreuve la validité de la révélation nouvelle en montant dans un autobus (SwE, 83). Toutefois, Keuschnig se montre incapable de traduire dans les faits le sentiment de solidarité fraîchement éprouvé. Il ne parvient pas à surmonter son indifférence et à porter assistance au seul passager, un nord-africain ivre, que le chauffeur contraint à descendre du véhicule (SwE, 84 - 85).

L'épisode plonge Keuschnig dans le souvenir des humiliations de l'enfance et les troubles de la mauvaise conscience ; il illustre les insuffisances évidentes de la sensation vraie. Elle demeure sans conséquence durable sur l'existence de l'individu qui, dans le cas présent, trouve le salut en se précipitant dans une bouche de métro. Ce n'est qu'installé dans une voiture de la ligne 9, quotidiennement empruntée, qu'il se sent hors d'atteinte. La rechute brutale dans le malaise prouve la nécessité de trouver une voie pour faire de l'instant d'extase fragile le point de départ d'un équilibre que ne comprettraient ni la peur ni les pièges de la solitude.

Dans un essai de 1974 (2), contemporain de la composition de ***L'heure de la sensation vraie***, Peter Handke examine les relations entre la peur et le bonheur. Il y définit deux sortes de bonheur. D'abord un bonheur spontané, sauvage, aveugle et destructeur, celui redouté par la femme gauchère, qui peut être considéré comme une sorte d'amok (lF, 82) (3). Ensuite, le bon-

2. ***Eine Zwischenbemerkung über die Angst***, in : ***Als das Wünschen noch geholfen hat***, *Op.cit.*, p. 101 - 102.
3. "Ich habe Angst vor dem Glück. Ich glaube, ich würde es nicht aushalten, da im Kopf. Ich würde wahnsinnig werden für immer, oder sterben. Oder ich würde jemanden ermorden" (lF, 73).
"J'ai peur du bonheur. Je crois que je n'y tiendrais pas, là dans la tête.

heur raisonnable vers lequel tend le poète et qui, à cette phase de la vie, ne se conçoit qu'en liaison avec la peur. Il se manifeste comme un pôle de détente, opposé à celui de l'extrême tension occasionnée par une peur panique souvent immotivée, qui est facteur de connaissance. Le bonheur raisonnable envahit le sujet lorsque l'emprise de la peur se relâche. Il est "un sentiment fort, communicable et social" (4). Il ne coupe pas de l'extériorité, mais provoque l'ouverture à un monde enfin perçu au-delà du miroir déformant de la subjectivité. Les objets cessent d'être des signes, maléfices ou présages, pour n'être plus qu'eux-mêmes. Le poème de 1974, ***Le non-sens et le bonheur***, décrit ainsi ce changement radical :

> Die Augen werden groB
> und was man auch anschaut,
> LACHT -
> so viel ist plötzlich, nach dem so langen Unsinn,
> von dem ÜberfluB der Welt dagewesen
> (AdW, 115) (5).

Pourtant la précarité reste la caractéristique majeure de la découverte bouleversante, et l'individu n'a pas encore atteint le stade où les protagonistes de ***Lent retour*** et de ***La leçon de la Sainte Victoire*** proclament, face à un paysage dont ils essaient patiemment de dégager les formes et le mystère :

> Der Zusammenhang ist möglich. Jeder einzelne Augenblick meines Lebens geht mit jedem anderen zusammen - ohne Hilfsglieder. Es existiert eine unmittelbare Verbindung ; ich muB sie nur frei phantasieren (lH, 112 - 113) (6).

Je deviendrais folle pour toujours ou je mourrais. Ou je tuerais quelqu'un" (lF, 82).

4. "ein starkes, mittelbares, soziales Gefühl" (AdW, 102).

5. "Les yeux s'écarquillent,
   et ce que l'on regarde
   RIT -
   c'est tout cela qu'il y eut, tout à coup, après le long non-sens,
   tout cela de surabondance du monde"(AdW, 113 - 115).

6. Le même constat est repris textuellement dans ***La leçon de la Sainte-Victoire*** avec une légère variante orthographique : "Ich muB sie nur frei-phantasieren" (LSV, 100).

"La cohérence est possible. Chaque instant isolé de ma vie va de pair avec

Ainsi que l'observe Rüdiger Wischenbart (7) dans un commentaire de l'énoncé solennel, il est impossible d'ignorer les liens étroits unissant l'expérience magique de la réalité et la quête de l'identité. La vision mystique du monde, pris comme totalité, est un préalable à l'instauration d'une harmonie intérieure à laquelle on ne peut accéder par la seule révélation de l'instant, mais uniquement au prix d'une lente mise en forme.

Déjà dans *L'heure de la sensation vraie*, la fragilité de l'instant de plénitude suscite le désir de la loi, et l'associe à la nécessité d'un travail vrai, propice à l'invention (SwE, 139 - 140, 161). Néanmoins, Keuschnig en demeure au stade de l'intuition. Une longue route devra être parcourue avant de trouver l'espace de la vie poétique. Le dilemme où s'enlisent les rapports avec l'autre doit être clarifié et résolu sur d'autres modalités que celles de l'alternative entre la solitude et l'adhésion à la communauté, dont les pièges respectifs sont dénoncés dans toute la production littéraire de Peter Handke. Si la solitude rend étranger à tout et conduit à la perte de la parole (kB, 189), la vie au milieu des autres risque de tuer le sens de l'existence vraie au profit des rôles et des sentiments d'emprunt. Sorte de sismographe de la conscience, le Journal *Le poids du monde* qui se rapporte à la période où fut composée *La femme gauchère*, transcrit les oscillations multiples enregistrées entre les deux pôles (GW, 181, 34, 35, 236). Toutefois, le mouvement pendulaire tend à se résorber au profit d'une boucle faisant de la solitude la condition au rapprochement avec l'autre (GW, 232, 46).

Le héros des romans et récits de Peter Handke s'engage dans un apprentissage visant à fixer la perception fugitive de

---

tout autre - sans maillons intermédiaires. Il existe un lien immédiat ; il me faut simplement l'imaginer en toute liberté" (lH, 100)
Traduction légèrement modifiée : la traduction de "Zusammenhang" par "rapport" affaiblit l'intensité de cette profession de foi. A noter que G.A. GOLDSCHMIDT propose selon l'oeuvre, une traduction différente de ce même passage.

7. Rüdiger WISCHENBART, ***Hören Sie mich an. Über die Beschwörung der Ordnung bei Peter Handke***, in : ***Die Arbeit am Glück. Peter Handke***, herausgegeben von Gerhard MELZER und Jale TÜKEL, Athenäum, Königstein, 1985, p. 45 - 74. Ici, p. 54.

l'harmonie du monde, en lui donnant la durée et la valeur d'un principe de vie qui peut être transmis.

2.2 L'APPRENTISSAGE DU REGARD VRAI

On le sait, la conquête de l'identité passe par la présence du témoin vrai. Keuschnig ne partage pas la chance du voyageur de ***La courte lettre*** et entreprend une recherche avide. Elle reste partiellement vaine jusqu'au moment où le désir brûlant et inattendu de devenir pour son enfant le narrateur de l'incroyable aventure émerge de la confusion intérieure (8).

Le témoin idéal que recherche Keuschnig ne se confond pas avec le personnage utopique de l'amie américaine du voyageur. Ce n'est pas l'écoute attentive, la perspicacité du commentaire, ni l'effacement total de la subjectivité qui confère à la petite fille de quatre ans sa qualité de témoin, mais la relation particulière qu'elle entretient avec les réalités intérieure et extérieure. L'enfant-témoin n'atteste pas l'existence propre de l'adulte, ses yeux n'ont pas pour fonction de renvoyer l'image authentique de celui qui chercherait à s'y lire, ils reflètent une façon d'être et de regarder le monde qui lui est propre.

Si la jeune Agnès prend valeur de modèle pour l'adulte, elle le doit à sa situation privilégiée d'enfant vivant à l'abri de la peur, en raison de la présence muette et rassurante de l'adulte à l'égard duquel elle ne paraît pas nourrir d'autres exigences (SwE, 131). Elle jouit, pourrait-on dire, d'un contexte idéal, île familière dépourvue de tensions, de contraintes extérieures ou sociales, décrite par Stefan, le

---

8. Le motif est bien ancré dans la pensée du poète puisqu'il resurgit près de dix ans plus tard dans ***Le Chinois de la douleur*** où Loser retourne temporairement au sein du cercle familial pour dire à son fils : "Il faut que tu sois mon témoin" ("Ich brauche dich als meinen Zeugen", CS, 241).

fils de Marianne la femme gauchère, dans le cadre d'une rédaction scolaire (lF, 9).

Il n'est pas besoin d'attendre la tétralogie et l'hymne que constitue ***Histoire d'enfant*** pour que soit manifesté le thème de l'initiation par l'enfant. Les critiques (9) ont certes considéré ce livre, où sont développées systématiquement les données autobiographiques, comme un document décisif manifestant les fondements des nouveaux projets poétiques de l'écrivain, mais il n'empêche que les personnages d'Agnès (4 ans) (SwE) et de Bénédictine (2 ans) (kB) recèlent déjà intégralement la richesse du thème de la petite enfance.

L'ETRE-POUR-SOI DE L'ENFANT

Les comportements de l'enfant dans les espaces clos et les espaces ouverts doivent être distingués car ils impliquent deux types de relation spécifiques à l'adulte.

Au cours de la matinée que Keuschnig passe seul avec Agnès à son domicile de la Porte d'Auteuil, après le départ de sa femme, il est en proie à la plus vive agitation. Elle n'est pas la seule conséquence de la nuit de troubles et de cauchemars qui a fait suite à la soirée de mue paroxystique, elle est aussi la résultante d'un malaise éprouvé à l'égard de l'enfant. La chambre, voire l'appartement, sont pour la petite fille un lieu connu et paisible, une aire de jeu libre qu'elle gère au gré de ses fantaisies et de ses désirs. Elle s'absorbe à sa guise dans les occupations choisies, en veillant soigneusement à ne pas laisser troubler sa quiétude. Face à l'adulte tourmenté, qui n'a d'autre souci que de quitter cet endroit cossu et confortable, symbole de toutes les entraves sociales, Agnès représente l'étrangère qui retient prisonnier, et elle suscite à la fois la plus violente agressivité et la plus vive mauvaise conscience. Brisé par le chaos intérieur, l'homme reste démuni devant l'insouciante sérénité de l'enfant. Dans son désarroi,

9. Karl-Lorenz TIMPE, ***Launenfreier, lebendiger Ernst, Zur Kindergeschichte***, in : ***P. Handke***, R. FELLINGER (hrsg.), *Op.cit.*, p. 315 - 344.

il confond le bien-être avec un ennui mortel qu'il essaie d'endiguer par de maladroites et importunes interventions. L'envie habite ces sentiments contradictoires éprouvés devant la curieuse situation d'être-pour-soi d'Agnès qui, le plus souvent, ignore l'adulte ou même l'exclut, et parfois le sollicite selon les besoins de l'instant.

Pourtant, aux heures cruciales, la nostalgie de la présence de l'enfant et de sa façon "d'être-là" s'est imposée. D'abord au moment de franchir le seuil pour échapper aux regards de jugement de l'épouse et des invités (SwE, 87), puis dans les secondes précédant la métamorphose monstrueuse (SwE, 97), enfin au cours de l'errance dans les rues de Paris où le besoin du témoin surgit (SwE, 57). L'adulte tente bien de dire ce matin-là son histoire à l'enfant, mais le cadre familial l'oppresse, lui noue la langue à tel point que la fillette se moque des phrases incohérentes bafouillées, et finit par chasser le narrateur maladroit (SwE, 120).

INITIATEUR A LA LECTURE DE SOI

Par sa seule manière d'être-là (10), l'enfant devient pour l'adulte une source d'interrogation sur lui-même. Ainsi Bénédictine participe-t-elle indirectement, par ses réactions d'angoisse, au travail clarificateur de la mémoire du voyageur (kB, 87, 117) et l'aide-t-elle à se libérer de l'emprise des traumatismes de l'enfance. Mais elle est plus qu'un élément d'accompagnement d'un processus général de réappropriation du passé : elle contribue surtout à l'édification du présent.

D'abord, comme Agnès, elle est la manifestation visible du changement qui est le fondement même de toute réalité vivante. L'une et l'autre attestent la possibilité de la transformation et de la croissance. La démarche de jour en jour plus alerte d'Agnès (SwE, 140), la robe un peu trop grande qu'elle porte (SwE, 135) ou bien l'obsession de la prise de photographies

10. Claire établit un parallèle entre une relation idéale à l'enfant non empoisonnée par la peur, et la présence familière d'un animal domestique (kB, 89).

pour fixer les signes du changement de Bénédictine (kB, 116) témoignent incontestablement de cet aspect majeur.

L'enfant conduit aussi l'adulte à la perception de ses manques, et introduit le thème du nouveau regard posé sur le monde. Le voyageur, devenu le compagnon familier de la petite américaine, constate ses propres insuffisances au travers de l'apprentissage que fait l'enfant du vocabulaire initial fixant son rapport à l'environnement. La langue étrangère, pourtant couramment parlée par l'adulte, révèle les lacunes et démasque les troubles de la relation qu'il entretient depuis toujours avec le monde extérieur (kB, 116 - 117). Il remarque que son repli presque total sur lui-même l'a rendu incapable de nommer la plupart des choses et des mouvements les plus habituels. De cette façon, il apprend à ne plus simplement poser distraitement les yeux sur ce qui se déroule autour de lui, mais à le regarder jusqu'à son achèvement. L'attention extrême, la curiosité glacée et l'acuité particulière du regard de l'enfant sont fréquemment soulignées par les divers narrateurs qui y sont soumis (kB, 181, SwE,94). Toutefois, cette observation, à laquelle rien n'échappe, relève de la situation particulière de l'enfant, placé depuis peu au sein du monde ; elle se distingue fondamentalement du regard social de jugement impitoyable modelant ultérieurement les relations entre individus. Le jeune enfant ignore encore la classification systématique, l'obsession de l'interprétation et le préjugé ; il est étonnement et ouverture absolue à la diversité et à la richesse de l'instant présent. Aussi le voyageur jalouse-t-il la petite Bénédictine pour l'aisance avec laquelle elle évolue parmi les signes artificiels et objets de civilisation, comme s'ils étaient des éléments naturels.

Rien de surprenant donc à ce que le leitmotiv qui accompagne l'évocation de l'enfant soit celui des "yeux ouverts", "des yeux qui se dilatent" (kB, 80, 88). Les yeux de l'enfant sont le réceptacle de l'abondance offerte.

INITIATEUR DU REGARD (11)

Comme l'indique Gerhard Melzer (12) dans un long article prenant appui sur une étude approfondie de Jürgen Manthey (13), il existe deux regards. Le plus fréquemment adopté, le plus décisif pour la civilisation occidentale, fonde l'appropriation du monde sur une séparation radicale entre le sujet qui perçoit et l'objet perçu. L'oeil, tel un appareil photographique, est conçu comme un instrument destiné à enregistrer la réalité avec une exactitude et une froideur maximales, à simplement la reproduire. Le regard devient essentiellement un acte créateur d'intervalle, qui prend en cette fin de XXe siècle une dimension extrême jamais atteinte jusque-là. C'est précisément à ce type de regard que Peter Handke oppose un projet original. Il travaille dès les années 70 à l'élaboration d'un autre regard intégrant immédiatement le perçu dans l'expérience, et ne le dissociant pas du sentiment. La préoccupation centrale de l'écrivain, confiée à H.L. Arnold lors de la parution de ***L'heure de la sensation vraie*** : comment peut-on représenter le bonheur ? (14), qui fut considérée par la critique de l'époque

---

11. L'utilisation fréquente de la notion d'"initiation" appelle quelques précisions. Il n'est pas à proprement parler question dans ce chapitre d'une initiation au sens étroit du terme, mais plutôt de l'idée générale d'un passage. Le processus, introduit par le contact avec l'autre, ne conduit pas à une révélation d'ordre magique ou religieux éloignant de la condition humaine normale et donnant accès à quelque société secrète. Au contraire, il devrait permettre un lent apprentissage effectué dans une silencieuse connivence qui ouvre les voies à une dilatation du potentiel de vie, à un rapprochement tranquille avec les mystères du monde, préalable à une appartenance élargie à la communauté humaine.
On ne peut cependant pas nier, par ailleurs, que le parcours décrit dans ***Le recommencement*** et consacré à la naissance du poète, reproduit assez fidèlement les étapes des initiations tribales assurant l'entrée des jeunes dans la catégorie des adultes. Il ne serait pas difficile de discerner dans le voyage que le jeune homme entreprend délibérément - il faut le souligner - vers la Slovénie mythique, la succession des différentes phases des rites de séparation et de marge ; mais des réserves devraient être formulées quant à l'évocation des rites d'agrégation, la réintégration à la société et à la vie quotidienne se révélant - comme toujours chez Peter Handke - problématique.
12. Gerhard MELZER, ***Lebendigkeit : ein Blick genügt. Zur Phenomenologie des Schauens bei Peter Handke***, in : ***Die Arbeit am Glück***, *Op.cit.*, p. 126 - 149.
13. Jürgen MANTHEY, ***Wenn Blicke zeugen könnten. Eine psycho-historische Studie über das Sehen in Literatur und Philosophie***, München, 1983.
14."Wie kann man das Glück darstellen ?", in : ***Die Zeit***, 12.3.1976, ***Ich will über das schreiben, was die Leute verdrängen.*** Ein Gespräch zwischen P.

comme la marque d'un revirement dans l'attitude du poète, ne signifie rien d'autre que le besoin ardent de rétablir des liens entre l'homme et le monde. D'observateur, l'individu devient un contemplateur qui pourra d'autant mieux participer au mystère du monde, qu'il réussira à donner par la forme une durée à l'expérience intense vécue en harmonie avec les objets. Mais pour devenir des organes de vision et non plus simplement de vue, les yeux doivent recevoir une initiation, destinée à les préparer à leur nouvelle fonction de vie.

Suche deine Augen (ÜD, 42) (15),

entend-on dans le poème dramatique clôturant la tétralogie. C'est bien dans cette recherche, née de la confusion et d'une certaine intuition, que se risque Keuschnig au côté de la petite Agnès.

L'un des fils conducteurs du récit de 1975 est le dégoût éprouvé à l'encontre de la fausse vie et de ses acteurs. Il est abondamment illustré par la métaphore des films et des reprises de la saison estivale. Les sentiments y sont appris par coeur (SwE, 49) et l'issue est connue dès les premières images (SwE, 116, 134). Le protagoniste, dont l'errance temporaire est une attente impatiente du hasard heureux, doit se doter de moyens nouveaux pour renouveler ses modes de perception des choses et des hommes. Peut-être le projet résulte-t-il de l'une des façons inédites de réfléchir que procure la seule présence des enfants, reçue pourtant souvent dans un premier temps comme une entrave à la réflexion sur soi (SwE, 121) (16). Quoiqu'il en soit, l'adulte puise dans son tête-à-tête avec l'enfant au restaurant, puis surtout dans la promenade qu'ils entreprennent

HANDKE und H.L. ARNOLD.
15. "Cherche tes yeux" (ÜD, 42).
16. La remarque est reprise presque littéralement dans *La femme gauchère* ; au "peut-être pourrais-je justement apprendre de l'enfant une autre manière de réfléchir" (SwE, 112) de Keuschnig, fait écho la réponse de Marianne adressée à son amie désabusée, l'institutrice :" peut-être (en retire-t-on) quelques possibilités de réfléchir, plus que sans eux" (lF, 113).
"Vielleicht könnte ich gerade an dem Kind eine andere Art des Nachdenkens erlernen" (SwE, 121)
"Vielleicht einige Nachdenkmöglichkeiten mehr als ohne sie" (lF, 127).

ensuite en direction du square Carpeaux, un revigorant sentiment de bien-être.

Par sa marche au côté de l'enfant, dans la bienfaisante et torride chaleur de juillet, l'adulte se libère de la loi de la nécessité pour s'abandonner au plaisir de l'instant et, spontanément, il adopte la lenteur de la petite fille. L'absence de conversation ne signifie pas que le fossé de l'étrangeté les sépare, bien au contraire, elle est le signe d'une appartenance profonde à un rythme vital que rien ne vient corrompre. Un sourire, un sautillement scellent l'harmonie entre les deux êtres, brisent l'isolement de l'adulte en suscitant le désir de la rencontre avec l'autre (SwE, 139) ; ils rendent l'homme capable de trouver les mots vrais pour faire de l'enfant le témoin des décisions touchant à son travail, ils l'aident à surmonter le sentiment de non-sens (17). La faculté de l'enfant d'être-pour-soi au coeur même du monde rayonne sur l'adulte qui s'engage dans une lente et profonde métamorphose. Mais la marche partagée n'est qu'un prélude à l'initiation réelle du regard dont la petite fille est l'artisan.

L'être-pour-soi de l'enfant n'est pas un repli, il est une ouverture absolue à soi et au monde, comme l'atteste la description du comportement de l'enfant au square Carpeaux :

> Sie stand zuerst nur am Rand der Spielfläche und schaute zu... Keuschnig setzte sich auf eine Bank und berührte die versunken dastehende Agnès sacht mit dem FuB, und ohne sich nach ihm umzuschauen, lächelte sie, als hätte sie auf diese Berührung gewartet. In ihrem Fürsichsein strahlte sie von einem Stolz, so objektiv, daB er auch auf ihn überging. Mit ihr wahrnehmen ! Das vertrieb erst einmal die Abgeschmacktheit und den ÜberdruB (...).

17. Alors qu'une plaque évoquant le souvenir d'un résistant ne faisait éprouver à Keuschnig qu'indifférence méprisante et dégoût, au premier matin de son errance (SwE, 16), une circonstance similaire l'amène, pendant la promenade, à parler du nazisme à l'enfant (SwE, 140).

> Wie viel es auf diese Weise zu sehen gab, ohne daB ein Ekel es als das Altbekannte abtat ! (...)
>
> Während sie dann unter den anderen Kindern lief, las er zufrieden die so häufigen Beschreibungen von Kleidern in den Erzählungen von Henry James. Endlich etwas, das keine Zeitung war... Im Lesen und immer Weiterlesen freute er sich darauf, sich später, seit langem wieder einmal, etwas zu kaufen. Er stellte sich vor, wie er in einem neuen hellen Sommeranzug über einen Platz ging. Mit all dem Neuen, das ihm zustieB, und dem Alten, das er nicht vergessen durfte ! würde er eine unerhörte Geschichte erleben (SwE, 140 - 145) (18).

L'enfant exerce une fascination sur l'adulte, immédiatement elle occupe le centre du regard de celui-ci. Elle le conduit automatiquement à considérer le spectacle offert au travers de ses yeux avides et naïfs qui sont une partie intégrante du monde. Par sa seule présence contemplative, l'enfant provoque une transformation radicale chez son compagnon protecteur ; il se départit des pesanteurs intérieures pour s'ouvrir à l'autre, à l'enfant d'abord, puis aux autres, les mères occupées à la surveillance, et enfin à la lecture qui suscite le désir. La possibilité de la réconciliation au-delà des déchirures se révèle.

---

18. "D'abord elle ne fit que rester au bord du terrain de jeu à regarder... Keuschnig s'assit sur un banc et du pied il effleura doucement Agnès, absorbée et sans se retourner elle sourit, comme si elle avait attendu ce frôlement. Dans son être-pour-soi elle rayonnait d'une fierté si palpable qu'elle se transmit à lui. Tout percevoir avec elle ! Cela chassa pour l'instant l'insipidité et la lassitude (...).
Il y en avait des choses à voir de cette manière-là, sans que le dégoût ne vienne les annuler en en faisant des vieilleries ! (...)
Puis, lorsqu'elle partit en courant au milieu des autres enfants, il lut satisfait les descriptions de vêtements, si fréquentes dans les récits de Henry James. Enfin une lecture qui n'était pas le journal... En lisant, en continuant toujours à lire, il se réjouit d'avance d'acheter quelque chose tout à l'heure, pour la première fois depuis longtemps. Il s'imagina traverser une place en costume d'été neuf. Avec tout ce qui lui arrivait de neuf et l'ancien qu'il n'avait pas le droit d'oublier !, il allait vivre une prodigieuse histoire" (SwE, 129 - 133).

L'image symbolique de l'enfant appuyé contre l'adulte à la lisière du terrain de jeu repousse dans un passé fantomatique les chimères torturantes des personnages d'errance, observateurs étrangers, au bord de la dissolution. Il ne s'agit plus de se tendre dans un angoissant décryptage des signes, fondé sur le souvenir et l'anticipation, pour assurer la réussite d'un échange avec l'altérité (Bloch) ou pour arracher la survie dans un univers chaotique. Il faut désormais reconquérir un regard qui soit une participation au secret des choses. L'appropriation rationnelle du monde et les perversions en résultant pour l'être livré à la peur qui tente de surmonter son isolement tragique (l'obsession du signe), doivent être dépassées au profit de la généralisation et de l'intensification de la perception authentique. La sensation vraie qui manifeste l'harmonie entre l'objet et le sujet ne doit pas être réservée à un instant d'exception, celui de l'illumination, mais être l'aboutissement d'une relation quotidienne renouvelée. Percevoir comme l'enfant, ne signifie rien d'autre que partir à la recherche des formes poétiques.

> Und in allem, in Wolken, in den Baumschatten, in Wasserlachen, sah sie GESTALTEN - die er schon längst nicht mehr wahrnahm... (SwE, 144) (19).

Le poète a l'ambition démesurée de retrouver l'état de vision premier, antérieur à la brisure originelle, et dont la fécondité est attestée par la langue d'Homère, dans laquelle Jürgen Manthey relève encore la présence de dix verbes différents pour désigner les phénomènes de perception visuelle chez l'homme. Mais - comme il le note - au Ve siècle déjà, certains d'entre eux pour lesquels la vue ne signifie pas la fonction d'un organe mais le rayonnement de l'oeil perçu par l'autre, avaient déjà disparu de la langue écrite ou parlée. Ainsi en est-il du regard de nostalgie lancé vers la mer, du regard dont l'intensité pénétrante est semblable à celle des rayons du soleil, du regard qui se perd dans le lointain, de la manifesta-

19. "Et dans tout, dans les nuages, dans les ombres des arbres, les flaques d'eau, elle voyait des SILHOUETTES - que lui ne percevait déjà plus depuis longtemps..." (SwE, 133).

tion par le regard du mouvement intérieur déclenché par la perception d'un objet (20).

Mais l'état de grâce dans lequel baigne l'enfant porte la marque de l'éphémère. Quand la communication avec l'adulte dépasse le cadre de la connivence, de l'échange en deçà du langage et devient verbale, la situation d'harmonie précaire avec le monde est menacée.

L'INELUCTABLE EXTINCTION DU REGARD

L'apprentissage des mots est nécessaire à l'enfant pour rendre familier le monde environnant et juguler la peur qui résulte de chaque confrontation avec l'inconnu. Les accès de colère ou de panique de la jeune Bénédictine en raison de l'incapacité occasionnelle de l'adulte à nommer les choses, ou au contraire à cause de la double désignation des objets, l'expriment nettement (kB, 85, 117). Le phénomène est présent dès les écrits de jeunesse de Peter Handke, et resurgit épisodiquement dans les notes des journaux. Quand l'individu est seul, confronté au péril de la dissolution, il fait systématiquement appel à des noms, ou aux nombres, pour maîtriser l'angoisse par le recours apaisant à une mise en ordre commode.

Pourtant la traîtrise du langage ne tarde pas à apparaître. Nommer les choses permet d'avoir prise sur elles, mais cela signifie également se couper irrémédiablement d'elles, en les enfermant dans un système de classification fonctionnant de façon autonome. Ainsi les efforts de Bénédictine pour relater avec fierté et sérieux, dans un langage structuré, les événements de la journée écoulée - une visite au restaurant par exemple - n'inspirent-ils au narrateur de *La courte lettre* qui en est le témoin, qu'amertume et compassion. Il se remémore même en cet instant les terribles années d'internat (kB, 123 - 124). A entendre la jeune enfant :

---

20. Jürgen MANTHEY, *Op.cit.*, p. 93.

> ...erschrak ich von neuem vor Mitleid, und es war mir, als sei sie bei dem allem gar nicht dabei gewesen... (kB, 123) (21).

Le fossé se creuse entre le dit et l'expérience et laisse présager pour l'avenir une rupture définitive entre les mots et les choses. L'existence sera désormais vécue sur le mode du simulacre, tel que le dénonce Keuschnig aux heures de la crise.

Un autre épisode de *La courte lettre* reflète les manques inhérents à la situation de la petite enfance, par ailleurs si enviable. Au cours de la nuit décisive du trentième anniversaire, passée avec Claire, le voyageur, mû par la pitié, éprouve soudain l'irrésistible besoin de réveiller l'enfant pour la délivrer de sa solitude et de son épouvantable ennui :

> Es ist so unerträglich, daB man nicht sofort, wenn man auf die Welt kommt, auch zu BewuBtsein kommen kann (kB, 104) (22).

Le stade de la préconscience enfantine, qui fait rayonner l'harmonie entre l'individu et le monde, porte ainsi en lui le germe de l'extinction du regard de vie, en raison des insuffisances qui l'habitent, mais aussi précisément en raison de la perméabilité absolue des yeux de l'enfant. Le regard qui enveloppe l'adulte conduit instinctivement l'enfant à s'abandonner à l'attrait irrésistible de l'imitation. L'anecdote de Twin Rocks, précédant de peu la rencontre fatidique entre les époux séparés, est significative. Le voyageur traqué scrute le paysage sinistre et découvre un enfant derrière une fenêtre "qui (l') observait et imitait (ses) expressions, perdu dans ses rêves" (kB, 181).

La scène de ***L'heure de la sensation vraie***, au cours de laquelle Keuschnig découvre avec enthousiasme que sa fille a des secrets, et qu'elle les lui confie soudain à l'aide d'expressions que l'adulte d'ordinaire est seul à utiliser,

---

21. "je fus à nouveau saisi de compassion. J'avais l'impression qu'elle n'avait pas du tout assisté à tout cela, qu'elle n'avait pas du tout été présente..." (kB, 114).
22. "C'est tellement insupportable de ne pas accéder à la conscience dès qu'on vient au monde !" (kB, 97).

souligne elle aussi le besoin d'imitation propre à l'enfant. Si l'adulte à ce moment éprouve un certain bonheur (SwE, 144), c'est parce qu'il ne mesure pas la portée funeste de l'observation, et s'abandonne à la satisfaction de déceler des liens réconfortants d'appartenance.

Ainsi peut-on détecter dans les récits précédant la tétralogie les signes annonciateurs d'une pratique poétique fondée sur un regard vivant dont l'enfant fournit le modèle. Mais on y discerne aussi la nécessité de dominer l'état de préconscience enfantine qui, comme l'illumination de l'instant mystique, porte le sceau de la précarité. Des moyens doivent être recherchés afin de préserver de l'oubli la richesse fugitivement entrevue, que les pesanteurs et les rites relevant de l'appartenance sociale ne tardent pas à tuer. Affirmer dans ces conditions que le second initiateur de liberté puisse être le père, jusqu'alors ostensiblement présenté comme le porteur de tous les présages de mort, semble relever du défi provocateur. Il ne s'agit nullement de vouloir cultiver le goût du paradoxe, mais les remarques sur la notion de filiation contenues dans *Le recommencement* invitent très sérieusement à reconsidérer sous ce nouvel aspect les pères de l'oeuvre de jeunesse, et à s'interroger sur la dimension initiatrice sous-jacente aux personnages paternels.

2.3. LA FILIATION REINVENTEE

Les oeuvres de la période de "déconstruction", pour reprendre la terminologie utilisée par Christoph Bartmann, en particulier le roman familial *Les frelons*, ont pour objet central le rejet de l'appartenance sociale. Cela équivaut à rejeter le père puisqu'il en est le principal représentant et l'agent de transmission. Le modèle d'intégration au monde transmis par lui fonctionne essentiellement sur le mode de la conformité à la tradition, aux rites, aux préjugés. Il dépouille l'individu de toute réalité personnelle pour le fondre dans l'anonymat. Il est à l'opposé de l'idéal classique qui, au terme d'un processus de formation, fait accéder à l'identité propre par un allègement et une maîtrise des pressions intérieures et extérieures. Dans de telles conditions, il devient d'une urgence vitale de se débarrasser du père (23) pour - selon une métaphore cultivée dans un autre cadre (SwE) - crever l'écran du film dont l'histoire tragique est connue dès la première image.

Se libérer du père signifie se dégager des entraves d'un monde hostile régi par la violence et le non-sens. Mais celui dont les malédictions et colères envahissent l'espace du roman de jeunesse, n'est pas tenu pour responsable des seuls désordres extérieurs ; l'étude des ***Frelons*** montre que la place prise par le personnage paternel est la conséquence d'une stratégie de la dissimulation : il s'agit en réalité de compenser par la fiction l'absence du père de la biographie, génératrice du malaise intérieur. Derrière la peinture du chef de famille autoritaire et colérique, résultant d'un montage de stéréotypes, résonne une plainte infinie.

L'hypothèse de l'appel nostalgique du père, initialement posée en raison de similitudes de ton ou de situation avec les Psaumes, est confirmée par le roman de la biographie clarifiée, ***Le recommencement.*** Le regard de condamnation jeté sur le fils ne reflète pas l'impuissance résignée, mais bien davantage ce qui sépare le père de ses congénères : la rage impuissante de la lignée des valets. Ce trait distinctif lui assure l'individualité et donc la dignité.

LE TEMOIN DES SEUILS

Le père n'est plus exclusivement représenté comme un agent de mort, mais symboliquement comme un témoin du recommencement, de la vie qui renaît, et des seuils. Le père de Filip Kobal a reçu de la communauté villageoise une charge d'église, celle de

---

23. Jürgen MANTHEY, ***Franz Kafka, Der ewige Sohn***, in : R. Fellinger, *Op.cit.*, p. 378.

porter avec quelques autres élus le long manteau de pourpre dans lequel, au cours de la nuit pascale, il s'étend sur le sol de l'église pour vénérer la grotte du ressuscité. Revêtu de ce manteau aussi, dans une image saisissante qui clôt la galerie des tableaux formant l'histoire du ***Recommencement***, il berce et apaise, dans une étrange étreinte, l'épouse qui va franchir le seuil ultime de la vie (W, 330).

La découverte de la dimension vivante du père - pourtant souvent contredite par l'évocation des innombrables souvenirs d'enfance et d'adolescence du narrateur - est décrite d'une façon originale dans l'épisode où, au coeur de la terre des pères, la Slovénie, le jeune Filip, réinventant l'étymologie du mot Kindschaft (filiation), se crée, à l'ombre fécondante du frère disparu, une généalogie humaine et culturelle :

> Wie kann man sagen zu dem Erleben von Kindheit und Landschaft in eins ? Es gibt den Ausdruck und er ist deutsch und heiBt '*Kindschaft*' (W, 207) (24).

La fragilité des limites de cette reconnaissance voilée du père ne doit pas être sous-estimée, mais on ne peut ignorer non plus la mise en évidence nouvelle des liens de filiation bienfaisants, dans une oeuvre poétique jusqu'alors caractérisée par le rejet radical des appartenances, puis par un mouvement de retour, qui reste surtout intellectuel ou esthétique.

Dans ***Le recommencement***, le père est d'abord moins ressenti comme l'initiateur d'une vie nouvelle que comme le précurseur de la perception de l'étrangeté. L'incapacité du père à trouver sa place parmi les autres, que ce soit dans le village ou dans le cercle familial, est longuement évoquée. C'est un homme issu d'une famille de bannis, toujours occupé dans son atelier de menuisier ; son ardeur au travail relève davantage d'une rage aveugle que d'un projet raisonné (W, 68). A la maison (W, 78), il fait figure de tyran.

---

24. "Comment peut-on exprimer en un seul vocable l'expérience de l'enfance et du paysage ? L'expression existe, elle est allemande et se dit *Kindschaft*" (W, 161).

Faute de trouver sa place, il rend celle des autres invivable par son agitation constante et son extrême nervosité. Pourtant, le père n'offre pas simplement l'image du profond malaise de celui qui, chassé de sa terre natale (25), est voué au déracinement sans fin ; le père peut aussi, dans des cas d'exception, sortir de sa fureur muette, être un marcheur et accompagner son fils vers la chaîne montagneuse que ses ancêtres ont traversée il y a deux siècles, et que le fils aîné a franchie sans retour vingt ans plus tôt pour rejoindre les partisans slovènes. Ainsi, un jour, dans un instant privilégié, sur la ligne de crête derrière laquelle commence la Yougoslavie, devient-il pour l'enfant étonné un prophète, enseignant l'étymologie vraie du patronyme.

> Sieh her, was unser Name bedeutet : nicht *der Breitbeinige*, sondern die *Grenznatur*. Dein Bruder der Mittemensch - und wir zwei die Grenznaturen. Ein Kobal, das ist sowohl der, der auf allen vieren kriecht, als auch der leichtfüBige Kletterer. Eine Grenznatur, das ist eine Randexistenz, doch keine Randfigur ! (W, 235) (26).

L'appartenance nouvelle qui s'esquisse dans cette déclaration lapidaire, empreinte de fierté légitime, n'est pas de celle qui enferme, mais de celle qui ouvre les horizons. Elle y désigne les apports de la marginalité authentique qui ne confine pas celui auquel elle échoit dans le bannissement et une étrangeté dévastatrice, mais lui offre aussi la chance de pouvoir s'élever d'un pied léger au-dessus des pesanteurs de sa condition.

25. L'ancêtre de Filip Kobal aurait été Gregor Kobal, le chef de la révolution des paysans de Tolmin. Après son exécution en 1713, ses descendants auraient été chassés de la vallée de l'Isonzo et l'un d'entre eux, franchissant les Karawanken, se serait retrouvé en Carinthie (W, 70).

26. "Regarde ce que signifie notre nom : pas *l'homme aux jambes écartées*, mais *la nature frontalière*. Ton frère : l'homme du milieu - et nous deux, les natures frontalières. Un Kobal, c'est aussi bien celui qui marche à quatre pattes que celui qui grimpe d'un pied léger. Une nature frontalière, c'est une existence marginale, mais pas une figure marginale !" (W, 182).

Bien évidemment, l'idéalisation du père s'inscrit dans le projet général du livre, la représentation clarifiée du cheminement du poète. Néanmoins, le père y conserve les attributs réalistes caractéristiques des oeuvres de jeunesse : l'aspect fluet, le tempérament colérique et surtout la passion des cartes. Le seul répit que connaisse ce valet à l'âme tourmentée, ce condamné à l'errance par destin familial, est accordé par la partie de cartes dominicale, impatiemment attendue comme une délivrance temporaire par l'épouse et les enfants (W, 80).

Le jeu de cartes du dimanche après-midi représente, apprend-on dans ***Le malheur indifférent***, l'unique distraction que s'octroie le grand-père du narrateur. Il fait, dans ***Les frelons***, l'objet d'une scène essentielle décrivant l'incommunicabilité dont souffre l'enfant vis-à-vis des adultes. Il revient au premier plan dans ***Le recommencement***, non pas exclusivement dans le cadre de la relation père-fils, mais par le rôle particulier attribué au jeu dans le roman de la maturité.

L'INITIATEUR DU JEU

Comme l'étymologie du nom "Kobal", le thème du jeu indique une perspective d'ouverture. S'il est possible d'interpréter l'utilisation fréquente du motif des paysans attablés, les cartes en main, comme la conséquence d'un souvenir pittoresque et marquant du monde de la petite enfance, la persistance avec laquelle le mot jeu est utilisé dans ***Le recommencement*** laisse deviner que la reprise n'est ni gratuite ni anecdotique. Car les scènes brossées par le poète n'ont pas la fadeur mélancolique des tableaux de genre, elles s'organisent toutes autour de la représentation colorée d'un père triomphant, régnant avec assurance sur la communauté des joueurs (27).

27. Le tableau, ***Les joueurs de cartes (1890 - 1892)*** dont Cézanne, peintre célébré dans ***La leçon de la Sainte-Victoire***, a donné cinq versions, s'est peut-être incrusté dans l'imaginaire de Peter Handke. L'hypothèse formulée par Michel HOOG, selon laquelle il pourrait s'agir d'un combat du fils contre le père, renforce l'attrait de ce rapprochement, d'autant que le grand espace occupé par les avant-bras et les mains du fils sur la table suggère le triomphe de ce dernier. Michel HOOG, ***Cézanne puissant et solitaire***, Editions Gallimard Découvertes, Paris, 1989.

Le temps habituel s'arrête lorsque commence la partie et un espace de liberté sociale s'instaure. La mesure du temps est prescrite par le cours aléatoire de la partie, et la distribution des cartes signifie simultanément une redistribution des rôles.

> Und die Partner waren des Vaters Freunde, Knechte wie er, die sich als Spieler Ebenbürtige wurden, Dorfherren, Einheimische, Sprecher, Erzähler, mit niemandem über sich (W, 80) (28).

Dans une société où le travail, condition nécessaire à la survie matérielle, n'est aucunement une forme d'énergie créatrice de valeur permettant à l'individu d'affirmer sa différence, et par là son identité, le jeu peut être conçu comme un rite réservé aux hommes et destiné à assurer la survie psychique. Etant un rite, il assume une fonction de régulation des pulsions et protège la structure sociale de l'agressivité, en orientant vers d'autres objets les excès dévastateurs. En outre, il crée cette différence d'"homme à homme", but de tous les combats plus ou moins ritualisés, et fait naître l'estime de soi (29). C'est ce qui rend le personnage paternel si intéressant dans les récit de Peter Handke, car le succès le fait triompher de l'anonymat ambiant, et lui confère aux yeux de l'enfant, puis de l'adolescent, une dimension de modèle. Le temps d'un jeu, le père oublie sa fureur muette devant l'injustice du monde, repousse la résignation et, prenant et calculant les risques, impose sa loi à un ordre non pré-établi, c'est-à-dire ouvert à toutes les potentialités. Le père n'indique pas seulement les voies de la mise en cause du destin

---

28. "Et les partenaires de mon père étaient ses amis, des valets comme lui, qui au jeu devenaient des égaux, des seigneurs du village, des autochtones, des parleurs, des narrateurs, n'ayant personne au-dessus d'eux" (W, 67).
29. Voir à ce propos les essais de Jacques ATLAN, rassemblés dans : ***Eloges des rites et des jeux***, PUF, Croisées, Paris 1982, où regardant en face le phénomène de l'agressivité animale, étudié par l'éthologue autrichien K. LORENZ, et celui de la violence humaine, il célèbre les rites et les jeux comme structures sociales capables d'accueillir et de maîtriser cette agressivité et cette violence. Ici : ***Théorie générale de la valeur***, p. 154 et suivantes.

social, il suggère aussi la prise en compte de la portée émancipatrice du hasard.

> Die Ruhe, in der er da thronte und ein groBes Spiel nach dem anderen wagte, strahlte eine auch die Verlierer umspannende Fröhlichkeit aus ; man lachte willig mit, sooft sich das so seltene, weder schadenfrohe noch bemitleidende, einfach triumphale, freie Herauslachen des mit seiner Waghalsigkeit erfolgreichen Spielers ereignete (W, 80) (30).

Le jeu est distribué mais les opportunités doivent être décelées, réfléchies, saisies, puis imposées par une relance constante adaptée aux interventions des partenaires. La victoire se construit progressivement en tenant compte des réactions des autres joueurs, mais surtout en utilisant le hasard qui permet, l'espace d'une partie, d'accéder à un état antérieur à celui de la socialisation et, par conséquent, non soumis aux codifications systématiques et aux automatismes. Chaque nouvelle donne écrit la première ligne d'une histoire unique, qui doit être inventée... Le jeu devient une rencontre inédite et fugace avec le hasard, dans une société qui n'a d'autre but que de le bannir (31).

LA PRISE EN COMPTE DU HASARD

N'est pas joueur qui veut. L'histoire de Marianne, la femme gauchère, et surtout le récit de la soirée improvisée qui se déroule chez elle en témoignent. Bruno, le mari, qui fonde sa réussite professionnelle sur une stratégie de l'intimidation, de la dissimulation, et confond une heure de bien-être matériel avec un instant d'éternité, se voit dans

---

30. "... le calme dans lequel il trônait alors, risquant une partie après l'autre, irradiait une gaieté qui enveloppait aussi les perdants ; on riait volontiers avec lui, chaque fois que se produisait le grand rire à gorge déployée, si rare, ni sardonique, ni apitoyé, simplement triomphal, du joueur récompensé de sa témérité" (W, 66 - 67).
31. "Pour moi, la libération peut intervenir par moments, et par hasard...", Peter HANDKE à propos de ***La femme gauchère***, in : ***Le Monde***, 18.5.1978, *Op.cit.*.

l'impossibilité de jouer aux dés avec son fils qui l'y invite (lF, 118). L'acteur, lui aussi présent, qui ne réussit pas à obtenir d'engagement, semble toujours refuser de se mettre véritablement en jeu, surtout dans l'exercice de sa profession ; c'est du moins l'interprétation que le père de Marianne donne de son insuccès (lF, 95). Il est symptomatique que les deux hommes, après une brève querelle provoquée par la jalousie de Bruno, terminent ensemble la soirée par une partie de ping-pong. Chacun mesure alors, non pas son aptitude à prendre des risques et à saisir les offres du hasard, mais à maîtriser uniquement le jeu social, par la promptitude de la réaction et l'adaptation aux élans, feintes, avances et attentes du partenaire (32). Le jeu de rôles, ou de gestes, se poursuit à la sortie de la maison de façon symbolique sur le trottoir où les deux hommes, marchant côte à côte jusqu'à la voiture, changent constamment de côté pour éviter de se trouver à la droite de l'autre (lF, 128 - 129).

Les dés remplacent les cartes chez les protagonistes en crise de la génération de l'écrivain, et symbolisent le passage de la réalité quotidienne fondée sur les systèmes, les habitudes et les rites à un temps, un espace situés au-delà des masques et des faux-semblants. Ils révèlent l'existence des mystères de la vraie vie (33). On ne peut manquer d'évoquer le célèbre coup de dés du voyageur de *La courte lettre* dans un bar de New-York qui, fugitivement, laisse entrevoir par sa brillance un autre temps (kB, 25), et introduit le thème du changement possible. Dans l'histoire de la femme gauchère, seuls les êtres à la marginalité tranquille, à la maladresse chronique et cultivée, au mode de vie solitaire, tels le père, le vieil

32. Le bruit sec et régulier d'une balle de ping-pong qui monte de la cave d'un café n'inspire que du dégoût à Keuschnig (SwE, 155). Voir le commentaire de Georges BLOESS, ***Entre mensonge et mutisme* : *Les chemins étroits de l'expression romanesque et filmique chez Peter Handke et Wim Wenders***, in : ***Recherches germaniques***, n° 9, Strasbourg, 1979, p. 242.
33. Faut-il voir dans le motif du dé à nouveau une lointaine allusion à Mallarmé? Le coup de dés apparaît, chez le poète français, dès 1869 dans une oeuvre étrange, ***Igitur***, et son enjeu était d'abolir le hasard pour accéder à l'absolu. Mais dans son dernier poème, à la disposition typographique inédite, daté de 1897 et intitulé ***Un coup de dés jamais n'abolira le hasard***, Mallarmé admettait - semble-t-il - que le hasard, contre lequel pourtant il avait lutté toute sa vie, était invincible ici-bas.

écrivain (lF, 85), ou encore la vendeuse, sont à même de jouer aux dés avec l'enfant (lF, 118). Ils n'ont pas à se faire violence pour lancer les dés. Leur façon d'être libres au sein des contraintes et codifications sociales les prédisposent à s'engager d'un geste naturel et sans réticence sur le terrain de l'imprévisible et du mystère.

Comment ne pas se représenter la décision subite de Marianne qui remet en jeu sa vie confortable et réglée d'épouse bourgeoise sous le coup d'une illumination, comme un terrible coup de dés ou de poker ébranlant les assises présentes, et débouchant sur l'inconnu absolu ? Le gobelet de dés que Marianne agite, à l'issue de la soirée décisive où elle ne s'est pas trahie (34), n'est-il pas la manifestation visuelle et auditive du franchissement définitif d'un seuil ? Après une période d'hésitation, elle s'engage vers la conquête des nouveaux espaces ; ceux des formes par exemple, qu'elle tente de saisir par le dessin (lF, 130), ceux où vibrent les secrets du monde, figurés par l'ondulation de la cime des arbres dans le reflet de laquelle se fond le balancement du fauteuil de la jeune femme...

LA PRESENCE AU MONDE ET AUX HOMMES

L'union symbolique du moi et du monde, ou du moins ses prémices, sont sous la plume de Peter Handke étroitement associées au jeu. Encore convient-il d'établir une distinction entre les cartes et les dés. Ces derniers portent davantage l'empreinte du hasard à l'état pur, de la réalisation magique du souhait. L'irrationnel y est prépondérant. Rien de comparable avec les cartes : elles offrent une ouverture qui doit être saisie au sein d'une communauté restreinte et idéale.

Le jeu de cartes que l'Indienne de *Lent retour* donne comme souvenir à Sorger, à la veille de son départ du village indien dans le grand nord américain, est destiné à graver dans la mé-

34. Cette interprétation va nettement à l'encontre de celle de A-F BERNARD, Thèse Lille III, *Op.cit.*, p. 262. Il écrit en effet : "La fierté que tire la femme gauchère de ne point s'être trahie n'est qu'une forfanterie et qu'une rodomontade de plus de l'oeuvre narratif".

moire du géologue ces espaces étranges des limites de civilisation, où la séparation radicale entre les hommes, les choses et les animaux n'est pas encore totalement accomplie. L'illustration faite de corbeaux, d'aigles, de loups et de renards qui, sur la carte joker, s'organisent en rond autour d'un visage d'Indien, est là pour le rappeler (lH, 76) (35). Le cercle magique, qui se dessine autour de l'Indienne et de ses deux partenaires au cours de la partie, émane du regard intense de la femme qui, absorbée dans les cartes, se met par la courbure de la paupière à investir l'espace tout entier. La qualité de cette présence totale au jeu, cette attention sans faille aux affleurements des secrets du monde et aux membres de la communauté humaine qui partagent l'instant d'exception, est reprise dans ***Le recommencement***.

Dans le nouveau contexte créé par la maladie de la mère, la soeur sort de son apathie chronique devenue infirmité pour tenter de disputer au père son éternelle victoire aux cartes (W, 86). Dans la participation absolue de la jeune fille au jeu, le narrateur lit les signes d'une guérison inattendue, sans doute imputable à un type de relation particulière qui, en deçà du langage, délivre des pesanteurs intérieures et jette les bases d'un renouveau.

Lorsque les secrets du monde émergent du quotidien, un cadre de communication échappant aux formules figées se crée. Les mots sont relégués à l'arrière-plan, les yeux éteints des aveugles se mettent à briller et à lire, et à dire la vie cachée. Entre les participants à l'expérience du jeu, un échange profond et authentique s'établit par le truchement du regard (36) qui, chez le père victorieux, dégénère promptement, et n'irradie plus à l'issue des rencontres que le sentiment du triomphe et de la vengeance sur le mauvais sort. Le jeu, où tout n'est que pari et risque, est un mode d'expression privilégié qui libère des fardeaux familiers et accablants. Il est un langage pur et noble, qui ne coupe pas du monde, mais trouve les voies pour y accéder. Sa maîtrise n'est l'apanage que d'un

35. Rüdiger WISCHENBART, ***Die Arbeit am Glück***, *Op.cit.*, p. 54.
36. Gerhard MELZER, ***Die Arbeit am Glück***, *Op.cit.*, p.138, commente ce phénomène à propos de la difficile partie de tarot décrite dans ***Le chinois de la douleur***, p. 176 et suivantes.

cercle restreint d'élus. C'est peut-être le sens de cette remarque surprenante concernant le père qui, d'ordinaire, proscrit strictement l'usage de la langue slovène :

> Der Vater schüchterte die Mitspieler am Kartentisch oft dadurch ein, daB er ihr Reden nachäffte - ein Gemümmel, Gegurgel und Kehllaute - AusstoBen wie von einem Eingeborenenstamm - und dem dann einen einzigen Satz in seinem reinen, melodischen Slowenisch folgen lieB (womit er sich wieder einmal als der Herr des Umkreises zeigte) (W, 195) (37).

Il est permis de rapprocher les relations privilégiées entretenues par le maître du jeu avec le monde dans sa dimension originelle, de cette danse idéale sur la corde raide évoquée à la fin de ***La courte lettre*** à propos de la gouvernante indienne de John Ford, actrice muette devenue danseuse de corde :

> Auf dem Seil hat sie sich wohlgefühlt. Es kam ihr vor, daB sie einmal reden könnte (kB, 191) (38).

Par l'esprit de défi et de risque qui lui est inhérent, le jeu devient un moyen réservé à quelques uns pour retrouver l'intuition du sens et de la cohérence du monde. Ainsi les récits de Peter Handke attribuent-ils au père, misérable valet ou éternel banni du quotidien, mais joueur triomphant le dimanche, une fonction d'initiation dont l'importance ne peut échapper. Mettant ses pas dans les traces du père qui ouvre les voies de

---

37. "Mon père intimidait souvent ses compagnons de jeu autour de la table en singeant leur parler - un marmottement mêlé de gargouillis et de coups de glotte digne d'une peuplade d'indigènes - qu'il faisait suivre d'une phrase unique dans son slovène pur et mélodieux (administrant une fois de plus la preuve de sa souveraineté sur le cercle)" (W, 152).
Peter Handke fait allusion dans ce passage au mélange de slovène et d'allemand que Peter TURRINI nomme "windisch" (terme aux connotations souvent péjoratives désignant généralement le slovène). Selon TURRINI, ce mode d'expression serait utilisé comme artifice raffiné par la politique de germanisation menée en Carinthie pour conduire progressivement la langue slave à sa disparition, puisque le windisch est ramené, par une argumentation fallacieuse, au rang de vieux dialecte germanique ; in : Peter TURRINI, ***Es ist ein gutes Land***, Europa Verlag, Wien, 1986, p. 141.
38. "Sur la corde elle se sentait bien. Elle avait tout à coup l'impression de savoir parler" (kB, 173).

la possible et temporaire réconciliation avec soi et le monde, le protagoniste du ***Recommencement*** va faire exploser le jeu occasionnel en un jeu total à l'enjeu existentiel.

LE GRAND JEU

Lorsqu'il entreprend le grand voyage initiatique vers le fabuleux pays de la Narration, Filip Kobal se libère de l'appartenance au père en imposant l'intervalle spatial ; mais parallèlement aussi, il part à la recherche de l'appartenance originelle à la Slovénie imaginaire des pères, symbolisée par le personnage du frère aîné, Gregor. L'éloignement nécessaire vis-à-vis du père s'effectue à la fois sous son ombre protectrice, représentée par l'amulette portée par le voyageur (W, 121, 122), et dans un esprit de confrontation avec lui. Chaque pas en direction du pays de la Narration est franchi en se mesurant au père et à ses jugements. Ainsi le thème du jeu apparaît-il constamment au cours du voyage.

Le domaine d'élection de Filip Kobal, la lecture, reste fondamentalement étranger à un père qui interdit dans sa maison la présence du livre (W, 155), et relègue à l'extérieur, dans un coffre du balcon, le précieux héritage du fils aîné : un cahier de l'école d'agriculture de Maribor et un dictionnaire bilingue slovène-allemand. L'écriture, à laquelle le jeune Filip s'est déjà timidement esayé en publiant quelques nouvelles dans un journal local, ne lui est pas familière. Le père, le narrateur, qui souvent achève le récit des épisodes de sa vie par un silence embarrassé, en alléguant la nécessité d'écrire pour pouvoir poursuivre (W, 158), se révèle incapable de noter autre chose que des chiffres sur le cahier offert par le fils, pour l'inciter à réaliser ce projet. Pourtant, c'est vers le père que tendent les pensées du jeune voyageur, lorsque l'enthousiasme l'envahit aux heures de l'appropriation du monde par un mode de lecture renouvelée, "la lecture voyante", opposée à la lecture aveugle (W, 165). La "lecture voyante", appréhendée pendant le travail de traduction du traité d'arboriculture rédigé en slovène par le frère, y est définie comme la découverte de l'élan vital des mots. Elle résulte du fait que la compréhension n'est pas immédiate, que le sens n'est pas livré par la langue maternelle, mais naît d'un pressentiment qui fait surgir sans intermédiaire l'image de la chose ou l'activité décrite. Devant cette approche immédiate et exaltante de la réalité retrouvée, le jeune Filip, installé dans la chambre d'une auberge de la Wochein, ne peut s'empêcher d'évoquer une réconciliation possible avec le père dont il partage en cet instant le regard intense, caractéristique du joueur :

> Sogar der Vater, so stellte ich mir vor, wäre er da in das Zimmer getreten, hätte, schon auf der Schwelle, seinen Groll vergessen und angesichts der vor Geistesgegenwart leuchtenden Übersetzeraugen sich einmal mit seinem Sohn einverstanden erklärt : "Ja, das ist jetzt *sein* Spiel !" (W, 165) (39).

L'évocation de l'appartenance profonde au regard de vie que le joueur jette sur le monde, est reprise ultérieurement dans le roman, plus précisément à l'instant où, assis face aux parcs à bestiaux vides, le jeune Filip vient d'achever la lecture du dictionnaire de slovène annoté par le frère disparu, celui qui avait été le dernier à avoir le don d'animer les mots et à travers eux, les choses. Le projet ambitieux consistant à réinstaurer cette prérogative ancienne, gage de la cohérence, fait jaillir une invocation à l'adresse du père désormais complice :

> Endlich ein Spiel, bei dem wir uns mit keinem zu messen hätten, ein einsames Spiel, ein wildes Spiel - Vater, das groBe Spiel ! (W, 216) (40).

---

39. "Même mon père, imaginais-je, s'il était entré dans la pièce, aurait oublié sa rancune dès le seuil et devant les yeux du traducteur brillants de présence d'esprit, se serait déclaré d'accord avec son fils : "oui, maintenant c'est *son* jeu" (W, 130).
40. "Enfin un jeu où nous n'aurions à nous mesurer à personne, un jeu solitaire, un jeu sauvage - Père, le grand jeu !" (W, 168).
L'expression "le grand jeu" trouve-t-elle son origine dans le titre de la revue ***Le grand jeu***, fondée en 1928 par René Daumal, Roger Vailland et Roger Gilbert-Lecomte ? Marthe Robert y fait référence et la définit ainsi : elle "était l'organe de ce pari tenu contre le monde, pour une transgression permanente des limites de l'Etre". In : Marthe ROBERT, *Op.cit., p. 116.*

La malédiction proférée par le père au moment du départ : "Tu ne seras même pas un vrai joueur comme moi" (W, 124) est saisie comme un défi, relevé sous la protection du frère, et il appelle la reconnaissance par le père. La supériorité triomphante du père au jeu dominical, surtout considérée dans sa dimension sociale, n'est que le pâle reflet d'une provocation à l'échelle cosmique qui vise à réaliser la réconciliation entre les hommes et le monde, entre les mots et les choses.

Comme l'initiation au regard vrai, liée à l'enfant, l'initiation à l'esprit de jeu, attachée au père, débouche sur un constat, celui de la nécessité de dépasser l'acquis, de le faire fructifier en lui donnant une dimension esthétique.

2.4.LA TENEUR DES ACQUIS

Le contenu de ces ceux types d'initiation peut être résumé par un couple de termes apparemment contradictoires, mais en réalité fondamentalement complémentaires et indissociables : l'idéal de la PRESENCE-ABSENCE.

Déjà dans ***La courte lettre***, puis dans ***L'heure de la sensation vraie***, faire le vide en soi est un premier objectif. Cela signifie échapper à l'emprise totale d'une subjectivité modelée par la peur, qui détourne de la perception du monde ou déforme les rapports avec l'autre, c'est-à-dire qui radicalise la coupure entre l'intériorité et l'extériorité et enferme dans les pièges de l'étrangeté. Ce thème, largement repris dans ***Le recommencement*** (W, 133 - 134, 136), s'accompagne de celui de la perte du masque, du rôle, du mode de sensation, édictés par un système de conventions extérieures qui propose à l'individu une vie par procuration, tuant tout élan vital.

"N'être personne" (W, 145) devient un idéal, laissant pressentir la possibilité d'un avenir. Mais "n'être personne" recèle des périls auxquels il faut résister. Le sentiment léger de se dissoudre dans un état d'exception, où l'individu cesse de compter, ne peut être retenu comme une hypothèse porteuse d'avenir, ainsi que le constate le voyageur de ***La courte lettre*** à l'issue de l'instant mystique où il se fond dans le balancement du cyprès (kB, 95). Bien vite, il se reprend et refuse la nostalgie d'être définitivement débarrassé de soi (41).

Se libérer de l'écran de sa subjectivité, se libérer des écrans-masques imposés, doit conduire à un oubli, à une absence qui ne se confond pas avec une attitude somnambulique telle que Sorger en fait l'expérience dans ***Lent retour*** (42). Après avoir réfléchi à la nouvelle stratégie qu'il a adoptée pour recevoir la multiplicité des formes du paysage et entrer en relation avec les hommes, le géologue en arrive à la comparer à l'accès de somnambulisme de son collègue Lauffer, dont il est le témoin :

> ... in all den auf einem Mittelgrund ohne Geburt und Tod sich gewaltlos abspielenden Bildern fehlte ihm doch - nicht das Gefühl seiner selbst, sondern das Bewußtsein seiner selbst als Gefühl einer Form : und die erfuhr er erst jetzt, da er bei dem Anblick des eingekrümmt Liegenden sich des eigenen Schauens bewußt wurde... Bewußtsein war das Gefühl dieser Form, und das Gefühl der Form war Milde. Nein, er wollte nicht nichts sein (lH, 64) (43).

Etre vide de soi doit être une ouverture consciente, une présence d'esprit absolue qui est lecture de ce que dissimulent les apparences, et que promettent les fenêtres aveugles (W, 136). "Ne pas dormir, être vide" est l'injonction que formule

---

41. Christoph BARTMANN, ***Suche nach Zusammenhang***, *Op.cit.*, p.171 et suivantes.
42. Gerhard MELZER, ***Die Arbeit am Glück***, *Op.cit.*, p. 145 - 146.
43. "Dans ces images qui toutes se déroulaient sans violence sur un même fond, sans naissance ni mort, il manquait tout de même - non pas le sentiment, mais la conscience de lui-même, comme sentiment d'une forme : et c'est maintenant qu'il en fit l'expérience car à la vue du dormeur recroquevillé il prit conscience de son propre regard... le sentiment de cette forme était conscience et sentir la forme était douceur. Non, il ne voulait pas être rien" (lH, 59).

Keuschnig dans le programme qu'il se donne à l'issue de ses deux jours d'errance ; la réceptivité totale aux histoires qui viennent à lui sont la condition essentielle à la perception de son propre visage (SwE, 161). L'objectif visé n'est nullement de se laisser étourdir par le défilement ininterrompu d'images extérieures, ni d'être submergé par celles de la subjectivité, mais de se laisser happer par les rayonnements de l'environnement pour mieux s'y trouver soi-même.

Le couple des contraires PRESENCE-ABSENCE existe depuis toujours dans les récits de Peter Handke, mais les connotations négatives qui y sont associées dans l'oeuvre de jeunesse sont progressivement remplacées par une approche positive. La scène du manège décrite dans ***Histoire d'enfant*** marque le dépassement de l'expérience de l'étrangeté faite avec la mère (***Die neuen Erfahrungen***) et le passage à celle de la distance, qui est signe d'appartenance, ressentie avec l'enfant (Kg, 29 - 30). Contemplant la petite fille qui s'absorbe dans le mouvement circulaire, l'adulte puise dans l'intervalle rayonnant qui les sépare la conscience d'un lien authentique. Le vide, le jeu complexe de la PRESENCE-ABSENCE, est une façon de placer l'intervalle entre le sujet et lui-même et entre le sujet et ce qui n'est pas lui. L'intervalle ne creuse pas de fossés infranchissables, il permet simplement de réaliser l'accommodation nécessaire au regard vivant pour déceler les vibrations légères de l'harmonie du monde.

Le soldat anonyme, à l'allure tranquille et assurée, qu'observe Filip Kobal dans l'autocar le conduisant vers le Karst, personnifie dans ***Le recommencement*** l'état de conscience idéal vers lequel tend le jeune homme :

> Ein junger Mensch saB da... im Aussehen kaum unterschieden von seinen Altersgenossen, der sich aber von den anderen abhob, indem er, ohne sich eigens abzusondern, für sich blieb. Es entging ihm nichts von dem, was sich um ihn herum tat, doch er nahm Anteil nur an dem, was ihm entsprach. (...) die halb geschlossenen Augen mit den selten zuckenden Wimpern gaben ein Bild des Nachdenkens und zugleich der Wachsamkeit. (...)

> Besonders waren es die Ohren, welche den Sinn für die Gleichzeitigkeit von Anwesendem und Abwesendem, so bezeichnend für den jungen Mann, ausdrückten : Sie merkten auf jedes Geräusch in dem fahrenden Bus und konnten sich ebenso eines im selben Moment kalbenden Gletschers, der sich in den Städten aller Erdteile gerade dahintastenden Blinden oder des jetzt wie immer schon im Heimatdorf dahinrinnenden Baches bewuBt sein (W, 256 - 257) (44).

L'individu devient un guetteur attentif, point de convergence de tous les mouvements intérieurs et extérieurs qui l'atteignent sans le surprendre. En lui se conjuguent l'être-pour-soi de l'enfant et la présence d'esprit exceptionnelle du joueur de cartes. Sans doute est-ce la qualité particulière que l'Indienne du Karst attribue au jeune homme sous le terme d'"humour", avant même qu'il n'ait prononcé une parole (W, 301). La seule façon de regarder et d'écouter suffit à la vieille femme pour identifier cette heureuse présence d'esprit qui n'a rien de commun avec l'acception courante du mot "humour". Le terme apparaît déjà dans ***Lent retour*** (1H, 17, 18, 100), et Christoph Bartmann l'interprète, en relation avec Sorger le géologue, comme une attitude de vie opposée à celle du scientifique. L'humour admet les contradictions au lieu de les exclure ; il les traite comme des éléments constitutifs de la cohérence du monde (45). L'objectif n'est pas de mettre au jour l'ordre des choses, mais de laisser cet ordre se révéler lui-même, par le travail libre de l'imagination dont les préalables sont l'indulgence et la sérénité (1H, 113).

---

44. "Un jeune homme était assis là... son aspect n'était guère différent de celui des gens de son âge, mais il se distinguait des autres en ce que, sans s'isoler particulièrement, il restait seul. Rien ne lui échappait de ce qui se faisait autour de lui, mais il ne prenait part qu'à ce qui le concernait... ses yeux mi-clos aux paupières qui battaient rarement offraient l'image de la réflexion en même temps que de la vigilance... C'étaient surtout les oreilles qui exprimaient ce sens de la simultanéité de la présence et de l'absence, si caractéristique du jeune homme : elles réagissaient à tous les bruits du car en marche et pouvaient être tout aussi conscientes de l'effondrement, au même instant, d'un glacier dans la mer, des aveugles tâtonnants en cette même minute dans les villes de tous les continents ou du ruisseau qui s'écoulait comme toujours au milieu du village natal" (W, 199).
45. Christoph BARTMANN, *Suche nach Zusammenhang*, *Op.cit.*, p. 232.

Mais l'humour ne se limite pas à un comportement adopté face au monde, il est en profondeur créateur d'harmonie. Dans sa dimension idéale, il peut même devenir langage et faire accéder au degré suprême de la conciliation des contraires. L'humour perçoit l'harmonie cachée que le poète tente de retenir par l'écriture.

> Sprache, die Friedensstifterin : sie wirkte als der ideale Humor, der den Betrachter mit den äuBeren Dingen beseelte (lH, 100) (46).

Ce constat, fait par Sorger à son retour sur la côte Est, signifie le point d'achèvement d'une évolution vers lequel tendent les protagonistes des récits antérieurs à la tétralogie du *Lent retour*. La recherche de Keuschnig d'un "travail aux résultats nécessaires comme une loi" (SwE, 148) (47) exprime le même désir d'accéder à un langage vrai dont la portée est double. Il endigue la tentation funeste de s'abîmer dans la contemplation de la totalité et fixe la révélation de l'instant mystique en la rendant transmissible. Par l'humour, par la maîtrise du jeu de la PRESENCE-ABSENCE, l'homme découvre sa place dans le monde, et par l'écriture qui est communication, il trouve la justification de son existence ; l'ambition de la tâche entrevue devient créatrice de valeur et donc fondatrice d'identité.

Les liens de paternité et de filiation sont des facteurs potentiels d'initiation qui demandent à être dépassés en raison de leurs limites. D'une part, l'apprentissage du langage social tue le regard de l'enfant, d'autre part, le père est incapable de trouver les mots de la narration et d'aller au-delà du regard brillant traduisant la fugitive présence d'esprit. Le poète va donc devenir le maître de ses initiateurs.

---

46. "La langue : elle instaurait la paix ; elle créait l'humour idéal, elle réconciliait le spectateur avec les objets extérieurs" (lH, 89).
47. " ... eine Arbeit, deren Ergebnis verbindlich und unverrückbar wäre wie ein Gesetz !" (SwE, 161).

2.5. LE RENVERSEMENT DE LA RELATION D'INITIATION

La méditation de Filip Kobal au cours de laquelle il harangue le père pour qu'il s'engage avec lui dans le grand jeu sauvage et solitaire de la conquête des formes du monde, ou du moins pour qu'il soit le témoin de l'oeuvre titanesque entrevue, marque le dépassement de la dimension initiatrice du père et la pose de la pierre angulaire fondant l'identité du poète. Les bases de l'identité sont jetées au moment de l'entrée en possession de l'héritage légué, la présence d'esprit sondant les fenêtres aveugles. L'édification se poursuit quand l'individu fait fructifier la richesse transmise. Après avoir débarrassé le lien biologique des secrétions sournoises et mortelles de l'appartenance sociale, le poète apprend progressivement à déceler les valeurs qui font du père une personnalité unique, à se les approprier pour perpétuer, faire rayonner et essaimer l'étincelle de la vraie vie.

Transmettre la vie ne signifie plus, comme dans l'oeuvre de jeunesse, jeter un enfant dans un monde hostile et le plonger dans l'effroi glacé, sous le coup d'une pulsion aveugle. Transmettre la vie devient la tâche du poète qui lit les signes de vie, déchiffre les secrets du monde et en devient le chantre, pour l'autre privilégié qu'est l'enfant.

FAIRE FRUCTIFIER LE DON

La citation grecque sur laquelle s'achève ***Histoire d'enfant*** représente l'aboutissement ultime du désir confus de Keuschnig de confier à Agnès l'extraordinaire histoire de sa métamorphose, et reflète le projet de se consacrer désormais à un travail laissant place à l'invention. Il ne s'agit plus uniquement de prendre l'enfant comme témoin, ni comme maître, mais de l'initier à la durée du regard vrai.

> Viens mon enfant et va dans le pays hospitalier
> en suivant les appels de ma voix (Kg, 139)

Cet extrait de la sixième ode olympique de Pindare, identifié et commenté par R.G. Renner (48), est emprunté à l'histoire de Iamos, qui reçoit de son père Apollon le don de la voyance. L'arrière-plan symbolique se manifeste clairement. Le poète, et non pas le père charnel, devient le guide de l'enfant qui, pour sa part, lui a enseigné la patience et l'exactitude du regard porté sur les couleurs et les formes (Kg, 131 - 132). L'identité de l'adulte repose sur une fonction de transmission ; il met au service de l'enfant le trait caractéristique fondant son identité, la contemplation poétique du monde et sa transcription. Il devient le témoin du bonheur. Ainsi peut-on comprendre la déclaration de Peter Handke parue dans le cadre d'une interview accordée à la ***Frankfurter Rundschau***, selon laquelle sans Amina son enfant, le travail d'écriture n'aurait aucun sens (49). Cette assertion, contemporaine de la publication de ***L'heure de la sensation vraie***, corrobore la remarque confiée à la même époque à H.L. Arnold et exprimant la préoccupation essentielle de l'heure : Comment peut-on représenter le bonheur ? Un passage tiré ***d'Histoire d'enfant*** atteste les nombreux seuils franchis pour donner la durée aux éphémères perceptions de l'harmonie du monde :

> Die Uferbüsche unten wehen jetzt in einer wunderbaren Übereinstimmung mit dem kurzen Kinderhaar im Vordergrund. Der Augenzeuge fleht einen Segen auf dieses Bild herab und bleibt zugleich nüchtern. Er weiB, daB in jedem mystischen Augenblick ein allgemeines Gesetz beschlossen ist, dessen Form er zum Vorschein bringen soll und das nur in seiner gemäBen Form verbindlich wird ; und er weiB auch, daB die Formenfolge eines solchen Augenblicks freizudenken, das schwierigste Menschenwerk überhaupt ist (Kg, 33) (50).

48. R.G. RENNER, ***Peter Handke***, *Op.cit.*, p. 145.
49. ***Frankfurter Rundschau***, 31.5.1975.
50. "Les buissons de la rive, en bas, s'agitent en une merveilleuse concordance avec la chevelure courte de l'enfant au premier plan. Le témoin occulaire implore pour que soit bénie cette image et il reste en même temps impassible. Il sait que chaque instant mystique recèle une loi générale dont il doit faire apparaître la forme, et qui ne vaut que par la forme qui lui est adéquate ; et il sait aussi que délimiter par la pensée la succession de formes d'un tel instant est l'oeuvre humaine la plus difficile de toutes"

Selon les principes poétiques progressivement élaborés par Peter Handke, "Voir" et "Dire" sont inséparables. Deux objectifs sont assignés au travail du poète qui doit trouver la forme appropriée à la transcription de l'expérience vécue ; cette forme donne d'abord la durée et une valeur générale à l'instant de perception intense, ensuite, elle protège le contemplateur des risques de dissolution qui le menacent dès qu'il s'absorbe dans la vision (51). Etre pris dans la vision de l'harmonie et rester impassible, s'absorber à l'extrême et faire preuve d'une attention consciente sans faille (LSV, 138), telle est l'attitude idéale de l'écrivain qui a l'ambition de dire le bonheur.

DIRE LE BONHEUR

Travailler au bonheur - l'un des derniers recueils d'études consacrés à Peter Handke (52) - s'ouvre sur un entretien entre P. Handke et l'un de ses admirateurs, l'ancien chancelier d'Autriche Bruno Kreisky. Ce choix des éditeurs peut surprendre, mais il permet de saisir le fossé séparant le bonheur désigné par Peter Handke des conceptions communes du bonheur ; pour l'homme politique, il se réduit souvent à une neutralisation du malheur, et pour le commun des mortels à un état de satisfaction maximale des désirs de consommation. Le bonheur raisonnable, vers lequel tend l'écrivain, ne se conçoit plus au fil des années comme le pôle de détente succédant à un état de peur intense, tel qu'il était défini en 1974. Il ne fait plus une irruption brutale au cours d'illuminations fugitives, il n'est plus la résolution soudaine d'un conflit, s'imposant inopinément et provisoirement à l'issue d'une succession de phases d'agressivité et d'apathie. Le bonheur est désormais perçu au terme d'une lente et patiente initiation, et le travail est nécessaire à sa fixation et à sa transmission.

Après avoir été une méthode de représentation de la réa-

(Kg, 31).
51. G. MELZER, ***Die Arbeit am Glück***, *Op.cit.*, p. 147.
52. ***Die Arbeit am Glück***, *Op.cit.*, publié en 1985.

lité, un mode narratif constamment renouvelé mettant en cause le récit (53), puis un recours possible contre les assauts toujours redoutés du non-sens, la forme prend dorénavant chez Peter Handke un double aspect ; elle est au coeur même de l'expérience mystique qui la révèle, elle est aussi la structure recherchée par l'artisan des mots pour la retenir (54). Le passage précédemment cité, extrait d'***Histoire d'enfant*** (Kg, 33), l'exprime au mieux. L'illumination informe de Keuschnig au Carré Marigny doit être stabilisée, structurée et de cette façon devenir communicable. Entre les positions extrêmes exposées dans ***La courte lettre***, entre l'impasse de la subjectivité égocentrique et l'anéantissement total de la subjectivité dans les pulsions du monde transmises par les ondulations du cyprès, la forme introduit une valorisation de la subjectivité qui devient une instance d'ouverture, suscitant les possibles.

Jusqu'à ***Lent retour***, premier récit où le travail sur la forme devient le sujet même du livre, la forme n'est représentée qu'au niveau de l'expérience vécue, et le thème du dessin, qui peu à peu s'affirme, devient le signe visible de cette orientation prioritaire de l'oeuvre de Peter Handke.

Au moment précis où Keuschnig, dans une phase de toute-puissance, songe à faire le récit de son aventure à Agnès, l'envie soudaine de dessiner s'empare de lui. Du doigt, il se met à tracer dans l'air la coupole du Grand Palais ! (SwE, 58). Le geste de l'écriture aérienne, repris dans ***Le recommencement***, est aussi esquisse de liberté, d'harmonie (W, 160), et fait vibrer le souffle de l'imaginaire. Dans la nuit suivant la soirée improvisée, Marianne, elle aussi, quittant sa méditation solitaire, se met soudain à dessiner d'une main maladroite d'abord, puis de plus en plus assurée ses pieds, la pièce et le ciel étoilé...(lF, 130 - 131).

Alors que l'individu est mû par le désir et l'attente, et s'absorbe dans la perception des éléments de son environnement, l'imaginaire s'enflamme tout à coup, tisse des liens invisibles porteurs de sens qui appellent la durée. Pour l'homme en crise,

---

53. ***Je suis un habitant de la tour d'ivoire***, p. 19 - 28.
54. Christoph **BARTMANN**, ***Suche nach Zusammenhang***, *Op.cit.*, p. 216.

les illuminations éphémères suscitent l'espoir d'un avenir fondé sur le présent et le passé, et contribuent à la découverte du sens, de la cohérence de l'histoire individuelle et humaine. Mais dans les phases d'apaisement, une rêverie spatiale s'élabore à partir des éléments du paysage ; la voûte, signe d'harmonie, et la brillance, reflet de la beauté des choses et expression de l'intensité du regard, y dominent. L'exemple le plus éloquent du regard renouvelé qui capte, immobilise les images du quotidien, et qui est le miroir de l'harmonie du moi et du monde, c'est-à-dire du bonheur, est fourni par l'image métamorphosée de Paris au couchant qui s'offre à Keuschnig le soir de sa deuxième journée d'errance : "ville du désert, les maisons aux fenêtres aveugles, devenues des maisons coloniales abandonnées" (SwE, 160), les bâtiments allongés du centre ville complètement noirs, transformés en tentes et le Grand Palais, en tente principale (SwE, 164).

La structure de l'oeuvre suivante, ***La femme gauchère***, initialement conçue dans sa version filmique, prend amplement en compte le nouveau projet poétique de l'écrivain. L'adjectif "mythique" (55), dont Peter Handke use abondamment dans les différents commentaires relatifs au tournage du film (56), explicite cette intention de l'auteur. Le film et le récit se composent autour de scènes se présentant un peu comme des plans fixes tirés du quotidien de la femme. La lenteur, souvent ressentie négativement par la critique, souligne la primauté abso-

---

55. Ch. BARTMANN (*Op.cit.*, p. 98, note 25) analyse le sens que prennent les mots "mythe" et "mythique" chez Peter Handke et précise qu'en aucun cas ils ne sont liés à la mythologie. Il cite la note du 6 juin 1976 figurant dans le journal ***Le poids du monde*** où l'écrivain indique clairement ses intentions en la matière : " Immer wieder das Bedürfnis, als Schriftsteller Mythen zu erfinden, zu finden, die mit den alten abendländischen Mythen gar nichts mehr zu tun haben : als bräuchte ich neue Mythen, unschuldige, aus meinem täglichen Leben gewonnene : mit denen ich mich neu anfangen kann (keine alexandrinischen Mythen*spiele* mehr wie bei Joyce und Beckett)" (GW, 160).
"Sans cesse ce besoin, en tant qu'écrivain, de trouver, d'inventer des mythes qui n'aient plus rien à voir avec les vieux mythes occidentaux : comme si j'avais besoin de mythes nouveaux, innocents, tirés de ma vie quotidienne avec lesquels je puisse me recommencer (non plus ces mystagogies alexandrines comme chez Joyce ou Beckett)" (GW, 182).
56. *Le Monde*, 18.5.1978, ***Entrer par une porte mythique où les lois ont disparu. Der Spiegel***, Nr 19, 1977, ***Es soll mythisch sein, mythisch ! Spiegel-Redakteur Siegfried Schober über Peter Handke bei der Verfilmung seiner Linkshändigen Frau.***

lue d'images à prétention mythique. Le sujet réel de ***La femme gauchère*** est finalement moins la remise en jeu total de l'existence de Marianne, que la mise en images des principes d'écriture du poète : exclusion des déterminismes sociaux, acuité du regard constamment en éveil, et ouverture du sujet aux traces des potentialités entrevues, inscrites dans la mémoire grâce à la force créatrice de l'imaginaire (57). Le propos de l'écrivain est de montrer que l'harmonie entre le sujet et le monde existe, et qu'elle est antérieure à la narration. La trame du récit n'est pas assurée par la succession des états de conscience du protagoniste qui dans ***L'heure de la sensation vraie*** traduisait la discontinuité. Elle résulte dorénavant de l'établissement d'une forme, du montage ordonné des images porteuses du poids du monde qui ont conduit à la genèse de l'oeuvre.

Dans un film réalisé pour la télévision ouest-allemande (58), Peter Handke dit sa volonté - comme écrivain et cinéaste - d'être créateur de "premières images". Cette expression, déjà mentionnée dans l'interview publiée dans ***Le Monde*** de mai 1978, évoque le titre d'un livre d'enfants représentant des objets isolés qui se gravent à tout jamais dans la mémoire et l'imaginaire. Les "premières images", celles qui excluent la gratuité et engendrent le sentiment d'éternité, ont été - explique-t-il - à l'origine de ***La femme gauchère***, d'abord pensée comme séquences visuelles, pour lesquelles il a fallu imaginer des liens qui sont une histoire sans intrigue, destinée à faire partager l'intuition de la totalité. Mythique, l'image ne l'est pas en elle-même, par décision de l'écrivain, mais comme le précise fort opportunément Christoph Bartmann, l'image ne devient mythique que dans la mesure où elle est créatrice de valeur et de communication entre les subjectivités.

Dire le bonheur, c'est inventer la forme juste, "tâche humaine la plus difficile de toutes" (Kg, 33), permettant à l'autre de lire l'éternité dans le grand livre des images du quotidien...

---

57. Christoph BARTMANN, ***Suche nach Zusammenhang***, p. 218 et suivantes.
58. ***Das Schöne sieht man so schlecht. Bilder/Sprache bei P. Handke.*** Ein Film von Norbert JOCHUM, Common Film Produktion, Berlin 1985, WDR, 1986.

CHAPITRE 3

L'APPARTENANCE CHOISIE : LE PAYS DE LA NARRATION

> Répétition et ressouvenir sont le même mouvement, mais en sens opposé ; car ce dont on se ressouvient a été ; c'est une répétition en arrière ; la répétition proprement dite, au contraire, est un ressouvenir en avant.
>
> Sören Kierkegaard (1)

Voir et dire sont indissociables. La découverte de la disponibilité et de la présence d'esprit nécessaires à la sensation vraie ne contribue au bonheur vrai que si elle s'accompagne de l'élaboration d'une forme adéquate, gage de durée et de communication. Après avoir entraîné ses protagonistes dans la recherche avide du regard juste, Peter Handke les engage dans une marche aléatoire qui est une quête, celle de l'expression authentique.

Voir et dire, déchiffrer et transmettre, ou plus précisément lire et écrire sont les deux thèmes complémentaires sur

1. Sören KIERKEGAARD, Oeuvres complètes, tome 5, *La répétition*, Editions de l'Orante, Paris, 1972, p. 3.

lesquels s'érige *Le recommencement* ; ils se cristallisent dans le personnage du frère et dans son appartenance à la Slovénie imaginaire. *Le recommencement* marque l'ultime étape vers la réconciliation avec le langage, et constitue une initiation aux mystères de la poésie éternelle.

3.1. LA NOSTALGIE DU LANGAGE AUTHENTIQUE

Dans la polémique sans fin qui opposa dès 1969 les rédacteurs de la revue *Konkret* à Peter Handke, Peter Hamm, l'initiateur de la querelle, montre une exceptionnelle clairvoyance lorsqu'il relève les contradictions multiples caractérisant l'écrivain. Ne discerne-t-il pas en effet chez le jeune Autrichien iconoclaste, chez le rebelle au succès fulgurant, une foi aveugle dans les possibilités infinies d'un langage à l'égard duquel il nourrit pourtant une inextinguible méfiance, et vers lequel convergent alors l'essentiel de ses attaques (2)?

Sans vouloir revenir sur la phase initiale de la production littéraire de Peter Handke, celle des expérimentations avec le langage qui, comme les études récentes le montrent, n'est que la première étape d'un processus cohérent d'édification de l'homme et de l'oeuvre, il paraît néanmoins utile de dresser un bilan, destiné à mieux mesurer les acquis du *Recommencement*. Les insuffisances du langage, stigmatisées par l'écrivain, sont de deux ordres. D'abord, le langage porte la marque de l'emprise sociale, compromet le développement autonome des individus, enferme dans un système contraignant de réactions et de pensées imposées, bloque les voies de la communication avec l'autre. Ensuite, il se révèle inapte à saisir la vie sans la déformer, incapable d'être autre chose qu'un assemblage de mots coupés des choses.

---

2. Peter HAMM, *Der neueste Fall von deutscher Innerlichkeit. Peter Handke, Konkret*, Nr 12, 2. Juni 1969, p. 42 - 45.

Dans un article intitulé ***Entre mensonge et mutisme***, Georges Bloess (3) présente les protagonistes de ***L'angoisse du gardien de but*** et de ***L'heure de la sensation vraie***, comme des hommes tendus dans une activité fébrile, obsessionnelle, de communication. Elle serait imputable selon lui à une attitude de conformité au mot d'ordre général de communication, propre à la société contemporaine, et sans doute aussi à un ardent désir personnel de communauté qui, pourrait-on ajouter en s'appuyant sur les observations des chapitres précédents, est constamment parasité par les mouvements de l'intériorité.

L'analyse de G. Bloess intéresse à plus d'un titre, car elle permet de mieux cerner les attentes liées au langage vrai, par le négatif qu'elle fournit en décrivant le langage moderne, moyen d'échange social. Il y est rappelé que dans la société urbaine, cadre des récits de Peter Handke postérieurs aux ***Frelons***, et lieu où triomphe la communication sous les formes les plus diverses, toute prise de parole est une prise de pouvoir contre laquelle le jeune Handke part en croisade dès la première heure, par ses pièces parlées en particulier. Mais il est superflu de s'attarder sur ce point. Le second aspect de l'outil de communication social ne peut être négligé, car il est à l'origine des malaises dont sont victimes Bloch et Keuschnig.

Dans une civilisation fondée sur l'organisation rationnelle, les rapports humains sont régis par des règles claires ; pour être fonctionnel, le langage doit en conséquence bannir l'équivoque, l'approximation, c'est-à-dire toutes les zones d'ombre (4). Programmée, fondée sur l'uniformité et la répétition, ne fonctionnant que dans un terrain aux limites clairement définies, la parole se dérobe lorsqu'il s'agit de dire l'expérience unique, la découverte et l'aventure, qui deviennent intransmissibles dans le cadre préétabli. Les troubles de

---

3. Georges BLOESS, ***Entre mensonge et mutisme : les chemins étroits de l'expression romanesque et filmique chez Peter Handke et Wim Wenders***, in : ***Recherches germaniques***, n° 9, Strasbourg, 1979, p. 234 - 262.
4. Georges BLOESS, *Ibid.*, p. 241, rappelle la formule de Paul CELAN :"Wahr spricht, wer Schatten spricht" ("Parle vrai, celui qui dit l'ombre").

la perception de soi, la nausée, les images-catastrophes du monde extérieur, "réactions organiques de rejet" (5), sont les résultantes d'une aversion profonde pour un mode de communication codifié, qui n'a d'harmonieux que l'apparence, et que Keuschnig ressent comme une impasse. Après avoir admiré brièvement au restaurant un couple qui avait "trouvé la formule" et menait une conversation ininterrompue excluant toute seconde d'angoisse, après avoir recensé toute la clientèle figée dans des attitudes stéréotypées, le dégoût envahit Keuschnig et il se persuade que le seul substitut possible en face de cette soumission suicidaire aux codes de tous ordres est la mort (SwE, 131 - 133). En effet, le pouvoir du code et l'angoisse de l'individu ont partie liée, ils s'alimentent mutuellement. La parole abondante, programmée, remplit une fonction primordiale ; elle étouffe le malaise, empêche l'intervalle, le silence où s'immisce sournoisement l'angoisse à la force destructrice. Elle est aussi une mise en ordre, l'expression d'une organisation sécurisante du monde, un remède contre la menace de l'informe.

Le discours-programme du président de la République française, prononcé lors de la conférence de presse à laquelle assiste l'attaché de presse autrichien, le suggère sans conteste (SwE, 71). Mais de ce fait, la parole programmée tue le désir qui à tout instant peut naître chez l'individu ; elle l'élimine d'une part, à cause de son inaptitude à l'exprimer, donc à lui donner une ébauche de réalisation, d'autre part, parce qu'elle le censure d'emblée comme menace susceptible de faire surgir l'imprévu et l'indéterminé.

En conséquence, un langage nouveau doit être trouvé par l'individu qui veut échapper au destin des morts-vivants, de ceux dont l'histoire est connue depuis la première image. L'analyse de G. Bloess permet d'en dégager certains traits caractéristiques. Ce langage sera exempt de toutes vélléités quant à l'exercice d'un pouvoir, il se dépouillera du carcan de l'angoisse pour devenir le mode d'expression de l'inconnu, de l'invention et du désir. Il laissera filtrer les richesses infinies captées par le regard intense, ou recelées par le si-

5. *Ibid.*, p. 243.

lence libéré de l'angoisse. Il pourra se faire danse (kB, 191) ou esquisse du tracé d'une forme (SwE, 58, lF, 130 - 131) ou film. Face au trop-plein de la civilisation du texte et de l'image, il proposera le dépouillement, la sensation de l'absence ou du vide, qui ont tant dérouté les spectateurs du film *La femme gauchère*, habitués au décodage aisé de messages ciblés. La projection de l'extrait muet du film d'Ozu dans le film lui-même n'a-t-il pas pour vocation de montrer la dimension vivante de ce langage nouveau, de susciter chez le spectateur la participation créatrice d'un imaginaire qui d'ordinaire ne fonctionne plus que comme un réflexe à des stimuli quotidiens (6)?. Mais la réception réservée de la réalisation filmique, surtout dans l'espace germanique, manifeste la difficulté de promouvoir un mode d'expression plus riche et plus complexe, et même non verbal.

Déjà, dans *La courte lettre*, le narrateur déplore, à l'issue de sa rencontre avec le soldat, de ne pouvoir par sa seule attitude faire percevoir sa véritable façon d'être et de sentir, et il s'avoue incapable de se prémunir contre les indésirables ingérences extérieures (kB, 76). Le langage est tellement au centre des préoccupations du voyageur qu'il devient l'objet d'un rêve ; des signes apparaissent dans le sable, un jardinier stupide les arrose ; des plantes forment des mots (kB, 105). Comme le souligne Rainer Nägele (7), deux perspectives différentes y sont exposées dans une représentation condensée : en premier lieu, le langage figuré par les signes morts que l'on tente vainement de rappeler à la vie, et, parallèlement, la transformation du vivant en mots. Toute l'ambivalence de la relation au langage évoquée dans le livre est reprise ici ; d'abord l'extrême méfiance à l'égard des mots qui détruisent le vivant, et dont découle la nostalgie d'une communication immédiate, ensuite le brûlant désir de surmonter le jugement négatif, de reconquérir les moyens susceptibles de dire les pulsations de la vie.

---

6. Au contraire, la version-récit de *La femme gauchère* évoque le trop-plein et le stéréotype régissant le monde ambiant, en présentant Marianne endormie à côté des enfants dans une salle de cinéma où résonne le vacarme d'un dessin animé.
7. Rainer NÄGELE, *Die vermittelte Welt*, *Op.cit.*, p. 411.

Devant les aléas et les insuffisances patentes du langage, Peter Handke recourt de plus en plus fréquemment à l'image pour traduire les expériences uniques et l'attrait exercé par les zones d'ombre des mondes intérieur et extérieur : image filmique, plan fixe sur un instant-clé gravé dans la mémoire, ou image de rêverie cosmique ou originelle, transmise par l'écriture. L'histoire du ***Recommencement*** se compose de leur ingénieux agencement, dû à la grâce d'un langage retrouvé.

La mise en oeuvre du procédé n'est pas à vrai dire une nouveauté chez un écrivain qui, dès ses débuts narratifs, fonde son expression sur l'utilisation de formules reposant sur l'acuité des sens. Les glissements métaphoriques caractérisent le roman de jeunesse, et ils procèdent de l'interférence des mondes intérieur et extérieur et de la confusion des diverses perceptions sensorielles, provoquée par l'angoisse et les déchirures de la solitude. Est-il utile de rappeler que l'un des poèmes du recueil ***Le monde intérieur du monde extérieur du monde intérieur*** porte le titre ***Confusions*** (***Verwechslungen***) (8) ? Nombreuses sont aussi les comparaisons, les impressions introduites par "comme si", qui manifestent ultérieurement les troubles profonds dans la réception des signes divers auxquels sont soumis les personnages en crise, tels que Bloch ou Keuschnig (9). Les images elles-mêmes prises dans leurs diverses dimensions jouent un rôle décisif dans ***La courte lettre***. Dans l'article précédemment cité (10), Rainer Nägele en analyse les différents types et établit un constat intéressant. Il met en lumière que les images, comme les mots, ont perdu leur valeur originelle de représentation, et qu'un long travail doit être entrepris pour accéder à ce que Peter Handke nommera plus tard les "premières images". Lors de son précédent voyage aux Etats-

---

8. Un exemple tiré de ce poème, daté de 1967 :
"Liegt da im Obstgarten nicht ein Haufen von Handgranaten?"
"Nein, was da im Obstgarten liegt, ist ein Haufen von schwarzen verfaulten Äpfeln" (IAI, 65).
"N'y a-t-il pas là, dans le verger un tas de grenades à main ?"
"Non, ce qu'il y a dans le verger, c'est un tas de pommes noircies par la pourriture".
9. ***L'angoisse du gardien de but*** surtout regorge de phrases de ce type.
10. cf. *supra*, note 7.

unis, le narrateur est parti à la recherche d'objets-clichés détachés de l'environnement humain et représentatifs de la civilisation américaine. Les images marquant le second périple effectué d'Est en Ouest sur le même continent ne visent plus à une évocation directe du paysage, mais à refléter des sentiments. Elles ont pour vocation primordiale la transmission de façons d'être et de sentir, non seulement dans les relations entre le narrateur et Claire (par le moyen de films revus ou racontés), mais aussi dans les rapports existant entre les citoyens américains et le passé de leur pays, réduit à une galerie d'images. Un point important ressort de ces observations : les images sont soumises aux mêmes aléas que les mots, elles se figent dans la répétition, elles deviennent des stéréotypes qui tuent l'expérience vécue, comme l'illustre l'épisode de l'arrivée dans l'Arizona, retenu par Rainer Nägele. Les reproductions familières de paysage typique sur les étiquettes des bouteilles de Tequila, font douter de la réalité perçue, paralysent le regard et la conscience qui découvrent pour la première fois l'aridité arizonienne et les agaves (kB, 156) Là encore, la représentation de la richesse et de l'inédit de la vie par un autre signe que le mot, par l'image, se révèle être un échec.

Les images ne peuvent donc être conçues purement et simplement comme un moyen de relayer les mots coupés de la vie, et de revigorer l'expression des désirs de l'individu et des mystères du monde. Les images, elles aussi, doivent être réinventées ; leur mission ne se limite pas à la reproduction, ni même à l'expression du donné, elle vise à la communication complète, à l'échange.

L'image offerte n'est pas un produit lisse et fini, témoignant du savoir-faire d'un poète qui aurait acquis la maîtrise de la réalité objective par le regard et l'écriture. L'image vraie, l'écriture authentique, celles que les deux versions de ***La femme gauchère*** ont tenté de restituer, doivent ouvrir des voies nouvelles chez l'autre ; leur ambition est triple : stimuler l'imagination du lecteur-spectateur, susciter en lui une vie plus intense et fonder un nouveau mode d'échange entre les individus susceptible de faire partager les instants d'éternité.

L'image mythique naîtra de l'écriture lorsque, débarrassée de toute pesanteur sociale, elle saura "faire vibrer un subconscient collectif" (11) à l'unisson des battements de la vie nouvelle.

3.2. L'ENRACINEMENT

L'oeuvre actuelle de Peter Handke rayonne autour du terme-clé de "recommencement", qui a donné son nom à deux productions récentes. Re-commencer, re-trouver (12), ne signifie pas exhumer le passé individuel et ses déterminismes, s'abîmer dans une contemplation narcissique ou élégiaque, tenter de revivre sur le mode de la répétition banale les expériences fondatrices. Le sens du recommencement, que déjà Sorger essaie d'acquérir dans *Lent retour*, est une façon de repuiser la vie à sa source, après une longue traversée du désert. "Wiederholen", Peter Handke ne l'utilise pas dans son acception commune qui indique la simple reprise ou reproduction du même, mais dans sa signification plus concrète de réappropriation. A l'attitude répétitive docile, stérile, à laquelle l'appartenance sociale contraint l'individu, il oppose le projet original de l'artisan créateur qui reprend la matière brute et ses traces pour la réanimer, en lui donnant une forme nouvelle, en participant ainsi à l'oeuvre de la création.

Le mouvement de réappropriation décrit dans *Le recommencement* porte sur la reprise de l'image de soi, qui devient force vivante, et sur celle des lieux où s'enracine la vie. La mention du Sinaï, endroit où fut renouvelé le don de la Parole divine, la désignation de Moïse, guide du peuple vers la Terre promise, ainsi que l'évocation allusive de la silhouette

---

11. Georges BLOESS, *Op.cit.*, p. 262 reprend les termes utilisés par Peter Handke dans *Le Monde*, 18 mai 1978.
12. "retrouver" est l'autre terme que Loser, le héros du *Chinois de la douleur*, archéologue des seuils et lecteur des *Géorgiques*, utilise pour traduire le recommencement.

d'Elie, son successeur sur le Mont Horeb, ne surprennent pas dans un roman qui tente de fonder l'identité individuelle sur la découverte des traces de l'harmonie originelle dont sont issues l'histoire de la terre et celle des hommes. La traversée de la montagne slovène, des espaces arides du Karst où se dessine l'ombre des deux prophètes, hôtes familiers du désert, ne se contente pas de répéter, de faire resurgir le spectre de la lente progression dans le paysage chaotique de la solitude glacée, de l'angoisse et du doute, elle est véritablement recommencement, puisque des formes originelles du Karst, de la terre fertile des dolines jaillit la parole poétique.

L'ANCETRE RECONNU : LE FRERE

Les premières lignes du ***Recommencement*** campent le personnage d'un jeune bachelier parti sur les traces du frère disparu depuis vingt ans. La projection immédiate sur l'avant-scène d'un aîné énigmatique n'est pas sans rappeler ***Les frelons*** qui s'ouvraient sur la description des circonstances ayant provoqué la rupture de la fratrie, c'est-à-dire la brisure originelle de l'unité du sujet ; ainsi le roman de la maturité suggère-t-il à l'évidence l'importance de la relation entretenue avec le frère. Toutefois, l'intention du livre n'est réellement explicitée que dans la dernière partie. Il ne s'agit pas de trouver le frère, mais de le faire vivre dans le récit (W, 317) dont il est avec le paysage du Karst le moteur essentiel (W, 266).

GREGOR KOBAL

Qui est donc ce frère qui entraîne l'adolescent, prêt à franchir le seuil de l'âge adulte, dans un voyage solitaire ? L'absence est sa caractéristique majeure, le mystère l'auréole. En raison de l'écart d'âge les séparant, Filip ne connaît cet aîné qu'au travers de quelques photos, reliques, et surtout récits des parents qui, vingt ans après sa disparition, continuent à le faire vivre. De son enfance, on ignore tout, si ce n'est qu'une fièvre maligne l'a privé définitivement de la jouissance d'un oeil. En réalité, son histoire commence avec un départ qui lui fera franchir la frontière de l'état où il est né, pour fréquenter pendant trois années l'école d'agriculture de Maribor, en Slovénie yougoslave. Sans doute prend-il par cette seule décision valeur de modèle, puisqu'il est le premier de la famille Kobal à supporter un éloignement prolongé et délibéré du village natal. Mais surtout, ce départ inscrit les premières lignes de l'histoire d'une famille de bannis qui serait issue de Gregor Kobal, le chef de la révolte des paysans slovènes à Tolmin en 1713. Cette descendance que la première partie du roman donne comme un fait établi, se révèle au cours de la narration n'être qu'une légende familiale propagée par la mère ; elle repose sur la découverte de l'ancêtre fondateur à Kobarid, par le frère, lors d'un voyage entrepris vers le Karst pendant ses années d'études.

Si le père et la mère vouent au fils disparu une vénération sans limite, la mère joue dans le culte de sa mémoire un rôle décisif. Elle, l'étrangère, qui ne bredouille que quelques bribes de slovène, est le plus ardent défenseur de la thèse de la descendance du rebelle vaincu :

> Für sie bedeutete diese Stammestradition keine traurige Weise von erfolglosem Kampf und Aussiedlung, sondern sozusagen die Ur-kunde von Ziel und Anspruch : eine VerheiBung" (W, 72) (13).

L'imagination de cette femme ambitieuse s'empare de l'hypothèse hasardeuse du fils premier-né, pour créer une dynastie promise à un avenir rayonnant. Rien n'exprime mieux la démesure de cet emballement de l'imaginaire que le jeu de mots qu'elle invente sur le nom slovène de la ville de Kobarid (Karfreit) qui serait baptisée, après "le retour et la résurrection de l'esclavage millénaire", KOBALID (W, 73). La conviction de la mère, mue par la force du désir, tient le jeune Filip sous un charme dont l'influence est bien plus puissante que celle des récits du père, qui ne connaît de la Slovénie des pères que la détresse et l'expérience tragique de la guerre. Dans la montagne slovène il a tué un homme, un soldat porteur d'un uniforme ennemi. Le geste de la mère qui, au retour de l'examen

13. (la tradition du clan) ne représentait pas à ses yeux une complainte de combats sans victoires et d'expatriation, mais pour ainsi dire le document originel de notre but et de nos prérogatives : une promesse" (W, 61).

d'entrée à l'internat de Klagenfurt, indique au garçon de douze ans la route suivie par le frère aîné pour se rendre à Maribor (W, 32), prend valeur d'indéniable symbole. C'est à la mère que revient le rôle d'ouvrir les voies : celles des changements d'école pour fuir les menaces, celles de la promesse d'une revanche sur le destin.

Néanmoins, le narrateur ne souscrit pas sans réserve à la thèse maternelle. Une pointe d'ironie devient particulièrement sensible lorsqu'il est question de la disparition de Gregor. Seule la mère s'attache à répandre l'image d'un idéaliste enthousiaste, désertant l'armée de son pays et son idéologie monstrueuse, pour s'engager et périr aux côtés des résistants slovènes. Le père refuse de cautionner cette fable qui ne s'appuie que sur un rêve, et Filip, lui, préfère l'interprétation secrète de la douce retraite dans une clairière pour y cultiver la terre avec quelques amis, à l'abri des agressions d'un monde qui, livré à la guerre, tue le regard vivant porté sur les choses.

Que reste-t-il de l'image du frère si l'on s'en tient à cette première approche ? Une silhouette à l'oeil blanc sur une vieille photo, un personnage imaginaire créé par une convergence de désirs. S'y ajoute une similitude avec Hans, le frère du roman familial. Comme lui, il a su prendre la décision du départ et de la rupture, mais pour l'un et l'autre, le terme de la marche reste mystérieux et bien aléatoire. Il n'en demeure pas moins que le fil de la narration des *Frelons* et du ***Recommencement*** s'enroule respectivement autour des personnages de Hans et de Gregor qui hantent le souvenir et l'imaginaire des protagonistes, et guident leurs pas. Le sac marin, attribut du frère errant du roman familial, est le lien discret qui unit les deux oeuvres. Il accompagne Filip dans son exploration de la Slovénie, il est très régulièrement mentionné dans le récit (W, 91, 122, 193, 232, 238, 329) et reste indissociable du thème du frère, puisqu'il est le reliquaire où sont déposées les traces tangibles de son existence : son manteau, ses livres. Filip apparaît comme le dépositaire de l'héritage de l'aîné dont il est en outre le filleul. En dehors de l'oeil blanc qui est un appel constant à entreprendre la recherche des trésors d'un royaume disparu, la représentation du frère que se fait Filip est celle d'un ange gardien penché sur le berceau du nourrisson. Cette image a d'autant plus de force qu'elle ne connaît ni le cadre étroit, l'aspect figé et stéréotypé de la photographie, ni le filtre déformant de la subjectivité de la mère ; elle s'est déposée dans l'imaginaire du narrateur, l'a lentement imprégné à la suite de la lecture d'une lettre envoyée du front par le frère :

> Ich werde mich über den Täufling gebeugt haben (W, 189) (14).

Les récits lacunaires, l'absence de souvenir personnel, en un mot le vide qui caractérise la relation au frère, et les quelques lettres éparses sont autant d'éléments qui contribuent à faire de Gregor un héros de légende, un "mirage indestructible" (W, 189).

L'ANCETRE FONDATEUR

Le personnage du frère se charge imperceptiblement au fil des pages du *Recommencement* d'attentes démesurées. Aucun souvenir d'expériences vécues ne peut venir parasiter la représentation que Filip se fait de l'illustre aîné ; aussi lui attribue-t-il une dimension existentielle et l'élève-t-il au rang d'ancêtre fondateur. Cet ancêtre ne fonde pas une descendance au sens banal du terme ; il donne des fondations renouvelées et sûres à un sentiment de soi, jusqu'alors exposé au reflet sournois des miroirs de mort extérieurs et intérieurs. L'image d'un combat décisif, infini, et à l'issue incertaine entre les deux âmes qui le déchirent, s'impose à Filip lorsqu'il évoque le frère :

> Oft ist er da die Gegenfigur zu der Mutter gewesen : wo sie am liebsten das Haupt verhüllen möchte, vor dem, was sie als meine Zukunft voraussieht, blickt sein gesundes Auge mich mit freundlicher Aufmerksamkeit an und freut sich mit mir an der Sonne, und das blinde Auge weiB auch nicht mehr : ist eben blind. Das Lastende, sich über mich Stülpende der einen gegen das Luftige

14. "Je me serai penché sur le berceau du petit baptisé" (W, 148).

> und den Schein des andern : das ist noch heute der Kampf (W, 189) (15).

Le début de l'histoire authentique de l'individu ne se confond pas, dans l'oeuvre de Peter Handke, avec l'instant de son inscription dans les registres de l'état civil - ***Le malheur indifférent*** l'a montré - mais il coïncide avec la première prise de décision vraie. Elle inaugure une existence dont le tracé ne résulte plus d'une identité totale entre le projet social et celui de l'individu ; ce dernier s'élabore au contraire à partir des élans réfléchis d'un sentiment de soi qui s'éprouve et s'affermit par les prises de décision ultérieures. Ainsi s'explique la relation particulière entretenue par le jeune Filip Kobal à l'égard de ses origines (on pourrait sans peine la considérer comme l'expression directe de la conception de l'écrivain lui-même). Le jeu du mensonge auquel se livre Filip lorsqu'il évoque ses origines, tantôt en les passant sous silence, tantôt en les ennoblissant ou les rabaissant, ne traduit en fin de compte que la nostalgie d'être dépourvu de toute origine (W, 59). Cependant, il ne peut plus être question d'un rejet absolu de l'appartenance ouvrant les voies à l'errance et à l'étrangeté, auxquelles avait conduit dans l'oeuvre de jeunesse le désir profond de résister et d'exister par soi-même. A l'ancrage imposé cristallisé dans le père, le thème du frère, né du désir communiqué par la mère, oppose l'enracinement nécessaire mais choisi.

LA DECOUVERTE DU MOI

Le terme de ***Recommencement*** désignant le récit consacré au frère, s'éclaircit singulièrement si, après avoir rapproché un certain nombre de notations discrètes complétant l'image du combat, on établit que Gregor est moins l'âme du roman que la force de vie indestructible qui depuis toujours meut le monde intérieur de Filip et le fait progresser à travers les dif-

---

15. "Souvent il est l'image opposée à celle de ma mère : tandis qu'elle préférerait se voiler la face devant ce qu'elle prévoit comme mon avenir, l'oeil valide de mon frère me regarde avec une attention pleine d'amitié et se réjouit du soleil avec moi, et l'oeil aveugle ne sait plus : puisqu'il est aveugle. Le poids, le capuchon que m'impose l'une et l'aspect aérien, l'apparence radieuse de l'autre : tel est encore aujourd'hui le combat" (W, 148).

férents écueils de l'existence. Ainsi, dans la paix retrouvée succédant aux moments cruciaux de décision, ou aux heures de périls intenses, le narrateur avoue-t-il ne pas simplement deviner la présence protectrice du parrain bienveillant, mais l'incarner lui-même. Plus loin, il affirme ne plus se sentir au singulier avec l'ancêtre au fond de lui-même, et acquérir ainsi l'adresse, l'assurance et la sûreté de jugement (W, 190).

Le manteau, légué comme présent de baptême à l'enfant (W, 210) au cours de l'une des dernières permissions précédant la disparition de Gregor dans la tourmente de la deuxième guerre mondiale, et qui accompagne Filip dans sa marche sur les traces du frère, se pare de toutes les couleurs du symbole. Il protège du froid de la solitude angoissée dans le tunnel de la frontière yougoslave où Filip passe la dernière nuit avant le ralliement décisif à l'appel des fenêtres aveugles (W, 111). Par son ampleur, il permet aux épaules du jeune homme de s'élargir, de se redresser pour porter le monde qui s'offre au déchiffrement du contemplateur (W, 115) (16). Il l'enveloppe aussi dans l'image première disant la naissance du poète et l'appartenance au pays de la Narration (W, 219). Comme la robe trop grande de la petite Agnès qui manifestait la certitude et l'imminence du changement, le manteau trop large indique un processus de croissance et la fructification du don.

A l'opposé du capuchon, de la chappe pesante reçue de la mère, le manteau est rayonnement, force et lumière. Il est l'inextinguible étincelle de vie qui résiste aux convulsions intérieures, au vertige, et protège de la chute dans les ténèbres. Le frère, le manteau qui en est sa représentation symbolique, n'ont-ils pas aussi pour nom "sursaut" intérieur (Ruck)? Ne sont-ils pas cette ressource inattendue qui, aux moments cruciaux, permet de déjouer les pièges mortels ? Un "sursaut" - est-ce un hasard si le mot slovène signifie également "combat" - détourne Filip d'un nouveau franchissement de tunnel, et l'engage dans une marche régénératrice à travers la montagne (W, 234). Un sursaut encore apporte l'apaisement au

16. Est-ce une allusion au manteau à l'efficacité miraculeuse qu'Elie jette sur les épaules d'Elysée lorsqu'au nom de Jahvé il l'appelle à lui succéder ? (***Premier livre des rois***, 19, 19).

marcheur effrayé par l'orage qui trouve refuge dans un vestige de forteresse (W, 237). Un sursaut enfin délivre le solitaire de l'errance et des cauchemars de monstruosité (W, 241). Cette troisième évocation du "sursaut" est la plus riche car elle donne lieu à une méditation de Filip sur lui-même et s'achève sur une imposante image biblique. Le jeune homme, un instant plus tôt encore en proie à la menace de dissolution totale, constate avec le plus grand étonnement que la libération n'a pas été subie mais résulte d'un mouvement brutal de l'intériorité auquel il a lui-même donné élan et vie. La disparition instantanée de la peur qui aveugle, est porteuse de connaissance. Le jeune homme discerne alors la richesse insoupçonnée de la dualité de son être ; en face de l'errant qui jusqu'à présent a dominé le combat intérieur se dresse pour la première fois un étranger, le MOI. La découverte ne s'accompagne pas d'effroi, mais d'un étonnement infini devant la Naissance d'un MOI fort et protecteur, n'appelant rien moins, dans la représentation imaginaire, qu'une réplique légèrement sécularisée du baptême du Christ ; le ciel ne s'y ouvre pas sur une colombe manifestant l'esprit de Dieu (Matthieu, 3, 16 - 17), mais sur une main bénissant l'avènement de la force étrangère qui nourrit la vie (W, 242).

L'individu n'est plus le jouet d'un déchirement violent entre le monstre et un double protéiforme résultant souvent davantage des regards de mort intériorisés que d'un désir sourd et confus de résistance aux forces de destruction. Le narrateur prend soudain conscience que la grâce l'habite et se révèle par l'émergence de ce moi inconnu et victorieux. Figure de lumière, force mystérieuse, élan décisif, pierre angulaire du sentiment d'identité, le frère relègue au rang des accessoires temporaires et démodés le double, silhouette muette issue des espaces de l'ombre et de l'informe. Car à la différence du double, le frère est détenteur de la parole. L'héritage laissé par ce personnage imaginaire porteur d'identité est essentiellement celui des mots. Aux traces du père gravant la souffrance et la violence dans l'oeuvre de jeunesse, le frère substitue celles de l'écriture, manifestées par l'épais cahier de l'école d'agriculture et le dictionnaire bilingue slovène-allemand. A l'évidence, le thème de l'identité ne peut être, dans l'oeuvre de Peter Handke, dissocié de celui du langage retrouvé.

LE LANGAGE RETROUVE

Le sac marin n'est plus l'attribut du personnage d'errance des ***Frelons*** ; désormais lesté de l'héritage du frère, deux livres pieusement conservés, il donne au voyage, puis à la marche, leur signification profonde. Après avoir maîtrisé l'épreuve du départ - un faux départ précède de quelques heures le départ réussi - puis celle du seuil, représentée par la nuit passée dans le tunnel et les hésitations sur le quai de Jesenice, première gare yougoslave, Filip Kobal s'installe dans une auberge de la Wochein, région désignée dans une lettre du frère comme "notre lieu de résidence" ; là, il se consacre exclusivement à l'étude des livres de Gregor. L'épisode constitue l'essentiel de la deuxième partie du ***Recommencement***, qui porte un titre énigmatique ***Les rampes à bestiaux vides***, en référence au paysage de la Wochein. Ce chapitre saisit les mouvements complémentaires que sont la lecture et l'écriture, autrement dit les mystérieuses relations unissant la parole reçue et la parole transmise.

LES CONDITIONS DE LA LECTURE

La lecture à laquelle se consacre Filip Kobal se distingue fondamentalement de la lecture où l'individu s'absorbe entièrement, oublieux de lui-même et de l'environnement. La recherche minutieuse et patiente d'un lieu de lecture approprié est pour chacun des deux livres un impératif. En outre, les expériences antérieures ont appris à Filip Kobal que la lecture est impossible à l'écart des hommes ou à l'abri total des perceptions du monde naturel : le vent, la pluie ou la lumière changeante. Les espaces privilégiés de réception de la parole écrite se situent symboliquement à la frontière de l'intérieur et de l'extérieur ; ils offrent à la fois l'opportunité d'une protection, d'un appui, et la perception des signes de vie. En aucun cas, la lecture ne signifie une coupure, elle est un pont jeté vers le monde.

Ainsi l'emplacement près de la fenêtre, dans la chambre de l'auberge où se mêlent le grondement du torrent et les bruits de la cuisine, est-il retenu par le jeune homme, désireux de se consacrer au déchiffrement des cahiers du frère.

LE PREMIER "LIVRE" : ECRITURE ET IDENTITE

Son épaisseur et son odeur lui donnent aux yeux de Filip la qualité de livre. Il s'agit en fait d'un document de travail manuscrit, se composant de notes de cours, de recherches personnelles et d'une dissertation exposant diverses règles et propositions. Il est, comme l'exprime Filip, le cahier de l'apprenti et le manuel du maître (W, 151). Il n'est pas resté lettre morte, puisque le verger du frère, bien que désormais abandonné, témoigne de la mise en oeuvre d'une réflexion théorique progressivement élaborée au contact des choses.

Par son contenu, le traité d'arboriculture se rapproche d'une parabole sur l'appartenance qui ne se dissimule guère, puisque Filip avoue lire involontairement les expériences sur les greffons et repiquages, comme l'histoire d'une éducation (W, 162 - 163). Les principes fondamentaux de la pratique arboricole réussie livrent les concepts-clés relatifs à la conquête de l'identité, progressivement dégagés dans l'oeuvre antérieure de Peter Handke. D'abord la transplantation est gage de fécondité ; pour être fructueuse, elle supposera un apport de terre du sol d'origine ; il faudra également pourvoir à un intervalle accru par rapport à l'implantation première. Puis vient la taille, la précipitation devra en être bannie : trop précoce, elle fera prospérer le bois, mais tardive, elle donnera les fruits. Enfin, les branches tournées vers le sol seront plus productives que celles tendues vers le ciel. Sur le mode imagé, la nécessité du départ pour que naisse la force de l'identité, est soulignée, mais un constat de la maturité enrichit la réflexion. La nourriture nouvelle ne pourra fortifier le sentiment d'identité que s'il s'enracine d'abord dans une appartenance initiale enrichie ultérieurement par des apports étrangers. Toutefois, ceux-ci ne seront profitables que s'ils sont prodigués sans précipitation. Par ailleurs, l'identité ne rayonnera que dans la mesure où elle cherchera à se réaliser au contact des choses du quotidien, tout en gardant la distance protégeant des agressions extérieures.

La lecture des classiques est vraisemblablement à l'origine de cette éclairante parabole sur l'identité. Nul n'ignore que les ***Georgiques*** sont le livre de chevet de Loser, ***Le chinois de la douleur***, mais il faut savoir que cette représentation imagée prend également racine dans une fenêtre aveugle, faisant partie intégrante de l'expérience vécue du poète. Ce cahier existe dans la famille maternelle de Peter Handke, mais étant désormais inaccessible à la consultation visuelle, il devient l'objet de l'exploration imaginaire. Si Peter Handke déplore la mise sous séquestre par un oncle maternel du document ayant appartenu au frère aîné de la mère, tué au front en 1943 (17), les lecteurs du ***Recommencement*** ne sauraient le regretter. Ils peuvent ainsi observer la merveilleuse rigueur caractérisant vingt ans de production littéraire en quête d'identité, où est ingénieusement intégrée la diversité des expériences vécues tant dans l'aventure quotidienne qu'intellectuelle.

Mais aux yeux du narrateur du ***Recommencement*** - et sans doute aussi de l'écrivain - l'intérêt majeur du "livre" réside moins dans l'énoncé des principes concernant l'édification du sentiment d'identité de l'homme en général, que dans la description symbolique de la conquête de l'identité du poète.

A cet égard, deux autres éléments du document sont déterminants : le livre est un manuscrit et il est rédigé en slovène. La graphie particulière du frère y est décrite comme un dessin régulier et lié, dont chaque caractère ne se contente pas de retenir quelque chose, mais porte l'image de son objet et parcourt avec lui un chemin vers un but (W, 157). Elle est la marque d'un pionnier et indique un départ qui se poursuit. La réflexion sur l'expression graphique du frère associe le thème de l'identité de l'homme à celui de l'identité du poète qui est ici reflété par la notation de l'unité du signe et de son objet. Filip ne peut considérer qu'avec envie le modèle of-

---

17. Peter HANDKE, in : ***Le bon plaisir de Peter Handke, Peter Handke ou le bonheur fragile*** de Colette Fellous, émission diffusée par France Culture, 2 décembre 1989.

fert par le frère, lui dont la main bondissante ne trace qu'une écriture changeante. Seuls deux types exceptionnels d'écriture sont aptes à satisfaire l'ambition du narrateur dans sa jeunesse ; celle du doigt dessinant dans l'air (l'on songe ici au besoin de Keuschnig), car elle est débarrassée de l'instrument et de l'impérieuse nécessité de bannir les pauses, et celle réalisée dans l'obscurité. Elles sont consignation dans un dessin, dans une écriture naturelle qui oublie les obstacles étrangers ; les caractères semblent alors naître en même temps que l'image de la chose (W, 161). L'approche graphique de l'écriture annonce de toute évidence le thème central de la conquête de l'écriture poétique qui est représentation du monde.

La langue slovène, dans laquelle s'exprime l'étudiant, favorise cette lecture particulière de l'écriture-dessin, inventée par le frère. La lecture est qualifiée de "voyante", car la nécessité de la présence d'esprit et du déchiffrement peu familier de la langue étrangère de cet ouvrage spécialisé conduit à une lecture qui s'opère sur le mode de l'intuition, provoquant la transcription directe des mots dans une image (W, 165). Ainsi le détour par la traduction ouvre-t-il lui aussi d'une certaine manière les voies de la reconquête de l'unité perdue entre les mots et les choses, que l'héritage légué par le frère permet d'entrevoir.

L'oeuvre du frère ne se confond pas avec celle du poète, bien que la comparaison soit plus que suggérée (W, 158). Si Gregor est créateur de formes, il le doit à l'étroitesse des relations naturelles entretenues avec la terre et ses richesses qu'il travaille à faire prospérer (18). Son oeuvre, c'est ce verger abandonné où le jeune homme se rend un jour, mû par une attente confuse ; la contemplation des rangées d'arbres, signes vivants du recommencement, y font surgir une vision qui conduit à répéter la décision de se faire narrateur (W, 173 - 176).

> Je länger ich blieb, ... desto deutlicher prägte sich die Anlage, als Nutzgarten im natürlichen

18. On retrouve un des thèmes centraux de Virgile dans *Les géorgiques* : l'homme rend le monde plus beau, plus habitable parce qu'il permet à la nature d'atteindre à une perfection qu'elle ne connaîtrait pas sans lui.

Absterben begriffen, um zu einem Werk, einer die Menschenhand überliefernden und würdigenden Form, mit dem Nutzen, von einer anderen Hand in eine andere Form übertragbar zu sein, zum Beispiel in Schriftzeichenform dort... (W, 174) (19).

La dimension initiatrice du personnage imaginaire du frère ne se limite manifestement pas à la mise au jour de la force de résistance de l'individu aux verdicts de condamnation et déterminismes de tous ordres, ni à la découverte d'un MOI triomphant des périls de la dissolution. Le frère est aussi promesse de réconciliation entre l'homme et le monde. Son attachement à la terre, et surtout à la langue slovène, en font un précurseur sur la voie d'une appartenance élargie au monde. Filip Kobal ne donne une assise définitive au sentiment d'identité grandissant de l'homme qu'en s'acquittant de la mission du poète qui est de transmettre l'harmonie retrouvée.

LA SLOVENIE IMAGINAIRE

L'attachement de Peter Handke à la cause slovène est bien connu. Il est exprimé par les remarques répétées concernant son propre grand-père et sa mère, qui émaillent un certain nombre de romans et récits. Il est également manifesté par la traduction en allemand du roman de Lipuš ou des poèmes de Januš. Le choix du cadre de la Slovénie s'explique par l'enracinement culturel du côté maternel, et par une aversion profonde à l'égard de tous les systèmes d'oppression. Néanmoins, l'emprise autobiographique ne peut à elle seule fonder la portée mythique accordée au paysage et à la parole slovènes.

Tandis que l'oeuvre de jeunesse s'enracine dans un paysage réel, quoique déformé par la peur et la souffrance, la Slovénie du ***Recommencement***, entrelacs d'images de l'enfance, d'impressions de voyage du jeune homme et de réminiscences de lectures, est une création imaginaire symbolisant le pays de la

19. "Plus longtemps je restais, ... plus cet espace déjà à l'agonie en tant que jardin productif se métamorphosait nettement en une oeuvre, en une forme qui magnifiait la main de l'homme, avec pour utilité d'être elle-même transposable par une autre main dans une autre forme, comme celle des caractères d'écriture là-bas..."(W, 137).

littérature, objet de toutes les nostalgies de l'adolescent et terme du voyage du bachelier. Alors que le pays des sons vers lequel s'acheminent les personnages de la pièce de théâtre ***Le jeu aux questions*** (1989) se présente ouvertement comme fictif, la Slovénie du roman de 1986 garde les formes et les couleurs de la terre natale. Car si Peter Handke s'emploie à accéder à la patrie des poètes, il ne sacrifie pas pour autant son appartenance à la communauté des hommes, sans laquelle la poésie n'a plus vraiment de raison d'être. Mais l'ancrage profond dans les espaces fondateurs de l'histoire individuelle ne peut masquer la portée symbolique du choix de la Slovénie comme cadre d'instauration d'une généalogie poétique.

Peter Handke s'engage dans un jeu original et subtil de correspondances. Les espaces et les temps qui se superposent ou se fondent dans cette Slovénie imaginaire sont pour l'essentiel ceux des grands textes fondateurs qui ont modelé la pensée occidentale.

La Bible a déjà été citée ; la description de la longue marche du peuple opprimé vers la Terre promise ne manque pas de similitudes avec l'histoire des hommes de Slovénie qui, malgré l'asservissement séculaire, ont su garder la tête haute et perpétuer leur langue et leur culture. Le serveur de la Wochein et le soldat de Vipava ne sont-ils pas imaginés comme les membres d'une diaspora exilée du plateau karstique ancestral (W, 271) ? Le parallélisme avec l'histoire du peuple juif ne saurait être suggéré plus nettement. Les prophètes, chargés de la transmission de la Parole et de la Loi divines, fournissent également un modèle évident pour traduire les difficultés rencontrées par celui qui a la folle ambition d'accéder au royaume de la Parole. Une image triviale et un peu forcée - la vue simultanée du mot "pétrole" sur l'enseigne d'une station à essence et l'indication de destination d'un autocar poussiéreux - entraîne l'imaginaire vers les évocations du désert du Sinaï, d'un rouleau hébraïque et de l'effroi qui accompagne la révélation (W, 135). La vieille barque aperçue dans la baie de Trieste au terme du voyage, portant l'inscription "Arche de l'alliance" (W, 298), est une confirmation quelque peu superflue de l'omniprésence, en arrière-plan, du personnage de Moïse et de sa longue traversée du désert.

Dans ce contexte, il est possible de risquer une réinterprétation du titre du premier livre ***Les frelons***. La notation discrète de la présence de cet insecte sur l'autel d'une petite église du Karst (W, 299) y invite, ainsi que celle du bourdonnement qui réveille un adolescent solitaire observé dans une doline isolée et idyllique ; le narrateur compare le bruit menaçant et obsédant à une escadrille de bombardiers, faisant ainsi immédiatement resurgir aux yeux du lecteur l'atmosphère empoisonnée de l'oeuvre de jeunesse (W, 289). La nuée de frelons que le Dieu d'Israël fait fondre sur les ennemis de Moïse et du peuple élu pour les anéantir et les débusquer (***Deutéronome***, 20) n'aurait-elle pas inspiré l'image fondatrice du roman familial ? L'interrogation peut être formulée.

Les allusions à Elie abondent. Le manteau a déjà retenu l'attention ; l'accueil par la vieille villageoise du Karst peut lui aussi être ressenti comme une lointaine réminiscence de l'hébergement chez une veuve, promis par Yahvé au prophète (***Premier livre des rois***, 17, 8 - 16). Mais l'élément le plus précis suscitant un rapprochement avec Elie est le vent du Karst soufflant de la mer. Il n'est pas sans rappeler la brise légère qui, succédant à l'ouragan, au tremblement de terre et au feu, annonce au prophète, sorti de la caverne, le passage attendu du Seigneur (***Premier livre des rois***, 19, 11 - 13). Comme le vent tranquille, symbole de la spiritualité et de l'intimité présidant à l'entretien du Créateur avec son prophète, le vent du Karst est connaissance, réconciliation. Il est associé à l'image d'un baptême faisant naître à la vraie vie, celle de la parole poétique qui dit l'harmonie du monde et donne nom aux choses.

> Dieser Wind ist nicht bloB, weil er unten vom Meer kommt, ein Aufwind : er greift einem, ungeheuer sanft, unter die Achseln, so daB der Gehende, auch wenn er sich ihm entgegenbewegt, sich von ihm transportiert fühlt..." (W, 273).
>
> ... Und der Karstwind ? Ich wage das Wort : er hat mich damals getauft (wie er mich heute wiederum tauft), bis in die Haarspitzen. Doch einen Namen hat der Taufwind nicht seinem Täufling

> gegeben - gehörte zur <Freude> nicht <namenlos>? - ... Von jenem Fächeln habe ich mehr gelernt als von dem fähigsten der Lehrer : mir die Sinne schärfend, alle zugleich, zeigte es mir im scheinbar Wirrsten der menschenfernen Wildnis, Form um Form, eine klar getrennt von der andern, und eine die Ergänzung der andern, und ich entdeckte das nutzloseste Ding als einen Wert und kam in den Stand, die Dinge zusammen zu benennen. Ohne den Karstwind hätte ich auch von dem eher windstillen Kärntner Dorf nichts so erzählen können ; stünde keine fortlaufende Inschrift auf meiner Stele. Ergab das nicht ein Gesetz ? (W, 275) (20).

La plupart des attributs du vent biblique se reflètent dans cet hymne : le souffle de la Genèse qui donne la vie, le vent du Sinaï qui manifeste la puissance de l'Esprit du Créateur, le souffle de la Pentecôte qui transmet la force de l'esprit, l'intelligence des choses et signifie l'envoi en mission des témoins de la vie retrouvée... Le vent parcourt toute l'oeuvre en prose de Peter Handke, il prend différentes significations. S'il est souvent synonyme de menaces et de périls dans la production de la jeunesse, son balancement, fréquemment observé dans la cime des arbres par les protagonistes des récits des années 70, annonce l'harmonie à découvrir, et ses rafales introduisent la révélation du Carré Marigny...

---

20. "Ce n'est pas seulement parce qu'il monte de la mer que ce vent est ascendant : il vous prend sous les bras avec une immense douceur, de sorte que celui qui marche, même s'il se déplace à son encontre, se sent transporté par lui... (W, 212) ... Et le vent du Karst ? J'ose le mot : il m'a cette fois baptisé (comme il me baptise à nouveau aujourd'hui), jusqu'à la pointe des cheveux. Mais le vent baptismal n'a pas donné de nom à son filleul - n'était-ce pas le propre de la 'joie' que d'être 'sans nom' ? ... J'ai plus appris de ce souffle léger que du plus compétent des professeurs : aiguisant mes sens tous à la fois, il m'a montré dans l'apparent inextricable, dans la nature sauvage à cent lieues des humains une forme après l'autre, clairement distinguée, l'une complétant l'autre, et j'ai découvert dans la chose la plus inutile une valeur, et je suis parvenu à nommer les choses toutes ensemble. Sans le vent du Karst, je n'aurais pu raconter non plus de cette manière le village de Carinthie où régnait au contraire le calme plat ; aucune inscription ne courrait sur ma stèle. Tout cela ne faisait-il pas une Loi ?" (W, 213).

Au thème du vent s'adjoint celui du pain, déjà présent dans *L'heure de la sensation vraie*, où les bouffées tonifiantes émanant des boulangeries accrochent la curiosité d'un Keuschnig glissant parmi les ombres de la fausse vie et qui se met à croquer à pleines dents dans le pain blanc acheté peu avant l'illumination du Carré Marigny. Pour Filip Kobal, le pain blanc est associé à l'image de la Yougoslavie, terre étrangère, pourtant si familière et hospitalière (W, 125, 227, 245), et devient inséparable de la découverte du vin (W, 297) et de l'ivresse. La référence au Nouveau Testament apparaît en outre dans toute sa plénitude à deux reprises. Le premier indice en est le geste du jeune poète qui, à l'issue de la lecture du second livre du frère, reprend celui du prêtre proclamant l'Evangile ; le deuxième indice en est le "Lève-toi et marche" (W, 283) introduisant la démarche nouvelle, fondée sur le plaisir et la lenteur.

S'ajoute à la trame biblique, avec le thème de l'ivresse et les noms d'Ulysse et de Télémaque (W, 111, 307), une transposition originale de l'héritage de la Grèce antique qui s'inscrit également dans la représentation de la Slovénie imaginaire du *Recommencement*.

Alors que ses camarades du lycée de Klagenfurt entreprennent un voyage de fin d'études à destination de la Grèce (W, 143), Filip Kobal, invoquant des difficultés financières qui se révèlent bientôt n'être que de faux prétextes, s'engage en solitaire dans un voyage à l'étranger, à la recherche de traces familiales imaginaires (21). L'enjeu du voyage dépasse le projet avoué. La trace ardemment désirée échappe au cadre anecdotique, elle est une pièce maîtresse dans la structure sur laquelle s'édifie le recommencement : la redécouverte du langage vrai, antérieur à la coupure radicale entre les mots et les choses. Le but de l'aventure slovène est le retour à la fontaine de vie, pour y puiser les mots régénérés (22).

---

21. Handke s'inspire-t-il de la vie de Virgile, qui, fort étrangement, au terme de son adolescence, n'a pas entrepris le voyage en Grèce sur lequel s'achevait habituellement une éducation libérale.
22. Le nom de Mallarmé doit une nouvelle fois être cité. L'écrivain autrichien met ses pas dans les traces laissées par les prophètes de la Parole pour accéder à la patrie de la littérature, pour "donner un sens plus pur

Dans un projet qui ne manque pas d'originalité, Peter Handke substitue au traditionnel retour aux sources grecques de la civilisation occidentale, un itinéraire inédit et revigorant aux origines du langage par l'intermédiaire d'une culture ancestrale, souvent enfouie dans l'oubli, et longtemps conservée presqu'exclusivement par la transmission orale. Tandis que l'absence d'une propre noblesse et bourgeoisie a tenu ce peuple à l'écart de l'exercice du pouvoir, et a ainsi protégé la langue de la corruption, la fierté des hommes a fait jouer à la paysannerie slovène un rôle important dans les révoltes du XVIe siècle. Par ces qualités particulières, la Slovénie réelle fournit un cadre idéal à l'écrivain qui s'enorgueillit par l'ascendance maternelle de cette noble appartenance. Si le frère imaginaire personnifie l'élan vital qui assure la survie à l'homme, comme l'hypothèse en a été avancée, il n'en demeure pas moins vrai qu'il représente également l'âme du poète, l'initiateur au langage vrai ; la découverte s'effectue par le recours à la langue des paysans slovènes dont il est le dépositaire. Il n'est point besoin au poète d'étudier la langue grecque ancienne pour retrouver la grâce originelle de l'unité entre l'homme et le monde, il lui suffit de revivifier les traces conservées par le langage d'aujourd'hui.

Le détour par la symbolique de la langue slovène en est une éclairante démonstration. D'ailleurs, lorsque le jeune Filip se consacre à la lecture attentive du deuxième livre du frère, le dictionnaire slovène-allemand identifié par Eugen Bavčar comme étant le célèbre PLETERNSNIK de 1895 (23), il n'hésite pas à comparer sa situation à celle des chercheurs de vérité de la Grèce archaïque (W, 188). Confronté comme eux aux fragments subsistants, il partage leur émotion, leur enthousiasme face aux mots isolés qui irradient le monde. Et même, il ressuscite la figure légendaire d'Orphée dont n'ont été recueillies que quelques bribes imagées de chants dignes d'être transmis... (W, 205). Enfin, la mention de l'expression de grec ancien "oeil de l'espace" (Raumauge), qui désigne les orages quotidiens éclatant dans la Wochein, suffit à faire percevoir

---

aux mots de la tribu", selon la célèbre formulation de Mallarmé dans son hommage à Edgar Poe (*Le tombeau d'Edgar Poe*, 1876).
23. Renseignement communiqué lors d'un entretien privé avec M. Bavčar.

le dessein du poète : montrer l'unité profonde des langages premiers, ayant une prise directe sur le monde.

LE DEUXIEME LIVRE OU LE CHANT DU MONDE RETROUVE

Le choix du lieu de lecture est adapté au projet ; ne pas se couper du monde des hommes pour s'adonner à la lecture voyante ne suffit plus. Il faut désormais, abrité par le toit saillant d'une grange d'alpage, pouvoir accompagner le déchiffrement du mot d'un regard ouvert sur un paysage porteur des empreintes de son histoire, en l'occurrence les parcs à bestiaux vides.

Le dictionnaire ancien, annoté de la main du frère, fait partie, au même titre que le manteau, des présents de baptême (W, 210). La valeur qui lui est attachée n'est pas d'ordre sentimental, elle a un caractère sacré. Ce livre est le document qui atteste la force originelle qui anime les mots, reflets immédiats des choses ; il donne au jeune homme l'élan nécessaire et durable pour accomplir la mission difficile du poète. Alors que la langue du temps présent a perdu tout pouvoir de représentation, ne retrouve son expressivité que par le recours à des artifices de mise en relief, et par conséquent remplit Filip Kobal d'ennui ou de dégoût (W, 210), la lecture méthodique du dictionnaire est essentiellement découverte.

Découverte de la langue slovène d'abord. L'aversion et la dérision suscitées par le repoussant dialecte des habitants du village natal, l'animosité à l'égard d'un idiome qui transforme les élèves slovènes de l'internat en bandes de conspirateurs, l'hostilité face à une langue étrangère apprise à l'école sous la forme de constructions grammaticales privées de valeur de communication, cèdent la place à un étonnant renversement qui fait de la langue slovène l'objet d'une vénération quasi religieuse. L'émotion de l'enfance, éprouvée à l'audition de litanies en slovène, incantations ardentes prenant d'assaut le ciel (W, 196), s'amplifie. L'image de la nourriture mystique partagée par les internes isolés dans leur pratique de la langue persécutée (W, 196) remplace la haine. Le rayonnement de la langue écrite a produit le miracle d'une découverte aux multiples facettes.

L'abandon de l'attitude bornée adoptée à l'égard du slovène s'accompagne du rejet de la relation d'étrangeté face au monde de l'enfance. Une réappropriation mystérieuse et profonde des lieux, des choses et des hommes s'opère à la lecture des mots isolés et de leur périphrase descriptive. Dans les intervalles typographiques s'immisce le souvenir, l'imaginaire s'enflamme et la vie nouvelle surgit (W, 199). Non seulement l'identification, mais aussi la perception des détails jusqu'alors ignorés, deviennent possibles (W, 203).

La prodigieuse métamorphose s'explique par deux caractéristiques majeures de la langue et de la culture slovènes. Le peuple slovène, du début du XXe siècle, peuple de paysans attaché à sa terre, y est présenté dans une vision idéalisatrice comme vivant dans un éternel présent réglé exclusivement sur le rythme des saisons, et usant d'une langue qui exclut la pratique du pouvoir (W, 201 - 202) et du stéréotype. Par ailleurs, l'abondance du vocabulaire attaché aux éléments du paysage et de l'activité quotidienne, la richesse des expressions imagées enracinées dans la perception multisensorielle de la vie du monde, ainsi que l'extrême créativité vis-à-vis des choses les plus insignifiantes, lui confèrent ce halo de langue première et authentique, propre à nourrir la quête du poète. Le jeune homme ne se lasse pas de citer le dictionnaire pour ajouter à sa louange.

Toutefois le narrateur se défend de faire du slovène la seule langue vraie, lui le germanophone, l'héritier de la langue pervertie. Détournant l'épisode de la Tour de Babel de sa signification primitive, il se fait l'apologiste de la multiplicité des langues :

> ... es waren die beiden Sprachen zusammen, die Einwörter links und die Umschreibungen rechts, welche den Raum, Zeichen um Zeichen krümmten, winkelten, maßen, umrissen, errichteten (W, 207) (24).

---

24. "C'étaient les deux langues ensemble, les 'seuls mots' à gauche et les périphrases à droite, qui signe après signe, courbaient l'espace, lui donnaient des angles, le mesuraient, en dessinaient les contours, l'érigeaient" (W, 161).

La langue slovène est une voie privilégiée de l'apprentissage du langage poétique, qui s'oppose aux "fenêtres sourdes" de la langue du temps présent (W, 210) ; en elle résonnent encore les vibrations de la totalité du monde, elle fait revivre le temps béni où le regard, les sentiments et l'imaginaire se fondaient. La disparition progressive de la civilisation paysanne qui a fait naître ce mode d'expression privilégié n'entache en rien la richesse de l'expérience unique que la langue slovène permet ; elle densifie l'apparence des choses offertes aux yeux du contemplateur, en l'auréolant d'une clarté qui la métamorphose en apparition issue d'un monde menacé d'engloutissement. Ce n'est pas l'esprit de deuil qui doit s'installer dans la méditation sur la représentation des mystères du monde, mais la devise de la résistance des ancêtres rebelles qui doit prévaloir : rétablir le droit ancien (W, 216) ! Ce qui signifie, engager le pari de la transformation du monde par la langue poétique retrouvée, engager "le jeu solitaire et sauvage, le grand jeu".

Il est possible de tenter un bref rapprochement entre la rêverie poétique à laquelle se livre Peter Handke, en s'appuyant sur l'authenticité originelle de la langue slovène préservée jusqu'à l'aube du XXe siècle, et l'essai consacré par Jacques Atlan au phénomène de la polysémie (25). Ce dernier se risque à éclairer la linguistique par l'éthologie, à faire de la sémantique le commencement et le pivot de la linguistique. Il suffit de rappeler les conclusions de l'essai pour montrer les points de convergence entre deux réflexions contemporaines cheminant pourtant sur des voies éloignées : "le langage parlé n'est plus l'origine de tout ; mais un ensemble situé dans un ensemble plus vaste, celui de la communication symbolique, qui englobe également les phénomènes de communication chez l'animal, là où le monde des mots n'a pas encore surgi. Des signes, on passe au sens, aux sens ; la culture humaine est resituée dans la nature au lieu de s'y opposer..." (26).

25. Jacques ATLAN, ***Le phénomène de la polysémie et le concept de déplacement systématique***, in : ***Eloges des rites et des jeux***, *Op.cit.*, p. 115 - 137.
26. *Ibid.*, p. 136 - 137.

Sur le dernier mot du dictionnaire coché par le frère, qui prend par sa polysémie ("se conforter", "chanter les psaumes") une indéniable valeur de symbole, se greffe la vision saisissante de la naissance du narrateur. Elle ouvre une ère nouvelle, qui porte la date de 1960, gravée dans le bâton de noisetier du marcheur (W, 221). Quel est donc le bouleversement radical qui s'opère chez le jeune homme dans la campagne de la Wochein, un oeil levé vers les parcs à bestiaux vides, l'autre fixant le mot ultime du livre sacré, légué par le frère ? Jusqu'alors essentiellement contemplateur du spectacle du monde, lecteur attentif des témoignages de vie fixés par l'écriture, le jeune homme formule pour la première fois l'audacieuse promesse reprise timidement quelques années plus tard dans le verger abandonné du frère (W, 176) ; il proclame avec solennité et fougue l'acceptation de la mission confiée. Il se fera narrateur, célébrera la Parole de vie retrouvée (W, 218 - 222).

Cet instant d'engagement suprême, où Filip Kobal se jette à terre comme le prêtre qui reçoit le sacrement de l'ordre, dote simultanément le jeune homme d'une charge et d'une identité durable :

> Im Abstand eines Vierteljahrhunderts sehe ich dort auf der Tischebene einen Menschen unbestimmbaren Alters. Dieser, barfuB, in einem dunklen, zu weiten Überrock, fängt an, mit dem Arm in die Luft zu fuchteln. Aus dem Gefuchtel wird eine gleichmäBige Bewegung, die, geschähe sie nicht mit der ganzen Hand, ja der Faust, etwas von einem Schreiben hätte. War das 'er' oder 'ich'? Ich bin es, immer noch (W, 219) (27).

L'identité ainsi conquise échappe à la menace de l'éphémère car elle est aboutissement et départ. Elle scelle la

27. "Avec le recul d'un quart de siècle, je vois là-bas sur le petit plateau un homme d'âge indéterminable. Celui-ci, pieds nus, dans un pardessus sombre et trop large, se met à gesticuler des bras. Cette gesticulation se transforme en un mouvement régulier qui, s'il n'était celui de la main tout entière, du poing même, serait un peu celui de l'écriture. Etait-ce 'lui' ou 'moi'? C'est moi, toujours " (W, 170).

réconciliation avec l'image d'un père artisan, légataire d'un héritage culturel et créateur de formes, et avec un monde qu'il faut déchiffrer et animer par les mots. Il appartient au poète de poursuivre l'oeuvre de la création. Est-il de plus émouvant credo poétique :

> Ich werde einen Ausdruck finden für das dunkle Innere einer weiBen Kastanienblüte, das Gelb des Lehms unter dem naBen Schnee, das Überbleibsel der Blüte am Apfel und den Laut des aufspringenden Fisches im FluB ! (W, 220) (28).

Un cri clair ouvre l'ère nouvelle de l'identité trouvée, il lance dans l'espace les vibrations des mots du livre du frère (W,220 - 221), il relègue dans les ténèbres le cri de mort et d'effroi poussé par le nouveau-né lors de sa chute dans l'étrangeté, il couvre de ses variations mélodieuses le hurlement bestial accompagnant la mue douloureuse de Keuschnig. Le cri longtemps enfoui qui se déploie est métamorphosé. Il n'est plus déchirement, lamentation, appel, il est modulation de la parole qui retient et transmet les secrets de l'univers livrés au contemplateur, il est recommencement du monde.

L'écriture trouve son origine dans les formes du monde. Tout *Le recommencement* le démontre : le paysage est écriture offerte, inscription à déchiffrer et à transmettre. La Petzen, sommet dominant Rinkenberg, est avec ses crevasses et limites de végétation, un hiéroglyphe (W, 32) ; les éléments du cadre campagnard familier sont perçus, par le lycéen au retour de Klagenfurt, comme dans un "rêve les yeux ouverts" qui les transforme en lettres et en lignes (W, 82- 83). Mais c'est surtout à la sortie du tunnel de Jesenice que le monde, comme à la première aube de la création, manifeste sa cohérence, devient descriptible, se révèle être une écriture (W, 114 - 115) (29).

---

28. "Je trouverai une expression pour le sombre intérieur d'une fleur de châtaignier blanche, le jaune de la glaise sous la neige aqueuse, le résidu de la fleur sur la pomme et le bruit du poisson qui saute dans la rivière" (W, 170).
29. Comme le remarque R.G. RENNER à propos de ***La leçon de la Sainte-Victoire*** (LSV, 78), cette conception de Handke s'inscrit dans une tradition qui se développe au XIXe siècle, in : R.G. RENNER, *Op.cit.*, p.131.

Il appelle une co-écriture qui, au début du voyage, demeure encore silencieuse.

Le leitmotiv du ***Recommencement***, fondé sur un jugement du professeur d'histoire, "Filip Kobal est porté sur les apparences" (W, 110) (30) est une reprise du thème des fenêtres aveugles. La nuance négative de la remarque du maître est vite oubliée au profit de la charge positive du mot "Schein" qui efface la notion de superficialité et y substitue le sens de la manifestation de ce qui ordinairement reste invisible. Filip Kobal l'apprenti poète est un découvreur mais il est aussi un artisan, à la façon du cantonnier de Rinkenberg, le peintre en lettres des dimanches, qui a élu domicile à la limite du village, dans un gîte minuscule, la seule construction recelant une fenêtre aveugle. L'écriture qu'il fait sortir comme par enchantement de la surface vide des enseignes représente pour le jeune Kobal les emblèmes d'un royaume mystérieux qui illuminent le village tout entier, lui donnent un relief, le tire de son insignifiance habituelle. Loin de s'abandonner à la fascination et à la magie du signe, l'adolescent se nourrit de la lenteur, du silence, de la réflexion du peintre qui se tend tout entier dans le geste qui retient et suggère par le tracé (W, 51 - 52).

Si la voie de la narration, jeu sauvage et solitaire sur lequel se fonde l'identité de l'homme, est exaltante dans son mouvement de mise en écriture des traces de l'harmonie et de la totalité, elle est aussi un âpre combat à l'issue incertaine dans sa vocation de communication. Car, déroulé dans la solitude, le fil de la narration est soumis à la menace de l'anéantissement, ou fait peser le péril de la dissolution. La figure de l'apprenti sorcier des ***Frelons***, qui ne maîtrise plus la projection du film imaginaire relatif au retour du frère, surgit à nouveau dans le tunnel de Jesenice. Le récit clarificateur, interrompu par le départ du buffet de la gare, devient dans la solitude un monstre pugnace qui, avec les mots, harcèle le voyageur, le supplicie jusqu'à ce qu'un bref répit lui soit accordé par la représentation onirique et fugitive d'un enfant, auditeur attentif et exigeant (W, 109 - 110). Mais c'est avec la torture ultime, celle qui empoisonne tous les récits de

30. "Filip Kobal hat es mit dem Schein" (W, 137).

crise de Peter Handke, que s'achève la nuit difficile de franchissement du seuil : l'épreuve de la perte de la parole (W, 111 - 113). La narration est grâce, mais elle est aussi exigence ; s'il n'est personne pour l'entendre, elle s'échappe et entraîne après elle le narrateur vers l'abîme.

3.3 LE PARI DE LA NARRATION

Avant de prendre en solitaire le chemin de la Slovénie mythique, Filip Kobal s'est déjà exercé à l'écriture et a fait la délicate expérience de la publication. La parution d'un petit texte dans le journal local a laissé un sentiment d'amertume qui le détourne définitivement du voyage en Grèce avec ses condisciples (W, 143). Contrairement aux attentes de son auteur qui n'espérait rien tant que d'être enfin reconnu, cette petite pièce en prose - dont le contexte ne manque pas de similitudes avec celui des *Frelons* - provoque le recul, l'incompréhension des autres élèves. Après avoir difficilement conquis un anonymat protecteur, le jeune homme se sent à nouveau exposé au regard de jugement des autres. Il se confine dans une attitude de repli, dans un isolement accru que nourrit le sentiment confus de s'être trahi ; le dilemme évoqué dans le roman familial trouve ici un écho. Mais les répercussions sur le plan relationnel quotidien de l'inévitable projection sur l'avant-scène de l'homme qui écrit et surtout publie, ne constitue manifestement qu'un niveau secondaire des difficultés rencontrées par celui qui se consacre à la Narration.

Le pari du narrateur réside ailleurs. Comme tout acte de communication, la narration est échange et repose sur l'interaction constante des subjectivités. L'image communiquée par le langage authentique retrouvé (ou par le film) doit être mythique, c'est-à-dire de nature à "atteindre et à faire vibrer un subconscient collectif" (31), à briser les apparences lisses

31. Georges BLOESS, *Op.cit.*, p. 262.

et figées pour renouer avec la vraie vie, à ouvrir des intervalles où se déploieront les imaginaires et où se tisseront des relations renouvelées entre celui qui prodigue et ceux qui reçoivent. A cette condition seulement la narration authentique pourra se poursuivre ; si elle ne se gorge pas de la sève qu'elle fait sourdre chez l'auditeur et le lecteur, elle s'étiole, se tarit. Le personnage du professeur d'histoire, dont la passion pour l'écriture et les recherches archéologiques sur la civilisation maya accompagnent le récit du ***Recommencement***, fonctionne comme un négatif du poète. Par ses "contes-d'une-chose", remémorés pendant la lecture des articles du dictionnaire (W, 204 - 205), désignés par analogie comme "contes-d'un-mot", il a initié son élève trop enclin au macabre à la loi de l'écriture qui, "syllabe après syllabe, fait apparaître la clarté des clartés" (W, 160) (32). Il l'a aidé à obtenir la publication de son premier texte, il lui a appris aussi la richesse des cultures qui ont conservé la mémoire de l'unité originelle. Mais il devient dans la vieillesse la victime de son goût immodéré de la liberté totale et de la solitude. Blessé par l'envahissement des slogans de la société moderne, le vieil homme renonce à l'écriture pour ne plus se vouer qu'au culte des nombres (W, 331). Un étrange tissu de correspondances mérite d'être relevé. Est-il utile de rappeler que, semblable aux protagonistes de Handke soumis au péril de la dissolution, le vieux professeur reprenant en cela une habitude de l'enfance, se met à compter pour trouver l'ordre, l'apaisement, indispensables à la survie ? Faut-il voir dans l'anecdote un lointain écho biblique du ***Livre des nombres*** qui relate le temps d'épreuve où Dieu instruit et châtie ses fils, indiquant ainsi la régression du personnage à une situation temporaire qui n'a pu être surmontée ? L'élève ne cherche rien tant qu'à se détacher de cette tragique perspective.

La nécessaire présence de l'auditeur s'affirme discrètement au fil des pages du récit du recommencement, et les caractéristiques de l'interlocuteur idéal peuvent y être discernées.L'autre privilégié, où la narration puise son renouvellement, ne se confond pas avec les champions volubiles du ba-

---

32. "Das Gesetz der Schrift dagegen sei es, Buchstaben um Buchstaben, ... Silbe für Silbe, die Helligkeit der Helligkeiten zu schaffen" (W, 206).

vardage quotidien banal et gratuit (W, 59 - 61), ni avec la mère et sa curiosité, qui ouvre malencontreusement la conversation suscitée à la manière d'un interrogatoire (W, 15). L'autre idéal pourrait être la femme aimée (W, 15), vis-à-vis utopique rayonnant de beauté et recevant avec sérénité le cours tranquille d'un récit clarificateur improvisé ; il est aussi l'Indienne de la fiction, dont l'attention approbatrice (W, 300) provoque l'envol de l'imaginaire à partir d'un élément du réel, ou bien encore il est le serveur slovène qui, alliant calme, beauté et attention, devient en rêve le lecteur du livre fictif du père (W, 232). Surtout, il est le rassemblement informel des enfants du village natal, regroupés autour de l'adolescent (W, 48) qui, à la brune, fait voir le quotidien en devenant narrateur par un geste simple (gratter une allumette) ou par la description d'un processus de vie : l'eau qui s'enfle, l'approche d'un feu follet par exemple.

A l'idée d'un interlocuteur unique se substitue la plupart du temps, celle des membres d'une communauté lâche, comme peut l'être le cercle des lecteurs. L'image la plus évocatrice se rapporte au rassemblement particulier que forment les passagers d'un autocar (33). Mode de déplacement caractéristique de l'enfance autrichienne, ce moyen de communication sillonne fréquemment les oeuvres de Peter Handke. Il est présenté dans *Le recommencement* comme un espace symbolique de liberté et d'échange. Les individus n'y sont associés que par de liens ténus d'appartenance temporaire et sont essentiellement perçus dans leur unicité, puisque détachés de toute classification préalable et du cadre quotidien. Livrant enfin une image vraie d'eux-mêmes, ils donnent à leurs conversations le ton de l'échange authentique, et le véhicule devient espace de narration. A cette représentation imagée, fixée dans la mémoire de l'adolescent passager habituel des autocars de campagne (W, 63 - 65), s'ajoutent celle du véhicule qui l'emporte vers le Karst (W, 254 - 255), dont émerge la silhouette du soldat, et surtout la description détaillée d'un étrange voyage, fait en rêve par

33. G.A. GOLDSCHMIDT, *L'espace raconté*, in : *ORACL*, *Op.cit.*, p. 49 - 51, ici p. 50 : "Les occupants de l'autocar forment à peu près la seule espèce de 'communauté' possible, la seule que reconnaisse Peter Handke". G.A. Goldschmidt évoque alors la communauté du visible, de l'espace à parcourir, du voyage.

le jeune homme (W, 292 - 293) ; l'épisode n'a d'autre dessein que d'expliquer de façon symbolique un besoin brûlant d'orgie. A l'évidence, le mot surprenant d'orgie ne peut être reçu dans son accception courante, mais doit être associé à l'idée de désir ardent comme y invite le narrateur. Dans le rêve, qui est expression d'un désir, se retrouve dans un véhicule, tenant à la fois de l'autocar et du téléphérique, un groupe insolite d'individus qui se caractérisent par l'attente partagée d'un ravissement total lors de l'arrivée dans l'Empire du Karst. Le voyage se répète, le seuil marqué par un rocher d'Indien est franchi, mais toujours le but se dérobe et l'extase ne se produit pas, bien qu'une vive lumière laisse croire à l'imminence de son émergence. Faut-il considérer que les curieux passagers au regard fixe, rivé sur un but toujours repoussé, s'engagent dans l'aventure "ouverte à tout public" (W, 292) d'une lecture qui est promesse de révélation. Mais, s'isolant dans une tension extrême pour atteindre ensemble le moment espéré de la fusion avec les mystères du monde, les lecteurs absorbés oublient l'essentiel et se privent ainsi des clefs du Royaume. Toutefois, le narrateur du rêve connaît la révélation, non pas au terme de l'aventure, mais à l'instant du dernier départ, lorsque l'un des compagnons de voyage, prenant l'initiative, lui adresse un sourire, signe de reconnaissance.

> Orgie des Einander-Erkennens : statt Verzückung und Vereinigung Erschütterung und Einung (W, 293) (34).

Le regard sur le monde des formes ne s'illumine pas s'il s'enferme dans la solitude ; pour irradier l'harmonie universelle, il doit savoir recueillir la vie qui brille dans les yeux de l'autre. Rendu plus fort par la fusion des regards en quête de sensation vraie, le poète fera s'ouvrir les portes de la Terre promise. Mais le moyen narratif choisi, le rêve, souligne la difficulté de la réalisation de ce désir suprême. Le regard de l'autre est indispensable au narrateur afin que s'épanouisse son oeuvre ; la suite du récit le montre. L'évocation onirique d'un vis-à-vis reconnu entraîne à elle

34. "Orgie de la reconnaissance mutuelle : au lieu du ravissement et de la réunion, bouleversement et communion" (W,227).

seule le miracle du partage et déroule le fil de la narration. Dans un conte, relaté sur le ton enthousiaste de la confidence confiante adressée à ce TU enfin trouvé, le rêveur raconte la merveilleuse histoire de la marche vers le Karst, pays sans seuil ni tunnel, terre fabuleuse de la renaissance, éternel Eden où bruissent encore comme des oracles la faune et la flore de la Création et où se donne l'Ecriture... Car dans ce conte, où le narrateur se transforme en guide fraternel, le TU enfin découvert reçoit le don d'une écriture qui le renvoie vers les hommes au coeur des villes.

L'altérité dont se languit et se nourrit le maître d'oeuvre du ***Recommencement*** se limite ainsi à un cercle de lecteurs, qui se réduit lui-même aux narrateurs potentiels ou du moins à ceux qui ressentent déjà l'appel des fenêtres aveugles. L'échange authentique avec l'autre désiré est don et réception de l'écriture, mais aussi partage muet et exaltant d'un regard commun posé sur le monde qui se métamorphose en vision, sous l'influence d'une communion ardente. Filip fait cette expérience inoubliable lorsque, sorti du tunnel, assis à la table d'une auberge où il reçoit pour la première fois le pain blanc, un vieil homme silencieux vient s'installer non loin de lui, mais à quelque distance cependant :

> Ohne daB wir ein Wort wechselten, verfolgten wir gemeinsam das Geschehen ; beide hatten wir dasselbe im Auge, betrachteten es gleichlang, lieBen zugleich das nächste erscheinen... Wir versenkten uns in den Schimmer am Hals einer Taube... und wendeten den Kopf wieder zum Damm empor... (W, 125 - 126) (35).

Une grande distance a été parcourue depuis *Les frelons* qui faisaient du lecteur le témoin nécessaire des prémices d'une gestation douloureuse. On se souvient que le chapitre du même nom invitait un acteur à représenter de façon symbolique la

---

35. "Sans échanger un mot, nous suivions ensemble l'action ; nous avions tous les deux le même point de mire, l'observions pendant la même durée, faisions au même moment apparaître le prochain... Nous plongions dans les reflets du col d'un pigeon... puis relevions la tête vers la digue" (W, 101).

longue marche du protagoniste dans les ténèbres intérieures vers une hypothétique délivrance ; qu'il lui confiait la mission délicate de laisser transparaître ce que le foisonnement du roman familial s'efforçait de dissimuler. ***Le recommencement*** au contraire, récit solaire, entraîne le lecteur, par le sortilège du regard et de l'écriture partagés, à partir à la conquête de l'unité grandiose qui sous-tend les formes de la terre et les menues choses du quotidien.

Le lecteur des romans et récits de jeunesse est un catalyseur : par sa présence distante, attentive mais muette, il permet au jeune écrivain de sentir la réalité du départ vers la conquête de soi, il atteste la mise en route d'un lent processus de libération. Mais le lecteur de l'oeuvre de la maturité est un chercheur, il appartient au "peuple" des lecteurs évoqué par Peter Handke dans ***La leçon de la Sainte-Victoire*** (LSV, 73) et dans le discours prononcé lors de la réception du Prix Kafka (EF, 58). Si Norbert Gabriel (36) rapprochait le peuple des lecteurs du peuple de la Tradition glorifié dans ***Histoire d'enfant*** (Kg, 77), le peuple juif dispersé mais capable de subsister même sans prophète, sans roi ni nom, il semblerait désormais plus exact, après la lecture du ***Recommencement***, d'y associer l'image brossée par le narrateur, du peuple oublié de l'histoire, sans roi ni pouvoir, le peuple du Karst. Bien que paradoxalement ce peuple soit gravé dans l'imaginaire comme une procession d'Indiens (W, 269 - 271), donc comme une communauté en marche vers un sanctuaire, il se caractérise essentiellement par le souvenir d'individus perçus isolément (37).

La cohésion du groupe rassemblant des individus solitaires n'est assurée que par la trame fragile d'une appartenance qui est partage d'un regard différent et d'un désir toujours renouvelé d'harmonie. Ce cercle des lecteurs réunit plus ceux qui se

---

36. Norbert GABRIEL, *Op.cit.*, p. 74.
37. On peut noter que la désignation "Slovénie" porte en elle-même le sceau de la fragmentation : elle est constituée de la République de Slovénie, fédérée jusqu'au 25 juin 1991, dans l'Etat yougoslave, de la deuxième Slovénie qui se compose des minorités slovènes vivant hors des frontières et de la troisième Slovénie dont les membres, aux USA, au Canada et en Amérique latine, sont les descendants des émigrés politiques slovènes du milieu de ce siècle. Un premier congrès slovène prévu pour mai 1991 devait les réunir successivement à Paris, puis à Ljubjana.

"reconnaissent" qu'il n'entraîne véritablement à sa suite la foule des déçus et blessés du quotidien, contrairement à l'intention proclamée par l'auteur du ***Journal Le poids du monde***. Comme le remarque Christoph Bartmann (38), les notes recueillies dans le Journal, qui ne peuvent se confondre avec des aphorismes, invitent en permanence le "tout public" à une lecture sélective, critique et pratique qui suscitera des résonances clarificatrices dans l'expérience individuelle. Nul n'exprime mieux cette ambition de Peter Handke que son traducteur et ami, Georges-Arthur Goldschmidt, qui écrit :

> ... la caractéristique de l'oeuvre de Peter Handke est que ce qui se passe dans l'oeuvre pour les personnages est très exactement ce qui se passe dans le lecteur ou dans le spectateur. L'identité profonde est celle qui est commune à tout le monde et plus Handke approfondit et rend nette, précise cette appréhension de soi-même à travers les actes apparemment les plus insignifiants, plus il devient aussi ce qu'est autrui. Toute la force de Handke est là : découvrir ce qu'il y a de plus particulier comme ce qu'il y a en chacun à la fois de plus intime et de moins réfléchi" (39).

Pourtant l'analyse laudative de G.A Goldschmidt ne peut rejeter en arrière-plan une interrogation critique concernant les relations réellement entretenues par l'écrivain avec un public aux larges assises. Le fort tirage de ses oeuvres, l'accélération de la fréquence de parution des traductions en France témoignent d'une réussite indéniable que ne peut en rien entacher le vieil argument polémique selon lequel être l'auteur le plus acheté ne signifie pas le plus lu. Quoiqu'il en soit, l'admiration vibrante de ses lecteurs français accrédite la thèse que Peter Handke est un écrivain, semeur de vie. La revue ORACL lui consacre en 1987 un numéro spécial "pour lire Peter Handke dans le mouvement de sa création" et montrer que son

---

38. Christoph BARTMANN, *Op.cit.*, p. 113 - 118.
39. Georges-Arthur GOLDSCHMIDT, ***En quoi Peter Handke nous concerne-t-il***, in : ***Austriaca***, N° 7, novembre 1978, p. 62.

écriture est bien vivante, qu'elle est de celle "qui suscite un appétit. De vivre, d'écrire" (40). Il n'est pas fortuit que pour sa part, Erika Tunner, responsable de l'édition du cahier spécial ***P. Handke*** de la revue ***Austriaca*** (41) ne se soit pas contentée de constituer un dossier universitaire, mais ait tenu à mettre en lumière la force fécondante de l'écriture de l'écrivain, en sollicitant une contribution de Claude Mauriac (42) qui est un pénétrant éloge.

> C'est ... moins ce que P. Handke exprime qui compte pour moi que ce qu'il m'autorise à tenter de découvrir et d'écrire, en m'ouvrant des voies où, sans lui et quelques autres, je n'oserais m'aventurer.
> Celle de l'invisible, perçu à partir du visible le plus présent, le plus aigu.
> De l'indicible, naissant des mots les moins imprécis qu'il se peut.
> De l'éternel immobilisé quelques secondes, parfois, au coeur même du présent.
> ...
> Il y a là une méthode d'approche, de guet et de capture que les plus modestes chasseurs d'inconnu peuvent, à leur manière et avec leurs facultés propres essayer (43).

Peter Handke, un écrivain comblé ? Certainement si l'on considère qu'un témoignage comme celui de Claude Mauriac répond parfaitement aux attentes les plus chères, confiées à Herbert Gamper en 1986 (44). On ne peut toutefois ignorer le léger ma-

---

40. Préface de Thierry GUINHUT, Revue ***ORACL***, *Op.cit.*, p 4 - 5.
41. ***Austriaca***, N° 16, mai 1983.
42. Le tome VII du ***Temps immobile, Signes, rencontres et rendez-vous***, s'ouvre sur des réflexions approfondies consacrées à Handke.
43. Claude MAURIAC, ***Une manière absolue de participer***, in : ***Austriaca***, 1983, p. 19.
44. Peter HANDKE im Gespräch mit Herbert GAMPER, ***Aber ich lebe nur von den Zwischenräumen***, Amman Verlag, Zürich, 1987, p. 94.
"... daß im Laufe der Jahre mich das am meisten freut, wenn ich Leser hab, die selber schreiben, und die mir das sagen, daß sie von dem, was ich gemacht habe, auf die eigene Problematik zurückgeworfen worden sind".
"Avec les années, ce qui me réjouit le plus, c'est d'avoir des lecteurs qui écrivent eux-mêmes et me disent qu'ils ont été renvoyés à leur problématique

laise accompagnant la réponse évasive à une question de l'interviewer concernant l'influence exercée sur le lecteur réceptif, mais non écrivain. Peter Handke y expose sa préoccupation essentielle qui est de trouver un mode d'expression renouvelé, et confie avant tout son peu d'intérêt pour les répercussions de l'écriture sur le comportement ou les actes des lecteurs ; comme toutes les oeuvres d'art, ses livres ne nourrissent d'autre ambition que de repousser l'heure de l'engloutissement du monde dans la bestialité (45)...

Peter Handke a réussi à construire son identité en rejetant les regards de mort, en devenant découvreur des mystères du monde et narrateur de l'harmonie. L'écriture, toujours à reconquérir au prix d'un combat de chaque instant, a rendu le poète transparent au monde ; mais le bilan que tire fort discrètement au détour de quelques phrases le narrateur du ***Recommencement***, un quart de siècle après le voyage régénérateur dans la Slovénie mythique, se teinte de désenchantement et d'amertume. Si les fenêtres aveugles agissent toujours comme emblèmes du Royaume du Recommencement (W, 222), à l'âge de la maturité la voix du narrateur se fait prudente et assourdie pour renouveler le cri fondateur (W, 221) et dire la force de vie victorieuse, le moi enfin trouvé (W, 242). Le moi total refuse désormais obstinément de se montrer à celui dont la triste raison a remplacé la grâce et la folie de l'innocence. Le récit de la naissance du poète pourrait donc être lu, ainsi que le furent ***Les frelons*** au début de cette étude, comme le fruit d'une écriture nécessaire à la survie. ***Le recommencement*** devient un recours mis en oeuvre pour retrouver le frère, c'est-à-dire pour ranimer l'élan triomphal, pour redonner vie à l'arbre qui se dessèche, pour conjurer une fois encore les périls de la perte de la parole et de l'identité. En effet, sans échange avec l'altérité le JE devient superflu, il s'efface devant la totalité contemplée ou s'anéantit dans le TU du dialogue intérieur qui étrangle et dissout, ou bien encore s'altère pour n'être plus que nombres égrenés...

---

personnelle, grâce à ce que j'ai fait..."
45. *Ibid.*, p. 101 - 102.

Les regards de reconnaissance échangés avec les poètes et artistes de l'image de ce temps - l'on songe par exemple à Gustav Januš, Carinthien d'expression slovène (46), à Francis Ponge ou René Char (47) ou au cinéaste Wim Wenders (48) - ne suffisent peut-être pas à satisfaire le désir orgiaque de la rencontre, manifesté par le rêve de l'adolescent. Le ton à la fois amer et élégiaque du "Joueur mélancolique" (49) de l'entretien radiophonique diffusé en 1989 par France-Culture traduit de toute évidence un vide. Dans une longue émission qui épouse le rythme d'un voyage réel à travers l'espace slovène, l'écrivain avoue être confronté à un nouveau seuil qui ne se laisse pas franchir. Il est des vides désirés dont l'apparition exalte et où s'engouffrent l'imaginaire, le souvenir et l'écriture. Il en est d'autres que la rencontre sur les routes de la poésie, ou l'observation avide mais distante des lieux animés des villes, ne peuvent entièrement combler. L'identité du poète, fondée sur le renouvellement et sur la transparence au monde ne se perpétue que si elle est portée par la chaleur de l'échange spontané avec l'autre. On ne peut mieux évoquer le mal sournois qu'en reprenant l'interrogation sur laquelle s'achève la version filmique de ***Faux mouvement*** (50), réalisée par Wim Wenders. La scène finale du film diverge fondamentalement de la dernière image du récit de Peter Handke, représentant Wilhelm devant une machine à écrire crépitant au sommet de la Zugspitze balayée par la tempête.

---

46. Gustav Januš, peintre et poète, a fréquenté l'internat de Tanzenberg (Plesivec) à la même époque que Peter Handke, mais les contacts n'ont été renoués entre les deux hommes que lorsque Janus découvrit dans ***Die neue Zürcher Zeitung*** une traduction de ses poèmes due à Peter Handke.
47. Peter Handke est le traducteur de ces trois poètes (cf. bibliographie).
48. Peter Handke et Wim Wenders ont souvent collaboré :
- ***L'angoisse du gardien de but au moment du penalty***, régie Wim Wenders, 1972.
- ***Faux-Mouvement***, régie Wim Wenders, 1974.
- ***La femme gauchère***, régie Peter Handke, co-production Road-movies et Wim Wenders, 1977.
- ***Les ailes du désir***, dialogues Peter Handke, régie Wim Wenders, 1987.

49. ***Peter Handke im Gespräch mit Herbert Gamper***, *Op.cit.*, p. 47. Par cette expression reprise de ***Lent retour*** (lH, 143), P. Handke désigne tout artiste.
50. Wim WENDERS, ***Falsche Bewegung***, 1974.

Wim Wenders :

> Il n'y eut pas de tempête... Pourquoi n'étais-je pas resté avec les autres ? Pourquoi avoir menacé le vieil homme au lieu de le laisser raconter son histoire ? Il me semblait avoir manqué quelque chose et continuer, à chacun de mes mouvements, de manquer quelque chose...

Dans les interviews et commentaires, l'écrivain admiré affiche un certain désarroi. La "triste raison" de l'homme mûr qui a tué la folie et l'innocence n'est-elle pas cause du désenchantement éprouvé face à un jeu qui, pour être resté un combat, n'en demeure pas moins solitaire. De ses critiques et lecteurs honnêtes, Handke requiert le respect des règles d'un jeu qui consiste à se laisser guider par lui et à n'adopter d'autre critère que celui de l'immanence (51). L'entretien journalistique s'établit lui aussi sur un accord tacite préalable qui rejette les questions indésirables. L'exigence du maître du jeu est extrême : les seules vraies questions ne peuvent émaner que "de l'amour et de la nécessité" (52). Dans de telles conditions, comment échapper à l'impasse à laquelle se heurte l'écrivain ? N'est-elle pas la conséquence d'un jeu parfaitement maîtrisé, dont la rigueur des règles exclut ce qui demeure l'essence même du jeu, la présence d'esprit face aux ouvertures du hasard. L'écrivain est en quête d'un recommencement. Il a quitté la "montagne du moine" (Mönchsberg de Salzburg) et le pays natal pour redevenir voyageur (53). Ne tente-t-il pas ainsi de renouveler le rapport d'intimité avec le monde, en tempérant une étrangeté croissante à l'égard des créatures qui le peuplent ? Le grand jeu sauvage doit être réinventé.

---

51. ***Peter Handke im Gespräch mit Herbert Gamper***, *Op.cit.*, p. 46 -47.
52. ***Le bon plaisir de Peter Handke***, *Op.cit.*.
53. Peter Handke s'est à nouveau fixé en France, aux environs de Paris, au cours de l'hiver 1990 - 91.

CONCLUSION

L'oeuvre en prose de Peter Handke, comprise entre ***Les frelons*** et ***Le recommencement***, se présente comme la longue histoire inachevée de la recherche archéologique des seuils fondateurs d'identité. La mise à nu, dans le cours d'une narration qui tend vers l'apaisement, des expériences décisives ayant modelé le vécu, invite le lecteur à s'engager à son tour dans une exploration patiente. Dépassant le donné, il suit l'appel des espaces blancs ouverts par les seuils dont l'écriture a gardé la trace. Le visible devient l'indice conduisant à l'univers du poète qui s'offre au déchiffrement. Guidé par les récits, il découvre ainsi que la seule aventure digne de l'homme est un approfondissement de la question fondamentale : "Qui suis-je ?". Le chemin à parcourir ne se caractérise pas par la linéarité, mais par le franchissement de seuils successifs qui sont des temps d'arrêt, des détours nécessaires, des sites ouvrant les voies de la connaissance et de la renaissance.

Les frelons, où les ténèbres dissimulent la lumière qui point derrière les meurtrissures, autant que ***Le recommencement***, où le vif éclat solaire masque les ombres dans les images transfigurées, attestent la présence de seuils existentiels. Une formule paradoxale pourrait résumer l'itinéraire décrit dans les livres de Peter Handke : Des psaumes... aux psaumes. Entre les incantations douloureuses, appels de détresse solitaires lancés au Père tout-puissant et lointain, et les chants de louange et de glorification de la Création, adressés à une communauté prise à témoin, s'étend le vaste champ de neige glacée où se risque l'individu parti à la conquête de lui-même :

> Der über das Schneefeld geht, wird achten, unbeschwert mit leichten Füßen zu gehen... Er wird darauf sehen, nicht aus dem geordneten Ablauf der Bewegungen zu fallen, in den er mit dem Anfang seines Gehens gestiegen ist... Wenn er aus dem

> Schritt kommt, zeitigt dies sein Einbrechen... Hält er ein, so wird sein plötzliches Gewicht ihn durch die Decke stoBen; fällt er in einen Lauf, so wird auch dann die Wucht des Schritts ihn durch die Eisschicht treten lassen. Damit die Schwerkraft des Körpers an allen Stellen die gleiche sei, wird er vor dem Gang all seine Lasten von sich tun... Wenn er gerufen wird, darf er nicht halten oder Antwort geben (H, 276 - 277) (1).

L'aventure de l'identité se joue sur le terrain des appartenances, dont le joug doit d'abord être secoué dans la solitude, pour que soit conquise la démarche légère qui permettra de tisser de nouveaux liens librement choisis.

Dès la production de jeunesse, la perception de soi et du monde porte l'empreinte des actes de communication. De la mémoire involontaire jaillissent les images de la souffrance d'un moi qui s'abîme dans l'attente nostalgique et vaine d'être enfin entendu et perçu dans son existence propre. Ce sont finalement moins les entraves sociales à la communication, aisément démasquées, que les manques inhérents à la nature humaine qui confinent l'individu dans la solitude, et le retiennent prisonnier d'un monde hostile, reçu comme un chaos. Un premier seuil est franchi lorsque le processus de clarification intérieure s'engage grâce à la littérature qui offre l'opportunité de la rencontre avec maîtres et témoins. Elle fait naître le besoin d'élargir l'horizon humain qui a suscité tous les désordres intérieurs, et le désir de se faire entendre et reconnaître par un cercle d'auditeurs attentifs mais anonymes, au travers de l'écriture qui reçoit les traces et permet le récit.

---

1. "Celui qui s'avance sur le champ de neige prendra garde à marcher d'un pied léger sans peser... Il sera attentif à ne pas rompre le rythme ordonné du mouvement qu'il a adopté dès le début de sa marche. S'il ne respecte pas son pas, il sera près de s'enfoncer... S'il s'arrête, son poids pesant soudain lui fera rompre la couche gelée; s'il se met à courir, là encore la pression de son pas lui fera rompre la couche gelée. Afin que la pesanteur de son corps soit également répartie, il se débarrassera avant sa marche de toutes les charges encombrantes... Si on l'appelle, il ne doit ni s'arrêter, ni répondre..." (H, 238).

La persévérance, les détours, les arrêts sur d'autres seuils seront nécessaires pour que soit trouvé le témoin dont le regard, véritable miroir de vie, fera pressentir l'harmonie du monde qui devra impérativement être fixée et communiquée. Au terme d'un long voyage parsemé d'hésitations et de prises de décisions, les blessures de l'enfance se cicatrisent, l'angoisse s'estompe et les voies sont ouvertes à une lente réconciliation avec soi et le monde; le recommencement quotidien devient gage d'identité. Le cri de désespoir primitif qui trouve un large écho dans le roman d'un autre Carinthien d'expression slovène, Florjan Lipuš, s'éteint peu à peu, pour céder la place au regard partagé avec le peintre et poète Gustav Januš, dont les souvenirs ne sont plus de brûlantes blessures, mais des images retenues par la conscience claire d'un moi créateur.

Une foi inébranlable dans les potentialités d'une intériorité qui est force de résistance et agent de connaissance, caractérise la quête reflétée par l'oeuvre narrative. L'autre trait notoire est que, toujours, l'expérience vécue nourrit l'écriture, ressentie comme une nécessité vitale.

Faire à chaque instant rebondir la vie, tel est l'idéal du recommencement. Les miroirs vides, les miroirs déformants ont été balayés au profit des miroirs qui réfléchissent la lumière ou laissent transparaître la beauté et l'harmonie. Le regard de l'autre est la fontaine de vie où l'on puise force et renouveau. L'homme devient narrateur, non plus des seuils de la clarification intérieure qui requérait la présence du témoin silencieux, mais des seuils à surmonter pour percer les mystères du monde. Il est à la fois témoin et créateur de beauté, et il fonde dans cette mission suprême son sentiment d'identité.

Peter Handke n'est pas ce Narcisse si souvent décrié. On ne peut voir en lui, comme Gilles Lipovetsky (2), l'écrivain de la solitude indifférente qui caractérise les hommes de la fin du XXe siècle. Bien sûr, il présente des ressemblances avec le

---

2. Gilles LIPOVETSKY fait référence à ***La femme gauchère*** dans son essai sur l'individualisme contemporain intitulé ***L'ère du vide***, Gallimard, coll. Folio essais n° 121, Paris, 1983, p. 54, 67 - 68, 100.

Narcisse postmoderne que dessine Lipovetsky: par sa façon de vivre et de glorifier l'instant, par son souci de désengagement de l'emprise de l'autre, par son désir d'être soi, indépendamment des modes et des critères de l'autre, par son malaise de toujours face à la solitude, objet de ses désirs et source de ses détresses et par son goût de plus en plus affirmé de rencontres avec les êtres qui lui ressemblent. Mais l'angoisse engendrée par la blessure narcissique originelle ne lui a pas fait franchir d'un bond irréfléchi le premier seuil décisif dans la direction du repli intérieur, comme pouvaient le laisser redouter *Les frelons.* Elle ne l'a pas davantage laissé désemparé devant un seuil lisse dont la contemplation n'aurait renvoyé qu'une image stérile et figée, offerte à l'approbation d'un public nécessaire. S'il doit être question de narcissisme, ce ne peut l'être que dans le sens plus optimiste que lui attribue Gérard Mendel (3). Il désigne alors ce mécanisme intérieur d'autodéfense et de résistance, cet élément créateur développé à partir de la non-appartenance, ce "frère" des protagonistes de Peter Handke, qui indique le chemin de la confiance en soi et de l'autonomie dans un monde d'anonymat et de contraintes aveugles. L'individu autonome ne peut être confondu avec l'étranger, marginal confronté au péril de l'enfermement ou de la dissolution, mais il est cet homme des lisières qui a su conquérir l'intervalle suffisant pour lire les signes porteurs de vie et distinguer les seuils salvateurs, souvent dissimulés derrière les images lisses du monde. Il ne se détourne pas de la communauté humaine, mais au contraire densifie ses liens d'appartenance avec elle. Il s'arroge une fonction sociale transcendant les structures établies, et guide vers la réconciliation les hommes qui, pris de dégoût devant la prolifération des images de la fausse vie, devant le culte de la consommation et la détérioration des relations intersubjectives, tentent de se mettre debout pour partir à la conquête d'eux-mêmes.

L'expérience vécue de l'incommunicabilité radicale entre les individus qui a d'abord effacé les limites entre mondes intérieur et extérieur, et fait peser la menace de la perte de l'image de soi, a pu en partie être surmontée grâce à la lec-

3. Gérard MENDEL, *54 millions...*, *Op.cit.*, p. 149 - 150.

ture, puis surtout à l'écriture qui est miroir clarificateur et pont jeté vers l'autre. Mais la communication idéale, patiemment élaborée au cours de deux décennies, tend à se fonder sur la transparence totale, comme en témoigne une note de ***L'histoire du crayon*** :

> Ideal ist es, wenn in meinem Blick die Welt sich selber anschaut, groB (GB, 34) (4).

L'identité du poète repose alors exclusivement sur une écriture à l'ambition démesurée, qui privilégie la relation au monde et ne crée plus de liens avec autrui que par la médiation de l'art. Si la tentation de la fusion mystique dans le spectacle de la création a été jugulée grâce à l'exigence de la conquête des formes, le péril d'une lente dérive vers les espaces dépeuplés de regards vivants ne paraît pas conjuré. Le poète est conscient de la gageure et de la fragilité de l'équilibre réalisé. Le dernier chapitre de ***La leçon de la Sainte-Victoire*** suggère d'ailleurs la menace de l'échec. Comme l'explique Michael Linstead (5) dans l'intéressante analyse qu'il en propose, le langage poétique est inapte à rendre la simultanéité de la perception émanant de la peinture qui pourtant sert de modèle. L'artiste reconnaît la vanité de l'entreprise, s'éloigne du tableau de Jacob van Ruysdael, abandonne la description de la forêt de Morzg pour retourner vers l'enfant :

> Dann einatmen und weg vom Wald. Zurück zu den heutigen Menschen... Zu Hause das Augenpaar ? (LSV, 139) (6).

Le jeu de la narration à l'enjeu existentiel, patiemment construit par l'écrivain selon les seules règles de son intériorité, risque de ressembler à l'exercice de virtuosité effectué sur la corde raide par l'actrice muette de ***La courte lettre***. La danse procure certes la sensation éphémère d'engager

---

4. "L'idéal, c'est lorsque dans mon regard le monde lui-même se regarde, les yeux grands ouverts".
5. Michael LINSTEAD, *Op.cit.*, p. 182 - 183.
6. "Respirer et s'éloigner de la forêt. Retour auprès des hommes d'aujourd'hui... A la maison, le regard de deux yeux ?" (LSV, 118).

un processus de communication permettant d'être reconnu par l'autre, et de jouir ainsi d'un fugace sentiment d'identité, mais elle recèle aussi en germe le danger permanent de la chute dans le vide.

Dans l'hymne à la narration sur lequel s'achève ***Le recommencement***, l'écrivain semble définitivement renoncer à la recherche du regard humain qui réfléchira l'image vraie de lui-même :

> Auge der Erzählung, spiegele mich, denn du allein erkennst mich und würdigst mich (W, 333) (7)

La seule relation vivante fondatrice d'identité qui subsiste, est celle d'un art qui reflète les formes du monde, et s'absorbe dans la contemplation de celles qu'il crée, en reléguant à l'arrière-plan sa dimension de communication qui est échange vivant.

La glorification enthousiaste de la narration qui s'élance à l'assaut du ciel, comme les litanies ardentes psalmodiées en langue slovène dans l'enfance, ne doit pourtant pas être interprétée comme une forme transcendée de repli vers l'intériorité, mais plutôt comme l'expression du recours à un palliatif destiné à atténuer le manque suprême, noté brièvement dans la première partie du ***Recommencement*** et attribué hâtivement à l'environnement social :

> Und ich sah die Jugend als einen FluB, als ein freies Zusammenströmen und gemeinsames Weiterflie8en, wovon ich mit dem Eintritt ins Internat, mit allen übrigen dort ausgesperrt worden war... Es fehlte mir etwas Lebensentscheidendes, und es würde mir immer fehlen... Mein Gebrechen hieB, daB ich mit den anderen nicht mehr mitkonnte : weder mittun noch mitreden. Es war, als sei ich gestrandet, ein Krüppel und die Strömung, die al-

7. "Oeil de la narration reflète-moi, car toi seul sais me reconnaître et me rendre justice" (W, 256 - 257).

> lein mich mitgetragen hätte, sei für immer an mir vorbeigeflossen... (W, 47) (8)

Les images du recommencement désignent elles aussi le mal sournois, dans une plainte lapidaire faisant immédiatement suite à une note évoquant l'avenir de l'écriture personnelle qui n'est plus qu'un mouvement léger d'effleurement des choses :

> Wenn ich statt : "Ich gehe arbeiten", immer sagen könnte : "gehen wir wirken!" (PW, 8) (9).

L'appartenance au monde et au cercle restreint des artistes du regard qui captent les mystères et les richesses en leur donnant forme, a été acquise au prix d'une longue et conséquente recherche, dictée par la force d'un moi qui a su s'affirmer en articulant dans l'écriture ses attentes nostalgiques. En revanche, l'appartenance à la communauté humaine élargie, demeure entravée par l'expérience primitive de l'incommunicabilité entre les individus radicalement seuls. Mais le désir de l'orgie de la reconnaissance, de l'écoute et de l'embrasement des regards où se mire le quotidien, n'est pas mort. L'évocation de la taverne mal famée, refuge des bannis, qui précède de peu l'hymne solennel à la narration, représente la résurgence d'un vieux rêve qui pourrait assurer le recommencement. L'image du bouge enfumé où l'on se tient épaule contre épaule, en racontant son histoire sur un fond de sonnerie de téléphone, de cartes battues et de roulement de dés pourrait représenter la nouvelle fenêtre aveugle qui serait l'aiguillon et le filigrane d'une narration régénérée...

---

8. "Et je voyais la jeunesse comme un fleuve, un libre confluent, un flot durablement commun dont j'avais été exclu, en même temps que tous les autres élèves, en entrant à l'internat... Il me manquait quelque chose, quelque chose de décisif pour la vie et qui me manquerait toujours... Mon infirmité était de ne plus pouvoir rien faire avec les autres : ni agir ni parler avec eux. C'était comme si je m'étais échoué, invalide, et que le courant qui n'avait apporté que moi se fût écoulé pour toujours..." (W, 41).
9. "Si au lieu de dire : 'je vais travailler' je pouvais dire : 'allons oeuvrer!'" (PW, 7).

BIBLIOGRAPHIE

1. LITTERATURE PRIMAIRE

1.1. OEUVRES ORIGINALES DE PETER HANDKE

Publikumsbeschimpfung (1965), ***Weissagung*** (1964), ***Selbstbezichtigung*** (1965), Suhrkamp Verlag, Frankfurt/Main, 1966.
Publikumsbeschimpfung, Weissagung, Selbstbezichtigung, Edition Suhrkamp 177, Frankfurt/Main, 1966.
Publikumsbeschimpfung, in : ***Prosa, Gedichte, Theaterstücke, Hörspiele, Aufsätze*** , Suhrkamp Verlag, Frankfurt/Main, 1969.

Die Hornissen, Suhrkamp Verlag, Frankfurt/Main, 1966
Die Hornissen, Rororo Taschenbuch, Hamburg, 1968.
Die Hornissen, Suhrkamp Taschenbuch 416, Frankfurt/Main, 1978.

Hilferufe, Suhrkamp Verlag, Frankfurt/Main, 1967.

Begrüßung des Aufsichtsrats, Prosatexte, Residenz Verlag, Salzburg, 1967.
Begrüßung des Aufsichtsrats, Prosatexte, Deutscher Taschenbuch Verlag, DTV Sonderreihe 5387, 1970.
Begrüßung des Aufsichtsrats, Suhrkamp Taschenbuch 654, Frankfurt/Main, 1981.

Der Hausierer, Suhrkamp Verlag, Frankfurt/Main, 1967.
Der Hausierer, Fischer Taschenbuch Verlag Nr 2093, Frankfurt/Main, 1970.

Kaspar, Suhrkamp Verlag, Frankfurt/Main, 1967.
Kaspar, Edition Suhrkamp 322, Frankfurt/Main, 1968.

Das Mündel will Vormund sein, in : ***Theater heute***, 2/1969.
Das Mündel will Vormund sein, Suhrkamp Taschenbuch 101, Frankfurt/Main, 1973.
Das Mündel will Vormund sein, in : ***Prosa, Gedichte, Theaterstücke, Hörspiele, Aufsätze*** - Suhrkamp Verlag, 1969.

Quodlibet, Suhrkamp Verlag, Frankfurt/Main, 1969.
Quodlibet, Suhrkamp Taschenbuch 101, Frankfurt/Main, 1973.

Der Rand der Wörter, Erzählungen, Gedichte, Stücke - Suhrkamp Verlag, 1966, 1967, 1969, 1970, 1974.
Der Rand der Wörter, Erzählungen, Gedichte, Stücke - Residenz Verlag - Salzburg, 1967, 1969.

Deutsche Gedichte, Euphorion, Frankfurt/Main, 1969.

Der gewöhnliche Schrecken, Horrorgeschichten, herausgegeben von Peter Handke, Residenz Verlag, Salzburg, 1969.
Der gewöhnliche Schrecken, Horrorgeschichten, herausgegeben von Peter Handke, Deutscher Taschenbuch Verlag, DTV phantastica Nr 1859, 1971.

Die Innenwelt der AuBenwelt der Innenwelt, Suhrkamp Verlag, Frankfurt/Main, 1969.
Die Innenwelt der AuBenwelt der Innenwelt, Edition Suhrkamp 307, Frankfurt/Main, 1969.

Ich bin ein Bewohner des Elfenbeinturms, in : *Prosa, Gedichte, Theaterstücke, Hörspiele, Aufsätze*, Suhrkamp Verlag, Frankfurt/Main, 1969.
Ich bin ein Bewohner des Elfenbeinturms, Suhrkamp Taschenbuch 56, 1972.

Die Angst des Tormanns beim Elfmeter, Suhrkamp Verlag, Frankfurt/Main, 1970.
Die Angst des Tormanns beim Elfmeter, Suhrkamp Taschenbuch 27, 1972.
Die Angst des Tormanns beim Elfmeter, Bibliothek Suhrkamp 612, 1978.

Wind und Meer, Hörspiele, Suhrkamp Verlag, Frankfurt/Main, 1970.
Wind und Meer, Hörspiele, Edition Suhrkamp 431, 1970.

Der Ritt über den Bodensee, Verlag der Autoren, Frankfurt/Main, 1970.
Der Ritt über den Bodensee, Edition Suhrkamp 509, Frankfurt/Main, 1971.
Der Ritt über den Bodensee, Suhrkamp Taschenbuch 168, korrigierte Fassung, 1974.

Chronik der laufenden Ereignisse, Suhrkamp Taschenbuch 3, Frankfurt/Main, 1971.

Der kurze Brief zum langen Abschied, Suhrkamp Verlag, Frankfurt/Main, 1972.
Der kurze Brief zum langen Abschied, Suhrkamp Taschenbuch 172, 1974.

Wunschloses Unglück, Residenz Verlag, Salzburg, 1972.

Wunschloses Unglück, Suhrkamp Taschenbuch 146, Frankfurt/Main, 1975.
Wunschloses Unglück, Bibliothek Suhrkamp 834, 1984.

Die Unvernünftigen sterben aus, Suhrkamp Verlag, Frankfurt/Main, 1973.
Die Unvernünftigen sterben aus, Suhrkamp Taschenbuch 168, korrigierte Fassung, 1974.

Als das Wünschen noch geholfen hat, Suhrkamp Verlag, Frankfurt/Main, 1974.
Als das Wünschen noch geholfen hat, Suhrkamp Taschenbuch 208, 1974.

Falsche Bewegung, Suhrkamp Verlag, Frankfurt/Main, 1975.
Falsche Bewegung, Suhrkamp Taschenbuch 258, 1978.

Die Stunde der wahren Empfindung, Suhrkamp Verlag, Frankfurt/Main, 1975.
Die Stunde der wahren Empfindung, Suhrkamp Taschenbuch 452, 1978.
Die Stunde der wahren Empfindung, Bibliothek Suhrkamp, Band 773, 1982.

Die linkshändige Frau, Suhrkamp Verlag, Frankfurt/Main, 1976.
Die linkshändige Frau, Suhrkamp Taschenbuch 560, 1979.

Das Ende des Flanierens, David-Presse/Hermann Gail, Wien, 1977.
Das Ende des Flanierens, Suhrkamp Taschenbuch 679, Frankfurt/Main, 1980.

Das Gewicht der Welt, Ein Journal (November 1975 - März 1977), Residenz Verlag, Salzburg, 1977.
Das Gewicht der Welt, Suhrkamp Taschenbuch 500, Frankfurt/Main, 1979.

Langsame Heimkehr, Suhrkamp Verlag, Frankfurt/Main, 1979.
Langsame Heimkehr, Suhrkamp Taschenbuch 1069, 1984.

Die Lehre der Sainte-Victoire, Suhrkamp Verlag, Frankfurt/Main, 1980.
Die Lehre der Sainte-Victoire, Suhrkamp Taschenbuch 1070, 1984.

Kindergeschichte, Suhrkamp Verlag, Frankfurt/Main, 1981.
Kindergeschichte, Suhrkamp Taschenbuch 1071, 1984.

Über die Dörfer, Suhrkamp Verlag, Frankfurt/Main, 1981.
Über die Dörfer, Suhrkamp Taschenbuch 1072, 1984.

Die Geschichte des Bleistifts, Residenz Verlag, Salzburg und Wien, 1982.

Die Geschichte des Bleistifts, Suhrkamp Taschenbuch 1149, Frankfurt/Main, 1985.

Phantasien der Wiederholung, Edition Suhrkamp, Neue Folge, Band 1168, Frankfurt/Main, 1983.

Der Chinese des Schmerzes, Suhrkamp Verlag, Frankfurt/Main, 1983.
Der Chinese des Schmerzes, Suhrkamp Taschenbuch 1339, 1986.

Gedicht an die Dauer, Bibliothek Suhrkamp 930, Frankfurt/Main, 1986.

Die Wiederholung, Suhrkamp Verlag, Frankfurt/Main, 1986.

Nachmittag eines Schriftstellers, Residenz Verlag, Salzburg, 1987.

Die Abwesenheit, Ein Märchen, Suhrkamp Verlag, Frankfurt/Main, 1987.

Das Spiel vom Fragen, Suhrkamp Verlag, Frankfurt/Main, 1989.

Versuch über die Müdigkeit, Suhrkamp Verlag, Frankfurt/Main, 1989.

Versuch über die Jukebox, Suhrkamp Verlag, Frankfurt/Main, 1990.

Noch einmal für Thukydides, Residenz Verlag, Salzburg, 1990.

1.2. PETER HANDKE TRADUCTEUR

PERCY Walker, *Der Kinogeher*, Suhrkamp Verlag, Frankfurt/Main, 1980.

LIPUŠ Florjan, *Der Zögling Tjaž* (Zusammen mit Helga Mracnikar), Residenz Verlag, Salzburg, 1981.
LIPUŠ Florjan, *Der Zögling Tjaž*, Suhrkamp Taschenbuch 993, Frankfurt/Main, 1984.

BOVE Emmanuel, *Meine Freunde*, Bibliothek Suhrkamp 744, Frankfurt/Main, 1981.

BOVE Emmanuel, *Armand*, Bibliothek Suhrkamp 792, Frankfurt/Main, 1982.

PONGE Francis, *Das Notizbuch vom Kiefernwald. La Mounine*, Bibliothek Suhrkamp 744, Frankfurt/Main, 1982.

GOLDSCHMIDT Georges-Arthur, ***Der Spiegeltag***, Suhrkamp Verlag, Frankfurt/Main, 1982.

JANUS Gustav, ***Gedichte***, Bibliothek Suhrkamp 820, Frankfurt/Main, 1983.

CHAR René, ***Rückkehr stromaufwärts***, Carl Hanser Verlag, München, 1984.

BOVE Emmanuel, ***Bécon-les Bruyères***, Bibliothek Suhrkamp 872, Frankfurt/Main, 1984.

DURAS Marguerite, ***Die Krankheit Tod, La maladie de la mort***, zweisprachige Ausgabe, Fischertaschenbuch 7092, Frankfurt/Main, 1985.

PERCY Walker, ***Der Idiot des Südens***, Suhrkamp Verlag, Frankfurt/Main, 1985.

MODIANO Patrick, ***Eine Jugend***, Suhrkamp Verlag, Frankfurt/Main, 1985.

AISCHYLOS, ***Prometheus gefesselt***, Suhrkamp Verlag, Frankfurt/Main, 1986.

GREEN Julien , ***Der andere Schlaf***, Suhrkamp Verlag, Frankfurt/Main, 1988.

1.3. EDITIONS FRANÇAISES

Outrage au public et autres pièces parlées (Prédiction, Introspection, Appel au secours), trad. Jean Sigrid, L'Arche, Scène ouverte, Paris, 1968.

Le colporteur, trad. Gabrielle Wittkop-Ménardeau, NRF Gallimard, Paris, 1969.

Gaspard, trad. Thierry Garrel et Vania Vilers, L'Arche, Scène ouverte, Paris, 1974.

Mort complice, trad. et préface de Georges-Arthur Goldschmidt, Christian Bourgois Editeur, Paris, 1971.

L'angoisse du gardien de but au moment du penalty, trad. Anne Gaudu, NRF Gallimard, Paris, 1972.
L'angoisse du gardien de but au moment du penalty, trad. Anne Gaudu, Gallimard, coll. Folio n° 1407, Paris, 1982.

La chevauchée sur le lac de Constance, trad. Marie-Louise Audiberti, L'Arche, Scène ouverte, Paris, 1974.

Le non-sens et le bonheur, trad. Georges-Arthur Goldschmidt, Christian Bourgois Editeur, Paris, 1975.
Le non-sens et le bonheur, traduction et postface de Georges-Arthur Goldschmidt, suivi de propos recueillis par Nicole Casanova, Christian Bourgois Editeur, Paris, réédition 1983.

Le malheur indifférent, trad. Anne Gaudu, NRF Gallimard, Paris, 1975.
Le malheur indifférent, trad. Anne Gaudu, Gallimard, coll. Folio n° 976, Paris, 1977.

La courte lettre pour un long adieu, trad. Georges-Arthur Goldschmidt, NRF Gallimard, Paris, 1976.
La courte lettre pour un long adieu, trad. Georges-Arthur Goldschmidt, Gallimard, coll. Folio n° 1716, Paris, 1986.

L'heure de la sensation vraie, trad. Georges-Arthur Goldschmidt, NRF Gallimard, Paris, 1977.
L'heure de la sensation vraie, trad. Georges-Arthur Goldschmidt, Gallimard, Folio n° 1938, Paris, 1988.

Les gens déraisonnables sont en voie de disparition, trad. Georges-Arthur Goldschmidt, L'Arche, Scène ouverte, Paris, 1978.

La femme gauchère, trad. Georges-Arthur Goldschmidt, NRF Gallimard, Paris, 1978.
La femme gauchère, trad. Georges-Arthur Goldschmidt, Gallimard, coll. Folio n° 1192, Paris, 1980.

Bienvenue au conseil d'administration, trad. Georges-Arthur Goldschmidt, Christian Bourgois Editeur, Paris, 1980.

Le poids du monde, trad. Georges-Arthur Goldschmidt, NRF Gallimard, Paris, 1980.

Lent retour, trad. Georges-Arthur Goldschmidt, NRF Gallimard, Paris, 1982.

Les frelons, trad. Marc B. de Launay, NRF Gallimard, Paris, 1983.

Histoire d'enfant, trad. Georges-Arthur Goldschmidt, NRF Gallimard, Paris, 1983.

Par les villages, trad. Georges-Arthur Goldschmidt, NRF Gallimard, Le manteau d'Arlequin, Théâtre français et du monde entier, Paris, 1983.

Chronique des événements courants, trad. Georges-Arthur Goldschmidt, Christian Bourgois éditeur, Paris, 1984.

Le pupille veut devenir tuteur, trad. Philippe Adrien et Heinz Schwartzinger, L'Arche, coll. Scène ouverte, Paris, 1985.

La leçon de la Sainte-Victoire, trad. Georges-Arthur Goldschmidt, NRF Gallimard, coll. Arcades, Paris, 1985.

Le chinois de la douleur, trad. Georges-Arthur Goldschmidt, NRF Gallimard, Paris, 1986.

Faux mouvement, trad. Georges-Arthur Goldschmidt, Christian Bourgois Editeur, Paris, 1986.

Images du recommencement, trad. Georges-Arthur Goldschmidt, Christian Bourgois Editeur, Paris, 1986.

L'histoire du crayon, trad. Georges-Arthur Goldschmidt, NRF Gallimard, Paris, 1987.

Poème à la durée, trad. Georges-Arthur Goldschmidt, NRF Gallimard, Paris, 1987.

Les ailes du désir, (en collaboration avec Wim Wenders), trad. Dominique Petit, Bernard Eisenschitz, Flammarion, Jade, Paris, 1988.

Après-midi d'un écrivain, trad. Georges-Arthur Goldschmidt, NRF Gallimard, Paris, 1988.

Le recommencement, trad. Claude Porcell, NRF Gallimard, Paris, 1989.

L'absence, trad. Georges-Arthur Goldschmidt, NRF Gallimard, Paris, 1991.

Essai sur la fatigue, trad. Georges-Arthur Goldschmidt, NRF Gallimard, coll. Arcades, Paris, 1991.

2. LITTERATURE SECONDAIRE

Cette bibliographie ne saurait prétendre à l'exhaustivité. On pourra se reporter utilement à l'excellente bibliographie proposée dans l'ouvrage édité par Raimund FELLINGER : Peter Handke, Suhrkamp, Frankfurt/Main, 1985, p. 387 - 480.

2.1. OUVRAGES GENERAUX

Bibliographie der deutschen Sprach- und Literaturwissenschaft, begründet von Hanns W. Eppelsheimer, fortgeführt von Clemens Köttelwesch, herausgegeben von Bernhard Koßmann, Vittorio Klostermann, Frankfurt/Main.

Germanistik, Internationales Referatenorgan mit bibliographischen Hinweisen, Max Niemeyer Verlag, Tübingen.

Internationale germanische Bibliographie, herausgegeben von Hans-Albrecht Koch und Uta Koch, München, New-York, London, Paris.

Kritisches Lexikon zur deutschsprachigen Gegenwartsliteratur, herausgegeben von Heinz Ludwig Arnold, ed. Text und Kritik, München, Stand 1988.

Kindlers Literaturgeschichte der Gegenwart. Die zeitgenössische Literatur Österreichs, herausgegeben von Hilde Spiel, Kindler Verlag, Zürich, München, 1976.

Die österreichische Literatur, ihr Profil von der Jahrhundertwende bis zur Gegenwart (1880 - 1980), herausgegeben von Herbert Zeman, Akademische Druck- und Verlagsanstalt, Graz, 1989.

2.2. MONOGRAPHIES ET AUTRES OUVRAGES

ARNOLD Heinz Ludwig, *Als Schriftsteller leben*, Reinbeck-Rowohlt, Hamburg, 1979.

ARNOLD Heinz Ludwig, Text und Kritik, *Peter Handke*, Heft 24, München, 1969, Heft 24/24a, 1971, 1976, 1978.

BARTMANN Christoph, *Suche nach Zusammenhang*, Handkes Werk als Prozeß, Braumüller, Wien, 1984.

BERNARD André-François, *Peter Handke, errance d'un Autrichien*, PUF Lille, 1990.

BERNARD-EYMARD Isabelle, *Peter Handke, la sagesse déraisonnable*, Collection France-Autriche, n° 13, Rouen 1990.

CAMION Arlette, *Image et écriture dans l'oeuvre de Peter Handke*, 1964 - 1983, Thèse de doctorat dactylographiée, Lille III, 1990.

DURZAK Manfred, *Gespräche über den Roman, Formbestimmungen und Analysen*, Suhrkamp Taschenbuch, Frankfurt/Main, 1976.

DURZAK Manfred, ***Peter Handke und die deutsche Gegenwarts-literatur, Narziß auf Abwegen***, Kohlhammer, Stuttgart, Berlin, Köln, Mainz, 1982.

FALKENSTEIN Henning, ***Peter Handke***, Colloquium Verlag, Berlin, 1974, 1979.

FELLINGER Raimund (Hrsg), ***Peter Handke***, Suhrkamp Verlag, Frankfurt/Main, 1985.

GAMPER Herbert, ***Aber ich lebe nur von den Zwischenräumen***, Amman Verlag, Zürich, 1987.

GABRIEL Norbert, ***Peter Handke und Österreich***, Bouvier Verlag, Bonn, 1983.

GOLDSCHMIDT Georges-Arthur, ***Peter Handke***, Les contemporains, Seuil, Paris, 1988.

GREINER Ulrich, ***Der Tod des Nachsommers***, Carl Hansen Verlag, München, 1979.

HEINTZ Helmut, ***Peter Handke***, Reihe ***Analysen zur Sprache und Literatur***, München, 1974.

JURGENSEN Manfred, ***Handke, Ansätze, Analysen, Anmerkungen***, Bern, München, Francke, 1979.

LAEMMLE Peter/ DREWS Jörg (Hrsg.), ***Wie die Grazer auszogen, die Literatur zu erobern***, München, 1975.

LINDER Christian, ***Schreiben und Leben***, Kiepenheuer und Witsch, Köln, 1974.

LINSTEAD Michael, ***Outer World and Inner World, Socialisation and Emancipation in the works of Peter Handke***, 1964 - 1981, European University Studies, Peter Lang, Frankfurt/Main, 1988.

MELZER Gerhard, TÜKEL Jale (Hrsg.), ***Die Arbeit am Glück***, Athenäum, Königstein, 1985.

MIXNER Manfred, ***Peter Handke***, Athenäum, Kronberg, 1977.

NÄGELE Rainer, VORIS Renate, ***Peter Handke***, ed. Text und Kritik, München, 1978.

PÜTZ Peter, ***Peter Handke***, Suhrkamp, Frankfurt/Main, 1982.

RENNER Rolf Günter, ***Peter Handke***, Sammlung Metzler Bd. 218, Stuttgart, 1985.

RUNZHEIMER Doris, ***Peter Handkes Wendung zur Geschichte***. Eine komponentialanalytische Untersuchung, Beiträge zur neuen Epochenforschung, Bd. 8, Verlag Peter Lang, Frankfurt/Main, Bern, 1987.

SCHARANG Michael (Hrsg.), ***Über Peter Handke***, Suhrkamp Verlag, Frankfurt/Main, 1972, 1977, 1979, 1984 .

TABAH Mireille, ***Vermittlung und Unmittelbarkeit***. Die Eigenart von Peter Handkes fiktionalem Frühwerk (1966 - 1970), Europäische Hochschulschriften, Peter Lang, Frankfurt/Main, 1990.

2.3. ARTICLES, ETUDES, ANALYSES, DIVERS

André-François BERNARD a établi une bibliographie très riche intitulée : ***Peter Handke dans la presse écrite, parlée et télévisée en langue française****, parue dans* ***Austriaca****, n° 16, mai 1983, p. 143 - 154, et qui a été mise à jour par Isabelle BERNARD dans le n° 27 de la même revue, décembre 1988,* p. 197 - 205.

2.3.1.

BARTMANN Christoph, ***Der Zusammenhang ist möglich, der kurze Brief zum langen Abschied im Kontext***, in : R. FELLINGER, Suhrkamp Verlag, Frankfurt/Main, 1985, p. 114 - 139..

BAVČAR Eugen, ***La présence slovène en Carinthie***, in : ***Austriaca***, Cahiers universitaires d'information sur l'Autriche, Publication de l'Université de Haute-Normandie, n° 24, Rouen, Juin 1987.

BERNARD André-François, ***Les frelons de Peter Handke. Une adaptation moderne du genre traditionnel du "Heimatroman"***, in : ***Austriaca***, n° 23, Rouen, 1986,p. 73 - 85.

BLOESS Georges, ***Entre mensonge et mutisme : les chemins étroits de l'expression romanesque et filmique chez Peter Handke et Wim Wenders***, in : ***Recherches germaniques***, n° 9, Strasbourg, 1979, p. 234 - 262.

BOHN Volker, "***Später werde ich über das alles Genaueres schreiben", Peter Handkes Erzählung Wunschloses Unglück aus literaturtheoretischer Sicht***, in : ***Germanisch-romanische Monatsschrift***, Bd XXVI, 1976, p. 250 - 270.

GOLDSCHMIDT Georges-Arthur, ***En quoi Peter Handke nous concerne-t-il***, in : ***Austriaca***, n° 7, novembre 1978, p. 62.

HAMM Peter, *Der neueste Fall von deutscher Innerlichkeit : Peter Handke* , in : Michael SCHARANG, *Über Peter Handke*, Suhrkamp Verlag, es 518, Frankfurt/Main, 1972, p. 304 - 314.

HEYDEMANN Klaus, *Jugend auf dem Land*, in : *Sprachkunst*, Jahrgang IX, Wien, 1978.

HOLZINGER Alfred, *Peter Handkes literarische Anfänge in Graz*, in : *Wie die Grazer auszogen die Weltliteratur zu erobern*, hrsg. von Peter LAEMMLE/ Jörg DREWS, München, 1975.

JAPPE Georg, *Ende der Avantgarde? nein, danke*, in : *Merkur 35*, 1981, p. 345 - 356.

KESTING Marianne, *Mord und Verfolgung . Ein umfunktionierter Kriminalroman von Peter Handke*, in : *Die Zeit*, 24. April 1970.

KRAUS Christine, *Literarische Vorbilder in Peter Handkes Roman, Der kurze Brief zum langen Abschied*, in :*Österreich in Geschichte und Literatur*, Heft 3, 1978, p. 174 - 180.

MANTHEY Jürgen, *Franz Kafka, der ewige Sohn*, in : *Peter Handke*, herausgegeben von R. Fellinger, Suhrkamp Verlag, Frankfurt/Main, 1985, p. 375 - 385.

MAURANGES Jean-Paul, *Peter Handke : Der kurze Brief zum langen Abschied . Amérique et classicisme, deux images compatibles*, in : *Austriaca*, n°9, novembre 1979, p. 29 - 49.

MAUSER Wolfram, *Wunschloses Unglück - erwünschtes Unglück?*, in : *Deutschunterricht*, Jahrgang 34, 5, 1982, p. 73 - 89.

MAYER Hans, *Kaspar, der Fremde und der Zufall*, in : *Peter Handke, Text und Kritik*, 1969, p. 30 - 42.

MELZER Gerhard, *Lebendigkeit : ein Blick genügt . Zur Phenomenologie des Schauens bei Peter Handke*, in : *Die Arbeit am Glück*, Athenäum, Königstein, 1985, p. 126 - 152.

NÄGELE Rainer, *Die vermittelte Welt, Jahrbuch der deutschen Schillergesellschaft*, Nr 19, 1975, p. 389 - 418.

POIROT-DELPECH Bertrand, *Une mort de pauvre, Le malheur indifférent de Peter Handke, Le Monde*, 13 juin 1975.

PRIEUR Jérôme, *Peter Handke : La femme gauchère*, in : *La nouvelle revue française*, novembre 1978,p. 128 - 133.

REICH-RANICKI Marcel, *Peter Handkes Wunschloses Unglück, Die Angst des Peter Handke beim Erzählen, Die Zeit*, 15. September 1972.

LE RIDER Jacques, *La subjectivité malheureuse dans la littérature allemande d'aujourd'hui*, in : *Documents*, 36, 1981, p. 123 - 131.

STILLER Klaus, *Die Angst des Tormanns beim Elfmeter*, in : *Über Peter Handke*, herausgegeben von Michael Scharang, Suhrkamp Verlag, Frankfurt/Main, 1972, p. 69 - 74.

SUMMERFIELD Ellen, *Die Kamera als literarisches Mittel. Zu Peter Handkes Die Angst des Tormanns beim Elfmeter*, in : *Modern Austrian Literatur*, Volume 12, Number 1, 1979, p. 95 - 112.

VALENTIN Jean-Marie, *Le théâtre depuis 1945, Handke : Théâtralité pure et langage dramatique*, in : *Austriaca*, Cahiers universitaires d'information sur l'Autriche, Université de Haute Normandie, Centre d'Etudes et de Recherches autrichiennes, n° 2, Rouen, 1976, p. 125 - 143.

VALENTIN Jean-Marie, *Reine Theatralität und dramatische Sprache*, in : *Peter Handke*, herausgegeben von Raimund Fellinger, Suhrkamp Taschenbuch 2004, Frankfurt/Main, 1985, p. 51 - 74.

VALENTIN Jean-Marie, *Peter Handke et l'avant-garde littéraire française des années 1950 - 1960*, in : *Actes du colloque "Deux fois l'Autriche*", Rouen, 1978, tome II, p. 129 - 145.

VALENTIN Jean-Marie, *Handke in Frankreich. Ein Beitrag zur Rezeption und Interpretation*, in : *Die österreichische Literatur*, Herbert Zeman (Hrsg.), Akademische Druck- und Verlagsanstalt, Graz, 1989, Teil 1, p. 279 - 295.

WEISS Walter, *Peter Handke Wunschloses Unglück oder Formalismus oder Realismus in der Literatur der Gegenwart*, in : *Austriaca*, Festschrift für Heinz Politzer zum 65. Geburtstag, Tübingen, 1975, p. 442 - 459.

WIDRICH Hans, *Die Hornissen - auch ein Mosaik aus Unterkärnten*, in : *Peter Handke*, herausgegeben von Raimund Fellinger, st 2004, Frankfurt/Main, 1985, p. 25 - 35.

WISCHENBART Rüdiger, *Hören Sie mich an. Über die Beschwörung der Ordnung bei Peter Handke*, in : *Die Arbeit am Glück . Peter Handke*, herausgegeben von Gerhard Melzer und Jale Tükel, Athenäum, Königstein, 1985, p. 45 - 74.

ZORACH Cecile Cazort, *Freedom and remembrance : The language of biography in Peter Handke's Wunschloses Unglück*, in : *German Quarterly*, 1979, p. 486 - 502.

2.3.2. NUMEROS SPECIAUX DE REVUES

Austriaca, Peter Handke, études réunies par Erika Tunner, n° 16, Rouen,1983.

ART PRESS, n° 69, Paris, 1983.

ORACL, Peter Handke, études réunies par Thierry Guinhut, n° 21/22, Poitiers, 1987.

2.3.3. ENTRETIENS

Ausbeutung des Bewußtseins. Gespräch mit Peter Handke, Christian Linder, in : ***Frankfurter Allgemeine Zeitung***, Nr 11, 13.1.1973.

Wie kann man das Glück darstellen?, Ich will über das schreiben, was die Leute verdrängen. Ein Gespräch zwischen Peter Handke und H.L. Arnold, in : ***Die Zeit***, 12.3.1976 .

Es soll mythisch sein, mythisch! Spiegel-Redakteur Siegfried Schober über Peter Handke bei der Verfilmung seiner linkshändigen Frau, in : ***Der Spiegel***, Nr 19, 1977.

Entrer par une porte mythique où les lois ont disparu, propos recueillis par Yvonne Baby, in : ***Le Monde***, 18 mai 1978.

Entretien avec Didier Goldschmidt et Brigitte Salino, in : ***Les nouvelles littéraires***, 12 - 18 et 19 - 25 octobre 1983.

2.3.4. EMISSIONS RADIOPHONIQUES OU TELEVISEES

Boite aux lettres, Peter Handke, diffusion FR3, 30.11.83.

Das Schöne sieht man so schlecht. Bilder/Sprache bei Peter Handke. Ein Film von Norbert Jochum, Common Film Produktion, Berlin, 1985, WDR, 1986.

Le magasin littéraire, Jean Tardieu et Peter Handke, TF1, émission de Pierre Dumayet, 29.4.1987.

Le bon plaisir de Peter Handke, Peter Handke ou le bonheur fragile, propos recueillis par Colette Fellous, émission diffusée par France Culture, 2.12.1989.

Caractères, Les caractères du mois : Françoise Sagan, Muriel Spark, Peter Handke. Emission de Bernard Rapp, A2, 17.5.1991.

3. AUTRES OUVRAGES

ATLAN Jacques, ***Eloges des rites et des jeux***, PUF, Croisées, Paris, 1982.

BACHELARD Gaston, ***La dialectique de la durée***, PUF, Bibliothèque de philosophie contemporaine, Paris, [2]1963.

BARDECHE Maurice, ***L'oeuvre de Flaubert***, Les sept couleurs, Paris, 1974.

BAUDRILLARD Jean, ***Pour une critique de l'économie politique du signe***, Gallimard, collection Tel, Paris, 1972.

BETTELHEIM Bruno, ***The Informed Heart***, The Free Press, New-York, 1960. ***Le coeur conscient***, comment garder son autonomie et parvenir à l'accomplissement de soi dans une civilisation de masse, traduit de l'américain par Laure Casseau, Robert Laffont, Collection Réponses, Paris, 1972.

BORCHERT Wolfgang, ***Mein bleicher Bruder***, in : ***DrauBen vor der Tür und ausgewählte Erzählungen***, Rowohlt, Taschenbuch, Hamburg, 1947.

CAMUS Albert, ***Le malentendu***, NRF Gallimard, Paris, 1944.

CAMUS Albert, ***L'homme révolté***, Gallimard, Paris, 1951, collection Folio/essais, 1985.

DAHRENDORF Ralf, ***Homo sociologicus***, Westdeutscher Verlag, Opladen, [15]1977.

DORFLES Gillo, ***L'intervalle perdu***, traduit de l'italien par Marie-Thérèse Ketterer, Librairie des Méridiens, Paris, 1984.

ERIKSON Erik H., ***Identity and the Life Cycle, Psychological Issues***, vol. I, N°1, International Universities Press, Inc., New-York, 1959. ***Identität und Lebenszyklus***, Drei Aufsätze, aus dem Amerikanischen von Käte Hügel, Suhrkamp Verlag,Theorie 2, Frankfurt/Main, 1966.

FLAUBERT Gustave, ***Trois contes***, G.F. Flammarion, Paris, 1965.

GOETHE Johann Wolfgang von, ***Die Wahlverwandtschaften***, Goethes Werke, Hamburger Ausgabe in 14 Bänden, BD VI, [7]1968.

GRABER Georg, ***Sagen aus Kärnten***, Bd. 1 der Gesamtausgabe, Kärntner Druck- und Verlagsgesellschaft, M.B.H., Klagenfurt, 1979.

HOELDERLIN Johann-Christian-Friedrich, ***Hyperion oder der Eremit in Griechenland***, in : ***Sämtliche Werke***, Dritter Band, Kohlhammer Verlag, Stuttgart, 1958.

HOOG Michel, ***Cézanne puissant et solitaire***, Editions Gallimard Découvertes, Paris, 1989.

INNERHOFER Franz, ***Schöne Tage***, Residenz Verlag, Salzburg, 1974.

JANUŠ Gustav, ***Sredi stavka***, Drava Verlag, Klagenfurt, 1990.

KAFKA Franz, ***Erzählungen***, herausgegeben von Max Brod, S. Fischer Verlag, Frankfurt/Main, 1935.

KRAPPMANN Lothar, ***Soziologische Dimensionen der Identität***, Strukturelle Bedingungen für Teilnahme an Interaktionsprozessen, Ernst Klette Verlag, Stuttgart, 1969.

KRISTEVA Julia, ***Etrangers à nous-mêmes***, Fayard, Paris, 1988.

LASCH Christopher, ***The Culture of Narcissism***, American Life in an age of diminishing expectations, W.W. Norton & Comp Incl. New York, 1979. ***Le complexe de Narcisse***, la nouvelle sensibilité américaine, traduit de l'américain par Michel L. Landa, Robert Laffont, Libertés 2000, Paris, 1981 .

LIPOVETSKY Gilles, ***L'ère du vide***, Essais sur l'individualisme contemporain, Gallimard, coll. Folio essais n° 121, Paris, 1983.

LIPUŠ Florjan, ***Der Zögling Tjaž***, Roman, Deutsch von Peter Handke, st 993, Frankfurt/Main, 1984.

LE LIVRE SLOVENE, bulletin d'information de l'Association des écrivains slovènes du PEN-CLUB, traduit par E. Jereb, année XIV, n° 1/2, Ljubljana, décembre 1976.

MALLARME Stéphane, ***Oeuvres complètes***, Bibliothèque de la Pléiade, Gallimard, Paris, 1945.

MANTHEY Jürgen, ***Wenn Blicke zeugen könnten. Eine psychohistorische Studie über das Sehen in Literatur und Philosophie***, München, 1983.

MEAD George H., ***Mind, Self and Society***, The University of Chicago Press, Chicago, 1934. ***L'esprit de soi et la société***, traduit de l'anglais par J. Cazeneuve, E. Kaclin, G. Thibault, PUF, Bibliothèque de sociologie contemporaine, Paris, 1963.

MENDEL Gérard, ***La révolte contre le père***, une introduction à la socio-psychanalyse, Payot, collection science de l'homme, Paris, 1968.

MENDEL Gérard, *54 millions d'individus sans appartenance*, essai de psycho-politique, Robert Laffont, Paris, 1983.

RIESMAN David, *The Lonely Crowd , Yale University Press, 1952. La foule solitaire*, anatomie de la société moderne, traduit de l'américain par E. Morin, Arthaud, collection Notre temps, Paris, [7]1978.

ROBERT Marthe, *Roman des origines et origines du roman*, Gallimard, collection Tel, Paris, 1976.

ROTH Gerhard, *Winterreise*, S. Fischer Verlag, Frankfurt/Main, 1978.

SALOME Jacques, *Parle-moi...j'ai des choses à te dire*. Les éditions de l'homme, centre Indisciplinaire de Montréal, Montréal, 1982.

SARTRE Jean-Paul, *Situations I*, NRF, Gallimard, Paris, 1947.

SIMENON Georges, *Le bilan Malétras*, Gallimard, Paris, 1948.

SONTAG Susan, *Sur la photographie*, Editions du Seuil, 10 - 18, Paris, 1983.

STRAUSS Anselm L., *Mirrors and Masks, The Search for Identity*, The Free Press a corporation, 1959. *Spiegel und Masken. Die Suche nach Identität*, aus dem Amerikanischen von Heidi Munscheid, Suhrkamp Verlag,Frankfurt/Main, 1968.

TURRINI Peter, *Sauschlachten*, Edition Lenz, Wien, 1973.

TURRINI Peter, *Es ist ein gutes Land*, Texte zu Anlässen, Europaverlag, Wien, München, Zürich, 1986.

WALZER Pierre-Olivier, *Essai sur Stéphane Mallarmé*, Poètes d'aujourd'hui, Pierre Seghers Editeur, Paris, 1963.

INDEX

OEUVRES DE PETER HANDKE

NOMS DES AUTEURS CITES

TABLE DES MATIERES

DEUXIEME PARTIE

UNIVERSITÉ DE PARIS-SORBONNE

CENTRE DE RECHERCHES GERMANIQUES

URA 04 1282 DU C.N.R.S.

(Responsable: J.-M. VALENTIN)

PUBLICATIONS

Créé en 1984, associé au CNRS, le Centre de Recherches Germaniques de Paris IV regroupe des chercheurs de plusieurs universités françaises. Il est lié pour la réalisation de programmes spécifiques bilatéraux, aux universités d'Aix-la-Chapelle, Berlin F.U., Cambridge, Göttingen, Londres, Munich, Munster en Westphalie, Princeton, Vienne.

1984

M. GRUNEWALD: *Klaus Mann (1906-1949),* Bern: Peter Lang, 2 vol. (= Contacts III,1).

M. GRUNEWALD: *Klaus Mann. Eine Bibliographie,* München: édition spangenberg im Ellermann Verlag.

R. HEITZ: *Peter Hacks. Théâtre et Socialisme,* Bern: Peter Lang (= Contacts I,1).

J.-M. VALENTIN: *Le théâtre des Jésuites dans les pays de langue allemande. Répertoire bibliographique des pièces représentées et des documents conservés,* Stuttgart: Hiersemann, 2 vol. (= Hiersemanns Bibliographische Handbücher III,1 et III,2).

Collectif (G. Bloess, B. Böschenstein, R. Colombat, M.-R. Risse): *La poésie française en Allemagne après 1945,* Strasbourg: Revue d'Allemagne, 1984, 4.

1985

J.-P. CAHN: *Le second retour. Le rattachement de la Sarre à l'Allemagne 1955-1957,* Bern: Peter Lang (= Contacts II,2).

J. DEWITZ: *Ludwig Thoma et le théâtre populaire,* Bern: Peter Lang (= Contacts I,2).

M. GRUNEWALD: *Klaus Mann. Mit dem Blick nach Deutschland,* München, edition spangenberg im Ellermann Verlag.

J. LEBEAU (†) et J.-M. VALENTIN: *L'Alsace au siècle de la Réforme. 1482-1621. Textes et Documents,* Nancy: Presses Universitaires de Nancy.

F. L'HUILLIER: *L'Allemagne de 1830 à nos jours. Une problématique de l'unité,* Bern: Peter Lang (= Contacts IV,1).

J. MOES et J.-M. VALENTIN (édit.): *De Lessing à Heine. Un siècle de relations littéraires et intellectuelles entre la France et l'Allemagne,* Paris: Didier Erudition.

R. STEMPFER: *Roman baroque et clergé réformé. La 'Mythoscopia romantica' de G. Heidegger (1698),* Bern: Peter Lang (= Contacts II,1).

J.-M. VALENTIN (édit.): *Monarcha Poeta. Studien zum Leben und Werk Anton Ulrichs von Braunschweig-Lüneburg.* Amsterdam: Rodopi (= Chloe. Beihefte zum «Daphnis» 4).

1986

J.-J. ALCANDRE: *Ecriture dramatique et pratique scénique. Les "Brigands" sur la scène allemande des XVIIIe et XIXe siècles,* Bern: Peter Lang, 2 vol. (= Contacts I,3).

E. HEFTRICH et J.-M. VALENTIN (édit.): *Gallo-Germanica. Wechselwirkungen und Parallelen deutscher und französischer Literatur 18.-20. Jahrhundert,* Nancy: Presses Universitaires de Nancy.

M. LE BARS: *Le mouvement paysan dans le Schleswig-Holstein 1928-1932,* Bern: Peter Lang (= Contacts III,2).

H. MÉNUDIER: *Système politique et élections en République Fédérale d'Allemagne,* Bern: Peter Lang (= Contacts IV,2).

J.-M. VALENTIN: *Andreas Brunners 'Dramata Sacra' (1684),* Amsterdam/Maarssen: APA-Holland University Press (= Geistliche Literatur des Barock 10).

J.-M. VALENTIN (édit.): *Volk/Volksstück/Volkstheater im deutschen Sprachraum des 18.-20. Jahrhunderts,* Bern: Peter Lang (= Jahrbuch für internationale Germanistik. Reihe A. Kongreßberichte. Bd. 15).

J.-M. VALENTIN (édit.): *Jakob Balde und seine Zeit,* Bern: Peter Lang (= Jahrbuch für internationale Germanistik. Reihe A. Kongreßberichte. Bd. 16).

Les exilés allemands en France/Deutsche Emigranten in Frankreich 1933-1945, Revue d'Allemagne: Strasbourg, 1986, 2 (études réunies par M. Grunewald et J.-M. Valentin).

1987

M. CLUET: *L'architecture du IIIe Reich. Origines intellectuelles et visées idéologiques,* Bern: Peter Lang (= Contacts III,4).

R. COLOMBAT: *Rimbaud/Heym/Trakl. Essai de description comparée,* Bern: Peter Lang, 2 vol. (= Contacts II,3).

J. KELLER: *Lili Schoenemann, baronne de Turckheim. Lettres inédites, journal intime et extraits des papiers de famille,* Bern: Peter Lang (= Contacts III,3).

A. STARCK: *"Malina": lecture plurielle du roman d'Ingeborg Bachmann,* Bern: Peter Lang (= Contacts III,6).

G. THIÉRIOT: *Franz Xaver Kroetz et le nouveau 'Théâtre Populaire',* Bern: Peter Lang (= Contacts I,4).

La France et l'Allemagne entre les deux guerres mondiales. Actes du colloque tenu en Sorbonne les 15, 16 et 17 janvier 1987, réunis par J.-M. Valentin en collaboration avec J. Bariéty et A. Guth. Nancy: Presses Universitaires de Nancy.

Hofmannsthal und Frankreich. Akten der vom 21. bis 24. August 1986 in Pont-à-Mousson veranstalteten Tagung. hrsg. v. W. Mauser, Freiburg im Breisgau (= Hofmannsthal-Forschungen 9) (C.R.G. und Hofmannsthal-Gesellschaft).

1988

J.-M. VALENTIN (Hrsg.): *Das österreichische Volkstheater im europäischen Zusammenhang (1830-1880),* Bern: Peter Lang (= Contacts I.5).

1989

H. ABRET et A. KEEL: *Das Kopierbuch Korfiz Holms (1899-1903). Ein Beitrag zur Geschichte des Albert Langen Verlags und des "Simplicissimus",* Bern: Peter Lang (= Contacts III,7).

J. BENAY: *Briefe von und an Friedrich Kaiser (1814-1874),* Bern: Peter Lang (= Contacts I,6).

J. FEUILLET: *Linguistique diachronique de l'allemand,* Bern: Peter Lang (= Contacts III,6).

Collectif (Th. Buck, F. Fischbach, W. Hinck, C. Pietzcker, H. J. Schings, G. Seidel, H. Turk, J.-M. Valentin): *Bertolt Brecht, 90e anniversaire,* Paris: Etudes Germaniques (43), 1989, 1.

L. MEFFRE: *Carl Einstein et la problématique des avant-gardes dans les arts plastiques,* Bern: Peter Lang (= Contacts III,8).

J.-M. WINKLER: *L'attente et la fête. Etude sur le théâtre de Thomas Bernhard,* Bern: Peter Lang (= Contacts I,7).

1990

D. BECHTEL: *Der Nister's Work. A Study of a Yiddish Symbolist,* Bern: Peter Lang (= Contacts III,11).

R. CHEVAL(†): *Le Coq et l'Aigle,* Bern: Peter Lang (= Contacts II,4).

R. KREBS et J.-M. VALENTIN (édit.): *Théâtre, Nation, Société en Allemagne au XVIIIe siècle. Actes du Colloque de Reims, octobre 1988,* Nancy: Presses Universitaires de Nancy.

M. LENGEREAU: *Les frontières allemandes (1919-1989),* Bern: Peter Lang (= Contacts IV,3).

C. MIQUET: *C. M. Wieland, directeur du 'Mercure allemand' (1773-1789),* Bern: Peter Lang (= Contacts III,10).

J.-M. VALENTIN: *Theatrum catholicum,* Nancy: Presses Universitaires de Nancy.

J.-M. VALENTIN, en collaboration avec/in Zusammenarbeit mit Th. Buck: *Bertolt Brecht. Colloque de Paris, novembre 1988/Pariser Kolloquium, November 1988,* Bern: Peter Lang (= Contacts I,8).

1991

J. BENAY: *Friedrich Kaiser. Gesamtprimärbibliographie seiner dramatischen Produktion zwischen 1835-1874 (Nachlass 1875),* Bern: Peter Lang (= Contacts I,9).

F. LABBE: *Jean-Henri-Ferdinand Lamartelière. Un dramaturge sous la Révolution et sous l'Empire,* Bern: Peter Lang (= Contacts II,5).

F. TAUBERT: *Französische Linke und Hitlerdeutschland. Deutschlandbilder und Strategieentwürfe (1933-1939),* Bern: Peter Lang (= Contacts II,6).

En préparation

R. COLOMBAT et G. STIEG (Hrsg.): *Georg Trakl. Akten des Pariser Kolloquiums Dezember 1987,* Innsbruck: Trakl-Studien.